●高职高专网络教育系列教材

# 管理学原理

蒋丽君　主　编
郭伟刚　副主编

浙江大學出版社

# 前　言

网络应用于远程教育，是近年来教育与科技共同发展的产物。网络教育的显著特点是：任何人在任何时间、任何地点，从任何章节开始学习任何课程。网络教育便捷、灵活的“五个任何”，在学习模式上直接体现了学生自主学习的特点，充分体现了发展中的现代教育与终身教育的基本要求。

网络教育与传统的学校教育和成人教育相比，既有联系也有其自身的特点。特别是在学历教学的过程中，网络教育不能降低要求，总体上要与教育部对高等教育的大纲要求相适应，而且更应利用现代网络技术的特点，充分发挥试点学校师资强、技术优势明显的特点。针对网络教育学员在职学习的实际情况，编写出为广大学员比较系统地学习提供通俗易懂的适用教材，是当前网络教育改革和发展的需要。中国地质大学网络教育学院根据教育部对高等教学课程的大纲要求，坚持在不降低要求的前提下，本着对教学认真负责的态度，在大专网络教育的层次上，组织有关普通高校的教师编写部分网络教育教材，是一种有益的新尝试和探索。为此，中国地质大学网络学院专门成立了网络教育教材编写委员会。编委会对有关教材的编写工作的具体要求是：力求达到既能基本适应教育部对高职高专教材和教学大纲的要求，同时又能充分体现成人在职学习和网络学习的特点，力求内容新、标准高，体现教材与时俱进的时代要求，努力适应网络教育发展的需要。

《管理学原理》是我院网络教育教材编写委员会主持的第一批网络教育教材之一。本教材按照教育部对高职高专教材的要求，结合网络教学的特点，考虑到财经类院校学员对管理学知识的需求，在内容取舍上，坚持以管理学基本理论知识为主要内容，以实用、够用为原则；在编排体例上，以管理学基本职能的全面介绍与深入分析为主线，以大量的案例为切入点，结合复习思考题，引导学生自学和思考，以期达到触类旁通、举一反三的效果。

全书共分 11 章。考虑到财经类院校学员普遍未能系统学习管理学知识，故在第一章至第三章重点介绍了有关管理的基本概念、管理理论和管理环境。在此基础上，以管理职能为主线，对决策、计划、组织、领导、激励、协调、控制等进行了全面叙述，最后是管理创新。并结合活生生的事例分析，以期给学员对相关管理问题以直观的、感性的认识，为学员进一步深入学习其他知识打下扎实的基础。

由于我国网络教育处于起步阶段，编制适应网络教育需要的教材，既显得十分迫切，但又缺乏可直接借鉴的经验。同时，由于编者水平有限，错误或不当之处在所难免。我们诚挚地希望广大读者和专家对本教材提出批评与建议。我们相信，在专家和广大读者的鞭策和鼓励下，在全体编委会成员和编者的努力下，我们一定会把网络教育教材的编写工作做得更好。

中国地质大学网络教育学院
网络教育教材编写委员会

2004 年 5 月

# 目录

# 第一章　管理、管理者与管理学

## 本章重点

- 管理的概念及其基本职能
- 管理的基本原理、基本方法
- 管理者的分类、职责、技能要求及职业化
- 管理学的地位、特点
- 管理的自然属性与社会属性
- 管理的科学性与艺术性

## 引　例

### 管理的重要性

联想前总裁柳传志在1999年《财富》论坛举办的讲演中感叹道：西方企业在表述自己的能力时，强调的完全是技术水平。对他们而言，企业具有管理能力是天经地义的，毋须多言。对比之下，柳传志指出，我们的管理问题已严重阻碍了中国科技成果的转化和技术的创新，这种现象在新兴高科技企业中尤为普遍。柳传志自揭其短说："管理是由多个环节形成的体系设计，任何一个环节出现问题，都会导致企业亏损。在这一点上，联想教训深刻。"联想是生产主板的工厂，其规模在全世界占到第5位。在建厂10年中，出现过两次大的亏损。1992年，联想开发出多口卡，由于缺乏市场反馈途径和市场开拓能力，形成库存积压，损失数百万元；1995年又因为类似问题损失1.9个亿。"两度受挫，都不是技术原因"。"有了管理，再加大技术投入，就能产生效益。管理才是技术。"

在丹佛国际管理科学会（AOM）年会上，作为AOM成立46年来第一个受邀请的亚洲企业家，柳传志讲到联想集团之所以取得成功，凭借的是独树一帜的

管理，即联想的“管理三要素”——建班子、定战略和带队伍。联想每年都要对员工进行培训，培训管理三要素的基本内容。在中国 PC 行业的竞争之中，联想排在中国第一的位置已经 6 年了。在 6 年中，第二名到第十名的位置在不停地变化，只有联想第一名的位置没有变。这是为什么呢?这不是一个简单的业务策略形成的，是管理三要素这个更深层次的原因在起作用。

联想在实际工作中摸索出来的“建班子、定战略、带队伍”管理思想，使联想的管理成为民营企业学习的榜样。

（资料来源：作者根据有关新闻媒体报道改编）

## 第一节 管 理

在现代社会中，管理可以说无时不在、无处不在。企业、学校、政府机构、社会团体，甚至家庭，都需要管理。管理是人类社会最基本的活动之一，也是组织活动的一个极为重要的组成部分。任何一个组织都是为实现一定的目标而设立的，任何一个组织目标的实现也都必须利用一定的资源。而资源是有限的、稀缺的。为此，就必须对实现组织目标所需要的各种资源进行妥善管理。

### 一、管理的含义

长期以来，国内外学者对管理的定义有许多不同的见解。有的人强调通过管理的任务来阐明管理（德鲁克），认为：“管理的本质和基础是执行任务的责任”。也有的人强调“管理就是决策，决策贯穿于管理的全过程”（西蒙）。还有的人认为，管理就是计划、组织、领导、控制所组成的过程，等等。所有这些理解都有一定道理，但又都缺乏全面性。在博采众长的基础上，本书对管理的定义是：

管理就是通过计划、组织、领导、控制等活动，对组织所拥有的人、财、物等各种资源进行有效的协调和使用，以实现组织既定目标的过程。

这一定义可以从以下四个方面来理解：

（1）管理是一个过程，一个有意识、有目的地进行的过程。

（2）管理过程是由一系列相互联系、连续进行的活动构成的。这些活动包括计划、组织、领导、控制等，这些也是管理的基本职能。

（3）管理的对象是组织拥有的各种资源。包括人、财、物、知识、信息、时间等有形和无形资源。

（4）管理的目的是实现组织的既定目标。

### 阅读资料一

#### 管理是企业的总导演

同样的设备、物料、员工，在不同的管理者与管理模式下是怎样产生两种截然不同的结果的？其中的“魔法”在哪里？

青钢集团董事长王玉科认为，管理是以最佳的方法去完成各项任务的艺术和科学。青钢前几年亏损的根本原因就是管理混乱，同样的设备、物料、员工，在不同的管理者与管理模式下会产生两种截然不同的结果。企业一切工作的最终支撑点就是管理。管理上不去，一切工作都不能落实。所以，王玉科始终把管理工作当成企业一切工作的总导演。

青钢在实践中不断总结深化、细化“五个日”管理（即日目标、日反馈、日分析、日考核、日工资），使“五个日”管理的效果逐步展现了出来。过去企业要调整产品生产规格，需要几天的时间，现在由于开发部门、市场营销部门和生产部门的密切合作，只要几小时甚至更短的时间就能完成，大大加快了产品适应市场需求的速度，提高了企业的经济效益。由于企业经济效益与职工的利益直接挂钩，每天的工作业绩通过“日工资”显示出来，不仅使他们在实施“五个日”中尝到了甜头，而且强化了职工的“主人翁”意识，从而实现“五个日”管理的扎实推行。

（资料来源：作者根据有关新闻媒体报道改编）

## 二、管理的基本职能

从表面上看，不同的组织由于其各自的目标不同，管理的要求、具体形式和做法也各不相同。如工厂的管理不同于学校的管理，学校的管理又不同于政府机关的管理等等。但透过现象，从本质上讲，有些管理的基本活动是每一个管理者都在从事的，而且都共同遵循着一定的规律，这些活动就是所谓的管理的基本职能，即计划、组织、领导、控制四大职能。

### （一）计划

计划是管理的首要职能。一个组织的生存和发展必须有明确的目标，计划就是确定组织的发展目标，并制定实现目标的行动方案。通过计划，管理者为组织设计了一个行动蓝图，组织中的一切工作或活动都是围绕着这一蓝图展开的。

### （二）组织

组织就是分工协作。计划制订好以后，为了实现计划所确定的目标，就必须对组织进行部门划分、权力分配和工作协调。组织活动是计划活动的延伸，它包括组织结构的设计、组织关系的确立、人员的配置以及组织的变革等。

### （三）领导

每一个组织都是由人力资源和其他资源有机结合而成的，人是组织中惟一具有能动性的因素。领导就是管理者利用职权和威信施展影响，指导和激励各类人员努力去实现目标的一种活动。它包括激励下属、指挥下属的行动，选择最有效的沟通渠道，以及营造良好的组织氛围等。

### （四）控制

控制是组织目标得以按计划实现的保证。任何组织为了确保目标的顺利实现，都必须对组织成员和组织活动加以控制。狭义的控制是指对组织各项活动的进展情况进行检查，发现或预见到偏差后及时采取措施予以纠正；广义的控制还包括根据组织内外环境的变化，对计划目标和控制标准进行修改或重新制订。

上述管理的四大职能从理论上讲是按一定的顺序发生的。也就是说，作为管理者，首要的工作是根据组织的内外环境条件制订计划；然后是建立组织结构、配备人员；接着是运用激励措施充分调动员工的积极性，指挥员工的行动；最后是对整个活动过程进行控制，以保证各项工作的顺利开展。但在实际工作中这四个步骤并不是被严格分割开来的，它们是相互联系、有机融合在一起的。管理过程就是各职能活动相互交叉、循环往复的过程（图 1-1）。

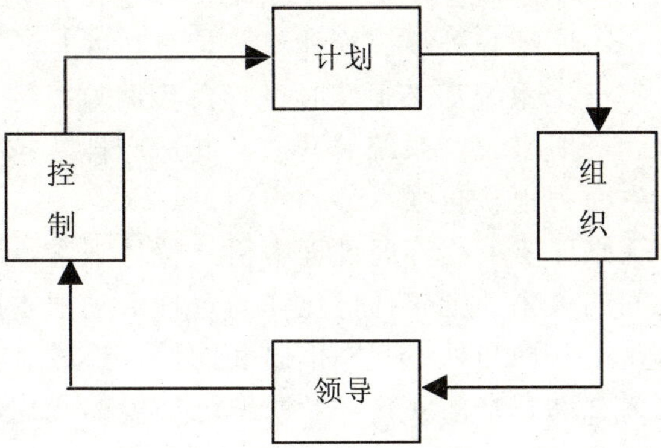


图 1-1　管理的基本过程

## 三、管理的基本原理和方法

### （一）管理的基本原理

#### 1. 系统原理

系统是指由若干相互联系、相互作用的部分组成的具有特定功能的有机整体。系统本身又是它从属的一个更大系统的组成部分。从管理的角度看，任何一个组织及其环境都可以看成是一个系统。

系统具有整体性、目的性、层次性、开放性与适应性等特性。每一个系统都是由若干个子系统构成的，这些子系统之间相互联系、相互作用并且服从于共同的目标，从而构成一个共同整体。比如，一个工厂往往由生产、研发、采购、销售等子系统构成，它们之间互相联系、互相配合，共同完成生产目标；系统的目的就是要创造价值和提供服务，达到一定的经济效益和社会效益；系统又是分层的，每个系统都有子系统，同时，每个系统又是一个更大系统的组成部分。在一个系统中，各子系统之间既互相联系，又具有一定的独立性。由于不同的子系统所处的层次不同，这就形成了系统的层次性。通过多层次子系统的分工协作，使整体目标得以实现，整体效能得以提高。比如，工厂里有不同车间，车间里又有班，班里又有组，这就是系统的层次性；每一个系统又都是社会大系统的组成部分，它们必须不断地与外界交换能量与信息。并且随着外部环境的不断变化，每一个系统都必须及时进行自我调整，这是系统生存和发展的前提。一般来说，系统越开放，其适应性就越强；适应性越强，系统的生命力也就越强。

管理的系统原理要求在管理过程中树立整体观念，积极处理好局部与整体之间的关系，把整体优化作为管理活动根本的出发点；树立开放观念，不断地与外界交换信息和能量，形成良性循环，保持持续发展；树立动态平衡观念，及时跟随环境的变化，因时、因地、因人制宜不断进行调整，寻求系统动态平衡。

2. 人本原理

管理的人本原理是指管理应以“人”为中心，认识人、尊重人、依靠人、发展人，这是做好管理工作的根本。

管理的人本原理要求管理者在实际工作中，坚决摒弃传统管理中把人作为机器附属物的错误思想，树立“贵人贱物”的理念。充分认识到员工是企业的主体，强调员工参与管理，发挥员工的主人翁精神。同时应充分重视满足员工的合理需要，最大限度地调动员工的工作积极性，并树立“管理就是服务”的理念，重视建立和谐的组织内部人际关系和良好的组织公共关系。

## 阅读资料二

### 宁波卷烟厂的“人性化”管理

宁波卷烟厂以“人性化”管理特色而为业内所称道。宁烟人注重制度建设，更注重管理伦理。

宁烟厂负责人徐芳权在概括“大红鹰”辉煌9年历程经验时，总结了四句话，第一句便是“以人为本”。宁烟决策层对管理工作是两大目标：“以人为本、严细实快”。

首先在制度设计上，宁烟精心采纳的MBO目标管理法，便是现代西方管理模式中较为“人性化”的一种。这一点许明忠——宁烟管理副总，在他的MBA论文《宁波卷烟厂目标管理的实践与对策》里有过精辟的论述：目标管理就是要使组织目标与成员的个人目标、组织意愿与成员的个人意愿结合为一体的管理程序与方法。

宁烟的“人性化”管理就是“让员工满意”。“大红鹰”腾飞的9年历程中，宁烟多元化发展已初具规模，经营范围延伸至包装、食品、教育、医药等领域，可很少有人知道：宁烟搞多元化，初衷不过是安置主业下岗职工。“最初的考虑是，不能让职工回家没事做，又不想给国家、社会增加负担，所以就搞多元化了”。

“如何留住人才，如何引进人才，如何发挥人才”，对于国企管理者而言，这个问题非常棘手。也许国企的薪酬分配体制不如外企、私企般灵活，但宁烟管理层相信：人的需要是多方面的，在致力于“待遇留人”的同时，宁烟更着重“事业留人”、“作风留人”。今天的宁烟从生产到销售，已基本是年轻人的天下了。在视培训为最高待遇的今天，宁烟针对年轻人开设MBA学位班，每两年一轮。“不仅考虑到企业的需要，也考虑到个人的需要”。员工在其个人价值得到实现的同时只会更加坚定对企业的忠诚。

所谓“作风留人”，正体现宁烟管理者对自身的高要求。“作风留人”就是让员工相信，企业的领导班子是有能力的、可信任的。

尊重对手，尊重顾客，尊重员工。人性化不是哲学的抽象玄思，在宁烟，它是实实在在的一言一行、一举一动。

（资料来源：作者根据有关新闻报道改编）

### 3. 责任原理

责任原理是指管理工作必须在合理分工的基础上，明确规定组织各部门和个人的工作任务和承担的相应责任。它首先要求对组织工作进行明确分工，即规定谁“做什么”。在合理分工的基础上再确定每个人的职位与任务，这就是职责，即规定每个人工作的数量、质量、速度、效益等要求，做到职责界限清楚、职责内容具体、职责落实到人。

责任原理要求在实际管理工作中，坚持责、权、力、利相一致的原则。责，就是职责，这是责任原理的核心，职责明确，才能对组织中各部门和个人的工作绩效作出正确的考评；权，是指权力，明确了每个人的职责，就必须给予其相应的权力；力，是指能力，给予的职责要以人的能力为基础，能力大小不同，所能承担的职责也不同。一般来说，赋予的职责可以略高于其能力，使工作具有压力和挑战性，就会迫使人们自觉学习、不断上进；利，是指利益，完成了职责，创造了业绩，就应给予相应的利益作为报酬。当然，对于没有完成职责的，应给予相应的惩罚，做到奖罚分明、公正及时。

### 阅读资料三

著名的云南红塔集团老总褚时健在即将退休时因犯有贪污等多种罪行而锒铛入狱。人们把一些国有企业老总在即将退休时不惜以身试法而大捞一把的行为称为“五九现象”，对褚的行为，有如下几种观点:

（1）褚长期担任红塔集团最高领导人，为红塔的发展做出了巨大贡献，红塔每年向国家上缴税收几十亿元，“红塔”品牌价值数百亿。对于做出这样贡献的企业家，拿一点没什么过分的。

（2）褚如果作为民营企业的老总，他的家产可能是成千上万亿了，而褚现在的收入却和其他国有企业的老总们差不多，退休后可能连一部小车都没得坐，这不公平。

（3）作为国有企业领导人，为国家做贡献是应该的，不能总是想到索取。

（4）国家在现阶段给国有企业领导人的待遇只能这样，褚因此而贪污是不可取的。

谈谈你对这个问题的看法。

（资料来源：作者根据有关新闻媒体报道改编）

#### 4. 效益原理

效益原理是指管理工作应以效益为中心，力争以较少的投入取得较大的有效产出。

对效益的追求是管理活动永恒的主题。这里的效益包括经济效益和社会效益两个方面，两者既有联系又有区别。一般来说，经济效益比较直观，可以用若干经济指标来衡量；而社会效益难以完全量化。不同性质的组织对经济效益和社会效益的追求目标是不同的。

管理的效益原理要求管理者树立正确的效益观，坚持以效益为中心的管理思想，正确处理好效率、效果与效益之间的关系，处理好局部利益与整体利益、经济效益与社会效益、短期效益与长期效益之间的关系。

### （二）管理的基本方法

管理方法可以从管理范围、管理的技术方法、管理的基本手段等不同角度进行分类。本书主要按管理的基本手段进行分类和论述。按管理的基本手段来分，可分为法律方法、经济方法、行政方法和教育方法。

#### 1. 法律方法

法律方法是指通过法律、法令、条例及司法、仲裁等工作来调整社会经济和组织在宏观及微观经济活动中所发生的各种关系的管理方法。运用法律方法进行管理，必须坚持“有法可依，有法必依，执法必严，违法必究”的原则，强化法制观念，“依法治国”、“依法治企”、依法治理各种组织活动。

法律方法具有严肃性、规范性、强制性等特点。在实际管理工作中，运用法律方法可以使管理活动有章可循、有法可依，使组织活动走上制度化、规范化轨道，从而确保社会经济秩序正常运行。当然，由于法律方法缺乏灵活性和弹性，因此也容易导致管理僵化，不利于人们在实际工作中因时、因地、因人制宜地发挥其主观能动性和创造性。

#### 2. 经济方法

经济方法就是根据各种经济规律，运用各种经济手段，调节各种不同经济利益之间的关系，以获得较高的效益的管理方法。主要手段包括价格、税收、信贷、工资、奖金、罚金等。不同的手段在不同领域中发挥不同的作用。经济方法是市场经济条件下应用较为广泛的管理方法。

经济方法具有利益性、关联性、灵活性、平等性等特点。在实际工作中，运用经济方法进行管理，直接涉及到管理者和每一位员工的切身利益，因此，处理得当，能最大限度地调动各方面的积极性；处理不当，也会产生一些消极作用，如导致人们过度追求个人利益和物质利益。所以，在运用经济方法的同时，要注意将经济方法与教育方法有机结合起来，趋利避害，综合运用。

3. 行政方法

行政方法是指运用命令、规定、指示、条例等行政手段，按一定的行政系统和层次，以权威和服从为前提，直接指挥下属工作的方法。行政方法的实质是通过组织中的职位、职务来进行管理，它特别强调职位权力、管理者的权威和下级的服从。因此，它具有权威性和强制性的特点。由于行政方法是通过一定的行政系统和层次来实施管理的，基本上属于纵向垂直管理；行政指令的内容和对象又比较具体；上级对有隶属关系的下级的资源调配和使用也不讲等价交换原则，因此行政方法又具有垂直性、具体性和无偿性的特点。

4. 教育方法

教育方法是指按一定的目的，通过各种形式的教育培训，对员工德、智、体各方面全面施加影响，提高人的素质，进而促进管理的方法。

教育是管理活动中一项最根本的方法。“十年树木，百年树人”，“百年大计，教育为本”，说明教育方法具有基础性与长期性的特点。同时，由于教育成果的体现，很难直接测量，也不可能立竿见影，因此，教育方法又具有间接性的特点。在实际工作中，管理者必须高度重视对员工的教育，包括思想政治教育、职业道德教育等都应成为新时期思想教育的重要内容，那种因为教育的长期性和间接性而忽视教育的做法是不可取的。

# 第二节　管理者

## 一、管理者与作业者

管理者是指在组织中从事管理活动、担负管理职能的人。即在一个组织中，管理者担负着对他人的工作进行计划、组织、领导和控制的职能。

任何组织都是由人组成的。根据组织成员在组织中的地位和作用的不同，可简单地把组织成员分成两类：作业者和管理者。

作业者是指在组织中专门从事某项具体生产业务活动和专门技术工作的人员。比如学校里的教师、医院里的医生、工厂里的工人、饭店里的厨师、商场里的营业员等等。他们大多处于第一线，直接从事生产、技术等作业工作，对他人的工作不承担监督职责。

管理者则是指挥他人完成具体任务，并为作业者服务的人。比如学校校长、医院院长、工厂厂长、公司经理等等。虽然他们有时也做一些具体的作业工作，如学校校长也可能上课，医院院长也可能上手术台等等，但其目的与作业者是不同的，其主要职责是指挥下属工作。作为一个管理者，应时刻记住，他的主要工作是促进他人做好工作，而不是事必躬亲地去做工作，即使是自己擅长的工作也应尽量委派下属去干，自己则将主要精力和时间放在管理工作上，集中精力做好计划、组织、领导、控制等管理的基本工作，否则很难成为一个有效的管理者。

## 二、管理者的分类

每个组织中都有各种各样的管理者，每个管理者在组织中所处的地位、所承担的责任和所起的作用也各不相同。下面按不同的标准对管理者进行分类。

### （一）按管理层次划分

按管理者在组织中所处的层次不同，可将管理者分为高层管理者、中层管理者和基层管理者。同时，从整个组织层次来看，还包括作业者或操作者，如图 1-2 所示。

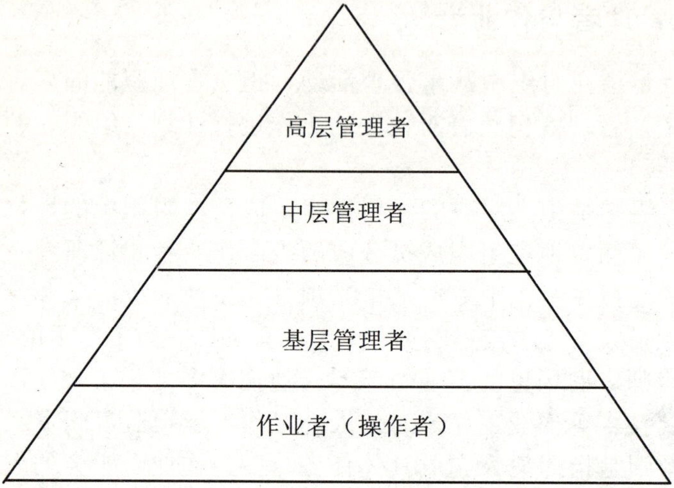


图 1-2　组织的层次

高层管理者处于组织的最高层，是对组织的发展负有全面责任的人，主要负责组织的战略管理，制定组织的总目标，掌握组织的大政方针并评价整个组织的绩效。在对外交往中，他们代表组织以“官方”的身份出现。如学校校长、医院院长、公司总裁等等。

中层管理者也称“中层干部”，他们是处于高层和基层管理者之间的管理人员，他们的主要职责是贯彻高层管理者制定的大政方针，指挥和协调基层管理者的工作。与高层管理者相比，中层管理者更注重日常的管理事务，在组织中起承上启下的作用。如工厂里的车间主任、大学里的系主任、商店里的部门经理等。

基层管理者也称第一线管理人员，他们的主要职责是管理作业人员及其工作，负责把组织的各项计划和措施准确地传递给下属员工，直接指挥和监督现场作业活动，保证各项任务的顺利完成。如工厂里的班组长、大学里的教研室主任、商店里的柜组长等。

作为管理者，不论他在组织中处于哪一个管理层次，其工作的性质和内容基本上是一样的，都包括计划、组织、领导、控制几个方面。不同层次管理者工作上的差别，不是管理职能本身不同，而在于各项管理职能履行的程度和重点不同。一般来说，高层管理者花在计划、组织、控制职能上的时间要比基层管理者多，而基层管理者花在领导职能上的时间要比高层管理者多。即使是同一职能，不同层次管理者所从事的具体管理工作的内涵也不完全相同。如计划工作，高层管理者关心的是组织的整体、长远战略规划，中层管理者偏重的是中期、内部的管理性计划，基层管理者则更注重短期的业务和作业计划。

**阅读资料四**

**高层管理者与基层管理者**

企业高层管理者与基层管理者有很大的不同。一般说来，基层管理者的任务及目标比较单一而具体，如财务管理、销售管理、生产管理等；而且越往基层，其工作越是呈常规的标准化作业，如现金管理、存货管理、车间管理等。而高层管理者的工作任务却具有多样性(凡涉及到企业经营的方方面面都必须考虑)、不确定性（突发性和多变性)、非标准性（工作条件的不可重复性及创造性)、效果的模糊性（多因素影响及滞后性和间接性等）和放大性（同样一个错误，犯在高层身上要比犯在下层身上对企业的危害要大出许多，反过来，高层正确也要比下层正确重要很多)。这些特点是造成高层管理者工作难以确定、绩效不易计量，甚至常常忙乱无效的客观原因。

（资料来源：中国管理传播网）

### （二）按管理领域划分

根据管理者管理范围的大小、所处领域和所起作用的不同，可将管理者分为综合管理者和专业管理者两类。

综合管理者是负责管理整个组织或组织中某个部门的全部活动的管理者。如工厂厂长、大型企业的地区经理等。他们是一个组织或部门的主管，对组织中包括生产、营销、人事、财务、研发等活动负有全部管理责任。

专业管理者是组织中只负责管理某一类活动或职能的管理者。如企业的财务处长、营销部主任、人事处长以及研发部门的管理者等，他们只负责单一职能的管理，只在本职能或专业领域内行使职权、指导工作。专业管理者大多具有某种专业或技术专长。

## 三、管理者角色

管理者角色是指管理者在组织体系内从事各种活动时的立场、行为表现等的一种特性归纳。1955 年，美国著名管理学家彼得·德鲁克首次提出了“管理者角色”这一概念。20 世纪 60 年代末期，加拿大管理学家亨利·明茨伯格通过对 5 位高层管理者的仔细研究，提出了管理者在组织中扮演着三类十种不同但却高度相关的角色，即人际关系角色、信息传递角色和决策制定角色。

### （一）人际关系角色

在人际关系方面，管理者主要扮演三种角色，即挂名首脑、领导者和联络者。当学院院长在毕业典礼上颁发毕业文凭时，当工厂领班带领学生参观时，他们都扮演着挂名首脑的角色；此外，所有的管理者都具有领导者的角色，这个角色包括雇用、培训、激励、惩戒雇员等；还有，管理者扮演的第三个人际关系方面的角色是在人群中充当联络员，一方面可以获得各方面对组织有利的信息，另一方面又可以发展组织的关系资源。

管理者在人际关系方面所扮演的三种角色，是管理者必须要扮演的、工作范畴之内的工作，它们均源于管理者的正式权威和地位。在实际工作中，这三种角色并不冲突，相反，在一定时候还可以合为一体。

### （二）信息传递角色

在信息传递方面，管理者主要扮演信息监听者、传播者和发言人的角色。所有的管理者在某种程度上都从外部组织或机构接受和收集信息。典型的情况是，通过阅读报刊杂志和与他人谈话来了解公众趣味的变化、竞争对手的计划等，此为监听者角色；管理者还起着向组织成员传递信息的通道作用，即扮演传播者角色；当他们代表组织向外界表态时，管理者是在扮演发言人的角色。

### （三）决策制定角色

在决策制定方面，明茨伯格围绕制定决策又确定了四种角色，即企业家、混乱驾御者、资源分配者和谈判者。作为企业家，管理者发起和监督那些将改进组织绩效的新项目；作为混乱驾御者，管理者采取纠正行动应付那些未预料到的问题；作为资源分配者，管理者负有分配人力、物资和金融资源的责任；当管理者为了自己组织的利益与其他团体议价和商定成交条件时，他们又在扮演谈判者的角色。

明茨伯格认为，所有管理者的活动和工作都可以由上述三类十种角色来描述，他们之间相互联系，构成一个综合的整体。

## 阅读资料五

### 一个经理人的一天

杰尔·斯特德是斯奈尔第公司的董事长兼首席执行官。公司设在伊利诺斯州，制造电力产品，年销售额 16 亿美元。斯特德担任此职务已有 2 年。下面是他经理工作中一天的大事记。

上午 6:56，斯特德离开家驱车去当地的小型机场，在那里将登上公司的专机，前往开关事业部设在田纳西州士麦纳的工厂。与斯特德同机前往的还有副总裁约迪·格洛——加入斯奈尔第公司的同事。他谈到他接手的斯奈尔第公司的懒散和无精打采的状况，眼下他主要关心的是他手下有一大批管理者，这些人不愿意承担风险或责任，该拿他们怎么办。斯特德的办法是至少每隔一年半就视察一遍公司设在世界各地的 5 个经营机构。

上午 9:38，飞机降落在士麦纳机场，迎接他们的是开关事业部经理吉姆·克拉克。在克拉克的车中，话题立刻转到电力工人国际工会试图在工厂中建立组织的问题上来，如果工会有可能获胜，那一定是为士麦纳工厂的糟糕的退休金福利计划。“这计划必须修改”，斯特德说，他今天整天都会重复这句话。

上午 9:56，克拉克把车停在一栋红砖楼房前。新产品开发就在这栋楼里进行，斯特德向项目经理表示问候，并与软件设计师和工程师们交谈。匆匆地视察完这座小楼后，项目经理向斯特德简要汇报了新产品计算机化的电子监控分析仪的情况。斯特德问了几个关于产品的获利性和市场潜力方面的问题，并指示格洛落实一下安全分析人员是否审查过新产品的试验报告。

上午 10:27，斯特德希望乘小型客车去士麦纳开关事业部工厂。在工厂的会议室里，他坐在会议桌的首席位子上，听取了四个汇报。斯特德提了许多问题，汇报中还不时插话评论、少量的建议和强调。他的风格是苏格拉底式的——问题尖锐但语气温和，深思熟虑但却很漫谈。

下午 12:31，在克拉克的办公室里，斯特德提到他曾收到过工厂会计师的一封信，信中控告工厂主机员的一位下级让他们篡改账目。主机员告诉斯特德他知道自己将被解雇。斯特德同意："我们不能要这种人"，他又加上一句："此事就此了结"。

下午 12:43，斯特德给一位烦恼的顾客打电话就交货问题向他道歉。斯特德称自己要花 20%的工作时间与顾客接触或处理顾客的投诉。

下午 12:57，克拉克和他的助手向斯特德继续作汇报。

下午 2:27，斯特德去员工食堂答复工人们的问题。问题提得很不踊跃，犹犹豫豫，但所有的问题集中在公司对组织工会的态度和退休金计划的缺陷上。

下午 3:44，斯特德与士麦纳工厂的工人代表进行简短会面。当话题转向组织工会时，斯特德催促格洛，"修改退休金计划，最好明天就开始"。

下午 6:57 从士麦纳回来，斯特德在开车回家的路上接到公司法律顾问的电话。他在电话中说，上次董事会议以来的备忘录将通过快递的方式送到各位董事手中，使他们有充足的时间审阅材料，为下周在多伦多召开的董事会议做准备。

## 四、管理者的技能

管理者的技能是指管理者把各种管理知识和业务知识用于实践中所表现出来的能力。管理者要使自己的管理工作卓有成效，就必须具备一些基本的管理技能。这些技能包括技术技能、人际技能和概念技能，即 THC 技能。

### （一）技术技能（Technical Skill）

技术技能，即T技能。它是指正确地掌握从事一项工作所需的技术和方法。它包括三方面的内容：一是掌握专业技术。如制造车间主任必须懂得各种机器设备的操作技术，人事测评中心主任必须懂得人员功能的测评技术。二是掌握工作方法和程序。如办公室主任必须懂得收文和发文程序，市场部经理应该掌握各种营销方法。三是熟悉工作制度和政策。如财务处长必须懂得会计制度和财务规定，人事处长应该熟悉人事制度和人事政策。

### （二）人际技能（Human Skill）

人际技能，即H技能。是指在工作中与人打交道的技能。它包括三方面内容：一是处理人际关系的技能（主要是指协调技能和沟通技能）。管理者处于组织结构网络的网结上，与上（上级）、下（下级）、左右（平级）的人发生着联系，有时还要与组织外部的人发生联系（尤其是高层管理者）。娴熟地运用人际技能处理与这些人的关系，建立起相互的信任和真诚的合作关系，管理工作就会事半功倍。二是识人用人的技能。管理就是通过他人的努力达成组织的目标，因此管理者必须深入地了解他人，用人所长，避人所短，而这要求管理者必须有一套高超的识人用人技能。三是评价激励技能。一般来说，组织成员的工作积极性需要管理者去激发，因此管理者应掌握评价和激励方法，以便客观公正地评价他人并及时给予激励。

### （三）概念技能（Conceptual Skill）

概念技能，即C技能。是指对事物的洞察、判断和概括技能。它最难以表达，但却是最重要的。包括三个方面的内容：一是预测技能。管理者应密切注意组织与外部环境的互动关系以及组织内部各部分的相互作用关系，预测各种因素的变化对组织未来发展的影响。二是判断技能。管理者必须敏捷地从混乱而复杂的局面中辨别各种因素的相互作用，迅速地判定问题的实质，及时采取对策。三是概括技能。管理者应善于思考、善于学习、善于总结经验，能从纷繁复杂的信息中抽象出对组织全局和组织战略有重要影响的关键信息，并据此作出正确的决策。

以上三种技能对任何管理者来说都是应当具备的，但是不同层次的管理者，由于所处的位置、作用和职责不同，对管理技能的需要也有差异性。对高层管理者而言，由于其面对的问题是全局性的，更具有复杂性，牵扯的因素多、范围广，所以尤其需要概念技能。概念技能的高低应成为衡量高层管理者素质高低的最重要尺度；对基层管理者来说，由于他们的主要职责是现场指挥和监督，若不掌握熟练的技术技能，就难以胜任管理工作，因此，基层管理者更注重的是技术技能，而对概念技能的要求不是太高；另外，由于管理者的工作对象都是人，因此，人际技能对各个层次的管理者来说都是重要的。尤其在以人为本的今天，没有人际技能的管理者是不可能做好管理工作的。

## 五、管理者职业化

管理者是否需要像医生、律师或会计师那样成为职业工作者？管理工作是否每个人都能做？目前理论界还没有统一的认识，但在实际工作中，职业管理者已经出现，并且也已经得到大家的认同。历史上，美国西部铁路公司在19世纪中叶发生的两辆客车相撞事故，促使该公司最早采用了由“支薪经理”来代替所有者行使管理职能的崭新的管理制度。从那时起，专职经理在管理上发挥了越来越重要的作用。但是，在所有者和管理者刚开始实现分工的年代里，管理工作还主要是由懂业务技术的“硬专家”来承担。随着社会的发展，仅由精通一门技术的专家来管理已经不适应新形势的需要，所以逐渐演化为由工商管理学院培养出来的管理人才来实施管理。这类新的管理专家所具有的管理技能已经大大超出技术技能的范围，所以，被称为“软专家”。

西方国家在19世纪中叶以前，经济组织中所有权与经营权并未分离，管理职能没有完全独立出来，因此，没有职业化的管理阶层（或称经理阶层、企业家阶层）。随着企业规模的扩大，管理工作的难度加大，使得有“财”无“才”的资本家感到力不从心，从而开始聘请有专门经营管理知识和技能、靠领取薪金作为主要收入来源的管理人才来代行管理之职。据调查，美国 500 家大公司的高级经理人员中有 71.8%是工商管理专业毕业的，出身于工程技术和其他学科专业的仅占 28.2%。现在，各行各业中,管理工作的专业化，并逐步形成职业化的管理人才队伍，已经是一种客观发展趋势。

目前，在我国，随着现代企业制度的推行，许多企业已着手对原有的管理制度进行改革。尤其是民营企业，在向现代化企业转变的过程中，他们并不排斥职业经理，甚至有一部分企业已将经营权交给了职业经理。比如，2000 年，华帝燃气具公司的 7 位创业者在企业成立 7 年之后退居二线，让贤职业经理人，此举成为当时财经媒体的头条新闻。华帝燃气具公司的 7 位创业者，由于竞争压力选择了 35 岁的姚吉庆担任总经理，创业者退居董事会。董事会与总经理之间的分工大致如此：总经理负责公司运作，董事会负责监督总经理，比如大的投资项目、财务报表要经过董事会的审核。董事会现在可以用更多时间来思考企业长远规划。

当然，管理工作要成为一项专门的职业，经理市场的发育是先决条件。成熟的经理市场将优秀管理者的才能看成是一种稀缺商品，从而雇用这些管理人员的组织需要为这种稀缺商品付出相当高的代价（包括年薪工资、红利和股票期权等报酬）。杰出的管理人才，就像职业体育运动的超级明星一样，成为企业不惜重金聘请的对象。

但是，要培育一个成熟的经理市场，首先必须端正社会对管理阶层权力的认识，即必须突破管理权力来源于所有权的观念，在充分尊重和保护所有权的基础上，树立管理权力来源于管理职位所承担的责任这样的观念。其次，要解决所有者与经营者之间的信任与合作问题，这涉及到所有者与经营者之间明确的分工和不同的角色意识。再次，职业经理人本身要具有职业精神，努力培养自身的职业经理能力。所谓职业经理就意味着，一个人只能做经理，不能做教授，也不能当官。没有这样的职业精神，或者说没有这样孤注一掷的勇气，所有者与经营者之间就难以建立充分的信任。

## 阅读资料六

### 职业经理人须提升8项能力

为适应现代经济社会发展的需要，企业的决策及管理的正确与高效的前提是，职业经理人应具有较高的素质并能充分发挥自己的作用，以提高企业的竞争生存发展能力，职业经理人应提升以下8项能力。

一、正直的人格魅力

即职业经理人的人格力量，在群众中的威望和影响力，是靠职业经理人在企业内外的交往言行中表现出来的。它要求职业经理人要有较高的责任感和职业道德水准，要有事事率先的表率能力，要有亲和感召力。在中国目前的企业，职业经理人的人格魅力仍然是影响班子好坏的重要因素，只有职业经理人这个头带好了，才会带出一个好的管理队伍。

二、准确的判断能力

具备高智商且思维敏捷，能够站在企业改革与发展的高度，对企业领导班子成员提出的众多议题提出自己新颖的思想、建设性的意见或建议，保持上下统一、总揽全局，做到超前认准方向、把握好方向、坚持方向，齐头并进，协调健康发展。

三、成熟、自信和沟通的公关能力

一位成熟、自信的职业经理人应把集体取得的成绩看得比个人的荣誉和地位更重要。身为高层的决策人员，对内要以团结为己任，乐于倾听不同意见，重视情感沟通，在坚持原则的前提下，把“一班人”紧紧地凝聚在一起。对外要以提高企业知名度和社会影响力为己任，善于搞好“上挂、横联、下辐射”的公关网络建设，协调沟通好社会各界关系，才能拓展企业的生存发展空间，为“产品出得去”铺平道路。

四、善于处理危机或突发事件的能力

企业的发展不可避免地会出现短期或长期的危机及不可预测的突发事件，怎样才能最大限度地降低负面效应，减少危机对企业正常的生产经营的冲击，带领员工奋发图强，走出危机笼罩的阴影，是优秀职业经理人必备的素质之一。

五、精通市场经济知识和把握内在规律的运作能力

在市场经济体制下，优胜劣汰机制的建立，企业面临愈来愈激烈的竞争。

只有加强企业的自身建设，建立起与市场经济和企业内在规律相适应的生产机制和管理机制及与生产经营相配套的高质量的员工队伍、较高的现代化教育培训技术手段和信息化水平，才能生产出高质量的产品。这就为职业经理人提出了高标准的要求，必须精通市场经济知识和具备把握内在规律的运作能力。

七、较强的理财能力

职业经理人的重要职责之一就是要搞好财务监督，做个好“管家”。因此，职业经理人应具备一定的财务知识，应能看懂反映企业财政状况的各种财务报表和其他指标，严格控制支出，要发扬“艰苦朴素、勤俭持家”的优良传统，力争把有限的资金用于企业的自身发展上。

八、坚持不断充电

随着知识经济的到来，技术发展日新月异，高科技产品换代迅速，为企业的经营和管理产生深远的影响。为适应这一变化，作为职业经理人，要做学习培训的鼓吹者和实践者，只有不断学习、不断提高自己，才能深入和了解当今国内乃至世界上本行业的前沿情况和发展趋势，只有这样，才能保持战略性的远见卓识和高质量的决策水平。

（资料来源：中国管理传播网）

## 第三节　管理学

### 一、管理学及其研究对象

管理学是一门系统地研究管理活动的普遍规律、基本原理和一般方法的科学和艺术。

管理学正式形成于20世纪50年代，其理论依据是美国管理学家孔茨和奥唐奈于1955年出版的《管理学原理》。20世纪60年代以来，管理学受到各国管理学界的广泛重视。1996年，我国国家自然科学基金委员会成立了管理科学部，国务院学位委员会也批准建立了管理学门类，下辖管理科学与工程、工商管理等一级学科。

管理活动是普遍存在的，但不同组织的管理内容、管理方法不尽相同，由此形成了各种不同门类的管理学。如工商企业管理学、行政管理学、教育管理学、旅游管理学、国民经济管理学等等。

管理学的研究对象有广义和狭义之分。广义的研究对象包括生产力、生产关系和上层建筑三个方面。生产力方面，主要研究组织中的人、财、物等生产要素如何合理配置问题；生产关系方面，主要是研究如何处理组织内部的人际关系，如何完善组织机构与各种管理体制的问题；上层建筑方面，主要是研究如何使组织内部环境与外部环境相适应，如何使组织的各项规章制度与国家的政策、法令、法规等上层建筑保持一致的问题。

管理学的狭义研究对象，主要包括管理历史、管理者、管理活动和管理方法等。从历史的角度，着重研究管理实践、管理思想、管理理论的形成、演变和发展；从管理者的角度，着重研究管理的职能，管理者面临的问题，管理者应具备的素质，管理者在执行各项职能中的原理、方法和技巧等；从管理活动的角度，着重研究管理的目标、管理面临的基本问题、管理的环境、战略与决策、解决问题和实现目标可利用的资源、解决问题的方法、管理活动的组织实施和控制等；从管理方法的角度，着重研究管理的各类有效方法、手段及其运用，如目标管理法、专家预测法、头脑风暴法、决策树法等等。

## 二、管理学的特点

### （一）一般性

一般性，即普适性，是指管理学的基本原理、基本方法对不同行业、不同部门、不同性质的组织具有一定的普遍适用性。不管是营利性组织还是非营利性组织，他们为了实现既定的组织目标，都需要完成包括计划、组织、领导、控制等一系列的管理职能。与“企业管理学”等专门的管理学科不同，管理学是一门研究管理活动中共性原理的基础理论学科，它是其他具体或专门管理学科的基础。

### （二）综合性

综合性是指管理学涉及哲学、社会学、心理学、政治学、经济学、历史学、法学、统计学、运筹学、信息科学等许多学科方面的知识。可以说，它是一门交叉学科和边缘学科，它在内容和方法上必须综合利用自然科学和社会科学的成果，并加以拓展，才能更好地指导人们的管理实践，发挥自己的作用。

### （三）模糊性

模糊性指的是管理工作所涉及的许多因素是不可量化的，是一种模糊的量。如人的思想、情绪、心理、感情以及人际关系、组织文化、领导方式等，这些因素都不可能像自然科学那样放在实验室里进行精确测量，而只能运用定性方法进行分析，因此，管理学是一门不精确的学科。

### （四）实践性

实践性指的是管理学的理论来源于实践，又直接应用于实践，指导实践，并在实践中不断检验管理学理论和方法的有效性。因此，管理学是一门实践性很强的应用科学。

## 三、管理的自然属性和社会属性

管理具有二重性：一是与生产力、社会化大生产相联系的自然属性；二是与生产关系、社会制度相联系的社会属性。

管理的自然属性，是指管理中对人、财、物等各种要素的管理。如成本管理、财务管理、人力资源管理、质量管理、技术管理等。这些管理的基本手段和方法是通用的，不会因社会制度、社会文化的不同而变化。不管是资本主义生产还是社会主义生产，都是社会化大生产，对人、财、物等各种要素的管理都要求达到以尽可能少的投入获得尽可能多的产出这一目标。因此，从管理的自然属性来讲，不同社会制度下的管理具有共性，两者之间可以互相学习和借鉴。

管理的社会属性指的是管理是人类的活动，而人都存在于一定的生产关系和社会文化中，必然受到不同生产关系的制约和社会文化的影响。不同社会制度下的管理,必然要代表一定阶级的利益要求，这就使得管理目的、管理方式、管理方法都会出现一定的差别。因此，从社会属性看,不同社会制度下的管理又存在着本质上的区别。

学习和理解管理的二重性理论：一方面为我们大胆学习和借鉴发达国家先进的管理经验和方法，迅速提高我国的管理水平提供了理论依据；另一方面，管理的社会属性又告诉我们，在学习国外先进管理经验时，应充分考虑我国国情，不能照搬照抄。管理可以移植但不能复制。

## 四、管理的科学性和艺术性

管理是一门科学。管理学研究管理过程中的各种规律，由一整套的原则、主张和基本概念组成，具有普遍的指导意义。从这个意义上说，它是一门科学。

管理又是一门艺术。由于管理具有很强的实践性，管理的对象又是组织中的人，同时管理问题和管理环境千变万化，因此，管理工作如同医学、作曲、工程设计等实践活动一样，需要一定的技巧，即根据实际情况行事。任何管理理论都不可能为管理者提供解决一切问题的标准答案，管理者只有根据管理的基本原理和方法，密切联系实际，运用自身的智慧和实践经验，才能取得良好的管理成效。

管理的科学性和艺术性并不是互相排斥的，而是相互统一、相互补充的。管理艺术必须建立在管理科学的基础上，不注重管理的科学性而只强调管理工作的艺术性，这种艺术性将更多地表现为随意性。“拔苗助长”、“杀鸡取卵”这类故事都说明了这个道理。同样，不重视管理的艺术性，管理科学性也将会是僵硬的教条。

## 复习思考题

1. 什么是管理？如何理解管理这一概念？
2. 管理的职能有哪些？它们之间有什么关系？
3. 为什么说管理既是科学又是艺术？
4. 如何理解和运用管理的二重性原理？

5. 管理者应具备怎样的知识和技能？有了所需的管理知识和技能，就一定能成为一名合格的管理者吗？
6. 当管理者在组织中的地位发生变化时，其管理工作有何异同？
7. 管理者角色是指什么？在实际工作中，管理者扮演着哪些角色？
8. 假如你是一位管理人员，那么在日常工作中你将如何把握好管理工作与作业工作？
9. 管理学有哪些基本特点？
10. 管理的“人本原理”指的是什么？举例说明在实际工作中应如何坚持“以人为本”？

**案例一**

### 多面手

老郑是一位有名的多面手。深圳一家公司高薪聘请他，但是他没有去，他表示要为家乡建设做出贡献。1995 年老郑被调往规模和档次都较低的县委招待所担任一把手。上任伊始，他从加强管理出发，本着“宾客至上、服务第一”的宗旨，将原来的县委招待所改造成为拥有 320 张床位、大小餐厅 17 个和服务娱乐设施齐全的“后乐园宾馆”，执当地娱乐服务行业的牛耳，一跃成为涉外二星级宾馆。1996 年底，他又调到当地医院担任院长。虽然他没有学过医，但是，他很快就使一个二类甲级老医院焕发了青春。不到半年的时间，就扭亏为盈。该医院目前各项工作有了新的起色，博得了社会各界的一致好评。有人问他：“郑院长，你是学管理的，又不是学医的。怎么调到医院也搞得这么好，有什么诀窍呢？”他回答得既干脆又简单：“靠科学管理。”他一来到这家医院，就到各个科室去坐班了解情况。待基本掌握医院的情况后，他又率领院内有关人员到各地考察，学习外地医院的好经验，然后按照现代管理理论，并结合本院的具体实际情况，因地制宜地制订了各种有效的可操作的激励机制和制约机制，建立了各类人员的岗位责任制，把任务落实到人。针对医院经济亏损的基本原因是制度不严、漏洞较多，医院增设了审计室，实行三方（药房、收费处、审计室）共同制约的制度后，经费收入逐月增加。过去由于医院内卫生与花卉等没有专人负责，所以，医院环境卫生不好还被媒体曝了光。自从各项工作责任到人，并有严格的检查、监督机制后，情况就变了样，医院环境卫生得到病人和领导的一致赞扬。

### 思考题

1. 为什么说老郑是一个“多面手”？他成为“多面手”的条件和基础是什么？
2. 人们常说：“外行不能领导内行”，作为外行的老郑管理当地医院的成功经验说明了什么？
3. 通过本案例，你如何认识组织活动中管理者的作用与功能？

### 案例二

## 管理者的作用

从“丑小鸭”到“白天鹅”，长虹电子集团公司经历了十几年的发展。在1985年到1996年的10年间，长虹电子集团公司的电视机产量增长了15倍，销售收入增长了190倍，实现利润增长99倍，企业每年各项经济指标的增长率平均在50%以上。十几年前，“长虹”这个名字在中国彩电行业还名不见经传，上级在公开点名批评长虹“胆子太小，步子太慢”的同时，表扬了一家比长虹更小的电视机厂，推广其“沿海开窗、世界设点”的经验。长虹厂长倪润峰要求中层干部一起熟读《三国演义》。根据诸葛亮在《隆中对》中为刘备制定的策略，倪润峰通过对四川环境、信息、交通等不利因素的分析，制定了“先王蜀，尔后霸天下”的经营思路。同时，根据长虹厂财力有限的现实，他冒着在一棵树上吊死的危险，立志把长虹彩电树立为中国彩电行业的“常山赵子龙”。长虹厂一次性支付4000万元支持彩色显像管建设。这一举措使长虹有了稳定的货源，为占领四川和西南市场、进军中原提供了物质保证。终于，“红太阳一族”成为了长胜将军赵云。1993年底，31岁的清华大学博士后赵勇刚刚参加国家重点工程项目回到家乡，商调在长虹工作的妻子去北京。倪润峰学刘备三顾茅庐，几次探访，留下了赵勇。赵勇率领一班人日夜鏖战，一年时间内耗资80万元攻克了大屏幕彩电模具的科技难题，填补了空白。在这之前，长虹21英寸彩电模具耗资40万美元才从美国引进得到。1995年赵勇住进180平方米的专家楼，第二年又担任了副总工程师和设计四所所长，同年8月成为最年轻的总工程师。在长期的工作中，倪润峰创造出一套“倪氏二五三单元工作法”：一年中，50%的时间跑市场和指导销售，50%的时间抓经营管理和指导生产；一天中，上午四小时与各部门共商发展大计，下午四小时与商家洽谈业务，而晚上四小时则研读各种信息。

正由于总经理是这样，长虹人善于利用和分享信息资源，建立了一整套搜集、筛选信息的网络和机制，每个分厂当天产量、质量和员工状况等信息和全国几百家营销商搜集的当地政情、商情、民情，每天都要报到总经理办公室，由办公室将这两方面的信息加上文件、报刊和电台等其他渠道获取的信息每天编印成《长虹快讯》、《信息专刊》、《环球动态》等，供总经理和其他有关领导参考。另外，董事会经常召开重大经济信息分析会以保证作出正确的决策。因此，长虹人能“事事先想一步、招招先行一步”。

长虹作为我国最大的彩电企业，为适应竞争和发展的需要，他们强调了全厂自我教育，主要包括两方面的内容：一是危机忧患意识和竞争意识的教育。改革开放以来，我国共引进113条彩电生产线，初步形成了国内彩电工业。1989年第一次彩电降价使国内百家企业垮掉一半。1996年第二次降价使我国彩电行业进一步向集团化和规模化集中，竞争形势更加严峻。当长虹厂在国内竞争中崛起之时，索尼公司与上海合作年产彩电320万台，菲利浦公司与苏州合作年产彩电80万台，松下公司与山东合作年产彩电100万台，三星公司与天津合作年产彩电100万台。长虹以发展民族工业为已任，广泛开展危机忧患意识和竞争意识的教育，使大家认清形势，共创企业的未来。二是主人翁意识和严格管理教育。长虹有严明的纪律和制度。凡职工一月迟到、早退、溜号两次，予以辞退；上班时，统一着装，女工不准戴首饰，不准化妆，不准穿高跟鞋；上班前不准喝酒；员工不能从事第二职业……曾经有四名职工上班打麻将，一人旁观，全部除名。一位年轻干部外出办事，中间去了一趟股市，回来后就被就地免职。厂长倪润峰认为，只有工厂兴旺，才是全体职工最大利益之所在，所以严格管理完全是必要的。

### 思考题

1. 作为成功的企业家，长虹电子集团总经理、“彩电大王”倪润峰表现了怎样的优秀的品质？
2. 倪润峰的成功经验对企业经营管理者有何启发？要成为优秀的管理者，应该具备什么条件？

## 案例三

### 张处长的难处

近几年，中国的高等学校普遍进行后勤管理体制改革，共性的做法是将后勤职能社会化，即将学校的食堂、环卫绿化、安全保卫、水电管理与维修、医院、基建维修等等总务后勤工作剥离出去，由社会上的专业机构承担，以便学校能减轻过重的负担，集中资源用于教学、科研第一线，在专业化分工合作中实现学校与社会有关机构的“双赢”。沿海某市的WY大学，在充分考虑了学校实际和经过充分准备，决定采用一步到位的改革方案，在2001年1年内将后勤社会化改革完成。

一天早晨，后勤处张处长前脚刚踏进办公室，他的老部下——膳食科的胡科长就来诉苦：“张处长，我在学校干了那么多年，勤勤恳恳，任劳任怨，就算没有功劳也有苦劳啊，这食堂一承包出去，不就等于宣布我下岗了。我实在想不通……”

刚送走胡科，保卫科安科长又来了：“张处，保卫工作虽说不像教学科研那么重要，可责任重于泰山啊，再说学校哪像居民小区，物业公司它能管得好？”

好不容易打发走安科，收发室王婆带着她那在绿化科工作的闺女找来了：“小张啊，我的命苦啊，老伴去得早，闺女身体又不好，亏得学校照顾，安排我们俩工作。可现在搞什么社会化，我们的日子可怎么过呀……”

……

张处长自己也有一肚子苦水：全处200多号人，不管是正式工还是临时工，他们大多为学校工作过多年，与自己、与学校建立了深厚的感情。社会化后只能保留10人左右，他们都是好人，有的甚至是学校的元老功臣。这叫我如何“社会化”呀？大道理我都懂，可有时是“大道理好听，做起来没法啊”。

## 思考题

请用管理学原理进行分析，并给张处长提些建议。

## 案例四

### 黄河集团的职业经理之路

兰州黄河集团是“红帽子”企业，名义上是乡镇企业，实际上是家族企业，在争取上市期间两次引进职业经理，却都因为所有者与经营者之间的权力之争使企业重新恢复家族经营。

1997 年该集团为了能够顺利上市，创始人将企业进行了股份制改造，按《公司法》的要求组建了董事会，创始人任董事长，聘请了长期跟踪报道企业的记者为总经理。公司上市之后，董事长与总经理的权力之争很快公开化，董事长不愿放弃大权独揽的状况，总经理利用职务之便非法转移公司股权。1999 年董事长主持召开临时股东大会，免去了上一届全部董事和监事，创始人在新董事会中继续担任董事长，其余任副董事长或总经理，企业又回归到家族经营。1999 年，该公司二次引进人才，高薪聘请了一名大学教授为总经理，但新任总经理上任仅 4 个月就离开了黄河集团。

## 思考题

1. 请分析黄河集团引进职业经理失败的原因。
2. 引进职业经理后，应如何处理好所有者与经理人之间的关系？

# 第二章 管理思想与管理理论

## 本章重点

- 管理实践、管理思想与管理理论三者之间的关系
- 科学管理理论、一般管理理论、行政组织理论的要点
- 霍桑试验及人际关系理论的要点
- 西方现代管理学派及其理论要点
- 学习型组织
- 企业流程再造
- 我国管理思想的产生和发展

## 引 例

### 管理理论与管理实践

海伦、汉克、乔、萨利 4 人都是美国西南金属制品公司的管理人员。海伦和乔负责产品销售，汉克和萨利负责生产。他们刚参加过在大学举办的为期5天的管理培训班学习。在培训班里主要学习了权变理论、社会系统理论和一些有关职工激励方面的内容。他们对所学的理论有不同的看法，正展开激烈的争论。

乔说："我认为社会系统理论对于像我们这样的公司是很有用的，例如，如果生产工人偷工减料或做手脚的话，如果原材料价格上涨的话，就会影响到我们的产品销售。系统理论中讲的环境影响与我们公司的情况很相似，我的意思是，在目前这种经济环境中，一个公司会受到环境的巨大影响，在油价暴涨时期，我们当时还能控制自己的公司。现在呢?我们要想在销售方面每前进一步，都要经过艰苦的战斗。这方面的艰苦，我们大概都深有体会吧?"

萨利插话说："你的意思我明白。我们的确有过艰苦的时期，但我不认为这与社会系统理论之间有什么必然的联系。我们曾在这种经济系统中受过伤

害，当然，你可以认为这与系统理论是一致的。但是我并不认为我们就有采用社会系统理论的必要。如果每个东西都是一个系统，而所有的系统都能对某一个系统产生影响的话，我们又怎么能预见到这些影响呢?所以，我认为，权变理论更适合我们。如果你所说的事物都是相互依存的话，系统理论又能帮我们什么忙呢?”

海伦对他们这样的讨论表示有不同的看法。她说：“对社会系统理论我还没有好好地考虑。但是，我认为权变理论对我们是很有用的。虽然我们以前亦经常采用权变理论，但是我却没有意识到自己是在应用权变理论。例如，我有一些家庭主妇顾客，听到她们经常讨论关于孩子和如何度过周末等问题，从她们的谈话中我就知道她们要采购什么东西了。顾客也不希望我们‘逼’她们去买她们不需要的东西。我认为，如果我们花一两个小时与他们交谈的话，那肯定会扩大我们的销售量。但是，我也碰到一些截然不同的顾客，他们一定要我向他们推销产品，要我替他们在购物中做主，这些人也经常到我这里来走走，但不闲谈，而是做生意。因此，你们可以看到，我每天都在应用权变理论来对付不同的顾客呢。为了适应形势，我每天都在改变销售方式和风格，许多销售人员都是这样做的。”

汉克显得有些激动地说：“我不懂这些理论是什么东西。但是，关于社会系统理论和权变理论的问题，我同意萨利的观点。教授们都把自己的理论吹得天花乱坠，他们的理论听起来很好，但是他们的理论却无助于我们的管理实际，对于培训班上讲的激励因素我也不同意。我认为，泰罗在很久以前就对激励问题有了正确的论述。要激励工人，就要根据他们的工作支付他们的报酬，如果工人什么也没有做，就不用付任何报酬。你们和我一样清楚，人们只是为钱工作，钱就是最好的激励。”

## 第一节 概 述

### 一、管理实践、管理思想与管理理论三者之间的关系

自从有了人类社会，就有了管理实践。随着管理实践的不断发展，管理思想逐步形成。将管理思想进行归纳总结，便形成了管理

理论。管理理论又返回到实践，接受实践的检验，并指导实践，如此循环往复，螺旋式上升发展。如图 2-1 所示。

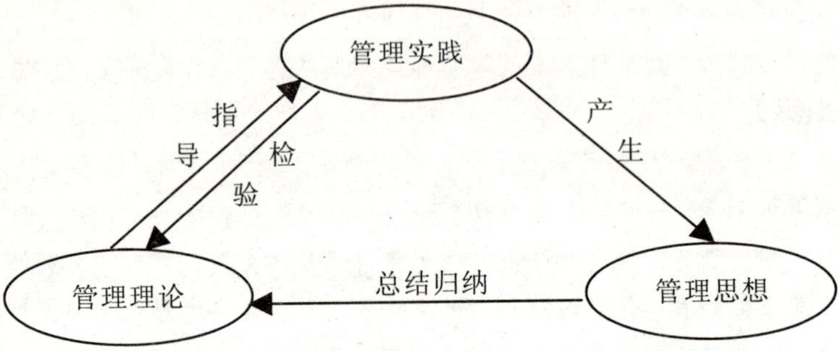


图 2-1　管理实践、管理思想、管理理论三者之间的关系

## 二、管理实践、管理思想与管理理论发展的阶段划分

综观管理实践、管理思想、管理理论的发展史，大致可以分为 4 个阶段：

### （一）早期的管理实践与管理思想

产生于 19 世纪末以前。这一阶段人类仅仅为了谋求生存而进行各种活动，虽然在管理上提出了某些见解，并对管理活动在组织中所起的作用有了一定的认识，但还未形成较系统的管理理论。

### （二）古典管理理论阶段

是指 20 世纪初泰罗的科学管理理论出现后到 20 世纪 30 年代行为科学理论出现前这一阶段。主要代表人物有泰罗、法约尔、韦伯等。

### （三）新古典管理理论阶段

是指 20 世纪 30 年代到 60 年代这一段时间。其主流是行为科学理论。主要代表人物有梅奥、巴纳德等。

### （四）现代管理理论阶段

是指从 20 世纪 60 年代到现在。这一时期管理领域非常活跃，出现了一系列管理学派，有“管理理论丛林”之称。

## 第二节　早期管理实践与管理思想

人类进行的管理实践，大约已超过了6000年的历史。著名的埃及金字塔，从设计到施工组织管理，都堪称是人类社会最光辉的遗产。还有巴比伦的“空中花园”、罗马水道以及我国的万里长城等，都是历史上伟大的管理实践。这些古国在国家管理、生产管理、军事、法律等方面也都曾有过许多光辉的实践。

进入18世纪60年代后，以英国为代表的西方国家，开始了第一次产业革命，使生产力有了很大发展，随之而来的是管理思想与管理方法和手段的创新，出现了一批卓有贡献的思想家、经济学家和管理学家。其中，最早对管理思想进行系统论述的学者，首推英国经济学家亚当·斯密。他在1776年发表的《国富论》一书中，系统地阐述了劳动价值论及劳动分工理论。他举了制针行业的一个例子：在制针工厂，如果10个工人每天各从事制针工序上的一项专门工作，则每天能生产4.8万根针。但如果每个工人独立完成制针工序上的所有工作，那么这10个工人最快也不过每天制作200根针。因为他们每个人都得拔丝、矫直、切段、敲针头、磨针尖、将针头和铁杆焊在一起，这样一个人每天能完成10根针，手艺就算不错了。所以斯密认为，劳动分工能提高生产效率，因为它提高了每个工人的技能和劳动熟练程度，节约了由于变换工作浪费的时间，同时也有利于机器的发明和应用。今天广泛普及的工作专业化，无疑是由于斯密在200多年前就提出的劳动分工思想所触发而产生的。

在斯密之后，另一位英国人查理·巴贝奇发展了斯密的论点。巴贝奇是一位精通数学、机器制造的经济学家，他在1832年发表的《论机器与制造业经济》一书中，进一步阐述了劳动分工对提高劳动生产率的作用，并强调了关于体力劳动与脑力劳动分工的主张。他还提出了一种工资加利润的分配制度，为现代劳动工资制度的发展和完善作出了重要贡献。

英国的空想社会主义者罗伯特·欧文也是这一时期著名的管理学者。他通过一系列的实验，首先提出了在工厂生产中要重视人的因素，反对将人作为机器的附属物。

上述这些管理思想虽然不系统、不全面，没有形成专门的管理理论和学派，但对促进生产及后来科学管理理论的产生和发展起到了积极的作用。

## 第三节　西方管理理论的发展

### 一、西方古典管理理论

#### （一）泰罗的科学管理理论

弗雷德里克·泰罗，出生于美国费城一个富裕的律师家庭，曾在美国一家钢铁厂当过学徒、普通工人、工长，后又升为总工程师。长期的亲身实践，使他对生产管理问题有了独特的认识。他认为，落后的管理是造成生产率低下、工人“磨洋工”和劳资冲突不断发生的主要原因。他确信工人的生产率只达到了应有水平的 1/3。于是，他决定用科学的方法来纠正这种状况。

泰罗花了 20 年的时间以极大的热情寻求从事每一项工作的“最佳方法”，其中最著名的科学管理实例是生铁块试验。当时，工人们要把 41.7 千克重的生铁块装到铁路货车上，他们每天的平均生产量是 12.5 吨。泰罗认为，通过科学地分析装运生铁工作以确定最佳的方法，生产率应该能提高到每天四十七八吨。他找来了一位身强力壮的工人，采用金钱激励法，让这位工人每天挣到的工资从 1.15 美元上升到 1.85 美元，但要求他按规定的方法装生铁块。泰罗试着转换各种工作因素，以便观察这些因素对这位工人日生产率的影响。例如，他观察这个工人弯下膝盖搬生铁块和伸直膝盖搬生铁块这两种方式对日生产率的影响；同时泰罗还试验了行走速度、持握的位子和其他变量对日生产率的影响。经过长时间的科学试验和对各种程序、方法和工具的组合，泰罗成功地找到了他认为可能达到的生产率水平的方法。于是，泰罗按工作要求选择合适的工人并使用正确的工具，让工人严格遵循他的作业规范，并用大幅度提高日工资的方法来激励工人，从而达到了让工人每天装运 48 吨的目标。

采用类似的方法，泰罗确定了做每一件工作的最佳方法，然后选择适当的工人并培训他们严格按最佳方法从事工作。同时，泰罗主张采用刺激性工资计划激励工人。最终泰罗取得了生产率在 200% 甚至更高范围内的持续改进。

1911 年，泰罗出版了《科学管理原理》一书。在书中，他提出了改善生产效率的基本理论和方法，并由此奠定了科学管理理论的基础。泰罗本人也因此被尊称为“科学管理之父”。

《科学管理原理》的理论要点是：

1．时间研究和动作研究

通过时间研究和动作研究规范工人的工作活动和工作定额。时间研究，就是研究人们在工作期间各种活动的时间构成，目的在于确定最优的工时定额；动作研究，就是研究工人干活时动作的合理性，即研究工人在干活时其身体各部位的动作，经比较分析后，去掉多余的动作，改善必要的动作，其目的是寻求一种达到最优工时定额的最优操作方法。

2．工人的挑选和培训

科学地挑选工人，并对他们进行专门的培训、教育，同时，合理安排工作岗位，使能力与工作相适应。

3．实行标准化管理

即工人在工作时要采用标准的操作方法，而且工人使用的工具、机器、材料和所在工作现场等都应该标准化，以利于提高劳动生产率。

4．坚持专业分工原则

即明确管理者和工人各自的工作和责任，实现管理工作与操作工作的分工，并进而对管理工作也按具体的职能不同进行细分，如计划职能与执行职能的分工等，以提高管理效率。

5．实现劳资双方的思想革命

泰罗指出："资方和工人的紧密、亲切的个人之间的协作，是现代科学或责任管理的精髓。科学管理的实质是在一切企业或机构中的工人们的一次完全的思想革命。同时也是管理方面的工长、厂长、雇主、董事会的一次完全的思想革命。"他建议管理者应真诚地与工人们合作，以确保劳资双方都能从生产效率的提高中得到好处。

## 阅读资料一

### 美国联合邮包服务公司的科学管理

美国联合邮包服务公司雇用了15万名员工，平均每天将900万个包裹发送到美国各地和180个国家。为了实现他们"在邮运业中办理最快捷的运送"这一目标，公司的管理当局系统地培训他们的员工，使他们以尽可能高的效率从事工作。就以送货司机的工作为例，公司的工业流程师们对每一位司机的行驶路线都进行了时间研究，对每种包括送货、暂停和取货活动都设立了时间标准，这些工程师们把遇红灯、通行、按门铃、穿过院子、上楼梯、中间休息喝咖啡的时间，甚至上厕所的时间都记录下来，将这些数据输入计算机中，从而给出了每一位司机每天工作中的各个环节的详细时间标准。

为了完成每天取送130件包裹的目标，司机们必须严格遵循工程师设定的时间工作，精神高度紧张；当他们接近发送站时，立即松开安全带，按喇叭，关发动机，拉起紧急制动，把变速器推到1档上，为送货完毕离开做好准备。然后，才从驾驶室出来到地面上，左臂夹着文件夹，右手拿着包裹，看一眼包裹上的地址把它记在脑子里，然后以每秒3英尺的速度快步走到顾客的门前，敲一下门（以免浪费时间找门铃），把货送进去之后他们回到卡车上再完成登陆工作。这种刻板的时间表看起来是不是有点烦琐？但它却能带来高效率。联合邮包服务公司是世界上效率最高的公司之一。

## （二）法约尔的一般管理理论

亨利·法约尔是古典组织理论的奠基人，他担任过低、中、高各层管理职务。由于长期从事企业高级管理工作，因而，他的研究更注重管理者的活动，着重研究企业管理的一般理论，特别是企业组织理论。1916 年他出版了代表作《工业管理与一般管理》，其主要内容为：

1．企业活动的类别

他认为，任何企业都有 6 种基本活动：技术活动、商业活动、财务活动、安全活动、会计活动、管理活动。管理活动只是其中之一。

2．管理的 5 大职能

他着重研究了管理活动，他认为，所有的管理活动都是由 5 个要素组成的，这就是计划、组织、指挥、协调和控制。

3．管理的 14 项原则

他认为，管理是一种单纯的适用于一切事业的活动。他提出建立一般管理理论，并总结出 14 项一般管理原则。即劳动分工、职权与职责、纪律、统一指挥、统一领导、个人利益服从整体利益、报酬、集中、等级制度、秩序、公平、人员稳定、首创精神、团结等。

（三）韦伯的行政组织理论

马克斯·韦伯是德国社会学家。他在管理理论上的研究主要集中在组织理论方面，他在代表作《社会组织与经济组织》中提出了所谓理想的行政组织体系理论，因而，在西方管理学界被誉为“组织理论之父”。

理想的行政组织体系的理论要点：

1．明确的分工

组织中各成员按职业专业化进行明确分工。

2．职权等级

职位和职权应按等级来组织，每个下级应接受上级的控制和监督。

3．人员的任用

所有组织成员都通过正式考试和教育训练进行任用。

4．规章制度

管理人员必须严格遵守组织的规章、纪律以及办事程序。

5. 管理人员专职化

管理人员有固定的薪金和明文规定的升迁制度，是职业管理人员。

6. 非人格性

规则和控制的实施具有一致性，不受个人情感的影响。

韦伯的理论对泰罗、法约尔的理论是一种补充，对后来的管理学家们，尤其是组织理论学家有很大的影响。

### （四）新古典管理理论

古典管理理论对提高企业的劳动生产率起到了积极的作用，但古典管理理论也具有自身的局限性。由于该理论主要注重生产过程、组织控制方面的研究，较多地强调科学性、精密性、纪律性，对组织中的人这个关键因素缺乏重视，甚至把人作为机器的附属物看待，这引起了工人的强烈不满，并受到了工人的抵制。这就决定了运用这些理论和方法已难以进一步提高劳动生产率、缓解劳资紧张关系等问题。因此寻求和探索新的管理思想、管理理论和管理方法便成为必要，新古典管理理论正是在这一背景下产生的。

1. 梅奥的人际关系理论

乔治·埃尔顿·梅奥系澳大利亚籍美国行为学家。他负责进行了著名的“霍桑试验”，并在此基础上创立了人际关系学说。

（1）霍桑试验。霍桑试验是指1924—1932年在美国西方电气公司所属的霍桑工厂进行的一连串试验。包括工场照明试验、继电器装配室试验、访谈计划和接线板接线工作室试验等。

（2）人际关系学说。通过一系列的试验，梅奥于1933年出版了《工业文明的人类问题》一书，提出了著名的人际关系理论，其基本观点包括：工人是“社会人”，而不是经济人，影响人的积极性的因素，除物质条件外，还有社会和心理因素；企业中不仅有正式组织，还存在着非正式组织，这种无形组织以它特殊的感情、规范和倾向，左右着组织成员的行为；生产率的高低主要取决于人的士气，而士气来自于家庭、社会和企业中人与人之间的关系；企业管理者不仅应掌握技术、经济的技能，还应当掌握处理人际关系的技能，包括了解人群情况的技能、对工人进行咨询激励、引导和信息交流的技能。

2．巴纳德的组织理论

切斯特·巴纳德长期担任高层经理人员，他将社会学理论、行为学理论和系统理论有机结合起来，提出了以人为中心的新古典组织理论。其主要观点为：组织是一个由人组成的协作系统，只有在实现组织目标的同时，也确保个人目标的实现，才能保证系统的运转效率；正式组织的协作基础是组织成员相互协作的意愿、共同的组织目标和相对稳定的信息联系；经理人员在系统中的作用是规定组织目标、建立和维持一个信息联系系统、促使组织成员做出贡献等；管理者的权威不是来自上级的授予，而是来自下级的认可等。

## 二、西方现代管理理论

### （一）管理过程学派

管理过程学派注重管理的过程和职能，其主要代表人物是美国的哈罗德·孔茨和西里尔·奥唐奈。该学派的主要观点是：管理是一个过程，即让别人同自己一起去实现既定目标的过程；管理过程有五个职能，即计划、组织、人事、领导、控制；管理职能具有普遍性，即各级管理人员都执行着管理职能，但管理级别不同各职能的侧重点也不同；管理应具有灵活性，要因地制宜灵活应用。

### （二）行为科学学派

行为科学学派是在人际关系理论基础上发展而成的。人际关系学说只强调重视人的行为，而行为科学理论还要求进一步研究人的行为规律，找出产生不同行为的影响因素，探讨如何控制人的行为以达到预定目标。该学派还强调通过工作本身来满足人的需要，主张在企业中实行民主参与管理，实行员工的自主自治。

### （三）系统管理学派

系统管理学派的主要代表人物为弗里蒙特·卡斯特等。他们侧重于用系统理论来研究管理问题，认为企业是一个人造的开放系统，是一个由各个子系统组成的整体，因此，实际管理工作中，应用系统分析的方法来考察企业及其管理活动，以追求企业整体目标的最优化。

### （四）决策理论学派

决策理论学派的代表人物是美国的赫伯特·西蒙，他因在决策理论方面的突出贡献而获得1978年的诺贝尔经济学奖，其代表作为《管理决策新科学》。在论著中，西蒙认为："管理是以决策为特征的，管理的本质就是决策"，因此，管理必须采用一套制定决策的科学方法。

### （五）管理科学学派

管理科学学派又称数学学派或运筹学派，其代表人物是美国的埃尔伍德·伯法。该学派强调运用各种数学模型和计算机技术来进行管理决策，以提高经济效率。他们认为，管理就是用数学模式和程序来表示计划、组织、控制、决策等合乎逻辑的程序，求出最优的解答。

### （六）权变理论学派

权变理论学派也称情景学派，其主要代表人物为美国的弗莱德·鲁桑斯。该学派认为，现实中不存在一种固定的、一成不变的、放之四海而皆准的管理模式，管理者应根据实际环境的变化，因时、因地、因人制宜，选择合适的管理模式和方法。

### （七）经验管理学派

经验管理学派也称案例学派，其代表人物是美国的彼得·德鲁克。该学派主张从管理者的实际经验（特别是成功的管理者的经验）出发去寻求管理活动的一般规律和共性的东西，并使其系统化和理论化，以此指导其他管理人员的管理工作。该学派为管理学的案例教学法提供了重要的理论依据。

## 三、现代管理理论的新思潮

### （一）学习型组织

1990年，美国管理学家彼得·圣吉出版了《第五项修炼——学习型组织的艺术与实务》一书，该书的出版引起了管理学界的轰动，并于1992年荣获了世界企业管理协会最高荣誉奖——开拓奖。

"学习型组织"是指通过培养弥漫于整个组织的学习气氛，充分发挥员工的创造性思维能力而建立起来的一种有机的、高度柔性的、扁平化的、符合人性的、能持续发展的组织。企业惟一持久的竞争优势源于比竞争对手学得更快更好的能力，也就是说，组织只有主动学习，才能适应变化的环境。"应变的根本之道是学习"！彼得·圣吉提出了学习型组织的五项修炼，认为这五项修炼是学习型组织的技能。

一是自我超越。即组织成员应建立个人远景，不断认识自己，不断给予自己新的奋斗目标，不断创造、不断超越，成为终身的学习者。

二是改善心智模式。即组织成员要善于改变传统的认识问题的方式和方法，要用新眼光看世界。

## 阅读资料二

### 心智模式

彼得·圣吉

嘉得诺在用研究认知科学的最新成果而写成的《心灵的新科学》一书中写道："我认为认识科学最主要的成就是，清楚地展示人类行为各个不同构面的心智表现层次。"我们的心智模式不仅决定我们如何认知周遭世界，并影响我们如何采取行动。哈佛大学的阿吉瑞斯，从事心智模式与组织学习的研究三十余年，他认为："虽然人们的行为未必总是与他们所拥护的理论(他们所说的)

一致，但他们的行为必定与其所使用的理论(他们的心智模式)一致。”

心智模式可能是简单的概括性看法，像是“人是不可信任的”；也可能是复杂的理论，像是有关人与人之间互动方式的假设。但是，最重要的是要知道，心智模式如何影响我们的行动。举例而言，相信“人是可信的”与相信“人是不可信的”，两种不同的心智模式将导致两种不同的行为方式。如果我确信我的儿子缺乏自信，而我的女儿深具侵略性，我一定会不断介入他们之间的争端，以防止女儿伤到儿子的自尊。

为什么心智模式对我们的所作所为有这么大的影响力?首先是因为心智模式影响我们所“看见”的事物。两个具有不同心智模式的人观察相同的事件，会有不同的描述。因为他们看到的重点不同。例如你和我一起去参加一个热闹的宴会，我们的视觉所收到的基本资料都相同，但是我们所留意的面孔却不尽相同。正如心理学家所说的，我们做了选择性的观察。即使在理论上应该是最“客观”的科学家，也无法绝对客观地观察这个世界。爱因斯坦说：“我们的理论决定了观测的结果。”多少年来，物理学家进行了许多与古典物理学冲突的实验，虽然还没有人真正看过这些实验最后提供的数据，但是像量子力学与相对论等理论已经造成了20世纪的物理学大革命。

心智模式影响我们认知的方式，在管理学上同样重要。几十年以来，底特律三大汽车公司相信人们购买汽车所考虑的是式样，而不是品质或可靠性。由这些汽车制造业搜集的证据来判断，他们是对的；调查结果一致显示美国消费者对式样的关切高于品质。然而德国和日本的汽车制造业者，慢慢地教育了美国消费者品质与式样并重的好处，使美国消费者的偏好逐渐改变，结果这两国在美国汽车市场的占有率，从接近零提高为1983年的38%。根据管理顾问米特罗夫的看法，这些关于式样的信念，是通用汽车成功的原则，也是最初普遍被接受的假设：

1. 通用的事业是以获取利益为首要。
2. 汽车是地位的象征，所以式样比品质重要。
3. 美国的汽车市场不受世界其他市场的影响。
4. 工人对于生产力或产品的品质没有重大影响。
5. 坚信企业的分工与功能导向的组织结构。

米特罗夫分析，这些原则多年来对这个产业一直很管用。但是汽车产业把这些原则当作“在任何时候都会成功的神奇公式，最后却发现它只在有限的时段内有效。”

三是建立共同远景。即强调把组织建成一个生命共同体。组织有一个能实现的共同远景，就一定能鼓舞人心、凝聚人气，使组织长盛不衰。

四是开展团队学习。即采用“深度汇报”和“讨论”等不同的团队交谈方式，激发群体智慧。

五是系统思考。即强调把组织看成是一个系统，并把它融入整个社会大系统中，考虑问题要全面，不能只见树木不见森林。

### （二）企业流程再造

#### 1．流程再造的思想

1993年，美国管理学家迈克尔·哈默和詹姆斯·钱比合作出版了《公司再造》一书，该书的出版立刻引起了管理学界和企业界的高度重视，并引发了全球性的企业流程改造热潮。

哈默和钱比认为，过去，人们习惯于用亚当·斯密的劳动分工理论，把业务流程划分为许多活动，认为这样可以达到专业化，提高效率。但随着信息技术的不断发展，组织的经营环境和运作方式都发生了很大的变化。那种过细的劳动分工所导致的部门多、层次多、流程长的状况已经不能适应组织发展的要求，必须进行企业流程再造。即根据信息社会的要求，彻底改变企业的本质，抛开分工的旧包袱，将硬生生拆开的组织架构，如生产、营销、财务、人力资源、管理信息等部门，按自然跨部门的作业流程，重新组装回去。该理论的核心思想是：“根本重新思考，彻底翻新作业流程，以便在现今衡量表现的关键上，如成本、品质、服务和速度等获得戏剧性的改善。”在实践中，凡是流程再造成功的企业，无一不在效益上得到巨大的提高。如IBM信用公司通过流程再造，实行一个通才信贷员代替过去多位专才并减少了九成作业时间的故事广为流传。

#### 2．流程再造技术

业务流程再造或公司再造技术是最近几年来最流行的管理方法

之一。下面从三个方面来论述业务流程再造技术：实施主体、流程再造、再造之后。

(1)实施主体。流程再造是一项企业改造的综合性技术，涉及整个组织形式和职位设计的全面改革，是一次组织的大手术。对这项艰巨的工作来说，领导、组织与协调是第一位的。再造工作的组织者一般包括企业领导人、流程主管、流程小组和流程总协调。

首先是领头人。实施流程再造是一场从上到下的革命，必须要有资深的企业领导人做“领头羊”。他对再造负有全面责任：发起再造，宣传沟通，创造环境，实施监督。为了完成此项重任，他必须具有远见卓识，提出再造总体目标和实施规划，必须有良好的沟通技巧，能够说服、鼓舞员工支持再造工作，还必须有决心和勇气坚持到底。

再造工作的发起主要靠领导，再造工作的具体实施则必须依靠流程主管。流程主管本身就是一个新职位，他必须要有管理能力并通晓第一线业务。流程主管的首要任务是组织一支得力的再造团队，流程再造完成之后，流程主管将替代原来职能部门主管，继续坚守岗位。

再造团队或再造小组人数在 5—10 人之间，一般由公司内部人员和外部专家共同组成。

一般来说，还有一个“再造总协调”机构协助领导人的工作。再造总协调相当于再造领导人的参谋或办公室主任。

这样就建立起了一个替代原来组织的新组织机构的框架。

(2)流程再造。业务流程就是一组共同为顾客创造价值的相互关联的活动。企业之间的根本差别就在于业务流程不同。识别业务流程是整个再造工作中最富有挑战性的部分。

从总体上看，流程再造工作可以分为三个阶段：发现准备阶段、重新设计阶段和具体实施阶段。每个阶段的具体任务如下：

发现准备阶段的任务首先是企业定位，这是流程再造的起点，也是衡量界定变化的标准。定位可以根据形势需要而调整，定位工作的目的是明确再造的任务；然后，分析再造对企业各个部门的影响，估计再造的成本和收益；在此基础上，确定再造项目的起始范围，保证再造工作的第一枪务必要打响。

重新设计阶段的任务包括：仔细审查企业方针、规章制度、成本收入及业务流程，理清关系形成现有流程的详细模型，为设计新流程做准备；然后，涉及新的业务流程被选举权方案，并评估每个被选举权方案可能需要的成本和可能得到的收益；最后找出一个准备实施的方案。

方案确定之后就进入具体实施阶段。首先为选定方案制定具体实施办法，并充分考虑实施过程的各种可能发生的意外情况，事先准备应急措施；随着再造工作的一步步推进，至此再造小组开始渐渐改变职能，从参与项目者变为流程改进者，使再造工作进一步深入下去。

(3)再造之后。流程再造后，公司的组织结构将发生巨大变化，公司里将存在 4 类经理人员：第一类是高层管理人员，包括总经理和事业部经理；第二类是流程经理，即承担处理流程所涉及工作的小组负责人；第三类是专门知识经理，有时候也可以称为技术经理或人力资源经理；第四类是自我经理，他们不负责管理别人，只负责自己的工作。

流程再造不仅是对工作组织方式的改造，它实际上是整个管理思想的再造，流程再造改变了传统的将组织按专业分工设计成职能部门的思路，以顾客为中心，按流程来组织成部门。这一转变能否成功取决于它能否成功地解决以下几类问题：首先是目的问题；其次是文化问题，再造到了一定程度要求企业改变原有文化，因为公司原班人马已经适应、熟悉了原来的一套价值体系，文化无影无形，要改变它是最困难的；再次是流程和业绩问题，新的流程如何提高生产效率?流程经理如何做才能达到目标;最后一个问题是最根本性的问题，即人的问题，再造之后新的职位体系需要什么样的员工?到哪里去找到他们?如何让他们接受这一套新管理模式?等等，这些都是很困难的问题。其中一些问题甚至超出了企业能力的范围，涉及人才培养教育机制的相应调整和配合，否则，具备新技能、观念的一大批新人从何而来?

正因为如此，据估计流程再造和 ERP（企业资源规划）系统等技术的应用成功率仅为 20%左右。我国一些企业在引进新的管理技术方面也做了不遗余力的努力。据报道，联想等公司就引进了 ERP 系统。在业务流程再造方面，以海尔最为引人注目。目前海尔已经通过流程再造进一步提升了自己的竞争能力。娃哈哈企业也正在与艾森哲、科森等专业咨询机构接触，准备从中选择一家做流程再造的咨询。

## 阅读资料三

### 业务流程再造

某化工有限公司是在原集体企业的基础上改制成立的股份制企业，已经成长为省级复合肥行业的骨干企业，年销售收入过亿元，复合肥的产销量与利润额居全省第一位。公司在 2000 年通过 ISO9002 国际质量体系认证，以卓越的品质树立了省内著名品牌。

2002 年底公司在全省农资行业率先推出特许加盟连锁经营的全新营销模式，目前经过几个月的实验，体系运作良好，效果显著，公司业务蒸蒸日上。但是，随着公司业务的发展，随之而来的管理机构日益复杂、工作流转的环节日趋增多、对外的响应速度以及对内的沟通效率等等方面的问题开始浮现。对此，该企业管理层做出了敏锐的反应，把如何提高企业管理水平、提升企业营运能力快速适应市场需求的问题，提上了公司的重要议事日程。为尽快落到实处，该公司决定借助外部力量，请咨询公司来顾问推行。

在调研中，咨询公司发现，该公司现有的业务流程已经具有较完整的体系，但存在生产、销售、采购部门衔接上的问题，本位主义现象严重，业务流程不畅，难于适应瞬息万变的市场要求。流程中有些地方环节繁杂，而有些地方存在空白，尤其在例外事项的处理方面，表现出流程的灵活性急需改造与提高。企业之间的竞争已经从过去直接的市场竞争转向客户的竞争，公司现行运行机制和组织体制正经受着市场的冲击，有必要通过业务流程再造（BPR）对企业进行一次脱胎换骨的改造，迅速提升企业管理水平，增强企业的核心竞争力，通过业务流程再造实现快速满足用户需求，大幅提高客户满意度，从而抓住客户，在市场中处于不败之地，从根本上解决企业生存与持续快速发展的问题。

在通过详细的调研和资料收集后，咨询公司对该公司的主要流程进行了改造，特别对各部门具体职能与职责作了明确界定，并建立了部门间横向协调机制，加快了对突发事件的处理速度。该流程经过模拟运行，效果良好，得到了公司的一致认可。

（资料来源：人民网）

## 第四节　我国管理思想的产生与发展

### 一、我国古代管理思想

我国是世界上历史最悠久的文明古国之一，在中华民族悠久的历史长河中产生了许多丰富的管理实践经验。长城、都江堰、京杭大运河等就是中国古代管理实践的成功典范。

我国也是世界上人口最多、幅员最大的国家之一。历代统治者对如此辽阔的疆土和众多的人口进行着有效的控制和管理，撇开政治意义上的功过是非（这自由历史学家去评说），单从管理学的角度看，他们在管理国家、巩固政权、统帅军队、组织战争、治理经济、发展生产、安定社会等方面都给我们留下了极为丰富的经验和管理思想，对我们的管理实践至今仍有很大的指导作用。

#### （一）儒家管理思想

儒家思想是中国传统文化的主流。儒家思想的核心内容：一是中庸。中庸是孔子和儒家管理思想的基础，中庸的意思是不偏不倚、折中和调和。孔子在《雍也》中说："中庸之为德也，其至矣乎！民鲜久矣！"意思就是中庸作为实现道德的法则，是最正确的，但是人们缺乏它已经很久了！中庸思想体现了孔子认识事物的三分法，即"过"、"中"与"不及"。孔子用中庸引导人们，要把握住管理中的"度"，要用财有度、用人有度、奖罚有度、处理人际关系有度等等，这一观念对管理活动有很大的现实指导意义。二是以人为本。儒教是以人为中心的"人学"。它重视人的因素，提倡"德治"和"仁政"，孔子极力主张"行仁德之政，因民之所利而利之"，"使天下民归心"。三是人和。孔子和儒家主张"礼之用，和为贵"。"和为贵"是中国几千年来处理人际关系、民族关系、社会关系的传统原则，用求大同、存小异的方法，协调社会各部分人的利益和要求，达到整体的协调、和睦，在群体观、社会观上有积极的一面，是中国社会长期稳定的重要文化支柱。"人和"在现代管理中，可以理解为组织成员之间通过彼此沟通和理解，建立良好的人际关系，上下同欲，同心同德，实现组织目标。从广义上看，"和"还包括组织与外部环境之间的互相协调与平衡。四是家族人治。在中国几千年的历史中，家庭伦理是社会伦理的基础，家庭观念推而广之，渗透到宗族、组织、社会关系各个领域。在企业里，爱厂如家便是主人翁精神的家庭观念的体现。在东方文化国家里，家族企业较西方国家普遍，特别是家族管理成为多数家族企业的管理模式选择。五是重义轻利。重义轻利的义利观也是儒家传统思想之一。孔子说："君子喻于义，小人喻于利。"孟子进一步说："何必曰利。"重义轻利提倡在物质利益面前要"克己"、"寡欲"，"见利思义，义而后取"，不取"不义之财"，有一定的积极意义。

### （二）道家管理思想

道家的创始人是老子，他的《道德经》，俗称《老子》，是道家的经典。《老子》蕴藏着丰富的管理思想，既有"治国"，又有"用兵"；既有宏观调控，又有微观权术，历来被称为"君王南面之术"的重要著作。

老子哲学的最高范畴是"道"。认为"道"是"先天地生"的"万物之宗"，天、地、人都是由道派生出来的，都以"道"为法则，"道"是天地万物变化的普遍规律；而"道"本身则"道法自然"，"道常无为而无不为"，进而"无为"就成了老子管理思想的最高原则。这是一个普遍适用于任何管理过程的原则，不论是政治管理、经济管理、军事管理或社会文化管理，都概莫能外。

战国后期，集黄老学说之大成的《淮南子》是道家思想的丰富与发展，其中包含了不少独到的经济管理思想。一是主张一切经济举措必须顺应民心。二是提出了君主智力经济的总方针：从“安民定用”到“省事节欲”再归于“虚平无为”、“无为而治”。三是“因资”、“乘势”推动社会生产的全面发展。所谓“因资”是指要顺随天时地利，发挥人之所长，以有易无，货畅其流，以玉成其事，促进社会生产的发展。所谓“乘势”则是指明君为治，必须君臣异道，君逸臣劳。四是反对贪剥赋敛无度，主张蓄积于民。五是主张君王应廉俭率下，切勿耗竭民力国财。

## 阅读资料四

道，可道，非恒道。名，可名，非恒名，无名，天地之始；有名，万物之母。故常无欲，以观其妙；常有欲，以观其微。此两者同出而异名，同谓之玄。玄之又玄，众妙之门。

上善若水。水善利万物而不争，居众人之所恶，故几于道。居善地，心善渊，与善仁，言善信，政善治，事善能，动善时。夫唯不争，故无尤。

视之不见，名曰微；听之不闻，名曰希；搏之不得，名曰夷。此三者，不可致诘，故混而为一。其上不皎，其下不昧，绳绳兮不可名，复归于物。是谓无状之状，无物之象，是谓惚恍。迎之不见其首，随之不见其后。执古之道，以御今之有。能知古始，是谓道纪。

“曲则全，枉则直，洼则盈，敝则新，少则得，多则惑。”是以圣人抱一为天下式。不自见，故明；不自是，故彰；不自伐，故有功；不自矜，故长。夫唯不争，故天下莫能与之争。古之所谓“曲则全”者，岂虚言哉！诚全而归之。

企者不立；跨者不行；自见者不明；自是者不彰；自伐者无功；自矜者不长，其在道也，曰馀食赘形，物或恶之，故有道者不居。

善行，无辙迹；善言，无瑕谪；善数，不用筹策；善闭，无关楗而不可开；善结，无绳约而不可解，是以圣人常善救人，故无弃人；常善救物，故无弃物。是谓神明。故善人者，不善人之师；不善人者，善人之贵。不贵其师，不爱其资，虽智大迷。是谓要妙。

将欲取天下而为之，吾见其不得已。天下神器，不可为也。为者败之，执者失之。物，或行或随，或嘘或吹，或强或羸，或挫或隳，是以圣人去甚，去奢，去泰。

知人者智，自知者明；胜人者有力，自胜者强，知足者富。强行者有志，不失其所者久。死而不亡者寿。

上德不德，是以有德；下德不失德，是以无德。上德无为而无以为；下德无为而有以为。上仁为之而无以为；上义为之而有以为。上礼为之而莫之应，则攘臂而扔之。故失道而后德，失德而后仁，失仁而后义，失义而后礼。夫礼者，忠信之薄，而乱之首。前识者，道之华，而愚之始。是以大丈夫居其厚，不居其薄；居其实，不居其华。故去彼取此。

反者道之动；弱者道之用。天下万物生于有，有生于无。

天下之至柔，驰骋天下之至坚。无有入无间。吾是以知无为之有益。不言之教，无为之益，天下希及之。

祸兮，福之所倚；福兮，祸之所伏。

人之生也柔弱，其死也坚强。草木之土也柔脆，其死也枯槁。故坚强者死之徒，柔弱者生之徒。是以兵强则灭，木强则折，强大居下，柔弱居上。

信言不美，美言不信。善者不辩，辩者不善。知者不博，博者不知，圣人不积，既以为人己愈有，既以与人己愈多。天之道，利而不害；圣人之道，为而不争。

（节选自：老子《道德经》）

### （三）法家管理思想

法家以“法治”为核心。战国末期的韩非为法家之集大成者。

韩非认为“道”和“理”的关系为普遍规律与特殊规律的关系，“凡道之情，不指不形，柔软随时，与理相应”，“万物各异理，而道尽万物之理”，因此做事必须尊重客观规律。

在政治管理上，法家提出“以法为本”，“法”、“术”、“势”相结合的、以专制主义为特色的管理思想体系，其核心是为加强君主集权，造成“事在四方，要在中央，圣人执要，四方来救”的政治局面，并提出厉行赏罚，奖励耕战，主张“以法为教”、“以吏为师”、“法不阿贵”、“刑不避大臣”，要剪除私门势力，选择“法术之士”。韩非主张实行“法治”，反对“人治主义”或贤能政治。

### （四）兵家管理思想

讲到兵家管理思想，其中最家喻户晓的要数《孙子兵法》。《孙子兵法》是我国古代杰出的军事家孙武所著。该著作凝聚了我国古代军事斗争经验的精华，包含有大量战略与战术思想，其可供企业管理借鉴的管理思想和管理原则十分丰富。如“知己知彼，百战不殆”、“谋定后动”、“因变制胜”等，都充满了辩证法的思想，堪称人类智慧的结晶。

总之，在我国漫长的历史发展过程中，历代的思想家，从孔子、孟子、老子、庄子、墨子、管子等诸子百家起，他们在浩如烟海的著作中，阐述了许多经典的管理思想。这些管理思想对我们今天的各项管理工作，特别是对于处在激烈的市场竞争环境中的企业，具有重大的现实意义。甚至一些西方国家都纷纷吸取我国古代管理思想的精华，比如，日、美等国家的许多公司都把《孙子兵法》作为经理培训的必读书目；20 世纪 90 年代，韩国在经济高速增长的同时，也掀起了空前的中国热，《孙子兵法》的销量创韩国出版史上的最高记录，被企业家们誉为“企业圣经”。“仁、义、礼、智、信”成为企业家们的道德信条。新加坡则恢复了中断多年的儒家伦理教育，在企业中强化诸如勤劳、节俭、和谐、忠诚等儒家传统价值观和道德观。这些都充分体现了我国古代管理思想的博大精深以及对现实社会的重要价值。

## 阅读资料五

### 凤姐管家

宁国府的媳妇秦可卿染病身亡之后，贾珍奈何宁国府中竟无一个是能真正挑大梁、管大事的人，来给秦可卿料理后事。贾珍一筹莫展之际，贾宝玉与他举荐了一个角色：荣国府的管家凤姐。而凤姐素日最喜欢揽事干，因而一口应承了下来。

凤姐先自理了一番头绪，心想：宁国府一是人口混杂，遗失东西；二是事无专职，临期推委；三是需用过费，滥支冒领；四是事无大小，苦乐不均；五是家人豪纵，有脸者不服管束，无脸者不思上进。此乃宁国府中之风俗，凤姐心思，若要办好这桩大事，须得将此风俗一一删除，另外依令行事。心思一定，腹中也就有了主意。

次日，凤姐即命彩明订造簿册，同时传来管家媳妇，要了家口花名册来查看，又限于明日一早传齐家人媳妇进来听差候使。待来日一早，凤姐准时来到宁国府，彼时一干人等也都等候在此，凤姐先明白告诉他们："我可比不得你们奶奶好性儿，由着你们去，如今可要依着我行，错我半点儿，不管什么有脸无脸，一律清白处治。"接着吩咐彩明念花名册，按名一一唤进来看视。一时看完，便吩咐道："这二十个分作两班，一班十个，每日在里头单管客人来往倒茶，别的事不用他们管。这二十个也分作两班，每日单管本家亲戚茶饭，别的事也不用他们管。这四个单管在内茶房收管杯碟茶器，若少一件，便叫他们四人分赔。这八个单管监收祭礼……来升家的（主管媳妇）每日揽总查看，或有偷懒的、赌钱吃酒的、打架拌嘴的，立刻禀报于我。有了规矩以后，哪一行乱了，只管和哪一行说话。且事情不论大小，凤姐皆有一定的时辰要求，一干人都要依此行事。"

随后，凤姐又吩咐按数发与茶叶、油烛、鸡毛掸子、扫帚等物。一面又搬去家伙、桌围等物。一面交发，一面登记。某人管某处，某人领某物，十分清楚明白。众人领了去，也都有了投奔，不似先时只拣便宜的做，剩下的苦差没人招揽。各房中也不能趁乱失迷东西。即便是人客往来，也都安静了，不比先前正摆茶，又去端饭，正陪举哀，又顾接客。如这等无头绪、荒乱、推脱、偷懒、窃取等弊端，次日一概都没了。

如此数日，凤姐身兼荣、宁两府的事务，竟都井然有序，合家上下莫不称赞。

## 二、我国现代管理思想

我国现代管理思想是在极其复杂的历史背景下形成的。50多年来，我国企业管理走过了一条曲折的道路，具体可分为以下几个阶段：

第一阶段：学习苏联管理模式阶段。这一时期进行的是大规模的、有计划的社会主义经济建设。在国营企业中，普遍建立了生产技术财务计划、生产技术准备计划和生产作业计划，实行了计划管理，组织了有节奏的均衡生产，建立了生产责任制度、原始记录和统计工作，确立了正常的生产秩序；制定了技术标准、工艺规程、劳动定额，建立了设备计划预修制度和技术检查制度，建立了技术工作的秩序；建立了经济核算制度和“各尽所能、按劳分配”的登记工资制度，建立与健全了企业的管理机构，普遍推行“一长制”。这套制度的实行，使我国国营工业企业的管理工作基本走上了科学管理的轨道，并培养了一批管理干部。

第二阶段：总结经验，探索现代管理模式阶段。全面学习苏联的管理模式，虽然对我国的管理工作带来了一定的成效，但也产生了许多弊端。为了克服盲目学习的缺点，1956 年，中共“八大”决定在企业中实行党委领导下的厂长负责制，以加强党的集体领导。1957 年，中央又决定在工业企业中实行“党委领导下的职工代表大会制”，以调动广大职工的积极性。第二个五年计划期间，鞍钢等企业又创造、总结出了“两参、一改、三结合”（即工人参加管理、干部参加劳动；改革不合理的规章制度；领导干部、工程技术人员、工人三结合）的经验，并在全国得到了推广。这一系列的改革，对促进企业生产发展，探索现代管理模式都起到了积极作用。

1961 年开始，党中央在“调整、巩固、充实、提高”八字方针的指导下，对国民经济进行了三年调整。通过调整，提高了管理水平，进一步促进了生产的发展，1965 年，许多工业部门和企业的技术经济指标都创出了历史最高水平。

第三阶段：十年动乱，管理倒退阶段。1966 年开始的“文化大革命”，是企业管理大混乱的十年。在这期间，全盘否定了建国几十年来在实践中总结出来的行之有效的管理制度和方法，以“阶级斗争”替代了企业管理，一大批管理人员被下放到车间劳动，不懂生产、不懂管理的人被派到各级管理岗位，从而使企业管理工作遭到了严重破坏，整个国民经济处于崩溃边缘。

第四阶段：改革阶段。十一届三中全会决定把党的工作重点转移到社会主义经济建设上来，并在经济体制上进行了重大改革，实行对外开放、对内搞活经济的政策。具体表现在以下几个方面：

一是扩大企业自主权，简政放权，推行经济责任制，实行利改税。

二是推行各种经营责任制，实行所有权和经营权的分离。

三是理顺产权关系、转换企业经营机制和建立现代企业制度。

## 三、我国管理思想的发展趋势

管理思想是随着社会经济形势的变化而变化，随着科学技术的发展而发展的。随着我国改革开放的不断发展和社会经济环境的变化、科学技术的发展，我国未来管理也必将发生很大的变化，实现一系列转变。一是从封闭型管理向开放型管理的转变；二是从行政官员管理向专家管理的转变；三是从单一化管理向多元化管理的转变；四是从着重对物的管理向“以人为中心”的人本管理转变；五是从经验管理向科学化、现代化管理转变；六是从粗放型管理向集约型管理转变。

## 复习思考题

1. 科学管理理论、一般管理理论、行政组织理论的要点是什么？
2. 你认为产生于20世纪初的科学管理理论在现代社会中还具有实践价值吗？具体体现在哪些方面？
3. 什么是霍桑试验？人际关系学说的主要观点是什么？
4. 请比较和评价现代管理理论各个学派的观点，你如何看待管理理论的丛林现象？
5. 学习西方管理史，你得到的最大的收获是什么？
6. 什么是学习型组织？学习型组织的五项修炼的内容是什么？
7. 什么是企业流程再造？引入企业流程再造理论对我国企业有何现实意义？

8. 如何看待和评价我国古代管理思想？

**案例一**

### 宁波卷烟厂管理中的古典文化特色

从1994年的“三项制度改革”入手，在管理制度建设上，宁波卷烟厂边破边立，最终创造性地借鉴目标管理法（MBO）的精髓，形成了自己独具特色的管理模式。新的管理模式，即以体系建设为中心的标准化建设以及以计算机技术为核心的信息化建设，已经造就宁烟“严、细、实、快”的管理特色。

但宁烟管理的真正意义并不全在此。在宁烟有形的现代制度体系下，浸润的是深厚的古典文化的精华。

很显然，作为“宁波卷烟厂九年辉煌”的历史见证人及“大红鹰”品牌的主要放飞者之一，徐芳权率领下的宁烟班子的治厂方略与价值取向，已深深烙印在企业各项制度建设的历程中。

徐芳权曾对记者谈起他的读书内容：除专业经营管理类外，最喜欢阅读中国古代各种经典书籍。相应地，古代典籍的经典理论也在多年的企业发展进程中慢慢渗入企业行为中。

“大红鹰——新时代的精神”正是宁烟的企业精神——自强不息、奉献爱心、永不满足！《易》曰：天行健，君子以自强不息。儒者说：仁者爱人。商盘铭道：苟日新，又日新，日日新。“新时代的精神”的内涵分明折射出古代文化的价值倾向。

“上下同欲者胜”，“大红鹰”的腾飞得益于九年来宁烟人的“上下同欲”。每每回忆起宁烟走过的历程，徐芳权都深为赞赏2000员工对决策者始终如一的支持。“我们班子感谢职工对我们的信任和厚爱”。宁烟的财富在于：一个好的品牌，一支好的队伍。“得道多助”，“厚德载福”。作为年收入逾50亿元的高效益企业，已经获得了太多。宁烟人相信：奉献才会有更大的获得。九年来，宁烟人投入近25亿元的巨资，致力于环保、教育、扶贫、慈善、卫生、体育等事业。“大红鹰申奥万里行”、“大红鹰奖学金、奖教金”、“大红鹰希望图书室”等多个善举义行，赢得“大红鹰——爱心之鹰”的赞叹。

**思考题**

徐芳权的管理思想中包含了哪些古典文化的精华？

## 案例二

### 海尔的市场链流程再造

一、海尔市场链流程再造的背景

家电行业是中国市场化程度最高、竞争最激烈的行业。到现在为止，很多企业难以继续发展，出现了很多问题。比如，彩电行业、洗衣机行业，很多曾经很好的品牌被收购掉了。许多家电企业，过去大幅盈利，现在已经微利或者亏损，有的企业一夜之间都会步入亏损！所有这一切都表现在价格战上：产品生产出来卖不出去，只好降价，降价把利润空间挤没了，形成库存和应收账款，阻碍了企业的发展！降价的原因就在于产品结构和生产产品的思路，即产品卖不出去是因为你不是为客户找产品，而是为产品找客户，也就是说，产品不是先销售再生产，而是先生产出来后再想办法销售。而海尔，它的每一个产品都是有定单的；它通过成熟的网络，每 20 秒就整合一次订单！

围绕定单来生产，这样生产出来才能卖出去，这很关键，但它还不是问题的本质，问题的本质在于企业组织结构决定了你不可能要到定单。

过去企业的组织结构是"金字塔"式的。信息由领导一级一级传达下来，没有贴近市场，所以，从某种意义讲，这样的组织结构导致正确地执行着错误的决策。比方说，以前企业生产一万台产品，只要按质、按量、按时生产出来就行了，没有什么责任。但这一万台没有定单、没有市场，执行下来，就是错误的！

因此，要解决企业、市场的问题，不能靠降价，而要首先解决组织机构问题，即用市场链打造无边界的企业。

二、海尔市场链流程再造的提出与实施

海尔在 1998 年 9 月 8 日的干部考评会上正式提出市场链流程再造。当时并没有很清晰地知道每一步怎么做，只是预测到加入 WTO 后市场竞争的严重程度以及当时企业的现状。当时企业根本不可能适应 WTO，因为感受不到市场的压力，而且觉得做得非常好：(1) 因为那时利润空间很大，包括海尔的很多产品差不多都是在市场爆炸性增长之前进入的，进入后很快赶上爆炸性增长，利润非常大：比如海尔 1984 年干冰箱，差不多 10 多年都有非常高的盈利。但现在根本不可能，因为已经进入了微利时代。(2) 那时市场空间也大，其实当时并不是有这么大的市场，并不是你太强，而是竞争对手太弱！国际化的大公司没有进来，大家水平差不多，你稍微高一点就可以拥有很大的市场。但这样掩盖了很多问题，而且，所有人都会感到自己不错，这种自满的情绪蔓延的结果是大家不再关注市场、不再紧紧盯着市场！

解决这个问题最关键的是实施企业流程再造。海尔的流程再造：一是推倒了企业内外两堵墙，把割裂的流程重新联结起来，形成以定单信息流为中心的市场链流程。内部，海尔将部门职能关系变成市场关系，部门之间不是以各自利益划圈，而是以市场的效益确定报酬；外部，通过推倒企业与上下游企业的墙，形成了共生共赢体，上游的分供方不再是以满足企业为宗旨，而是与下游企业共同满足终端消费者的需要。比如采购，我们第一步先把采购集中起来。当时采购权在各个单位，各个单位因为利润很大，对采购价格不关心，只要保证供应、保证生产就可以。采购多花的钱和盈利相比觉得无所谓。当时，采购集中受到很多中高层管理人员的抵制，因为这样太不方便，但采购集中后第一年就省了十几个亿，而且优化了分供方：原来的2360多家只剩下300多家，另外又引进来新的有竞争力的分供方40多家。优化不仅使分供方数量降下来，而且40多家分供方是全球500强，可以参与产品前端设计，使企业整个产品竞争力得到提高！二是用3个“流”的市场链流程来替代过去直线职能式的金字塔结构：过去企业信息流通是上下流动，下级报告上级，上级下达命令执行。现在是横向流动，所有的人都面对市场，根据市场的要求来工作，即以定单信息流来带动物流、资金流的运转。因为这是有定单的，我们可以做到现款现货，产品到用户手里就可以拿到资金。这使整个企业运作流畅。三是全员经营，海尔流程再造的目的是增强企业的活力和市场竞争力，只有企业每一位员工都充满活力，具有较强的竞争力，企业的活力和竞争力才能得到体现。比如：仓库里的发货员，现在叫“发货经理”，名称的改变并不是权力的增加，而是直接对市场负责。过去发货只要发出去，没什么差错就行；现在发出去的货，计算机要全程跟踪，完全送到客户后才算工作结束；否则，发货经理要负责。在这个过程中有运输等各个环节的问题，也由发货经理来协调。再如海尔的开发人员叫“型号经理”，开发出来的产品要有利润了才能有收入。怎样才能有利润呢？设计人员要调研用户要求，要关心市场。还有海尔的“客户经理”，不是以销售额为标准，而是要帮助客户成功。

通过5年流程再造的探索，海尔出现了两大变化：一是企业组织结构由原来的静态变为了动态。原来所有人都等着上级指令来工作，只要符合上级的要求就完成任务，不管是否符合市场要求。现在变成了动态，每个人都要根据市场要求干，但市场是每天每时每刻都在变化的，不能以“不变”应万变。没有定单，就没有工作。没有定单就只能停产。二是企业内部相互之间的关系转变，从原来上下级关系、同事关系转变为市场关系。过去只要上级满意就行；现在只有市场满意才行。

国外管理界、学术界对海尔市场链流程再造非常关注。前几年瑞士洛桑国际管理学院已经把海尔市场链流程再造作为一个管理案例，并且现在已经成为欧盟案例库的一个案例，并召开研讨会。日本2003年召开了一次日本国内企业的管理研讨会，在会上，日本的三个企业发言，日产、丰田和索尼，日本企业现在面临一个非常大的问题是年功序列工资，对现在的发展制约很大，他们想打破原来这一制度，希望借用海尔一些思路，张瑞敏做了发言，日本的媒体给海尔做了一个总结：海尔实行的是彻底的成果制，即完全以市场成果来决定个人收入，并认为日本企业也应该这么做。美国沃顿商学院也在关注，并且在跟踪这件事，他们一个论断是：如果海尔市场链再造成功了，在全世界将是独一无二的，是对世界管理学的一个突破和创新。

**思考题**

请分析海尔市场链流程再造对现代企业的借鉴意义。

**案例三**

### 恩与威——从古罗马军威到现代管理

在第一次服役时，古罗马的士兵要在庄严的仪式中宣誓，保证永不背离规范，服从上级指挥的命令，为皇帝和帝国的安全而牺牲自己的生命。宗教信仰和荣誉感的双重影响使罗马军队遵守规范。队伍金光闪闪的金鹰徽是他们最愿意为之献身的目标；在危险的时刻抛弃神圣的金鹰徽既是邪恶的又是可鄙的。某种更有实质内容的敬畏和希望加强了这种力量来源于想象的动机，在指定的服役期满之后享有固定的军饷、不定期的赏赐以及一定的报酬等减轻了军队生活的困苦程度；当然，另一方面，由于懦怯或不服从命令而企图逃避最严厉的处罚，那也是办不到的。军团百人队队长有权用拳打作惩罚，司令官则有权处决死刑。古罗马军队的一句最固定不变的格言是，好的士兵害怕长官的程度应该远远超过害怕敌人的程度。这样的值得夸奖的做法使古罗马军团的勇猛得到一定程度的顺服和坚定性，凭野蛮人一时的冲动是做不到这一点的。

在西方，这种管理方法终于总结为一句格言："胡萝卜加大棒"。拿破仑说得更形象："我有时像狮子，有时像绵羊。我的全部成功秘密在于：我知道什么时候我应当是前者，什么时候是后者。"

在东方，则有"滴水之恩，涌泉相报"，"视卒如爱子，可与之俱死"等等说法。又说："将使士卒赴汤蹈火而不违者，是威使然也。"(《百战奇谋·威战》)"爱设于先，威严在后，不可反是也。"(《李卫公问对·中》)孙子兵法总结说："故令之以文，齐之以武，是为必取。"总之是一句话："软硬兼施，恩威并济。"

**思考题**

在现代管理中，这些说法是否还有意义？该不该使用这些手段？譬如大棒、胡萝卜、施恩、威慑等等。如果你当领导，用不用这些手法？或者还有更高明的替代办法？

# 第三章　管理环境

## 本章重点

- 管理环境及其分类
- 组织外部管理环境
- 组织文化
- 组织的社会责任
- 管理道德

## 引　例

### 乐凯面临的管理环境

2002 年，数码相机太热，国内总共销量达 35 万到 40 万台，比上一年增长 150%左右。预计 2003 年，数码相机的增长率也不会低于 50%。数码照片输出市场——数码冲印服务也骤然火爆起来。柯达、富士和乐凯等知名的感光胶片商都加入了这场争夺战。

柯达是中国目前最大的彩色冲印服务商。它已在中国投入 12 亿美元，开设了 7000 家快速彩色加盟店，其中包括 1000 家数码店，2003 年还将增加 700 家数码冲印店，到 2004 年，其数码领域的业务量将达到 40%。今后，他们计划把 70%的研发费用投入到数码领域，目标是平均每一万人拥有一家柯达快速彩色冲印店。

柯达认为自己是数码影像领域的真正领跑者，理由是柯达在品牌、营销网络、人才网络和电子影像技术 4 个方面都具备其他厂商不能比拟的优势：柯达在中国有 7000 多家加盟店而富士可能连 3000 家都不到，基本上每一个中国大城市都有柯达自己的团队和分销网络，柯达掌握着 50%以上的电子影像核心技术。

富士毫不示弱，宣布将投资 5000 万元人民币，在 2003 年底开设 1000 家数码激光冲印店并加强广告宣传攻势。富士透露，柯达在北京开第一家数码冲印店时，富士已经有了6家数码激光店，卖出去了10台数码冲扩机，买主甚至包括原来柯达的加盟商。富士引以为傲的正是它自己生产的数码冲扩机。它为这种机器取名为“魔术手”。目前“魔术手”在中国已售出300多台，在全世界则已卖出逾6000台。富士特别提到，柯达自己并不生产数码冲印设备，它使用的是日本的“诺日士”冲扩机。

乐凯和柯达、富士比起来，处于弱势。乐凯自己承认做的是低端产品，目前在国内市场有20%占有率，是在低于柯达售价20%的情况下取得的。从1999年数据来看，乐凯销售额不到1亿美元，而柯达是140.89亿美元；柯达当年研发费用达8.17亿美元，乐凯则不足1000万美元；乐凯的市场拓展人员200多人，不及柯达在中国的1/4。中国加入WTO之后，对乐凯威胁最大的是专利。富士、柯达在国外银盐感光材料和数码领域申请了上万件专利，而乐凯仅有9件专利。

任何组织都存在于一定的环境之中，环境一方面为组织提供了必要的条件，另一方面又对组织活动起制约作用。因此研究组织的运行、发展和管理，就必须研究组织所处的环境，并设法适应或改变环境，以求得组织更好地生存和发展。本章主要论述组织的管理环境，包括组织的外部管理环境、组织文化、组织的社会责任及管理道德。

## 第一节　管理环境及其分类

### 一、管理环境

管理环境是指可能对组织行为和组织经营管理活动产生直接或间接影响的所有内、外部因素的总和，包括组织外部环境和内部环境。作为管理者，为了提高管理效率，达成管理目的，不仅要了解政治、经济、文化、科技以及需求、竞争等组织外部环境因素，而且也必须掌握员工的价值观、组织所拥有的资源等组织内部环境因素，及时掌握环境变化信息，以便进行正确决策。

## 二、管理环境的分类

根据各种因素对组织行为和经营管理活动影响程度的不同，可以将管理环境分为组织外部环境和内部环境两大类。

组织外部环境可分为一般环境和特殊环境两类。一般环境，又称宏观环境，是指对组织活动产生影响，但其影响的相关性不强，或间接相关的一些因素，一般包括政治、经济、法律、科技、文化等因素。这些因素对组织的影响虽然不是直接的，但它们都有可能对组织产生某种重大的影响，因此，管理者必须认真分析和研究自己所在组织的一般环境。特殊环境，又称微观环境或任务环境，它是指对某一特定组织的组织目标的实现产生直接影响的外部环境因素。包括顾客、竞争者、资源供应商、合作者及其他特殊环境因素。与一般环境因素相比，这些因素对组织的影响更频繁、更直接。不同组织及同一组织在不同发展时期，其所处的特殊环境是各不相同的，管理者对本组织所处的特殊环境的了解和把握情况会直接影响管理效益。

组织的内部环境一般包括组织文化（组织内部气氛）和组织经营条件（组织实力）两大部分。组织文化是处于一定经济社会文化背景下的组织，在长期的发展过程中逐步生成和发展起来的日趋稳定独特的价值观，以及以此为核心而形成的行为规范、道德准则、群体意识、风俗习惯等。组织经营条件是指组织所拥有的各种资源的数量和质量情况，包括人员素质、资金实力、科研力量、信誉等。这些因素不仅与外部因素一样，影响一个组织目标的制定与实现，而且还直接影响该组织管理者的管理行为。

综上所述，管理环境的构成如图 3-1 所示。

- 管理环境
  - 外部环境
    - 一般环境：间接影响组织行为的外部因素
    - 特殊环境：直接影响组织行为的外部因素
  - 内部环境
    - 组织文化：间接影响组织行为的内部因素
    - 经营条件：直接影响组织行为的内部因素

图 3-1　管理环境的分类

## 第二节　组织的外部管理环境

### 一、一般环境

#### （一）政治环境

政治环境常常制约、影响组织的行为。拿企业来说，一个企业所面临的政治环境对其较长期的投资行为会产生很大的影响。政治环境对企业的影响特点：一是直接性。即国家政治环境直接影响着企业的经营状况；二是难于预测性。对于企业来说，很难预测国家政治环境的变化趋势；三是不可逆转性。政治环境因素一旦影响到企业，就会使企业发生十分迅速和明显的变化，而这一变化企业是驾驭不了的。比如一个国家或地区的政治局势不稳定，频繁发生战乱、罢工等，就会使企业经受萧条和倒闭的痛苦。因此，一个组织必须对政治环境的变化予以充分的关注，及时了解国家鼓励做什么、允许做什么、禁止做什么，只有这样，才能把握有利时机，制订正确的计划和策略。比如，我国著名的海尔集团就提出了“三只眼”理论，即一只眼盯住顾客；一只眼盯住员工；还有一只眼盯住国家政策。

对政治环境的分析主要应分析国内的政治环境和国际的政治环境。国内的政治环境包括政治制度、政党和政党制度、政治性团体、党和国家的方针政策、政治气氛等。国际政治环境主要包括国际政治局势、国际关系、目标国的国内政治环境等。

## 阅读资料一

### 从汽车产业的发展看政治环境的影响

汽车是美国战后体现经济实力的骨干产业，在20世纪五六十年代，通用汽车公司的经营者曾经自负地说："对通用而言是好的，对美国和世界而言也是好的"。的确，自流水线方式在汽车工业中得到应用以后，美国汽车工业的效率和质量都是值得称赞的，福特方式所代表的大量生产方式普及到全世界。以通用、福特、克莱斯勒三巨头为代表的汽车企业只需要利用一些常规性的经济手段就可以赢得市场，欧洲企业难以抗衡。

但是，石油危机以后，情况发生了很大变化。1973年以后，石油产品价格飞涨，消费者转向低能耗、轻污染的小型车，日本汽车受到欢迎。1960年日本年产汽车仅48万辆，而10年后的1970年激增到528万辆；同期，美国的产量从790万辆上升到了828万辆，显然美国汽车产业的发展受到了日本汽车产业的阻拦。日本企业在汽车市场开拓上首先瞄准了美国，80年代前期，进口车在美国的市场占有率为26.7%，其中21.2%为日本汽车。美国感受到了巨大的压力，虽然企业在产品开发等方面也采取了积极措施，但收效甚微，于是寻求政治力量对日本企业进行排斥，不断劝诱政府和议会对日本汽车采取限制措施。到1979年，日美汽车磨擦成为国家间的政治问题。1980年全美汽车工会、福特公司等诉讼到美国国际贸易委员会，要求限制日本汽车的进口。但是，美国国际贸易委员会判定"进口车对美国汽车产业产生损害缺乏实证"，引起美国企业的不满，政治磨擦进一步升级。美国企业启动政治经营手段游说政府和议会，终于让政府出面将日本汽车对美出口自动限制在168万辆的水平。

日本厂家在美国市场遇到的政治和社会限制越来越多，作为竞争对手的美国企业又利用了政治优势保护市场，在这种情况下日本汽车厂商也实施了政治化经营战略。为了消解美国政府和议会的敌视政策，日本企业的代理人经常出入政府和议会提出反证，与美国企业的政治游说相抗衡。日本汽车厂商最成功的政治经营实例就是从80年代在美国实施了当地生产政策，目标是取代出口，实施生产扩张，同时也作为缓解贸易磨擦的手段。本田公司于1982年，富士通重工、五十铃、铃木都于1989年将生产厂房建到了美国本土。到1989年12月，本田和丰田的销售量超过了克莱斯勒。从此，三巨头垄断美国汽车市场的格局终于被打破，不断从美国传来工厂关闭的消息。在政治经营方面，日本企业显然是赢家。

美国汽车产业的萧条当然成为一个重要的政治问题。1991年3月以克莱斯勒董事长雅科卡为首的美国资本工业三巨头拜会美国总统，要求对日实行限制。4月在日美首脑会谈结束后的记者招待会上布什总统谈到了汽车问题。5月末三巨头向美商务部、国际贸易委员会对丰田、马自达、三菱、日产提起诉讼，指出日本进口的扩大导致美国企业业绩的恶化。在这种形势下，日本企业调整了经济战略，由单纯海外生产，转向与美国企业合作生产，结成战略同盟。这是日本企业从经济战略向政治战略转变的典型例子，在政治磨擦加剧的过程中，产业的政治化将产业经济空间转换成政治空间，“政治”产业的色彩日益浓厚。

1984年，丰田与通用合资办厂，开始建立日美企业之间的政治同盟，通用的目标是在新车开发方面获得丰田的经营技术和知识，丰田则为了减少介入美国市场的风险，避免相互对立。这一合作最终获得了成功，通用开发出新车，丰田则成功地进入了美国市场。日产与福特也实现了结盟。福特在此之前还与马自达建立了牢固的同盟关系，拥有了马自达24%的股份，受通用与丰田结盟的影响，又与日产结盟，双方建立了共同开发关系。日产购入福特的发动机，福特则在日产市场介入方面发挥了重要的政治作用。三菱与克莱斯勒早在70年代就双方合资建厂，三菱还将10年的对美销售工作全部委托给了福特。日本企业从直接出口到当地生产和合资经营，每一步转变都反映了企业家的政治韬略，当然美国企业在这方面也毫不逊色，日美汽车之间的贸易战与其说是经济战，还不如说是政治战。

（资料来源：人民网）

### （二）经济环境

经济环境是指构成组织生存和发展的社会经济状况及国家经济政策，包括社会经济结构、经济发展水平、经济体制和宏观经济政策等四个方面。社会经济结构又称国民经济结构，主要包括产业结构、分配结构、交换结构、消费结构和技术结构等，其中最重要的是产业结构；经济发展水平是指一个国家经济发展的规模、速度和所达到的水准；经济体制是指国家经济组织的形式；经济政策是指国家、政党制定的一定时期国家经济发展目标实现的战略与策略。包括经济发展战略和产业政策、国民收入分配政策、价格政策、物资流通政策、金融货币政策、劳动工资政策等。

### （三）法律环境

法律环境是指与组织相关的社会法制系统及其运行状态，法律环境分析主要应分析的因素有：

1. 法律规范

特别是和企业经营密切相关的经济法律法规，如《公司法》、《中外合资经营企业法》、《合同法》、《专利法》、《商标法》、《税法》、《企业破产法》等。

2. 国家司法执法机关

在我国主要有法院、检察院、公安机关以及各种行政执法机关。与企业关系较为密切的行政执法机关有工商行政管理机关、税务机关、物价机关、计量管理机关、技术质量管理机关、专利机关、环境保护管理机关、政府审计机关。此外，还有一些临时性的行政执法机关，如各级政府的财政、税收、物价检查组织等。

3. 企业的法律意识

企业的法律意识是法律观、法律感和法律思想的总称，是企业对法律制度的认识和评价。企业的法律意识，最终都会物化为一定性质的法律行为，并造成一定的行为后果，从而构成每个企业不得不面对的法律环境。

4. 国际法所规定的国际法律环境和目标国的国内法律环境

法律环境对组织的影响具有刚性约束的特征。在当前我国法律体系日渐完善的情况下，组织必须加强法制观念，及时了解熟悉相关法律，确保在法律许可的范围内从事活动。

## （四）科技环境

科技环境是指组织所处的社会环境中的科技要素及与该要素直接相关的各种社会现象的集合，包括社会科技水平、社会科技力量、国家科技体制、国家科技政策和立法等。

当今社会已进入知识经济时代，科学技术对经济发展的作用日益巨大。如美国高技术产业在国内生产总值中所占的比重已达到40%—60%。与其他因素不同的是，科学技术是一把双刃剑，它在给某一行业或企业带来增长机会的同时，可能对另一行业或企业形成巨大的威胁。真所谓高科技可以创造一切，也可以毁灭一切。因此企业要密切关注与本企业产品有关的技术，充分重视科技环境对组织发展的影响。

## （五）社会文化环境

社会文化环境主要包括一个国家或地区的人口、家庭文化教育水平、传统风俗习惯及人们的道德和价值观念等。组织成员来自于社会，组织活动离不开社会，社会文化环境主要就是通过人口结构（人口数量、年龄结构、人口分布）和生活方式（家庭结构、教育水平、价值观念）这两方面的改变影响组织的经济活动。

## 阅读资料二

### 人口变化对企业的影响

目前世界上人口变化的主要趋向是：(1) 世界人口迅速增长，早已突破50 亿大关，世界人口的增长意味着消费将继续增长，世界市场将继续扩大。在我国，劳动就业压力将长期存在，同时，随着人口增长，耕地减少，我国农村剩余劳动力将向非农产业转移。(2) 发达资本主义国家的出生率开始下降，儿童减少，这种趋势一方面对以儿童为目标市场的企业是一种环境威胁，另一方面年轻夫妇可以有更多的闲暇和收入用于旅游、在外用餐、文体活动等，因此可为相应企业带来市场机会。(3) 许多国家人口趋于老龄化，在我国也有这种趋向，老年人市场正在扩大，老年人的消费能力也在逐渐增强，因此，企业应当认真研究老年人市场问题。(4) 许多东方国家的家庭状况正在发生变化：

家庭规模向小型化方向发展，几世同堂的大家庭大为减少。(5) 在西方国家，非家庭住户也在迅速增加，非家庭住户包括单身成年人住户、暂时同居户和集体住户。

## （六）自然环境

自然环境是指组织所处的外部自然条件状况，包括地理位置、气候条件、资源状况、自然灾害、环境污染等因素。一个国家的自然资源和生态环境的变化既会给组织带来发展的机会，也会给组织的运行和发展带来某种威胁和限制。任何组织都必须有效地利用、开发自然资源环境。

## 阅读资料三

### 自然环境对组织活动的影响

1998 年 4 月，我国某省驻海南办事处业务员与沙特阿拉伯某公司签订了一个木质办公桌贸易合同，由中方海南办事处出口一批办公桌到沙特，出发港为海口，目的港为吉达。6 月下旬双方完成了该批商品贸易。但是 7 月中旬，沙特客户致电海南办事处，办公桌到沙特后几乎已全部变形且大部分桌面开裂，严重影响了沙特客户的经济利益，沙特客户提出索赔。后经双方证实、协商，不得不对沙特客户进行赔偿，最后在这次贸易活动中，该海南办事处亏损了 40 多亿元人民币。导致这宗贸易失败的主要原因是两地的气候差异。因为海南是海洋性气候，年平均气温 24—26℃；而沙特是干旱的沙漠气候，夏季白天气温可高达 40℃以上，且空气十分干燥，木质办公桌如果没有经过脱水处理，从湿润的海南运到炎热干燥的沙特后，很快会因为脱水而变形或开裂。这是自然环境中的气候因素影响组织活动的典型案例。

## （七）国际环境

国际环境包括组织所在国以外的所有可能对组织产生影响的因素，如汇率、各种国际组织、国际公约、与组织有关国家的国内环境等。随着经济全球化趋势的不断发展，国际环境对企业发展的影响越来越大，任何组织都必须引起高度重视。

## 二、特殊环境

### （一）顾客

顾客是企业产品或服务的购买者或消费者。在市场经济条件下，顾客对企业的影响是起决定性作用的。不同的顾客对企业产品和服务的要求是不同的，因此企业必须以顾客为中心，通过为顾客创造价值来获得生存和发展。国内著名企业海尔的“三只眼”理论中，其中一只眼就是要盯住顾客，可见顾客对企业的重要性。

### （二）资源供应者

资源供应者可以是组织也可以是个人。这里的资源既包括设备、人力、原材料、资金，也包括信息、技术和服务等。供应者所提供的产品或服务的数量、质量和价格等直接影响到组织产品和服务的质量及成本水平。因此，为了获得原材料及其他货物的保质保量的稳定供应，许多企业都与供应者保持长期而灵活的关系，把供应者作为自己的合作伙伴，有的甚至将它们纳入自己的生产体系，予以高度关注。

### （三）竞争者

任何组织，都不可避免地会有一个或多个竞争者。这里的竞争者包括与本企业争夺市场或资源的组织。从争夺市场看，竞争者是指那些生产相同或相似功能产品的组织（包括生产替代品的组织）；从争夺资源看，竞争者是那些使用相同资源的组织。由于一定时期、一定区域内的市场容量和资源供应总是有限的，所以竞争者的竞争状况对组织发展有重大影响，作为一个组织必须时刻关注竞争者的动态，以及时调整自己的战略，使自己在竞争中始终立于不败之地。

### 阅读资料四

#### 访问竞争对手

美国斯图·伦纳德奶制品商店的经理斯图·伦纳德培训教育中层干部，使他们成为零售业务和竞争分析方面的专家，成为主人翁，成为胜者的方法很独特，其做法就是访问竞争对手。

他经常挑选一个与自己商店的经营有相似之处的竞争对手作为访问对象。去访问时，不管是远是近，即使是几百公里以外的地方，他也会带上15个下属一同前往。

为此，他还专门设计了定员15人的面包车。当这些下属随着中层干部出发时，就意味着他们参加了一个“主意俱乐部”，将接受斯图·伦纳德对他们的挑战：谁能第一个从竞争对手的经营管理中受到启发，提出对本公司有用的新思想?能不能保证自己至少提出一条新思想?因为这是访问回去后必须立即付诸实现的，是访问的目的。

虽然斯图·伦纳德商店的经营不错，但在整个访问过程中坚决禁止任何人提及任何自己比被访问者干得更好之类的话题，为的是让每个访问者都能至少找到一处竞争者比斯图·伦纳德商店干得好的地方。

对于这种做法，他解释说：“给别人挑一点毛病是很容易的，例如发这样的议论：‘这些家伙根本不知道该做这个或那个’，可这种做法对我们来说无异于陷阱，一不小心就会掉进去。因此，我们订了一条规矩，不允许说这种话，你应当尽量找出一件竞争对手比我们干得好的事，很可能那只是一些小事但是只有这样你才能不断改进自己的工作。”

（资料来源：中国管理传播网）

### （四）合作者

不同组织之间既有竞争，也有合作。组织在进行决策时必须对合作者进行研究分析。随着环境的变化，组织之间的关系也会发生变化，即现在的合作者有可能变成竞争者，现在的竞争者也可能变成合作者。因此，企业须注意分析合作者的现状、发展趋势及特点。

### （五）其他特殊环境因素

组织的特殊环境因素包括业务主管部门、媒介机构、金融机构、财税部门、企业所在社区机构等。组织必须与这些环境因素保持良好的关系，否则就可能因小失大，给企业生产经营活动带来不利影响。

## 三、外部环境的特点

### （一）不确定性

环境的不确定性是指决策者不具有有关环境因素的全部信息，并无法准确预知外部的变化。因而环境的不确定性增大了组织对环境反应失败的风险，加大了决策和经营的难度。

环境的不确定性主要来自于三个方面：一是外部环境的快速变化，尤其是技术、经济环境，无时无刻不在变化之中；二是有关环境的信息和情报的不确定性。信息情报本身的不准确和信息传递中的失真都会使信息接受者无法准确了解外部环境的变化；三是管理者制定计划决策时所考虑的时间期限。期限越长，对环境的了解就越不准确。

### （二）复杂性

管理的外部环境包括很多环境因素，这些因素具有明显的复杂性。一般来说，组织所面临的顾客、供应商、竞争对手等的数量较少，环境的复杂程度就低。外部环境对组织及其管理活动的影响是复杂的、多方面的。其中有些是积极的，有些是消极的，甚至相互矛盾和冲突的。有些外部环境对某个企业来说可能是机会，而对另一个企业来说可能是威胁。

## 四、组织环境的适应与控制

### （一）组织必须适应环境

组织外部环境的变动，是组织决策者事先难以准确预料和控制的，一个组织要求得生存和发展，必须主动了解、认识、掌握环境，找到自己的位置，并根据环境的变化不断调整自己的经营领域和内部组织结构，寻求和把握组织生存和发展的机会。具体可采取以下策略。

1．恰当地选择经营领域

每个组织都必须根据自身的条件和优势，选择低风险且环境不确定性较小的经营领域。对于某些一时难以退出正在经营的领域的组织，也可以运用多样化策略减少对环境的依赖性。

2．聘请合适的高级管理人员

组织的成败在很大程度上取决于高层管理人员的素质和能力。优秀的高级主管不仅能充分运用其学识和才干使组织得到发展，而且能与外部社会建立较好的社会关系，使组织更好地认识、了解甚至影响和改变环境。目前，有些企业热衷于聘请卸任的政府官员担任高级管理者，主要也是看重他们与政府的联系，更好地了解政府的决策。因此，聘请合适的高级管理人员，也是企业减少对环境依赖性的重要策略之一。

3．密切注意环境变化

环境的变化需要一个过程。为了使组织更好地适应环境的变化，组织成员应密切关注环境变化，尤其是在组织中担任销售代表、市场调查员、采购人员、公共关系专家、人事招聘经理的人员，必须经常与外界进行人、财、物等信息的交流，以便更多地了解外部环境。

4．建立缓冲机制

环境的不确定性决定了组织必然会遭到难以预料的环境变化的冲击，因此，组织建立相应的缓冲机制，以减少不必要的损失。组织一般可从投入和产出两方面采取缓冲措施，如加强原材料库存控制、内部成本控制、内部管理的强化、适当的成品库存等。

5．建立弹性机制

对于生产经营上具有时间性、季节性要求的组织，必须建立弹性机制。如电信部门通过电话费的波动（白天收全价，晚上或双休日收半价）来调整人们对电话的需求；电力部门通过峰谷电不同收费来调整居民对电的需求；旅游旺季，旅游企业根据客人预订的先后次序安排房间和床位，以满足顾客的需要等。总之，通过采取相应的措施，使组织不至于在环境波动时茫然失措，而是仍可以有条不紊地进行活动。

### （二）组织对环境的控制

虽然组织必须努力地去适应环境，但是，组织也不能只是被动地适应环境。环境是多方面的，如果组织只是单纯被动地适应环境，将永远无法跟上环境的变化。事实上，某些组织，尤其是实力雄厚的大型组织，它们能够通过各种方式对环境（特别是任务环境）进行一定的控制。具体可采取以下策略。

#### 1．广告宣传

广告可以让消费者了解组织、了解组织的产品和服务，这对消费者的购买决策会产生重大影响。同时，也有利于消费者建立和巩固品牌信任和顾客忠诚度，在一定程度上减少组织对消费者的依赖，使组织在交易中占优势。

#### 2．签订长期合约

组织可以通过与有良好声誉的供应商和销售商签订长期合约，形成组织与供应商、销售商之间的稳定合作关系，从而分散风险，降低不确定性。

#### 3．兼并、收购和战略联盟

兼并、收购是组织降低竞争压力，实现多样化或一体化经营的重要途径。如波音公司兼并麦道就是基于这一考虑。而在彼此势均力敌的竞争对手间建立战略联盟，既可以加强合作减少竞争，又可以降低双方面临的不确定性。

#### 4．影响政府和权力机关的决策

国家和政府是市场经济规则的制定者，是市场经济活动的“裁判”。国家和政府的有关决策对组织有强制性的约束力，对组织的生存和发展至关重要。在工业发达国家，企业一般通过组织“院外活动”等方式游说政府和立法机关，影响和改变某些政治法律环境。

## 阅读资料五

### 肯德基的对策

2003年的非典疫情还让人心有余悸，禽流感又在2004年春天愈演愈烈。

2004年1月27日，中国政府确认出现禽流感病例，至此禽流感疫情扩展到亚洲的10个国家和地区，并对当地的食品业和金融市场造成一定冲击。专家警告，如果禽流感病毒发生变异并在人群之间传播，其后果将比非典疫情更严重，可能形成一场大灾难。

家禽供应和快餐行业首当其冲受到影响。肯德基公司表示将在越南取消其炸鸡供应，而以鱼和其他原料来取代。泰国人喜食的新鲜鸡肉已从曼谷的食品市场上消失。由于日本已暂停从泰国和中国进口鸡肉，日本的食品行业大受影响，泰国和中国的鸡肉占日本国内家禽消费量的17%。此前美国爆发疯牛病，日本暂停从美国进口牛肉，日本食品加工行业转而使用鸡肉做食品原料。日本国内的鸡肉成本很高，食品加工企业在用完进口家禽存货后，只能另寻其他途径。

在国内，为了消除禽流感给消费者造成的紧张心理，洋快餐巨头肯德基在承诺原料鸡全部来自非疫区之后，又首次公开了该品牌食品的基本制作工艺，并邀请农业大学营养专家和畜牧业专家品尝产品，以此向社会承诺，其产品可以放心食用。在北京前门旗舰店，肯德基还请来了农业大学的营养专家和畜牧业专家品尝其产品，并首次对外公布其“炸鸡”的核心技术，炸鸡要在170摄氏度下高温加工，制作时间从2分钟到14分钟。来自农业大学的营养专家则表示，鸡肉产品为人体提供丰富的营养价值，而肯德基的原料以及制作工艺保证了疫情时期鸡肉的产品安全，消费者完全可以放心消费。同时，在农业部公布中国内地发现禽流感疫情的第二天，洋快餐巨头肯德基在全国餐饮企业中首个发表声明，要求鸡肉供货商提供来自非疫区和通过检验检疫的安全证明，并启动随时更换问题供货商的应急措施以确保食品安全。

（资料来源：作者根据新闻媒体有关报道改写）

## 第三节 组织文化

管理环境除了外部环境外，还包括组织内部环境。其中对管理影响较大的内部环境是组织文化和经营条件。由于不同组织经营条件各不相同，因此，本书只讨论组织文化及其对管理的影响。

### 一、组织文化的内涵

组织是按一定的目的和形式而构建起来的社会集团，为了满足自身的要求，必须有共同的目标、共同的理想、共同的追求、共同的行为准则以及相适应的机构和制度，否则组织就会是一盘散沙，无法有效运作。而组织文化的任务就是努力创造这些共同的价值体系和共同的行为准则。因此，组织文化是指组织在长期的实践活动中所形成的并且为组织成员普遍认可和遵循的具有本组织特色的价值观念、团体意识、行为规范和思维模式的总和。

组织文化一般可分为表层文化、中层文化和内层文化三个结构层次。

#### （一）表层文化

即物质文化层。包括厂容厂貌的整齐、清洁，机器设备和技术的先进性，产品的造型、外观、质量及包装等。这些都是有形的，具有物质特性，构成所谓的“组织硬文化”。它是组织内层文化的物质体现和外在表现。

#### （二）中层文化

即制度文化层。是指对组织员工和组织行为产生规范性、约束性影响的部分，集中体现了组织文化的表层和内层对员工的组织行为的要求，主要是规定了组织成员在共同的生产经营活动中所应当遵循的行动准则，包括工作制度、责任制度和其他特殊制度。它是组织物质文化和精神文化的中介。

### （三）内层文化

即精神文化层。包括用以指导组织开展生产经营活动的各种行为规范、价值标准、职业道德、精神风貌及组织群体意识等，构成所谓“组织软文化”。

在这三个层次中，精神文化是组织文化的基础、核心和灵魂。它虽然是无形的，但始终制约、调整着组织及其成员的行为倾向和方式。组织文化的这三个层次互相联系、互相依赖、互相影响和互相转化，构成组织文化的统一体。

## 二、组织文化的特点

### （一）客观性

组织文化的形成和发展是不以人的意志为转移的。只要是一个组织就必然会形成组织文化，不管人们意识到与否，组织文化总是存在的，并发挥着或大或小、或正或负的作用。成功的组织有优秀的组织文化，失败的组织有不良的组织文化。

### （二）差异性

由于不同组织其生存、发展的方式各不相同，每一个组织都有适合自己的外部环境和内部环境，在自身基础上发展起来的独特的组织文化具有不可模拟性。即使组织之间在规模、设备、生产工艺和产品相似或相同的情况下，不同组织其组织文化都会有自己的个性色彩。

### （三）时代性

组织的运行是在一定的时空条件下展开的，因而必然受到当时政治、经济、社会环境的影响。组织文化产生于特定的时代背景下，会反映出时代精神，打上时代的烙印。如现代组织文化，已充分反映出全球一体化观念、服务理念、商品经营意识、金融风险意识、竞争意识等等。

### （四）稳定性

组织文化需要经过较长的时间才能形成，但一旦形成，就具有稳定性。如美国通用电器公司在20世纪30年代就被认为是一个没有人情味、正规、保守的公司，到80年代它基本上还是这样。

## 三、组织文化的功能

### （一）导向功能

组织文化反映了员工共同的价值观、共同的追求和共同的利益，对员工具有一种强烈的感召力。这种感召力能把员工引导到组织所确定的目标上来，从而调整全体员工的行为并使其趋于一致，以确保组织目标的实现。

### （二）凝聚功能

组织文化是在长期的生产经营活动中逐步形成的。组织文化一旦得到广大员工的认可，就会变成一种黏合剂，能把全体员工的思想、感情、行为与组织的整体联系起来，凝聚成组织活力的源泉。

### （三）激励功能

激励功能是指对组织价值观的认同使组织成员从内心产生出一种情绪高昂、奋发进取的工作热情。组织文化就像“一只看不见的手”操纵着组织的管理行为和实务活动。这种以尊重个人思想、感情为基础的无形的非正式控制，会使组织目标自动地转化为个体成员的自觉行动，达到个人目标与组织目标在较高层次上的统一。

### （四）规范功能

组织文化是员工在长期交往中的精神、风格、习惯等的沉淀，一经形成，又会对组织成员的行为和思想起到规范作用，而且可能比规章制度更有效、更持久。

### （五）渗透功能

组织文化的渗透功能主要体现在对内融合和对外辐射两个方

面。对内融合，能潜移默化员工的思想、性格、情趣和行为。对外辐射，可加速各具特色的组织文化的建设，使各组织之间相互交流、融合，互相促进，共同发展。

## 阅读资料六

### 企业文化挽救了电视机厂

美国得克萨斯州的一家电视机厂因为经营管理不善而濒临倒闭，老板决定请一名日本人来接管。七年后，在这位日本人的管理下，产品的数量和质量都达到了历史最高水平，令美国人赞叹不已。那么，这位日本人靠的是什么呢？就是靠尊重人。这种优秀的企业文化突出表现在其所采取的三项措施之中。第一，接管之初，新任经理把职工们召集在一起，不是指责、嘲笑他们的失败，而是请他们喝咖啡、聚会，向每个职工赠送一台半导体收音机，同时也诚恳地向他们提出一些合理的要求。第二，日本经理不像美国资方那样与工会闹对立，而是主动地拜会工会负责人，希望多多关照，并力图使美国工人解除心理戒备，在感情上与日本人靠拢。第三，工厂生产有了起色以后，需要增加劳动力，日本经理不是去招收年轻力壮的新人，而是把以前被该厂解雇的老职工全部找回来重新任用，以培育工人们的“报恩之心。”这家企业正是靠优秀的企业文化起死回生的。

## 四、组织文化对管理的影响

组织文化对管理者的行为有重大影响。当组织文化形成并得到加强时，它会影响管理者所做的一切，通过左右管理者的知觉、思想和感觉影响管理者的决策。组织文化之所以能对管理者产生重大影响，是因为它建立了在组织中管理者可以做什么和不可以做什么的行为规范。表 3-1 列举了组织文化对管理职能的影响。

**表 3-1　组织文化对管理职能的影响**

| 计划： | 组织： |
| --- | --- |
| 计划应包含的风险程度 | 给下级管理者的权限 |
| 决策的重点是长期的还是短期的 | 员工工作中应有的自主权程度 |
| 员工是否应有具体和明确的目标 | 规范化程度的大小 |
| 领导： | 控制： |
| 采用什么激励技术 | 采用什么控制方式 |
| 采用怎样的领导方式 | 业绩评估时注重什么标准 |
| 是否要消除所有的分歧 | 超过预算时应有怎样的反映 |

## 阅读资料七

### 苹果与惠普：不同文化的不同结果

#### 一、苹果（APPLE）电脑之失利

1. “苹果”就是“海盗”

20 世纪 80 年代曾领导过电脑工业新潮流的苹果电脑到 90 年代中期已处于崩溃的边缘。1996 年 10 月到 1997 年 3 月，它共亏损 12400 万美元。1997 年初，苹果宣布将裁减 1300 名员工。1 月下旬传出苹果在寻找买主。由于买方出价太低，谈判破裂。苹果公司于 2 月份召开紧急会议，对领导层进行了改组，力求渡过难关，继续生存。苹果电脑为何失利，引起人们的强烈兴趣。有人说是由于苹果公司的销售策略不对，也有人说是苹果电脑太过于精致化未能注意服务质量。而我们认为：苹果失利，源在文化失调。

苹果公司原有文化的核心是一种鼓励创新、勇于冒险的价值观。自白手起家，小小的苹果电脑便在技术领域内引发两次变革，迫使包括 IBM 和微软在内的每一家电脑公司都加入它开启的新潮流。不仅是勇于创新，事实上，公司一直是我行我素，冒高风险，甚至反主潮流。公司的信条是进行自己的发明创造，不要在乎别人怎么说，一个人可以改变世界。正是这种大无畏精神使公司能够推出令广大用户喜爱的 Macintosh 电脑，开鼠标定位器和图像表示法的风气之先。公司也一直以这种独创精神为傲。在其创办初期，公司曾在楼顶悬挂海盗旗，向世人宣称“我就是与众不同”。然而正是这种价值观造就了苹果的成功，

也预埋了它日后的失败。

2. 分析与启示

（1）企业经营指导思想的不适应性导致战略错误。我行我素的文化必然导致公司的经营指导思想是一种“产品导向”或称“技术导向”，使公司方向与市场需求难以协调。苹果机性能优越，使用方便，是世界上最易联网的个人计算机。在技术上可谓无可挑剔；而它却是世界上惟一不与IBM-PC兼容的机型。计算机业发展的大势所趋是计算机联网，要求微机兼容。而IBM在计算机市场上占有最大的份额，因此苹果机独树一帜的不兼容实际上限制了市场对它的需求，推走了许多潜在顾客。苹果拒绝授权其他电脑生产商生产深受欢迎的Macintosh软件，从而失去了一个拓展市场的绝好机会。与此相反，IBM却公开了PC机全部设计细节，鼓励软件人员为它编写程序，鼓励其他厂家生产兼容产品，从而大大刺激了对IBM产品的需求。

（2）经营战术不适应需求和竞争。产品导向和傲慢使苹果公司看不到环境变化，低估竞争对手的实力，经营战术不适应竞争。

（3）组织内部的不协调、不一致。公司人员崇尚一种个人英雄主义，桀骜不驯，难以控制，技术人员与管理人员之间冲突频频。独创精神未成为技术发展的动力，反而加大了合作难度。公司对事物的看法总是不能取得一致，无法作出决定，坐失了许多良机。

（4）员工士气不振，人员流动率大大增加。许多很有才华的人，如销售业务主管、财务主管、苹果电脑日本市场经理，都因与总部意见不合而离职。这种人员流动频繁现象是文化不适的一个明显信号。

从苹果公司的失利中我们可以得到这样的启示：首先，强烈而和谐的企业文化对企业的生存发展具有至关重要的作用，即企业应有鲜明的价值观，有明确的指导方针，有强烈的经营信念。和谐，一指达到内部的和谐；二指与外部环境的协调。其次，成功的公司也注重激励员工，将人视为最宝贵的资源，力图将人才资源的潜力最大限度地激发出来。经营在于人，还要求发挥团队合作精神，上下一心，团结一致。第三，企业文化应随着环境变化而相应作出调整。企业领导人应树立权变的观点，密切注视环境的变化，预见性地推进文化演变。

## 二、惠普（HEWLETT PACKARD）之道

### 1. 惠普之道的由来

美国惠普公司创建于1939年，1997年销售额为429亿美元，利润额为31亿美元，雇员近12万人，在全球500家最大的工业公司中排名第47位。惠普公司不但以其卓越的业绩跨入全球百家大公司行列，更以其对人的重视、尊重与信任的企业精神闻名于世。

作为大公司，惠普对员工有着极强的凝聚力。到惠普的任何机构，你都能感觉到惠普人对他们的工作是如何满足。这是一种友善、随和而很少压力的气氛。在挤满各阶层员工的自助餐厅中，用不了三美元，你就可以享受丰盛的午餐，笑声洋溢仿佛置身在大学校园的餐厅中。惠普公司的成功，靠的正是"重视人"的宗旨，惠普重视人的宗旨源远流长，目前还在不断自我更新。公司的目标总是一再重新修订，又重新印发给每位职工。每次都重申公司的宗旨："组织之成就乃系每位同仁共同努力之结果。"然后，就要强调惠普对有创新精神的人所承担的责任，这一直是驱使公司获得成功的动力。正如公司目标的引言部分说："惠普不应采用严密之军事组织方式，而应赋予全体员工以充分的自由，使每个人按其本人认为最有利于完成本职工作的方式，使之为公司的目标做出各自的贡献。"

因此，惠普的创建人比尔·休利特说："惠普的这些政策和措施都是来自于一种信念，就是相信惠普员工想把工作干好，有所创造。只要给他们提供适当的环境，他们就能做得更好。"这就是惠普之道。惠普之道就是尊重每个人和承认他们每个人的成就，个人的尊严和价值是惠普之道的一个重要因素。

### 2. 分析与启示

惠普的成功相当程度上得益于它恒久的企业精神。

（1）惠普公司对职工的信任表现得最为清楚，实验室备品库就是存放电气和机械零件的地方。开放政策就是说工程师们不但在工作中可以随意取用，而且实际上还鼓励他们拿回自己家里去供个人使用！这是因为惠普公司认为，不管工程师用这些设备所做的事是不是跟他们手头从事的工作项目有关，反正他们无论是在工作岗位上还是在家摆弄这些玩意儿能学到一些东西。它是一种精神，一种理念，员工感到自己是整个集体中的一部分，而这个集体就是惠普。

（2）公司采用的雇用制是日本大企业的典型做法，在欧美企业中形成鲜

明的对照：重视个人，关心职工利益，与员工们同甘共苦。

（3）惠普公司的用人政策是：给你提供永久的工作，只要员工表现良好，公司就永远雇用你。早在20世纪40年代，公司的总裁就决定，该公司不能办成“要用人时就雇，不用时就辞”的企业。在那个时候，这可是一项要颇具胆识的决策，因为当时电子业几乎是全靠政府订货的。后来，惠普集团的勇气又在1970年的经济衰退中经受到了一次严峻考验。他们一个人没裁，而是全体人员，包括公司领导在内，一律都减薪20%，每人的工作时数也减少了20%。结果，惠普保持了全员就业，顺利地熬过了衰退期。

（资料来源：中国管理传播网）

## 五、组织文化的建设

从以上分析可以看出，组织文化对一个组织的影响很大。那么，如何建设组织文化呢？

### （一）领导者的素质是建设组织文化的基础

领导者要对组织文化的功能有深刻认识，在这个基础上，还必须有坚决施行和培育组织文化的决心和手段。当前，有的领导者只是口头上重视和宣传组织文化，似乎作为一种时髦，但实际上可能只将组织文化作为组织精神文化建设甚至职工文化生活的另一种说法而已，他们仅仅满足于提炼一句或几句响亮的口号来激励员工或应付社会。在这种情况下是不可能培育和形成组织文化的。也有的领导者确实认识到组织文化的重要作用，也有决心去培育，但由于缺乏相应的机制和有效的手段，更多的是由于未能长期坚持下去，结果往往虎头蛇尾，最后只是一种没有生机、也没有效果的形式而已。

### （二）建设组织文化要切合实际

真正的组织文化建设必须切合组织的实际情况。不同组织的运作方式、员工构成以及领导者的价值理念都存在差异，因此组织文化必须要在这些实际情况的基础上产生和发展。

### （三）坚持组织文化创新

每一个组织都处在不断发展中，随着组织规模、人员、所涉及领域的变化，组织文化也应有相应的发展。所以，组织的发展必须伴随着组织文化的创新。同时，组织文化是否能够发挥其功能，关键在于它是否得到全体员工的认同。而每个员工都应是组织文化的创造者、补充者、完善者和体现者，而不是一个被动的承受者。若组织文化仅仅停留在口头上或纸上，仅仅依靠严格的规章制度来强制员工遵守，是不能称其为组织文化的。

### （四）基础培训是组织文化建设的关键

组织文化不是一个口号，而是一种精神，所以它需要长期地去培养。从基础做起是建设组织文化最基本也是最关键的工作。

## 阅读资料八

### 实达面临的企业文化挑战

任何成功的企业都会体现出强势的企业文化，强势的企业文化有助于减少内耗，形成共识并能采取步调一致的行动，从而最大限度集聚能量。早期实达是有强烈使命感的企业，但随着实达新的产业架构的形成，实达原有的企业文化就面临了双重的挑战：一方面，由于人员的增多，原有的以人与人直接交往而互相影响的文化传播方式已很难发挥主导作用，如何通过制度化的文化建设对文化进行提练、宣导和继承成为当务之急；另一方面，由于新产业所带来的新的管理方式和业务模式，原有的企业文化也不一定能直接移植到新的部门中。因此客观上也存在实达企业文化的重构问题，然而集团当时不仅没有建立起新的企业文化，相反由于现实中各种不合理的现象也使早期的实达文化荡然无存。实达从“16 个人到 16 个亿”是一个实达人引以自豪的故事，而从另一个角度来看，恰恰也是这自豪使实达人忘乎所以。实达的很大一部分领导和骨干员工开始骄傲自满起来，缺少危机意识，盲目排外，囿于过去的经验，同时缺乏团队合作精神，把部门利益、小团体利益甚至个人利益置于企业利益之上，企业资源难以共享。这一系列的问题严重地影响了企业的进步。在 1999 年实施业务和管理重组的过程中，本来设计的由个人权力管理模式向程序化管理的模式根本行不通。各方阵各行其是，互相不买账，造成经营业绩下降，库存积压，应收款无人负责。

引发实达危机的因素不是单一的、局部的，而是全局的、深刻的。解决管理上的弱势和存在的问题无疑将是一个漫长的和逐步的过程，而文化的重建则需要实达持之以恒的努力。

（资料来源：作者根据新闻媒体有关报道改编）

## 第四节　社会责任与管理道德

### 一、社会责任

香烟生产满足了有烟瘾的人的需要，却导致了更多的癌症；钢铁厂在为社会制造钢材的同时，产生噪音、高温和有毒气体；快餐行业在给人们提供便利的同时，也带来了不够营养、不利健康等等问题……这些问题都涉及到公司的社会责任和管理道德问题。

社会责任是一种组织追求有利于社会的长远目标的义务，而不是法律和经济所要求的义务。任何组织，在追求自身利益的同时，还应兼顾社会公众、国家等相关利益主体的利益，承担起相应的社会责任。

社会责任不同于社会义务，社会义务是组织参与社会的基础。如一个企业当它符合了其经济和法律责任时，它达到了法律的最低要求。一个企业追求社会目标仅限于它们有利于该企业实现其经济目标的程度。与社会义务相比，社会责任和社会响应不仅仅限于符合基本的经济和法律标准。

社会责任也不同于社会响应。社会责任加入了一种道德规则，要求组织决定什么是对的，什么是错的，促使人们从事使社会变得更美好的事情，而不做那些有损于社会的事情。社会责任是促使组织找出基本的道德真理。社会响应是指一个组织适应变化的社会状况的能力。社会响应是由社会准则引导的社会准则的价值，它们能为管理者作决策提供一个更有意义的指南。

拿企业来说，具体应承担的社会责任包括以下几个方面：

（1）对股东的责任。企业应用心经营，力求给股东较好的回报。

（2）对员工的责任。企业要关心员工的利益，创造优美、和谐的工作环境。

（3）对消费者的责任。企业要保证商品的质量、安全、服务，以更好地满足消费者需要。

（4）对政府的责任。包括响应政府号召，遵守法律、法规。

（5）对债权人的责任。包括遵守合同条款，及时还本付息。

（6）对供应商的责任。保证付款时间。

（7）对社会其他方面的责任。包括支持文教体卫事业，保护环境，保证就业，积极参与社会福利、慈善事业，热心公益，维护社会稳定等。

## 阅读资料九

### 亨氏食品公司的社会责任观

美国亨氏食品公司的创始人亨利·霍金士以诚信为本，始终把维护公众利益作为自己的职责，他从一个农民子弟成为一个国际知名的企业家。

在美国首创方便食品的亨利·霍金士是美国“食品纯化”运动的积极倡导者。在霍金士开始经营食品加工业时，美国的“纯正食品法”还没有制定，有不少食品制造商在食品制造中乱加添加剂，极大地危害公众的健康。霍金士极力反对这种做法。他认为，赚钱也要讲商业信誉。尤其是从事食品经营这一行，不能为了赚钱而不顾公众健康。他说：“供应消费者优秀的食品是我们的社会职责，不能一味在价格上做文章，在原料上做手脚。”保持食品纯正，是他在经营上一贯坚持的原则。

霍金士要求公司职工，要抱着“这些食品是给自己吃的”这样的观念去工作，要特别注意讲究卫生。亨氏食品公司的产品，以品质纯正在市场上取得了信誉，但是公司反对在食品中添加防腐剂的行动，导致了同行的非议和围攻。这几乎使他陷于岌岌可危的境地。

霍金士坚持认为，在一种食品中加入其他东西，必须经过专家鉴定，证明这样做对于人体健康确实无害，方可投入生产。食品防腐剂当然也不例外。经过实验，证明了防腐剂对人体有害。令霍金士感到更震惊的是，同行们几乎在所有的食品中都这样做，这已经成为一种习惯，没有一个人指出这样做是有害的。

他决心把技术专家的实验报告公布出去，在社会上进行一场反对在食品中使用防腐剂的斗争。专家们建议他再冷静考虑一下，因为这会引起同行们的强烈反对。同时，如果报告公之于众，同行肯定会攻击他说，这些专家是被亨氏公司收买的，结果也会弄得报告丧失权威性。再者，即使取得政府公证机关的检验证明，要想禁止使用，还必须有政府的法律法规才行得通。

尽管技术专家提出了善意的反对理由，霍金士仍然坚持："既然我知道了事情的真相，我就不能向大众隐瞒。不管后果如何，必须马上向消费者报告，这是我应尽的社会责任。"

霍金士向社会公开了防腐剂有害的实验报告后，立即在食品界掀起了轩然大波。同行们为了保护自己的利益，举行了一次声势浩大的集会，把霍金士说成是"荒谬至极、别有用心"的人。他们还联合起来，在业务上排挤霍金士，企图把它一举打垮。

霍金士所倡导的纯化食品的运动，对于社会公众来说，是一项值得称道的壮举，但确实给亨氏公司的业务带来了很大的困难。公司面临着创立以来最艰难的实际：产品销量大减，市场份额几乎被别的公司全部抢占。

食品纯化运动持续了三四年后，在美国社会上形成了强大的社会反响，美国政府于 1906 年制定了"纯化食品法"，从而使美国食品在国际上获得了很高的声誉，推动了美国食品业的健康发展。亨氏公司没有被挤垮，它度过了最困难的时期，赢得了社会更大的赞誉，步入了大发展时期。霍金士的信条是："生意人也应该像一般人一样，不能做专门损人利己的生意。生意人也应该有自己的社会责任。那就是要增加大众的福利和社会繁荣，而不是像盗贼一样，只知道在民众身上榨取钱财。我们要用优质的产品换取应得的利益。"

## 二、管理道德

所谓道德，就是依靠社会舆论、传统习惯、教育和人的信念的力量去调整人与人、个人与社会之间关系的一种特殊的行为规范。管理道德，是指组织在管理过程中自觉遵守的各种行为准则和规范的总和。道德规范是组织文化的重要内容，它可以帮助人们在管理工作过程中做出符合道德标准的反应，可以指导管理人员在不同的情况下做出合理的决定，也可以帮助管理人员做出能满足不同利益相关者根本利益的最佳决定。

管理道德所关注的主要是两个层次：一是管理者个人的职业道德，主要关注的是管理者个人利益及其与组织整体利益之间的关系；二是管理者的组织身份所要求的管理道德，主要关注的是组织利益及其与社会利益之间的关系。无论是何种意义上的管理道德，都会对组织产生一定的影响。在世界经济一体化和国际国内竞争日趋激烈的大环境下，组织的道德规范已成为组织生存力与竞争力的源泉，许多国际性大公司和国内优秀企业都有自己的企业道德规范，或把培育企业道德规范作为主要目标。

### 复习思考题

1. 什么是管理环境？管理环境由哪几个部分组成？
2. 举例说明哪些组织受外部环境的影响比较大？
3. 对一个企业而言，一般环境和任务环境哪一个更重要？为什么？
4. 组织能否选择和控制环境？怎样选择和控制环境？
5. 什么叫组织文化？怎样描述一个组织的文化？
6. 组织文化是如何形成的？它如何影响管理实践？
7. 试描述所在组织的任务环境因素，并探讨它们是如何影响经营者的经营行为的。
8. 试描述所在组织的组织文化，并讨论其对组织的进一步发展的影响。
9. 什么叫社会责任？你认为企业是否应该承担社会责任？如果是，

在管理中应如何处理社会责任与自身发展之间的矛盾？

10. 什么叫管理道德？你认为管理者应具备怎样的管理道德？

**案例一**

### 企业的社会责任

目前，许多企业因为经营不当，发生亏损，由于偿还压力太大，股东或经理人试图以破产方法消除债务。企业负责人以企业名义从事不法行为，主要是实施欺诈行为，如以企业名义生产伪劣产品获利、以企业名义订立合同以骗取预付款供个人挥霍浪费等。这些企业的管理者缺乏自我约束力，没有社会责任感。这些企业也没有为社会做出应有的贡献，同样，也没有履行相应的经济责任，甚至逃避法律责任，更谈不上道德责任。

资料 1：1999 年，福建某塑料厂对外欠巨额债务，负债率超过 100%。他们为了逃避债务，恶意破产，该厂在被宣布破产后，法院没有对其采取任何强制措施，企业财产随意增减，虽然召开了债权人会议，但债权人意见根本不被采纳，在评估破产财产时，采用隐匿、压价等手段，形成了“破产财产不足清偿破产费用”的结论，使债权人的债权受到严重损害。该厂经过这一过程后财产未受任何损失，反而成为无债企业，改名后照常经营。

资料 2：广西某机械厂原来为预算内国有企业，因为多年经营不善，亏损严重，以至资不抵债，欠银行债务 3000 多万元。该家企业负责人把剩余资产转移到另外一家企业后就申请破产，欲借此逃避银行巨额贷款。

资料 3：华东某“皮包公司”负责人通过关系在省城繁华地段划到一块地皮，他借此向几家银行贷款并如愿以偿；之后，他又以贷到的巨款和单位兴建的大厦为由继续到银行贷款，很快就拥有 1000 多万的资金。等到挥霍差不多后，他就申请破产。通过清算，能追回的仅仅 300 多万，其余的无法找回。

**思考题**

根据以上资料分析企业承担社会责任的必要性。

**案例二**

### 文化的海尔

从一家濒临破产的小企业，成长为享有世界声誉的企业集团，海尔的产品行销五洲，海尔的员工来自世界各地。是什么让海尔冲险破隘、创造出一个个骄人业绩？是什么把不同地域、不同民族的3万海尔员工，聚合在蓝色的海尔旗下，忘我工作，协力进取？是生机勃勃、创新不止的海尔文化，成为海尔人创造奇迹的强大动力。

**兼收并蓄、创新发展，海尔员工一簇簇创新的火花，汇聚成燃亮征程的熊熊火炬。**

在海尔，到处可见的一条标语给人印象深刻："迅速反应，马上行动"。这是海尔要求每一位员工必须具备的工作作风。海尔的员工们都说，这八个字体现了海尔的市场观和服务观，也浓缩了海尔企业文化的力量。

海尔很看重的一件事，就是"观念革命"。这种观念的革命，渗透到海尔的方方面面，并被海尔人形象地凝炼为一个个富有哲理的理念："日事日毕、日清日高"、"只有淡季的思想，没有淡季的市场"、"东方亮了再亮西方"、"斜坡球体论"、"人人是人才，赛马不相马"、"先有市场，再建工厂"、"先难后易，出口创牌"等等。虽然这些理念大都是出自海尔首席执行官张瑞敏口中，但它们无疑都在员工的精神世界中产生了强烈的回响。

海尔自创业初起，就把企业文化的大旗高高扬起。海尔集团总裁杨绵绵说，海尔员工需要企业文化，它时时赋予员工新的观念，更激发起他们无穷的创造力。

海尔员工人手一本《海尔企业文化手册》，仔细读一读这本充满着时代内涵的海尔"全书"，可以体味到东方文化的亲情与和睦，也能体味出其中融进的西方先进管理经验与思想。

海尔集团中心大楼有个样品室，展示面积6000多平方米，69大门类的海尔家电琳琅满目。每天到这个展室参观的人数以千计。一些参观者把海尔的规章制度拿回去以后发现，海尔的办法好是好，却是学不了。张瑞敏的回答是：海尔企业文化分三个层次，最外层是物质文化，看得见，摸得着；中间层是制度行为文化，如规章制度等；最深层的是海尔精神文化。精神文化的核心是价值观，而海尔的价值观就是两个字：创新。制度的东西可以学，但创新却无法模仿。

海尔对企业管理有一个形象而贴切的比喻：企业犹如斜坡上的小球，不进则退。在斜坡球体论的基础上，海尔创造了"日事日毕，日清日高"的先进管理模式。哲学上的“否定之否定”，在海尔人每天的工作中无处不在。

海尔的科研人员平均每个工作日开发 1.3 个新产品,每个工作日申请 2.5 项专利，是中国企业中获专利数量最多的企业。

海尔文化的这种创新，就是要最大限度地给每一位员工提供一个创新的空间。海尔的小改小革造就了员工中的不少“名人”，也给企业创造了巨大效益。张瑞敏说，这种小改小革不仅仅在于产生多少效益，更在于员工所表现出的创新精神。在海尔，你甚至不用与员工交谈，便可感受到使他们充满活力的精神世界，平凡而机械的工作与远大的目标紧紧联系在了一起，变成愉快的创造。员工们一簇簇创新的火花，汇聚成燃亮海尔事业征程的熊熊火炬。

**靠“敬业报国，追求卓越”的海尔精神，靠先进的企业文化，战胜自我，永远创业。**

与许多企业相比较，海尔员工的收入并不很高，但海尔员工创造性的工作热情却是别的企业无法相比的。靠什么激励员工们去不懈奋斗？

海尔的决策者们说，靠的是“敬业报国，追求卓越”的海尔精神，靠的是用先进的企业文化，打造一个个奋斗目标。从当年创中国冰箱的金牌，到今天努力跻身世界 500 强，海尔人靠它振奋精神，战胜自我，永远创业，创新进取。

海尔往兼并企业派去的第一个人，是海尔企业文化中心的人。盘活资产首先要盘活人，企业只要注入了海尔文化，一条条“休克鱼”都会变得活蹦乱跳起来。

海尔的文化和理念，是用各种生动活泼的方式，进入每个海尔员工心中的。在海尔园区里，员工们胸牌上写意地画着一张微笑的脸。“我是海尔，我微笑”这样的标语随处可见，海尔人的微笑更是让人感到亲切和温暖。在海尔创立 16 周年纪念日，6 位普通员工被授予“海尔员工参与企业文化建设功臣”称号。他们因为自己创作的解释海尔理念的精彩漫画而获奖，笔墨间体现的是员工们对海尔价值观的认同。日本神户大学教授吉原英树先生来海尔后，一边欣赏这些漫画一边赞叹:“这是一个创举。”

全球五大洲的一些经理人加盟海尔，共创海尔世界名牌。美国海尔贸易公司总裁迈克、欧洲海尔贸易公司总裁亚默瑞，现在都成了地道的海尔人。迈克说:“我爱海尔，它带给我总能创新的精神。”亚默瑞与海尔合作后，将自己的公司交给别人经营，全力以赴经营海尔的公司。他们都是被海尔文化所感召，义无反顾地投入海尔的队伍中来。

海一般深厚阔大的海尔文化，召唤着越来越多的海外经理人加盟海尔，共创海尔世界名牌。

**让企业的每一个细胞都活跃起来，就能创造全新事业。**

随着知识经济时代的到来，使拥有现代知识、具备创新能力的人成为生产力中最活跃的因素。企业的竞争力取决于人的竞争力。

“人的素质是海尔过去成功的根本，今后我们面临的挑战也是人的素质问题。你能把许多人的力量聚合起来，这个企业就成功了。”“有了每个人具体的SBU，不论外部环境发生怎样的变化，我们都能取胜。”典型的张瑞敏式的语言，精彩而深刻。在海尔随处可见这样的标语，不少前来参观的人纷纷抄写。“让每个员工成为‘SBU’”这一条，对参观者来说新鲜而有点陌生。其实在海尔，“SBU”已经成为每个员工行动的指南了。

SBU原意是“策略事业单位”的英文缩写，海尔引申为如果每个人都是一个SBU，那么集团总的战略就会落实到每一个员工。而每一个员工的策略创新又会保证集团战略的实现。

让每个员工成为SBU的海尔文化，摒弃因循，鼓励每个人奋斗、拼搏、竞争。水银泄地的海尔文化，在最大程度上得到了员工们的广泛认同，这也使得海尔在国内外激烈的竞争中保持了持久的竞争力和旺盛的生命力。

海尔技术中心张汉奇博士说：“在海尔我看到了民族工业的明天，所以我要在研发岗位上利用好每一分。”他到海尔工作后，曾谢绝了许多外企的高薪聘请。他说：“海尔有很好的文化氛围，也有施展才能的平台，我要做一个海尔人。”

“人人是人才，赛马不相马”，海尔在用人制度上的这一理念，为每个员工提供了创新的平台。“你能翻多大的跟头，我就给你搭多大的舞台。”张瑞敏这句掷地有声的承诺，实实在在地给了每一个员工。“公开、公平、公正”，海尔文化在用人观上最珍贵的就是这6个字。

海尔现在每个月都要搞一次“大选”，人力资源中心把空岗情况公布于众，每个人都可以上台打擂。这是一种激励，激励了一大批人向新高地冲锋；这更是一种尊重，尊重每一个人自我价值得到最大体现的精神需求。

海尔冷柜产品本部副本部长马坚是一个年轻人，两年前曾经因工作效果达不到集团要求，从本部长降为事业部长。马坚在降职期间没有心灰意冷，而是找准差距，迎头赶上。他牵头开发的自由式酒柜和“迈克”冷柜畅销美国市场而广受好评。凭自己的业绩，马坚重新得到提升。

张瑞敏创造了一个叫响了“中国造”的国际化企业，创造了全新的海尔文化，也带出了一批具有炽热民族情感的海尔人。这是海尔的骄傲，也是中国的骄傲。

**思考题**

评析海尔文化的内涵，并分析海尔文化对海尔发展所起的作用。

# 第四章 决 策

## 本章重点

- 决策的概念、特点和类型
- 决策过程
- 几种常用的决策方法

## 引 例

### 正确的决策是企业成功的关键

HT 公司创建于 1958 年，是直属邮电部的全民所有制骨干企业、中国邮电工业总公司（PTIC 集团）的核心成员厂。经过多年的艰苦创业与不断探索，尤其是近年来，充分利用改革开放的大好时机，依托科技与人才的优势，积极调整产品结构，自觉深化企业改革，企业已从一家邮电设备的修配厂，一跃发展成为以研制、开发、生产经营移动通信、程控交换、激光照排、数字传输、无线通信为主的多种电子通信设备的专业厂家。

从 1958 年建厂到 1979 年，HT 公司的经营是在计划经济模式下进行的，企业没有明确的经营战略。1980 年后，邮电部的生产计划指标已远远不能满足企业的生产能力，拥有 3000 多万元生产能力的 HT 公司只拿到了 90 万元的计划生产指标，此时 HT 公司的决策者决定开发产品档次不算太高但颇有市场需求的电视机、电风扇和电源接插件。这一决策充分利用了企业的资产存量，1984 年企业的人均劳动生产率达到 16031 元，销售收入为 2785 万元，均比 1980 年增加了一倍。这一决策的重要性，还在于增强了 HT 公司全体员工的市场营销意识与营销能力。

在技术、资金有了一定积累的条件下，企业决策者认为，随着家电行业同行竞争者的增多，企业的产品如没有特色就很难获利，因此在 1985 年后，HT

公司积极寻求有较高技术档次的新产品，其中主要是积极参加了电子部组织的激光照排项目的合作攻关。这一努力，使HT公司形成了“以激光照排为主、数字特高频与移动通信为辅”的“一主多辅”的经营格局，对提高HT公司的技术能力与今后的技术引进起点，起了较为关键的作用。

80年代末期，HT公司生产经营的产品(如无线特高频设备)大部分为模拟制式，尽管当时还拥有一定的市场，但从长远来看，产品结构已趋老化，市场面临衰退。在这关键时刻，HT公司的高层决策者清醒地看到，改革开放是大势所趋，随着世界经济的发展，通信必然要实现数字化、全球化。决策者还敏锐地预测到，作为国家重要基础设施的邮电建设将会以高于30%的速度超前发展，电话会大面积普及且会出现固定电话向移动电话转移的新需求，而当时国家通信建设急需的移动通信、万门程控等现代通信设备一度主要依靠直接进口，美国的MOTOROLA、瑞典的ER1CSSON、日本的NEC等国际大公司均致力于抢占中国的大市场。鉴于这一情况，HT公司的高层决策者根据企业所拥有的技术水平与国内的大市场，果断地提出了“高新技术起点、多渠道技术引进、高速度形成规模经营”的经营战略，并由此做出了两个具有超凡胆识的决策：一是尽早与世界著名的无线通信产品制造商——美国的M公司签订蜂窝电话手持机与基站系统设备技术引进合同；二是冒险加盟HJD04型数字程控交换机的合作攻关。

这两项决策的制定与实现，从根本上改变了HT公司的产品结构，企业发展出现了新的生机，1992年就提前完成了“八五”原定计划，实现销售收入4亿元，1993年销售收入猛增到15亿元，1996年实现销售收入40亿元，全员劳动生产率高达86.2万元，与1958年建厂时相比，国有资产增加了200余倍。HT公司开拓了一条值得国有大中型骨干企业借鉴的自强奋进、跳跃发展的成功之路。

## 第一节 决策概述

决策是计划工作的核心。著名管理学家西蒙指出：无论是计划、组织、领导还是控制，其工作过程说到底都是由决策的制定与执行两大部分活动所组成。他甚至指出：“管理就是决策”，充分说明了决策的重要性。

## 一、决策的概念及作用

### （一）决策的概念

决策是指组织或个人为了实现一定的目标，对所提出的若干决策方案进行分析评价，最终选择出满意方案的过程。这一概念包含以下要点：

（1）决策必须有明确的目标。没有目标，决策就会失去方向。

（2）决策必须要有若干可行方案可供选择，只有一个方案就无所谓决策。

（3）决策的结果是选择一个满意方案。

（4）决策是一个过程。即不应将决策看成是选择和决断方案的瞬间行动，而应理解成是一个提出问题、分析问题和解决问题的连续过程。

### （二）决策的作用

决策的作用主要表现在以下两个方面：

1. 决策是决定组织管理工作成败的关键

一个组织管理工作成效大小，首先取决于决策的正确与否。决策正确，就能提高组织的管理效率和经济效益，使组织兴旺发达；决策失误，则会给组织带来灾难性的危害。

2. 决策是实施各项管理职能的保证

决策贯穿于组织各个管理职能之中。在组织管理过程中，每个管理职能作用的发挥都离不开决策。没有正确的决策，管理的计划、组织、领导、控制等职能都难以充分发挥作用。

## 二、决策的特点

### （一）超前性

任何决策都是为了解决现在面临的、尚待解决的新问题。这就要求决策者要具备超前意识，能预见事物的发展变化，及时作出正确决策。

（二）目标确定性

任何决策都是针对某一目标所采取的行动，没有明确的目标（即所要解决的问题不明确），则无从决策。

（三）风险性

因为决策是一种事先行为，组织面临的环境条件又时刻变化，因此，决策的风险性成为一种客观存在。

## 阅读资料一

### 索尼公司董事长井深大的一系列风险决策

井深大是日本著名企业家，日本索尼公司名誉董事长。在第二次世界大战后动荡不安的年代，井深大募集一批优秀技术人才，创立了索尼公司。索尼公司仅用20年的时间就从街道小工厂发展成为闻名世界的企业，这同井深大不怕风险、果断决策很有关系。

从20世纪50年代开始，井深大作出了一系列风险决策。第一次风险决策是研制磁带式录音机。当时在没有录音带原材料和精通此项技术专家的情况下，试制是要冒大亏本的风险的。但井深大没有退缩，经过反复实验终于制成了较理想的录音带。第二次风险决策是研制晶体管收音机。当时鉴于美国电子工业厂家在这项研究中接连失败，不少同行都劝他放弃这个打算。然而井深大没有动摇，而是组织最优秀的技术人员成立半导体部，新产品一进入国际市场就大受欢迎。第三次风险决策是研制晶体管微型电视机。在极为保密的情况下，经过比前两次更为艰苦的努力，索尼公司在世界上首先研制成功晶体管微型电视机，该产品在美国市场上供不应求。

经过研究独创性新产品的几次风险决策，索尼公司迅速发展壮大起来。

## 三、决策的类型

决策可以从不同的角度进行分类。

### （一）按决策的重要程度划分，可分为战略决策和战术决策

战略决策是指直接关系到组织生存发展的全局性、长远性问题的决策。如组织使命目标的确定，组织的发展战略、竞争战略等；战术决策是对组织局部的、短期的、侧重于实现目标的方法手段问题的决策，它属于执行战略决策过程中的具体安排，如产品开发方案、招聘员工、确定工资水平、广告设计等。战略决策一般由高层领导作出，战术决策往往由中层、基层领导作出。

### （二）按决策信息的充分程度划分，可分为确定型决策、风险型决策和不确定型决策

确定型决策是在所需的各种信息都比较确定的情况下的决策。这种决策比较简单，每一种决策方案都只有一种确定的结果。比如银行存款，不同存款期限都有国家规定的存款利率，只要根据资金使用情况作出决策即可。但实际工作中这样的决策不多。

风险型决策是指人们对所需信息的掌握不够充分，决策时存在着一些不可控因素，一种方案的执行可能出现几种不同的结果，但可估计每种结果发生的概率。比如投资企业债券、股票，情况好时可能收益较大，情况不好则可能亏损。实际工作中这类决策所占的比重比较大。

不确定型决策是指对所需信息的掌握非常少，每个方案的执行都可能出现不同的结果，但各种结果出现的概率是未知的，只能凭决策者的经验、感觉作出决策。

### （三）按问题出现的重复程度和有无先例可循划分，可分为程序化决策和非程序化决策

程序化决策又称常规决策或重复决策，是指经常重复发生，能按规定程序、方法、标准进行的决策。组织日常管理中的大部分工作都属于这类决策。如日常工作的安排、常用物资的采购、工资发放等。

非程序化决策又称非常规决策、例外决策。是指具有极大偶然性、随机性，无先例可循且具有大量不确定性的决策。战略决策一般都是非程序化决策，如新产品开发、工厂扩建等。

### （四）按决策目标多少划分，可分为单目标决策和多目标决策

单目标决策是指决策要实现的目标只有一个。如果决策同时要实现几个目标，那就是多目标决策。实际工作中，除十分简单的任务外，绝大部分决策都属于多目标决策。

### （五）按决策规划时期的长短划分，可分为短期决策和长期决策

短期决策又称短期经营决策，一般是指在一个经营年度或经营周期内能够实现其目标的决策。主要包括生产决策、成本决策和定价决策等内容。长期决策又称长期投资决策或资本性支出决策，是指在较长时期内（超过一年）才能实现其目标的决策。

### （六）按决策的目标、变量和条件能否量化划分，可分为定量决策和定性决策

定量决策是指决策目标本身就表现为数量指标，如企业的产量、销售额、利润、成本等决策都属于定量决策。定性决策是指其决策目标只能做定性描述或抽象表达，如组织机构的改变、干部的选拔和调动等。这类决策难以用数学方法来解决，主要靠决策者的分析和判断。

## 第二节　决策过程

决策是一个发现问题、分析问题、解决问题的动态过程。一项决策，如果能严格按照科学的程序进行，就能大大提高决策的正确性。具体来讲，决策一般可分为以下几个步骤。

## 一、识别问题

一切决策都是为了解决现实中存在的问题，如果没有问题，也就不需要进行决策了。因此，作为一个决策者首先必须在大量调查研究的基础上明确存在的问题，认准问题的要害。决策的正确与否，首先取决于对问题的识别程度。

## 二、确定目标

目标是决策的方向，没有目标的决策是盲目的决策。决策目标的正确与否对决策的成败关系极大，决策目标选择不正确，必然导致决策的失误。在确定决策目标时应注意：决策目标必须建立在必要和可能的基础上；决策目标必须明确具体，尽可能数量化，以便于衡量决策的实施效果；在进行多目标决策时，必须分清决策目标的主次。

## 三、拟定方案

这一步要求决策者列出几个能成功地解决问题的可行性方案。可行性方案的拟定是决策的关键。可行性方案要具备三个条件：一是能保证决策目标的实现，二是组织外部环境和内部条件都有可行性，三是具有排他性。

## 四、分析方案

方案一旦拟定后，决策者必须批评性地分析每一个方案。要研究各个方案的限制因素，综合评价各个方案的技术合理性、措施可操作性、经济时效性、环境适应性以及它对社会和生态的影响，分析各个方案可能出现的问题、困难、障碍、风险，并制定相应的防范、应变措施。

## 五、选择方案

在对可行性方案分析评价的基础上，决策者就可从中选择出一个满意方案。应注意的是，由于受主客观条件的限制，实际决策时，往往很难找到最优方案，一般来说，只要找到满意方案就行了。另外，选定方案也不是简单地挑选一个而将其他方案抛弃，由于每个方案都可能有优点，所以最后可以一个方案为基础，兼收并蓄，吸取其他方案的优点综合而成。

### 六、实施方案

方案的实施是决策过程中非常重要的一步。方案实施是指将决策传递到有关责任部门和人员，制定实施决策的规划和期限要求，解决有关问题。

### 七、检验和评价决策效果

决策的目的是为了实施，而实施又反过来检查决策是否正确。因此，决策者必须对决策实施情况进行跟踪检查，根据反馈信息对决策不断地进行调整。同时，决策者也可以通过对决策结果的分析、总结，不断提高决策质量和决策水平。

## 第三节　决策方法

决策方法主要可分为两大类：一类是定性决策方法，一类是定量决策方法。在实际决策过程中，更多的是两种方法的结合。

### 一、定性决策方法

定性决策方法也称为决策的“软”技术，是指难以量化或难以作精确分析的决策，可根据管理者和专家经验、知识、判断能力及胆略，通过定性判断，寻求解决问题的最佳方案的决策方法。应用于程序化决策时，常采用借鉴法，即借鉴以往处理问题的惯例、经验；用于非程序化决策时，常用头脑风暴法、德尔菲法、电子会议法等。

### （一）头脑风暴法

这种决策方法的具体做法是：把一些人集中在一起，由主持人阐明问题，所有人围绕问题自由发言，无拘无束，提出尽可能多的方案。在发言过程中，允许其他与会者补充，但不允许提出任何批评。主持人将所有方案当即记录下来，以备决策者参考。

### （二）德尔菲法

德尔菲法是由美国兰德公司提出的一种专家决策法，它以匿名方式通过几轮函询征求专家的意见，组织预测小组，对每一轮意见进行汇总整理后作为参考再发给各位专家，供他们分析判断，以提出新的论证。几轮反复后，专家意见趋于一致，供决策者进行决策参考。

这种方法的优点是能充分发挥专家的作用，而且由于匿名性和回避性，避免了从众行为。但也有缺点，那就是比较费时间，而且邀请合适的专家也不是一件容易的事情。

### （三）电子会议法

电子会议法是最新的集体决策方法。它是在前面两种方法的基础上，结合运用当前先进的计算机技术进行决策的方法。在决策时，决策者将决策问题通过计算机终端显示给每一位决策参与者，决策参与者也通过计算机终端立即回答问题，每个参与者的评论和票数统计都投影在会议室内的大屏幕上。

这种方法的优点是匿名、真实、快速，缺点是决策过程缺乏面对面的沟通所能传递的丰富信息。但是，通过不断的完善，未来这种决策方式必将得到广泛的运用。

## 二、定量决策方法

定量决策法也称决策的“硬”技术，是建立在数学模型基础上的决策方法。其核心是把决策的变量与变量以及变量与目标之间的关系用数学关系表示出来，建立数学模型，然后根据决策条件，通过计算求得结果。

## （一）确定型决策方法

确定型决策方法是指一个方案只有一种结果的决策。这种决策法一般可以根据已知条件，直接计算出各个可行性方案的结果，从中选择自己满意的方案。

### 1. 线性规划法

线性规划法是指在满足一组已知约束条件的情况下，如何使决策目标最优，即求目标函数的最大值（或最小值）问题。

**例 4.1** 某企业生产 A、B 两种产品，已知生产单位 A 产品需用钢材 9 千克、水泥 4 千克、劳动力 3 个，净产值 700 元；生产单位 B 产品需用钢材 4 千克、水泥 5 千克、劳动力 10 个，净产值 1200 元。该企业有钢材 360 千克、水泥 200 千克、劳动力 300 个，问 A、B 各生产多少才能使企业净产值最大？

**解** 设 A 产品产量为 $X_1$，B 产品产量为 $X_2$，则有：

$$9X_1+4X_2\leqslant 360$$
$$4X_1+5X_2\leqslant 200$$
$$3X_1+10X_2\leqslant 300$$
$$X_1，X_2\geqslant 0$$

目标函数是：

$$\max f（X_1，X_2）=700X_1+1200X_2$$

求解得到：$X_1=20$，$X_2=24$，最大净产值为 42800 元。即安排生产 20 个 A 产品、24 个 B 产品时，企业获得的净产值最大。

### 2. 量本利分析法

为了研究企业的盈亏状况，必须分析产销量、成本和利润之间的变化关系，这种分析方法称为量本利分析法或盈亏平衡分析法。

进行盈亏平衡分析的关键是找出盈亏平衡点。在这一点上，企业生产经营活动正好处于不盈不亏的状态，也就是收入刚好能够弥补成本。因此，这一点也称保本点。

我们知道：

销售收入=销售量×单价

生产成本=固定成本+可变成本

=固定成本+产量×单位产品变动成本

利润=销售收入-固定成本-变动成本

当盈亏平衡时，则利润为零，即：

销售收入=固定成本+变动成本

若用 $Q_E$ 表示产销量，$P$ 表示价格，$F$ 表示固定成本，$C_V$ 表示单位产品变动成本，则有：　$Q_E \times P=F+Q_E \times C_V$

$$Q_E=F\div(P-C_V)$$

即：盈亏平衡点的产销量=固定成本÷(单价-单位变动成本)

**例 4.2**　某企业生产一种新型小家电，销售价为每台 400 元，固定成本为 420 万元，每台小家电的零售费用为 160 元，人工工资为 40 元，其他费用为 60 元。求盈亏平衡点的产量。

**解**　根据 $Q_E=F\div(P-C_V)$ 得

$Q_E$=4200000÷[400-(160+40+60)]=30000（台）

答：盈亏平衡点的产量为 30000 台。

**例 4.3**　假设某电子器件厂的主要产品生产能力为 10 万件，产销固定成本为 250 万元，单位变动成本为 60 元。根据全国订货会上签订的产销合同，国内订货共 8 万件，单价为 100 元。最近有一外商要求以 75 元的价格订货 2 万件，并自己承担运输费用。由于这 2 万件不需要企业支付推销费和运输费，这样单位变动成本可降至 50 元。问厂方是否能接受外商的订货？

**解**　厂方能否接受订货，要看降价后是否还能给企业带来利润。从表面上看，外销价格明显低于内销价格，外销单位商品的毛利也比内销低（内销毛利=100-60=40 元，外销毛利=75-50=25 元）。但由于这家企业生产的固定成本已在内销产品中得到补偿并有赢利 70 万元（8×40-250=70 万元），所以在不考虑固定成本的情况下（因订货量较小，可不考虑固定成本），可以接受外商订货。接受外商订货还可赚 2×25=50 万元的利润。

## （二）风险型决策方法

### 1. 期望值法

期望值法是指通过计算损益值来进行决策。即先计算不同方案在不同自然状态下的期望值，然后根据不同方案在不同自然状态下的期望值计算出该方案的综合期望值，最后比较各方案的综合期望值，综合期望值最大的方案为选择的满意方案。期望值的计算公式为：

$$期望值 E=效价 V\times 概率 P$$

**例 4.4** 某企业计划生产一种新产品投放市场，在定价时，人们提出了三种方案：每台 5 元、6 元、7 元。由于价格不同，其销售量也会有所不同，相应地预期收益也会不同。表 4-1 表明了在不同价格水平下的预期收益。试用期望值法进行决策。

**表 4-1 不同方案的预期收益及概率**

| 方案 | 不同状态下的预期收益及概率 | | | 期望值（万元） |
|---|---|---|---|---|
| | 畅销（0.25） | 一般（0.50） | 差（0.25） | |
| A.高价（7 元） | 90 | 75 | 60 | 90 × 0.25+75 × 0.5+60 × 0.25=75（万元） |
| B.平价（6 元） | 96 | 72 | 56 | 96 × 0.25+72 × 0.5+56 × 0.25=74（万元） |
| C.低价（5 元） | 100 | 60 | 46 | 100 × 0.25+60 × 0.5+46 × 0.25=66.5（万元） |

根据计算结果，三种方案的期望值分别为 75 万元、74 万元、66.5 万元。由于高价策略的期望值最大，因此，人们一般将选择高价策略。

### 2. 决策树法

决策树法是运用树状图形分析和选择决策方案的决策方法。即通过树状图形，把各种可行方案、可能出现的自然状态及概率、产生的后果等简明地绘制在一张图表上，使决策问题的表达方式生动形象、清晰明了，以便于研究和修改补充。决策树法一般适用于比较复杂情况下的决策。

决策树的构成有四个要素：决策点、方案枝、状态结点、概率枝。见图 4-1。

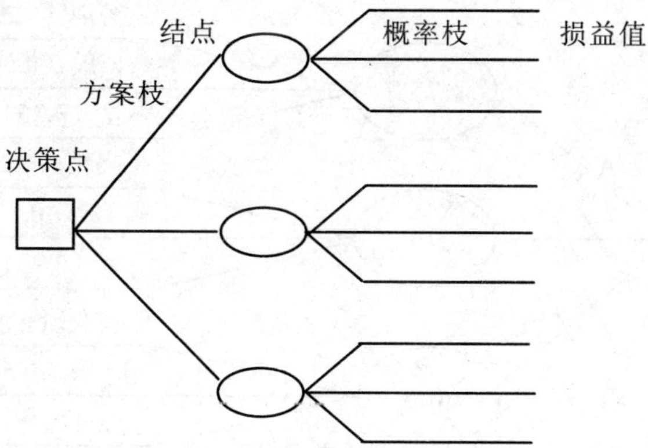


图 4-1 决策树

决策树以决策点为出发点，引出若干方案枝，每条方案枝代表一个可行性方案。方案枝的末端有一个状态结点，从状态结点引出若干概率枝，每条概率枝代表一种自然状态，概率枝上标明每一种自然状态的概率和收益值。这样层层展开，形如树状，所以叫决策树。

**例 4.5** 用决策树法对例 4.4 进行决策。

**解** 具体操作步骤：

（1）绘制决策树图，并在图上标明各种情况。如在方案枝上标明方案，在概率枝上标明概率等。

（2）计算期望值。

（3）剪枝。即比较各方案期望值，将期望值小的方案枝一律剪掉，留下期望值最大的，将此期望值标于决策点上，即为最佳方案。见图 4-2。

### （三）不确定型决策方法

不确定型决策方法是指已知方案各自然状态发生时的效价，但无法确定各自然状态可能发生的概率，因此，无法用期望值法进行计算和决策，需根据决策者的主观意志和经验去判断。具体方法一般有悲观决策法、乐观决策法、最小后悔值法和等概率法等。

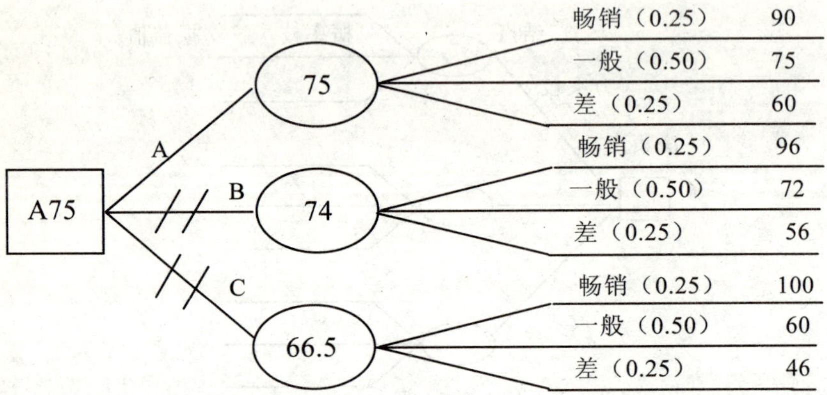


图 4-2　决策图

1. 悲观决策法

悲观决策法又称小中取大法，其基本思路是：客观事物是不以人的意志为转移的，为保险起见，应把事情的最坏结果估计清楚，并以此作为决策的依据。具体方法为：比较各种方案所产生的最小收益，再选取其中最大的一个。

2. 乐观决策法

乐观决策法又称大中取大法，其思想基础是对客观情况总是抱最好的希望，对每一件事情都有较高的期望值。具体方法为：比较各种方案所产生的最大收益，再选取其中最大的一个。

3. 最小后悔值法

最小后悔值法的思想基础是，决策者在制定决策后，如果情况未能符合理想，必将会有一种后悔的感觉，因此，应设法使这种后悔的感觉变得最小。具体方法是：首先计算出各方案在每种自然状态下的后悔值（就是最大收益值与他所选择的方案的收益值之间的差额），然后确定每一种可行方案的最大后悔值，最后，选择最大后悔值最小的方案作为选择方案。

4. 等概率法

等概率法也叫机会均等决策法。这种方法假定各种自然状态发生的可能性是相同的，通过比较每一个方案的损益值的平均值来进行方案的选择。在利润最大化目标下，选择平均利润最大的方案；在成本最小化目标下，选择平均成本最小的方案。

**例 4. 6** 某企业生产一种产品，市场预测结果表明有三种可能：销路好、销路一般、销路差。备选方案三个：一是技术改造，二是扩建，三是战略联盟。各方案在不同自然状态下的损益值如表 4-2。试用悲观决策法、乐观决策法、最小后悔值法、等概率法进行决策。

**表 4-2 不同方案的预期收益及概率** 单位：万元

| 方 案 | 收益值 | | |
|---|---|---|---|
| | 销路好 | 销路一般 | 销路差 |
| A. 技术改造 | 180 | 120 | -40 |
| B. 扩建 | 240 | 100 | -80 |
| C. 战略联盟 | 100 | 70 | 16 |

**解** （1）悲观法：按小中取大的原则，销路差时 C 方案期望值最大，应选 C 方案。

（2）乐观法：按大中取大的原则，销路好时 B 方案期望值最大，应选 B 方案。

（3）最小后悔值法：

方案 A 的后悔值为：

销路好：240-180=60；销路一般：120-120=0；销路差：16+40=56。则方案 A 的最大后悔值为 60。

方案 B 的后悔值为：

销路好：240-240=0；销路一般：120-100=20；销路差：16+80=96。则方案 B 的最大后悔值为 96。

方案 C 的后悔值为：

销路好：240-100=140；销路一般：120-70=50；销路差：16-16=0。

则方案 C 的最大后悔值为 140。

通过比较得到，方案 A 的最大后悔值最小，所以应选方案 A。

（4）等概率法：因每种结果可能发生的概率为 1/3，则有：

$$E_A=(180+120-40)\times 1/3=86.7$$

$$E_B=(240+100-80)\times 1/3=86.7$$

$$E_C=(100+70+16)\times 1/3=62$$

A、B 方案的期望值相同且最大，所以，应选 A 或 B。

## 第四节　如何避免决策错误

### 一、决策中常见的错误

#### （一）决策权力过度集中

决策权力过度集中指的是一个组织的决策权完全集中在少数高层决策者手中，甚至是一个人手中。这种决策方式的失误概率很高，对组织生产经营危害极大。

我国的民营企业就是一个很好的例子。中国的民营企业家大多集创造者、所有者、决策者和执行者于一身，董事会形同虚设，下级也只能俯首贴耳。这些条件与权力的结合，必然使我们的企业家拥有了全世界最高的经营失误机会和决策错误机会。

而在国际上，国外的 CEO 们决策失误要少于中国企业家。除去个人素质不讲，他们的决策权力比中国企业家小，受到的约束比中国企业家大，因而犯错误的概率就小。国外的一些 CEO 们虽然失败了，但没有给企业带来灭顶之灾。即使这样，他们也依然要被解雇，原因很简单，因为他们是职业经理人，他们受雇于董事会，只是董事会的成员之一，责权清晰、目标明确，一旦承诺无法实现，他们就只能下台。

因此，要避免错误的决策，首先必须避免独断专行，必须在组织内建立一套完善的制约和监督机制。

## 阅读资料二

### 史玉柱的反思

巨人总裁史玉柱在检讨失败时曾坦言："巨人的董事会是空的，决策是一个人说了算。因我一个人的失误，给集团整体利益带来了巨大的损失，这也恰好说明，权力必须有制约。"

决策独裁，这在企业发展处于顺境时，并未被当作问题，甚至被视为优点，而一旦这种决策机制的恶劣后果因决策失误而表现出来时，它的缺陷就显得一清二楚。对此，史玉柱也深有感触："在巨人集团股份中，我个人占 90%以上……其他几位老总都没有股份，所以他们也无法干预我的决策。现在想起来，制约我决策的机制是不存在的。这种高度集中的决策机制，尤其集中到一两个人身上，在创业初期充分体现了决策的高效率，但当巨人规模越来越大，个人的综合素质还不全面时，缺乏一种集体决策的机制，特别是干预一个人的错误决策乏力，那么企业的运行就相当危险。"

巨人集团出现危机后，史玉柱同样反思道："没有及早进行股份化，直接的损失是最优秀的人才流失。更严重的后果是，在决策时没有人能制约我，以至形成家长制的绝对权威，导致我的重大决策的一系列失误。"

对于集团下属子公司出现的各种违规、违纪、违法、截留、透支、挪用公款、变相贪污的现象，史玉柱也对记者倾诉了他的苦恼："我渴望有一个健全的市场环境，有一个法制的社会。如果在这种状况下，一个公司的经理把企业搞跨了，我负有用人的责任，他则在人才市场上不值钱。因此，他倒要反复考虑自己能否胜任，别一失足成千古恨，一旦接手又必须全力以赴，否则前程毁掉。可现在不是这样，他把我们的企业搞垮了，换个地方也许照常当经理，自己捞了好处，还可以到别处发财。而在一个法制社会，侵吞公司财产或有意损害公司利益是要负法律责任的……可眼下，卷了国有企业的钱算贪污，而在私营企业携款而逃，则很难追究刑事责任。"管理不善的确是民营企业的通病，摸索一套适合中国国情，适合于各个企业的管理模式，应该成为当务之急。

### （二）决策讲究形式主义

有些决策者在指定决策或选择管理者时，只讲流行时尚，而不注意与实际情况的结合，只要业内流行什么，就不惜耗费巨资加以引进或采用。一些企业，不管自己是否需要，盲目引进各式新的管理技术，或引进一批高学历的管理人员、MBA，甚至成立各种研究中心、决策咨询中心，聘用大批名人做顾问，结果，造成很多机构形同虚设，人才浪费。

某报纸曾有这么一则招聘启示，大致内容是：招聘总经理顾问。要求：经理管理类专业博士以上学历，在核心刊物上多次发表论文，在行业内有名气。待遇：月薪2万元起，以名气大小论。……后有热心人继续跟踪这则启示，发现该企业由于和外商经常有业务往来，而企业内高学历的员工很少，这在公司介绍时感觉没有底气，于是想了这么一招。而在招进高学历人才后，只是把他们组成了一个顾问团，但却不采纳他们的意见。后来，该顾问团的人便陆续离开了这家公司。

### （三）盲目决策

盲目决策在企业多元化经营中体现得最为明显。一些企业为了追求更多的利润，盲目拓展新领域，扩大企业规模，结果，使企业面临的风险和不确定性更大，最终使企业破产倒闭。

近年来，世界著名大公司不断传来“退出”的信息：西门子公司忍痛卖掉彩电生产线；菲利浦公司出让生产大家电的子公司；百事可乐为集中精力打败对手，不得不放弃饭店和快餐业。2002年，菲利浦·莫里斯公司着手拍卖“非核心业务”，并进行裁员和重新整合；通用汽车公司也将出售15家零件厂，以进一步提高竞争力。面对这些，我们的企业是否也该向国外CEO们学习，在进行扩张的时候应三思而后行，做到既会扩张也会退出，进退自如。

## 二、决策中错误的避免

### （一）民主决策

合理的决策要求决策者事先了解所有可行的行动方案及其实施后果，而这需要决策者拥有完全的知识、准确预测未来的能力以及合理决策方案的设计能力。但是个人的能力总是有限的。民主决策，就是让较多的人来参与决策过程。一方面利用他们对组织内部不同部门和环节活动条件与能力的充分了解来弥补决策者的信息局限，另一方面利用他们的参与促进组织成员对决策的认同，从而在决策实施中自觉作出努力和贡献。

民主决策一般会采用建立委员会、专家智囊团、研究小组等方式进行决策，这样可以利用专家们的知识弥补决策者知识的不足，用集体的智慧弥补个人或少数人决策的不足，以便提高决策的正确性。

### （二）科学决策

科学决策要求决策者在决策过程中尊重客观事实、客观规律，遵循决策的合理程序，运用科学的方法和手段进行决策。尊重客观规律就是要充分进行调查研究，掌握客观事实，不要只凭主观臆断和拍脑袋决策；遵循决策程序，就是要求在时间许可的情况下，尽量做好决策的各个环节，特别是调查研究和可行性分析等重要环节要舍得投入时间和精力去做；运用科学方法就是要借助计算机和管理信息、决策支持等各种系统，运用数学手段、运筹方法、预测决策技术帮助决策。

综上所述，决策者在进行决策时会遇到许多不确定因素和各种风险的干扰，客观条件无法改变，但主观条件是可以改善的。决策者可以通过认真学习、反复实践，以避免决策失误，不断提高自己的决策能力。

## 阅读资料三

### 灵活决策

1935 年 1 月底，毛泽东根据当时敌我情况，决定中央红军由遵义地区北进，经桐梓，过松坝，西越土城，一渡赤水河。这一行动使敌人非常恐慌，尾追的敌军和围堵的四川、贵州、湖南军阀部队急速集结，对红军形成包围圈。毛泽东看到渡江已不可能，于是在川、黔、滇地区寻求新的机会，待机歼敌。

我军集结后，毛泽东看到贵州境内敌人空虚，突然挥师东进，于2月18日和19日二渡赤水河，再次向桐梓、遵义地区进击，前后共歼敌20个团。蒋介石吃了败仗后，亲自指挥各路人马企图聚歼红军于遵义地区。毛泽东为了迷惑和调动敌人，命令红军于3月16日三渡赤水河，向北挺进，进至川南的五蔺地区。蒋介石认为我军又要北渡长江和四方面军会合，于是指挥川、黔、湘三省的军阀部队兵分五路，企图再次围歼红军。毛泽东针对敌人已被我军调动的情况，指挥红军突然掉头东进，四渡赤水河，从敌人右翼向南急进，突破乌江，直逼贵阳。为了调动敌人，红军主力佯攻贵阳，并分兵向黔东挺进，调动云南之敌增援贵阳，我军大步直指昆明。当敌人发觉上当，千里回师急援昆明时，红军已巧渡金沙江，到达川南会理，从此，红军摆脱了几十万敌人的围追堵截，实现了战略大转移。

## 复习思考题

1. 决策的含义、特点是什么？
2. 简述决策流程。
3. 为什么决策最终选择的一般只是满意方案，而不是最优方案？
4. 什么是德尔菲法？
5. 简述头脑风暴法的实施要点。
6. 战略决策与战术决策有何不同？
7. 如何区分程序化决策和非程序化决策？
8. 简述决策树的构成要素。
9. 悲观决策法、乐观决策法、最小后悔值法的决策目标分别是什么？
10. 在决策过程中常见的错误有哪些？应如何克服？
11. 当你在进行一项决策时,是否按本章所讲的决策程序进行的？在决策中最容易忽视哪些步骤？
12. 某企业在选拔管理者时确定了以下几条标准:（1）知识;（2）技能;（3）思维;（4）态度。依你看来，对一名高层经理人员来说哪一条选拔标准最为重要？你认为人事决策是一项多目标决策吗？

## 案例一

### 开发新产品与改进现有产品之争

袁之隆先生是南机公司的总裁。这是一家生产和销售农业机械的企业。1992 年产品销售额为 3000 万元，1993 年达到 3400 万元，1994 年预计销售可达 3700 万元。每当坐在办公桌前翻看那些数字、报表时，袁先生都会感到踌躇满志。

这天下午又是业务会议时间，袁先生召集了公司在各地的经销负责人，分析目前和今后的销售形势。在会议上，有些经销负责人指出，农业机械产品虽有市场潜力，但消费者的需求趋向已有所改变，公司应针对新的需求，增加新的产品种类，来适应这些消费者的新需求。

身为机械工程师的袁先生，对新产品研制、开发工作非常内行。因此，他听完了各经销负责人的意见之后，心里便很快算了一下，新产品的开发首先要增加研究与开发投资，然后需要花钱改造公司现有的自动化生产线，这两项工作约耗时 3—6 个月。增加生产品种同时意味着必须储备更多的备用零件，并根据需要对工人进行新技术的培训，投资又进一步增加。

袁先生认为，从事经销工作的人总是喜欢以自已业务方便来考虑，不断提出各种新产品的要求，却全然不顾品种更新必须投入的成本情况，就像以往的会议一样。而事实上公司目前的这几种产品，经营效果还很不错。结果，他决定仍不考虑新品种的建议，目前的策略仍是改进现有的品种，以进一步降低成本和销售价格。他相信，改进产品成本、提高产品质量并开出具吸引力的价格，将是提高公司产品竞争力最有效的法宝。因为，客户们实际考虑的还是产品的价值。尽管他已做出了决策，但他还是愿意听一听顾问专家的意见。

**思考题**

1. 你认为该企业的外部环境中有哪些机会与威胁？
2. 如果你是顾问专家，你会对袁先生的决策如何评价？

## 案例二

### 战略决策的失误

1997 年，也就是实达上市后的第一年，实达就面临这样一个战略转折点。

1997 年前后，中国的 IT 业形势发生了突变。当时有两件大事对中国 IT 业的产业格局产生了革命性影响：一是 VCD 的突然崛起，几乎一夜横扫大江南北。VCD 作为数字技术应用的家电类产品，一下子打通了家电和 IT 业长期以来老死不相往来的鸿沟，IT 业突然发现了一个全新的、可能比原有行业信息化更大的市场出现；另一件大事是以联想为代表的中国的 PC 厂商一改长期以来被国外厂商压着打的被动局面，全面出击大获全胜，中国民族 IT 厂商一改在行业信息化所扮演的看客角色，一下子在大众信息化消费市场活跃起来。

IT 业的这种戏剧性变化给实达面前摆了两条路：一是继续专注于行业信息化，与行业的信息化建设同步发展；二是介入消费数字电子领域，融入所谓主流 IT 厂商的阵营。采取第一条道路，实达面临的困难在于，行业信息化在中高端，主要是由电信和国外 IT 厂商所主导，实达所取得的优势主要在客户端的数据输出与采集的设备及其解决方案上。在端末设备这一块，除去实达难以介入的，整体成长性似乎难以满足实达快速发展的要求。如想有所作为而没有雄厚的技术实力是做不到的，实达能否胜算尚难预料。但是这条路如能走通，前景将不可限量，这在当时只有华为等少数几家企业在坚守。反观消费电子市场，似乎要简单得多，产品技术没什么问题，市场也开始被国内企业所主导，介入 PC 和消费电子似乎是当然之选。

然而正是这想当然的选择对实达来说却是一个陷阱。产品本身的进入门槛确实不高，但正是由于产品的技术要求不高反而使实达所积累的技术优势没有多少派上用场。而劣势却是致命的，实达缺乏大规模分销市场的基础和经验，也缺少消费品牌运作的能力。基于直销的管理经验也难以支撑消费市场的大规模物流、资金流和信息流的管理。当时的实达领导层对这关系到实达未来产业格局和命运的重大抉择并没有做科学、有效的论证，最终选择了所谓“打通行业和消费市场”的战略。把赌注押在了消费电子上，最终的结局就是我们今天所看到的，VCD 遭到全面失败。而 PC 则由于外部力量的引入和在操作层面上成功运作侥幸成功。实达无可奈何地走上了亏损的历史宿命。

**思考题**

运用决策理论，分析实达战略决策失误的原因。

# 第五章　计　划

## 本章重点

- 计划的概念、特征、类型
- 计划工作的程序和方法
- 目标管理及其优缺点

## 引　例

### "阿波罗计划"的启示

长期以来，登临月球一直是人们梦寐以求的最大愿望。当时光流逝到20世纪60年代末期，这一人类的千年夙愿一夜之间美梦成真。1961年5月，肯尼迪总统毅然决定，制订登临月球的飞行计划，要求先于苏联将人送上月球。这就是著名的阿波罗登月计划。

为了保证登月的成功，一场空前的庞大计划和准备工作拉开了帷幕。美国首先进行了前景预测和反复实验。同年，肯尼迪任命副总统约翰逊为国家太空委员会主席。从1961年7月开始全面制订阿波罗计划；9月，改组国家宇航总局，这是阿波罗登月计划的执行主体。由于人类登月是一项涉及技术、经济、社会等众多因素的庞大系统工程，任何一项小小的失误都会使整个计划破产，为此，美国宇航总局领导下的一大批科学家们提出了阿波罗计划的三种方案："直接登月计划"、"地球轨道会合计划"及"月球轨道会合计划"。经过9年的努力，1969年7月，人类第一次登上了月球。

阿波罗计划的成功实施，前后总共动员了42万余人，2万多家公司和研究机构，120余所大学的专家学者，前后共花费300亿美元的资金，历时近10年，最终以成功告终。我们不能想像，这样一个浩大的工程，如果没有计划，需多少时间才能完成；我们也不能想像，为了完成这个庞大的工程又有多少人制定了多少计划。但无论如何，"阿波罗登月计划"都不愧为一件庞大计划项目的杰作。

**美国新太空计划**

美国总统布什2004年1月14日提议，争取最早在2015年让美国宇航员重返月球，并在月球上长期停留，为下一步进行载人火星探测等做准备。

这是自阿波罗登月计划之后美国在航天领域提出的最大胆目标，如果最终付诸实施，将给美国乃至全球航天事业带来深远影响。

新太空计划的具体内容如下:

近期工作:

恢复航天飞机发射，以便完成美国参与的国际空间站项目。

到2010年完成国际太空站美国承担的建造部分。

航天飞机在2010年退役。

远景规划:

在整个太阳系增加机器人探索的次数。

开始研制飞出地球轨道的新一代空间探索飞行器。飞行试验将于2008年前开始，2014年前发射，用于将宇航员送往空间站。

2008年前对月球进行无人飞船探测。

在2015年至2020年间，使美国人重返月球，目标是不断延长在月球上生活和工作的时间。

在月球建立永久性基地，并以此为基础将人类送往火星乃至更远的宇宙空间。

（资料来源：2004年1月16日《青年时报》）

## 第一节　计划工作概述

计划是管理的首要职能。它是在预见未来的基础上对组织活动的目标和实现目标的途径作出筹划和安排，以保证组织活动有条不紊地进行。俗话说：“人无远虑，必有近忧”。在实际工作中，当我们要做一件事情的时候，必须事先对未来可能出现的问题进行详细的计划，以提高办事的成功率。

## 一、计划的概念及其特征

### （一）计划的含义

计划是关于组织未来的蓝图，是对组织在未来一段时间内的目标和实现目标途径的策划与安排。

计划，如果从词性上去理解，有作为动词的计划和作为名词的计划。动词意义上的计划，准确地讲，应叫做计划工作，它是指对组织各种目标的分析、制定和调整，以及对组织实现这些目标的各种可行性方案的设计这一系列相关联的活动或行动。名词意义上的计划，是指上述一系列计划行动的成果。这些成果包括各种明确的书面化的使命和目标说明以及战略、政策、预算书等。

计划还有广义和狭义之分。广义的计划是指制订计划、执行计划和检查计划执行情况三个紧密衔接的工作过程。狭义的计划则是指制定计划，也就是说，根据实际情况，通过科学地预测，权衡客观的需要和主观的可能，提出在未来一定时期内要达到的目标，以及实现目标的途径。它是使组织中各种活动有条不紊地进行的保证。

为了把计划工作做好，使编制的计划能够顺利实现，计划职能和管理的其他职能一样，必须按其基本原理、方法和技术去执行。实践证明，计划工作中的许多失误，就是因为对这些基本的东西缺乏了解所造成的。

### （二）计划的特征

1. 目的性

任何组织或个人制定计划都是为了有效地达到某种目标。目标是计划工作的核心，没有目标的计划是盲目的。在计划过程的最初阶段，首要任务就是制定具体明确的目标，其后的所有工作都是围绕目标进行的。实现目标是计划的出发点和归宿点。

2. 首要性

计划处于管理职能的首要地位，组织、领导、控制等管理的其他职能只有在计划工作确定了目标之后才能进行，并且都随着计划和目标的改变而改变。只有当确定了目标和途径之后，人们才能确定要建立何种组织结构、需要何种人员、领导下属走向何方以及何时需要纠偏。计划的首要性还体现在：有些时候，计划是惟一需要完成的管理工作，因为计划的结果可能导致一种结论，即无须采取进一步的行动。如企业对新产品的开发，首要任务是进行市场调查分析，看是否有销路，如果分析结果表明该产品没有销路，那么，所有工作即告一段落，也无须再进行组织、领导、控制等其他管理职能了。

3. 普遍性

计划的普遍性表现在两个方面：一是组织的任何活动都需要计划。由于资源的有限性，使得人们在从事各种活动时，都需要事先进行计划，因为只有这样，才能有效地利用资源。二是组织中各级管理人员都需要计划。所不同的是，高层管理人员负责制定战略性计划，而中基层管理人员负责制定战术性计划或生产作业计划。

4. 时效性

时效性指的是任何计划都有计划期的限制。因此，计划的时效性主要表现在两个方面：一是指计划工作必须在计划期开始之前完成计划的制定工作；二是指任何计划必须慎重选择计划期的开始和截止时间。比如，一个国家通常会制定5年计划、10年计划等长期计划；企业中除了制定5年或10年的长期计划外，还会制定年度计划、季度计划、月度计划、周计划、日计划等短期计划。

5. 动态性

动态性是指任何计划都不是一成不变的。由于任何人都不可能对未来的环境条件作出全面而准确的判断，因此，任何计划在执行过程中，都会受到环境条件变化的影响，这时，计划就必须作出及时的调整。

### 阅读资料一

据业内人士分析，针对2003年电力供应吃紧的局面，国家决定调整“十五”后三年的电力计划，全国新开工电源项目在6000万～8000万千瓦的基础上再增加 3000 万千瓦，这样，全国装机容量将由 2002 年底的 3.53 亿千瓦增加到 2005 年底的 4.3 亿千瓦。据测算，2003—2005 年电源建设需要 6000 亿元投资，电网建设需要 3600 亿元投资。

## 二、计划的作用

从组织管理的角度来看，计划具有极为重要的作用。

### （一）明确目标，协调工作

计划使组织中全体成员有了明确的努力方向，并且也明确了自己应该在什么时候、什么地点、采用什么方式作出什么贡献。计划也使组织成员之间的协调更加密切。组织中没有计划工作也就没有组织目标，各项活动的协调也就无法进行。

### （二）合理分配资源

任何组织的活动都会受到资源条件的约束和限制，因此，组织必须合理地分配资源。而通过计划，可以使组织在调动自己有限的资源或应付各种可能产生的威胁时，有更加充足的时间和空间，并可以把有限的资源分配到最需要的地方去，使资源产生最大效益。

### （三）提供控制标准，保障目标的实现

计划工作建立的目标和指标是控制的标准和尺度。一般来讲，控制就是设法保障组织的活动按计划进行。没有计划，控制就会失去标准和依据，组织目标的实现就可能受到影响。

### （四）降低风险，把握机遇

任何组织在其发展过程中，都面临着许多不确定因素。但是，通过科学的计划可以使组织较早地预见未来的发展变化，及时应付挑战，掌握主动，从而降低不确定性，把风险降到最低限度。

### （五）提高效益

提高效益是每个组织追求的目标。对营利性组织，效益主要是指经济效益，同时也兼顾社会效益；对非营利性组织，则侧重于社

会效益，它反映组织完成特定的社会分工职能的程度和工作质量。提高效益也是计划的出发点和归宿点。

## 三、计划的内容

计划的主要内容常用“5W1H”来表示，即做什么（What）、为什么做(Why)、何时做(When)、何地做(Where)、谁去做(Who)、怎样去做(How)。

1. 做什么（What to do)

即要明确所要进行的具体活动内容及其要求，明确每一个时期的中心任务和工作重点。

2. 为什么做(Why to do it)

要明确设立目标任务的必要性,并论证实现目标任务的可行性。

3. 何时做(When to do it)

要选定计划实施的时机，以及规定计划中各项工作的开始和完成的进度，以便进行有效地控制和对能力资源进行平衡。

4. 何地做(Where to do it)

要规定计划实施地点或场所,了解计划实施的环境条件和限制,以便合理安排计划实施的空间组织和布局。

5. 谁去做(Who to do it)

计划不仅要明确规定目标任务、地点和进度，还应规定由哪个主管部门负责和由谁参与。

6. 怎样去做(How to do it)

要制定实施计划的措施以及相应的政策和规则，并对资源进行合理分配和集中使用，对人力、生产能力进行平衡，对各种派生计划进行综合平衡等。

表 5-1 归纳了一项完整的计划应包含的主要内容或要素。

表 5-1　一项完整的计划应包含的要素

| 要　素 | 所要回答的问题 | 内　容 |
| --- | --- | --- |
| 前提 | 该计划在何种情况下有效 | 预测、假设、实施条件 |
| 目标（任务） | 做什么 | 最终结果、工作要求 |
| 目的 | 为什么要做 | 理由、意义、重要性 |
| 战略 | 如何做 | 途径、基本方法、主要战术 |
| 责任 | 谁去做，做好做坏的结果 | 人选、奖罚措施 |
| 时间表 | 何时做 | 起止时间、进度安排 |
| 范围 | 涉及哪些部门或在何地做 | 组织层次或地理范围 |
| 预算 | 需投入多少资源 | 费用、代价 |
| 应变措施 | 实际与前提不符怎么办 | 最坏情况计划 |

另外，一个完整的计划还应包括控制标准和考核指标的制定，即告诉实施计划的部门或人员，达到什么结果、什么标准才算完成了计划。

## 四、计划的表现形式及类型

### （一）计划的表现形式

计划活动的结果总是表现为各种具体的计划形式。计划的不同表现形式是计划多样性的重要方面，确认计划形式对于发挥计划职能具有重大意义。

1. 宗旨

宗旨反映了一个组织存在的理由或价值，它是一种表明社会对组织的基本要求、组织的基本作用和根本任务的计划，它对组织的各项任务只作一般性描述，其核心是明确组织是干什么的、应该干什么和最终要达到什么样的目的。宗旨是组织发展的基础，一般来说，知名的企业都有一个明确的宗旨。如日本索尼公司的宗旨是："索尼是开拓者，永远向着那未知世界探索"。在这一宗旨指导下，索尼公司最大限度地发掘人才、鼓励人才，将不断前进作为自己的目标，从而在世界上最早发明出家用录像机等产品，取得了巨大成功。因此，宗旨，对于一个组织来说，就像指明方向的灯塔，朝着宗旨指明的方向前进，就有希望成功。

2. 目标

宗旨是一个组织最基本的目的，它是很抽象的，需要通过目标的具体化才能成为行动的指南。目标是组织及其各个部门的管理活动在一定时期内要达到的具体成果。目标不仅是计划工作的终点，而且也是组织工作、人员配备、指导与领导工作、控制活动所要达到的结果。目标通常用定量的数据表达。组织在一定时期的总目标构成组织的基本计划，组织中各部门也可以有自己的子目标，所以说目标是分层次的，高一级的目标支配低一级的目标，但不如低一级的目标具体。

3. 战略

战略是一种复合性的计划形式。一项战略往往是目标、政策和各种规划的综合体。战略是为实现组织长远目标所选择的基本途径，它主要指出组织活动方向、工作重点和资源配置优先次序的总纲。战略一般并不确切地描述组织怎样去完成目标，而是为组织提供指导思想和行动纲领。

## 阅读资料二

### 战略的制定

联想的“管理三要素”中第一条就是“制定战略”。柳传志说：联想把制定战略分成五步，其中有一步叫做制定战略路线，也就是，假如我们要达到目标的话，就要决定做什么和不做什么。在与国外企业竞争时，有点像“龟兔赛跑”。外国的企业好像是兔子，中国企业好比是乌龟，乌龟和兔子赛跑，兔子又不肯睡觉，乌龟就要做两件事：一件是如何向兔子学习，培养兔子的基因；第二点是利用赛跑的环境，比如在沼泽地里赛跑，才能获胜。我们制定的战略路线就是从这个基点出发的。

他举了一个制定战略路线的例子：“在创办联想以前，我是中国科学院的一个技术人员，1984 年的时候，我的股东——中国科学院给了我 25000 美元作为投资，我带了10个人办了这间联想公司。当时，我们有两方面的困难：一方面当然就是资金紧张，我自己拿到25000美元的资金，不到2个月就被人骗走了15000美元；另外一方面是，我们是一群书呆子，不懂市场，又不懂管理。开始，我们为客户讲课、修理机器等，很辛苦地做了一年挣了15万美元。这时，我们就为自己确定了一条‘贸工技’的发展路线，也就是先学会做贸易。通过做代理，我们学会了解市场、学会企业管理，也通过做代理来积累资金。基本上学会做代理以后，我们才开始开发自己的联想品牌的产品，这样循序渐进地再来做设计和生产，这就是做‘工’和‘技’了，这条路线就是所谓的‘贸工技’。在做贸易的时候，我们向供应商，特别是向HP学到了很多东西，从1988年开始，我们一直是HP在中国最大的代理，为HP在中国的业务开展起了很大作用。同时，我也向HP学到了怎么样去做财务控制，怎么样去管理销售渠道。”

4. 政策

是组织在决策或处理问题时，用来指导行动的明文规定。政策是管理人员决策的指南，它指明了组织活动的范围和方向、鼓励什么、限制什么，以保证行动与目标的一致。但政策并不是规定下属做什么和不做什么，它只是为组织明确范围和界限，鼓励下属在权责许可的范围内自由处置问题。政策应有统一性和连续性，以保证组织工作的顺利开展。但实际工作中，由于受环境迅速变化的影响，往往很难做到政策的连续性和稳定性。

5. 程序

程序规定了处理重复发生的问题的方法和步骤。一般地讲，程序是办事手续，就是对所要进行的行动规定时间顺序，是组织成员直接行动的指南。管理者一般对反复出现的业务编制出程序，当该业务再次出现时，执行人员按程序去做就能达到较好的效果。因而程序能使管理人员把精力集中在没有固定程序可依的例外事情上。

6. 规则

规则是一种最简单的计划，它是指导或禁止在某种场合采取某种特定行动的具体的、详细的规定。比如，在建筑工地要求戴安全帽、在会议室禁止吸烟、在阅览室禁止大声说话等都属于规则。规则与政策的区别在于，规则在应用时没有自由处置权，人们只能按规则办事，不能违反。而政策的目的是要指导决策，并给管理人员留有一定的处置权。规则与程序的区别在于，规则指导行动，而不说明时间顺序，而程序可以看成是一系列规则的总和。规则与程序，就其实质而言，都是抑制思考、按章办事。

7. 预算

预算是用数字表示预期结果的一份报表。它也是计划的一种，可称为“数字化”的计划，比如财务收支预算等。预算可以帮助组织的各级管理者，从资金和现金收支的角度，全面、细致地了解本组织管理活动的规模、重点和预期成果。

8. 工作日程表

工作日程表是很具体的作业计划，它一般是按时间顺序将一定时间内完成的工作按次序排列，使工作有轻重缓急之分，且一目了然，有条不紊。

## （二）计划的类型

计划的种类很多，按不同的标准，可将计划分为不同的类型。

1. 按期限长短分

按期限长短分，可将计划分为长期计划、中期计划和短期计划。

一般来说，期限在 3 年以上的称为长期计划，期限在 1 年以内的称为短期计划，1～3 年之间的称为中期计划。长期计划一般是战略性计划，它规定组织较长时期的目标以及实现目标的方法；短期计划一般是指年度计划，是根据中长期计划规定的目标和当前的实际情况，对各种活动作出的详细说明和规定，它具有较强的可操作性；中期计划介于长短期计划之间，起衔接作用。长期计划以问题为中心，中期计划以时间为中心；长期计划为组织指明方向，中期计划为组织指明路径，短期计划则为组织规定行进的步伐，长、中、短要结合起来才有意义。

当然，计划期的长短只是一个相对的概念，具体可根据情况灵活变动。如一个航天项目的短期计划可能就需要几年，而电脑市场销售的短期计划可能只有几个月甚至几个星期。

2. 按计划制定者的层次划分

按计划制定者的层次划分，可分为战略计划、战术计划和作业计划。

战略计划是为组织设立总体目标及实现目标的大政方针，是一种宏观的、长期的和相对稳定的计划。战略计划是由高层管理者制定的，它应用于整个组织，具有长期性、复杂性、风险性的特点。

战术计划是将战略计划中宏观的、整体性的目标转化为有确定时间期限的目标和措施的计划，通常也称管理计划或业务计划。战术计划是由中层管理者制定的。

作业计划是通过生产进度、产量、销售量、利润、预算等生产运作及财务管理的具体指标，来保证管理计划中所规定的目标的实现。它是管理计划如何实施的细节计划，计划期限较短。作业计划一般由基层管理者制定。

3. 按计划的对象来分

按计划的对象来分，可分为综合计划、局部计划和项目计划。

综合计划所涉及的内容是多方面的，一般是指具有多个目标和多方面内容的计划。就其所涉及的对象而言，它关系到整个组织或组织中的许多方面。如企业的年度生产经营计划、地区的经济社会发展计划等。

局部计划是在综合计划的基础上制定的，它往往局限于某一特定的部门或职能，是综合计划的一个子计划，是为达到组织的分目标而制定的。如企业的年度销售计划、技术改造计划等都属于这一类计划。

项目计划是针对组织的特定活动所做出的计划。例如某产品的开发计划、企业的扩建计划等都属于项目计划。

4. 按组织的管理职能来分

按组织的管理职能来分，可分为销售计划、生产计划、供应计划、新产品开发计划、财务计划、人事计划、后勤保障计划等。这些职能计划通常是由组织的职能部门编制和执行的。

5. 按对计划执行者的约束力来分

按对计划执行者的约束力来分，可分为指令性计划和指导性计划。指令性计划是由上级主管部门下达的具有行政约束力的计划，通常是关系到国计民生的全局性问题。这种计划一经下达，各级单位必须遵照执行，而且要尽一切努力完成任务。

指导性计划是由上级主管部门下达的，只具有参考作用的计划，执行单位可根据自己的实际情况，决定是否按指导性计划工作。

## 第二节　计划工作程序及方法

### 一、计划工作程序

一个完整的计划的编制一般需要八个步骤，即估量机会、确定目标、认清前提、发掘各种可行性方案、评价各种方案、选择方案、拟定派生计划、编制预算使计划数字化。在实际工作中，这八个步骤并不一定全部经过，也不一定非按此顺序制定计划不可，应根据具体情况确定。图 5-1 为编制计划流程图。

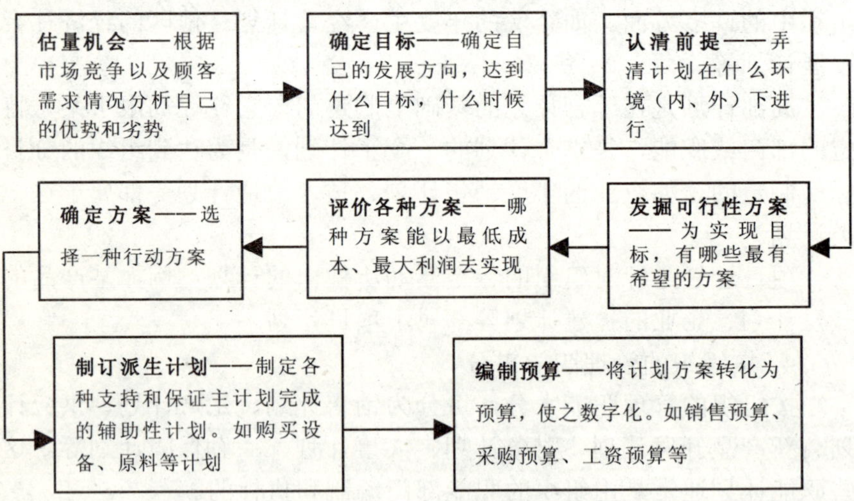


图 5-1　编制计划流程图

### （一）估量机会

估量机会一般是在实际工作开始之前进行的，它虽然不是计划的一个组成部分，但却是计划工作的一个真正的起点。其内容包括：对未来可能出现的变化和预示的机会进行初步的分析，形成判断；根据自己的长处和短处搞清自己所处的位置，了解自己利用机会的能力；列举主要的不确定因素，分析其发生的可能性和影响程度；在反复斟酌的基础上，定下决心，扬长避短。

### （二）确定目标

计划工作的第一步是在估量机会的基础上为组织及其下属单位确定目标。确定目标是计划工作的关键步骤，它指明我们要做的工作有哪些，重点在哪里，并告诉我们计划工作的策略、政策、程序、规则、预算和方案所要完成的是些什么任务。

确定目标应注意：目标不能含糊其辞，应尽可能数量化，以便度量和控制，而且应反映出事物的本质并确切地反映目标。如数量指标、质量指标、绝对指标、相对指标等。

### （三）认清前提

认清前提就是要对组织未来的内外部环境和所具备的条件进行分析和预测，弄清整个计划活动所处的未来环境及可能存在的有利和不利条件。有利条件是组织发展的机遇，看不到它或对它认识不足，就可能编制出保守的计划，从而错失良机。不利条件是一种威胁，不承认它或对它估计不足，就可能编制出冒进的计划，从而给组织带来损失。因此，认清前提是制定计划的一项基础工作。

## 阅读资料三

### “十五”期间的经济计划主要背景

当前国际上有几个大的趋势。第一个是经济全球化的趋势。第二个就是国际科技革命迅猛发展的趋势。特别是最近5年，科技革命特别是在信息技术等领域运用的一些突破，已经成为经济增长的最大的一个推动力。第三个是结构调整的趋势，这个趋势主要表现在大的跨国公司之间的强强联合、互相之间的合并购并。这种案例超过了过去二三十年的总和。从国际上来讲，大家能够形成共识的是这样一些重大的趋势。国内方面我们发生了三个重大变化。第一个重大变化，是我们经济发展的市场条件发生了重大的变化，或者说是一个根本性的变化。过去我们一直在为商品的短缺而苦恼，但经过这20年的改革开放，特别是在“九五”期间，绝大多数产品已经实现了供求平衡或者是供过于求的状态。因此，制定新的计划的基本出发点和理念发生了根本性变化。第二个重大变化是国内环境的重大变化使经济发展的体制环境也发生了重大变化，资源配置从以政府为主转向以市场为主。第三个重大变化是我们对外经济关系已经或者是即将发生重大变化。随着经济全球化的进程不断加快以及它的趋势的增强，国际竞争国内化或国内竞争国际化这样一个趋势已经非常明显了。我们要面对国内和国际两个市场。

### （四）发掘可行性方案

一般来说，实现某一目标往往存在许多可选择的方案，管理者应努力找出达到目标的各种可能途径，只有发掘了各种可行的方案，才有可能从中选择出最佳方案。而要发掘多种可行方案，必须发扬民主，群策群力，开阔思路，大胆创新。如果发掘出的可行性方案很多，就要对其进行筛选，选出最有希望的若干方案作为备选方案，没有必要对全部可行方案进行彻底评估，否则将事倍功半。

### （五）评价各种方案

评价各种方案就是对各种备选方案的优缺点进行全面、彻底的分析、比较和综合评价。备选方案的评价工作往往是比较复杂的，除了要依靠管理者的经验和判断外，还需要借助于运筹学、数学方法和计算机技术等各种手段来进行评价。

### （六）确定方案

即从多个备选方案中确定一个较优方案，这实际上意味着进行决策或决断。管理者通常是在经验、实验和研究分析的基础上进行选择。有时通过评估会发现一个最佳方案，有时也会发现两个方案都合适，这时管理者必须确定优先方案，而将另一个方案作为后备方案。

### （七）制定派生计划

派生计划是为了支持主计划实现而由各个职能部门和下属单位制定的计划。几乎所有的主计划都需要派生计划的支持与帮助，完成派生计划是实现主计划的基础。比如，某高校在作出新生扩招的决策后，这个决策就成为制定一系列派生计划的前提，各派生计划都要围绕它来进行。如宿舍建设计划、教室建设计划、师资配备计划等等。

### （八）编制预算

计划活动的最后一步就是要将计划方案转化为预算，使之数字化。预算是用数字形式表示的组织在未来某一确定期间内的计划，是计划的数量说明，是用数字形式对预期结果的表示。因此，预算在管理中非常重要，它既是计划职能的一部分，也是控制的重要手段，组织特别是企业各部门的活动几乎无一不直接或间接地与预算相关。因此，编制预算是计划工作一个不可缺少的重要环节。

## 二、计划编制方法

### （一）滚动计划法

滚动计划法是指根据计划的执行情况和环境的变化情况定期修订未来的计划，由现在向未来依序滚动推移，使短期计划、中期计划和长期计划有机结合起来，尽可能避免未来不确定性带来的不良后果。滚动计划法特别适合于制定长期计划。由于计划工作中很难准确地预测未来影响组织发展的各种变化因素，而且随着计划期的加长，这种不确定性就越来越大。如果一味地按几年前制定的计划实施，可能会导致重大的损失，滚动计划法可以将这种损失降到最低限度。

滚动计划法的具体做法是：用近细远粗的办法制定计划。在计划期的第一阶段结束时，要根据该阶段计划的实际执行情况，外部与内部有关因素的变化情况，对原计划进行修订，并根据同样的原则逐期滚动。每次修订都使整个计划向前滚动一个阶段。这种方法适用于任何类型的计划。如图 5-2 所示。

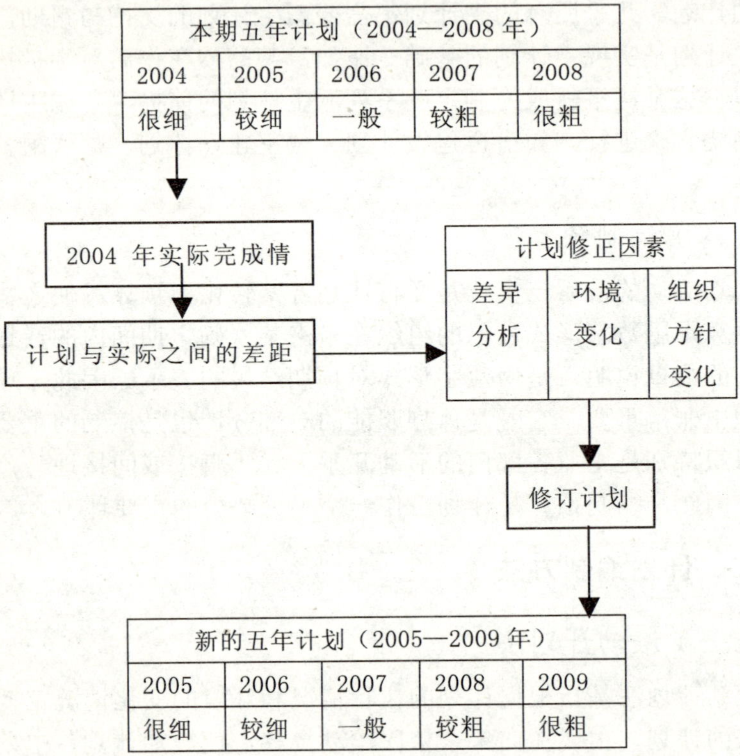


图 5-2　滚动计划法

滚动计划法最大的优点是切合实际。因为通过滚动的方法，实际上缩短了计划期，加大了准确性，能更好地保证计划的指导作用。同时，滚动计划法使长期计划、中期计划和短期计划相互衔接，大大增加了计划的弹性，在环境快速变化的今天，可以提高组织的应变能力。

### （二）网络计划技术

网络计划技术又称为关键路线法，在我国也称为统筹法。它是利用网络理论制定计划，并对计划进行评价、审定的技术方法。

网络计划技术是一项在20世纪50年代逐步发展起来的现代化管理技术，起源于美国。后来在世界各国得到广泛应用和发展。我国在60年代初开始使用网络计划技术，应用这种方法可以有效地利用人力、物力和财力，用最少的劳动消耗达到预定目标。其基本原理是：首先利用网络图的形式来表达一项计划中的各项工作（任务、活动、工序）的先后顺序和相互关系；其次，通过计算找出计划中的关键工序和关键路线，然后通过不断改善路线选择最优方案，并在计划执行过程中进行有效控制和监督，保证取得最佳的经济效益。

### （三）投入产出法

投入产出法是哈佛大学的瓦西里•列昂节夫教授创立的。我国是从1973年正式引入的。

投入产出法是对物质生产部门之间或产品之间的数量依存关系进行科学分析，并对再生产进行综合平衡的一种方法。它以最终产品为经济活动的目标，从整个经济系统出发确定达到平衡的条件。它的基本原理是：任何系统的经济活动都包括投入和产出两大部门，投入是指在生产活动中的消耗，产出是指生产活动的结果，在生产活动中投入与产出具有一定的数量关系。投入产出法就是利用这种数量关系建立投入产出表，根据投入产出表对投入与产出的关系进行科学分析，再用分析的结果来编制计划并进行综合平衡。

投入产出法的优点是：

（1）可以通过投入产出分析确定整个国民经济或部门、企业经济发展中各种比例关系，并为制定合理的价格服务。

（2）可以预算某项政策实施后所产生的效果。

（3）可以从整个系统的角度编制中、长期计划，且易于搞好综合平衡。

## 第三节 目标管理

### 一、目标管理与过程管理

如果将管理分为两大类，一种分法就是将管理分为重结果的目标管理和重过程的过程管理。比如，要实现完成大学学业获得学位的目标。一种方法是对大学期间的学习过程作详细的规定和要求，如第一学期必须修哪些课程，每门课程上课时都要到课听讲，不迟到不旷课，上课认真听，作业按时完成等等。对这些过程进行严格管理，把每一个环节都做好了，到四年结束时，结果自然就能毕业获得学位，这就是过程管理。另一种方法是目标管理，类似于某些学校实行的学分制。即将总目标分解成分目标，按目标要求进行自我管理，各学期修多少学分可有所不同，什么时间去上课可自己决定，有的课程甚至可免听，通过自学参加考试。比如，现在国家进行的自学考试，就是比较典型的采用目标管理的方法。总之，目标管理重在目标实现的结果，过程可以灵活掌握，这样有助于发挥个人的主观能动性和自觉性。但在实际管理中，过程与结果总是紧密联系在一起的，没有一定的过程做保障，往往难有好的结果。因此，实际工作中，目标管理与过程管理总是相互结合在一起使用的，只不过侧重点不同：目标管理是以结果为主的管理，过程管理是以过程为主的管理。

### 二、目标管理的含义、特点及适用条件

#### （一）目标管理的含义

目标管理是由美国著名管理学家德鲁克在《管理实践》一书中提出的一种管理制度，它是一种综合的以工作为中心和以人为中心的管理方法，是将组织目标转换成各个部门乃至个人岗位目标并以此为行动指南和考核标准的管理方法。目标管理是一种很实用的管

理方法。在美国最大的 500 家工业公司中大约有 40%的公司采用了目标管理，日本企业运用目标管理的比例就更高。

### （二）目标管理的特点

1. 有明确的目标

做任何事情都必须有明确的目标，高水平的业绩往往来自于高标准的目标。无论是组织还是个人，明确目标都十分重要。目标管理是首先由一个组织中的上级管理人员与下级管理人员、员工一起制定组织目标，并由此形成组织内每一个成员的责任和分目标，明确规定每个人的职责范围，最后又用这些目标来进行管理。

2. 强调民主管理

目标管理实际上也是一种参与管理制度，即全体员工参与管理，实行组织民主管理。在制定目标时，通过上下协商，逐级制定出组织整体目标、经营单位目标、部门目标直至个人目标。目标管理强调协商、讨论和意见交流，而不是命令、指示和独断专行。

3, 强调自觉管理

目标管理是一种“主动”的管理方式，让员工自觉地努力追求目标的实现，以自我要求代替被动从属，以自我控制代替强制。目标管理注重人性，以目标激励员工，把员工隐藏的潜力挖掘出来，并以自我控制实现组织和个人目标。这种主动自觉的管理方法更能适应现代经济的发展。

4. 有明确的时间要求

目标管理强调时间性，即制定的每一个目标都有明确的时间期限要求，如一个季度、一年、五年或任何其他适当的期限。在大多数情况下，目标的制定可与年度预算或主要项目的完成期限一致，但主要还是要依据实际情况来定。一般情况下，组织层次的位置越低，为完成目标而设置的时间往往也越低。

5. 注重管理实效

目标管理非常强调成果，注重目标的实现，重视目标的评定。实行目标管理后，由于有了一套完整的目标考核体系，能根据员工实际贡献大小，如实评价员工的表现。因为目标管理注重成果，从而能够促进员工的积极向上，大大提高组织的劳动生产率。

### （三）目标管理的适用条件

从上面的分析可以看出，实行目标管理必须具备两个条件：一是要有明确的目标。如果组织的目标比较明确、具体并且量化程度比较高，则目标管理的效果就比较好；二是要有高素质的员工。如果员工的素质普遍较高，有较强的自我管理能力，则目标管理的效果也就好。反之，则适用于过程管理。

## 三、目标管理程序

目标管理程序一般分为目标制定、目标实施并定期检查、成果评价三个阶段。

### （一）目标制定

目标制定是目标管理的前提与关键。它一般采用自上而下和自下而上相结合的方式。首先由组织的最高层确定组织在未来一定时期内要达到的总目标。这是目标管理的中心内容。然后，经过上下协商，制定出与总体目标相一致的下属各部门及各人的分目标。总目标指导分目标，分目标保证总目标的实现，组织上下都有自己的具体目标，从而形成一个完整的目标体系。

### （二）目标实施并定期检查

目标制定后，就要进行目标的实施。目标实施过程主要依靠目标执行者的自主管理，实行自我控制。即上级管理者应对每项目标和每个人的能力持信任态度，并对下属的工作进行定期检查，了解任务的进展情况，并指导、协助下属的工作，为下属提供信息，创造良好的工作环境。而下属应在目标规定的范围内自主地开展业务。

### （三）成果评价

在达到预定期限后，上级管理者必须和有关下级或人员逐个地全面考核目标的完成情况，将其成果与原定的目标进行比较，据此给予奖惩。

## 四、目标管理优缺点

### （一）目标管理的优点

#### 1. 目标管理有利于调动员工的积极性、创造性和责任性，从而激励员工较好地完成组织目标

目标管理的一个显著特点是体现了员工参与管理的意识。由于在整个目标管理过程中，员工参与了自己目标的制定，对自己的职责比较清楚，又有一个较合理的奖惩制度，这就形成了一个调动大家积极性的良好环境。同时，由于目标管理是一种注重结果的管理，对过程的控制相对比较宽松，这就有利于激发员工的创造性，相应地也会增强员工的责任感，使员工为完成组织目标积极地工作。

#### 2. 目标管理有利于各级领导对下属的管理

由于在目标实施过程中，大家都能进行自我管理、自我控制，又有定期性的检查总结，能及时发现问题，进行调整，有利于组织形成一种自我调节、自我完善的机制，朝着组织的目标迈进。

#### 3. 目标管理有利于暴露组织结构中的缺陷

目标的归口管理要求组织结构权责明确，目标管理的自我控制原则要求结构的设定要以分权为基础，要授权充分，权责明确。目标管理其实是分权制的结果。

#### 4. 目标管理有利于形成更有效的控制

目标管理不仅提高了计划工作的有效性，而且有助于形成有效的控制。有效控制的前提条件之一就是必须有明确的、可考核的目标，目标是控制的量尺。目标管理中建立起来的环环相扣、彼此支持以及明确的考核标准是有效控制的最好工具。

### 阅读资料四

**明确的目标管理是治疗“大企业病”的最好方法**

1997 年 4 月，爱普生电子有限公司(后来更名为 EPSON 中国公司)成立的

时候，只是在北京有分支机构，那时在管理上更多的是对员工的激励，给他们鼓舞士气，让他们看到希望。换句话说，是员工的激情保持了企业的快速发展。

随着事业的不断发展，后来又扩大到广州、上海、成都等12个分支机构。管理的难度随着分支机构的逐渐增多而增加起来，员工人数大大超过从前，很难保证每一个员工都有自觉性和主动性。这个时候最重要的办法就是设立明确的目标管理制度。

在爱普生，目标管理具体是怎样实施的呢？首先这种管理方式具有细致、可操作的特点。一个明确的管理目标一旦确定，那么每一个目标不只是明确到团队，更重要的是落实到个人。任何一个分支机构都有明确的目标管理，产品销售有目标、售后服务有目标，总之一切工作都有章可循。

总之，虽然有很多项目需要管理，但通过设立目标，进而对这些目标进行严格地执行和实施，为公司的快速成长奠定了基础。实践经验证明：明确的目标管理是治疗“大企业病”的最好方法。

### （二）目标管理的缺点

目标管理尽管优点很多，但也有许多缺点，主要表现在：

#### 1. 目标管理容易造成最高领导层的偷懒

在目标管理过程中，总目标通过层层分解，最终往往落实到较低层的管理者去执行，这样，容易造成高层领导人不承担责任的现象，最终会影响到目标管理的效果。

#### 2. 目标管理容易造成员工之间的不公平

因为目标管理是以目标实现的程度来衡量员工的工作绩效，并以此来确定奖惩。但在现实管理中，有时目标的实现要受到许多外部因素的影响，而非主观因素能决定，有时奖惩不一定都能与目标成果挂钩，从而会影响目标管理的效果。

#### 3. 过多强调短期目标

大多数目标管理中的目标是一些短期目标，如年度目标、季度目标、月度目标等等。短期目标比较具体，易于分解，而长期目标比较抽象，难以分解。同时，短期目标容易迅速见效，长期目标实现需较长时间。因此，在实施目标管理时组织往往强调短期目标的实现而忽视长期目标，从而导致组织的短期行为。

4. 目标管理缺乏灵活性

由于未来存在着许多不确定因素，因此，目标必须随着情况的变化而变化。但在目标管理过程中，管理人员对改动目标往往表现出迟疑和犹豫。一是如果目标经常变动，会使目标本身无价值可言；二是若修订一个目标体系，所花费的精力可能与制定一个目标体系相差无几，牵涉面和付出的代价都较大。因此，使得组织运作缺乏弹性，无法通过权变来适应变化多端的外部环境。

## 复习思考题

1. 简述计划的含义、特点和作用。
2. 计划有哪些分类方法？最高管理者的计划与一线监工的计划有何区别？
3. 一项计划应包括哪些要素？
4. 计划有哪些表现形式？它们之间存在着怎样的相互关系？
5. 计划为什么是管理者的首要职能？
6. 计划编制过程中有哪些必要的步骤？遵循计划编制步骤为什么能提高计划工作的有效性和科学性？
7. 什么是目标管理？它与过程管理有何区别？
8. 简述目标管理的优缺点。
9. 什么是滚动计划法？它有什么优点？
10. 你认为目标管理与过程管理哪一种更适合大学学习？
11. 根据你的实际情况，结合本章计划编制的内容、步骤和方法，编制一份学习或工作计划。

## 案例一

### 目标管理

某机床厂从1981年开始推行目标管理：为了充分发挥各职能部门的作用，充分调动1000多名职能部门人员的积极性，该厂首先对厂部和科室实施了目标管理。经过一段时间的试点后，逐步推广到全厂各车间、工段和班组。多年的实践表明，目标管理改善了企业经营管理，挖掘了企业内部潜力，增强了企业的应变能力，提高了企业素质，取得了较好的经济效益。

按照目标管理的原则，该厂把目标管理分为三个阶段进行。

**第一阶段：目标制订阶段**

1. 总目标的制订

该厂通过对国内外市场机床需求的调查，结合长远规划的要求，并根据企业的具体生产能力，提出了 19××年“三提高”、“三突破”的总方针。所谓“三提高”，就是提高经济效益、提高管理水平和提高竞争能力；“三突破”是指在新产品数目、创汇和增收节支方面要有较大的突破。在此基础上，该厂把总方针具体化、数量化，初步制订出总目标方案，并发动全厂员工反复讨论、不断补充，送职工代表大会研究通过，正式制定出全厂 19××年的总目标。

2. 部门目标的制订

企业总目标由厂长向全厂宣布后，全厂就对总目标进行层层分解，层层落实。各部门的分目标由各部门和厂企业管理委员会共同商定，先确定项目，再制订各项目的指标标准：其制订依据是厂总目标和有关部门负责拟定、经厂部批准下达的各项计划任务，原则是各部门的工作目标值只能高于总目标中的定量目标值，同时，为了集中精力抓好目标的完成，目标的数量不可太多。为此，各部门的目标分为必考目标和参考目标两种。必考目标包括厂部明确下达目标和部门主要的经济技术指标；参考目标包括部门的日常工作目标或主要协作项目。其中必考目标一般控制在 2—4 项，参考目标项目可以多一些。目标完成标准由各部门以目标卡片的形式填报厂部，通过协调和讨论最后由厂部批准。

3. 目标的进一步分解和落实

部门的目标确定了以后，接下来的工作就是目标的进一步分解和层层落实到每个人。

（1）部门内部小组（个人）目标管理，其形式和要求与部门目标制订相类似、拟定目标也采用目标卡片，由部门自行负责实施和考核。要求各个小组（个人）努力完成各自目标值，保证部门目标的如期完成。

（2）该厂部门目标的分解是采用流程图方式进行的。具体方法是：先把部门目标分解落实到职能组，职能组再分解落实到工段，工段再下达给个人。

通过层层分解，全厂的总目标就落实到了每一个人身上。

**第二阶段：目标实施阶段**

该厂在目标实施过程中，主要抓了以下三项工作。

1. 自我检查、自我控制和自我管理

目标卡片经主管副厂长批准后，一份存企业管理委员会，一份由制订单位自存。由于每一个部门、每一个人都有了具体的、定量的明确目标，所以在目标实施过程中，人们会自觉地、努力地实现这些目标，并对照目标进行自我检查、自我控制和自我管理。这种“自我管理”，能充分调动各部门及每一个人的主观能动性和工作热情，充分挖掘自己的潜力，因此，完全改变了过去那种上级只管下达任务、下级只管汇报完成情况，并由上级不断捡查、监督的传统管理办法。

2. 加强经济考核

虽然该厂目标管理的循环周期为一年。但为了进一步落实经济责任制，即时纠正目标实施过程中与原目标之间的偏差，该厂打破了目标管理的一个循环周期只能考核一次、评定一次的束缚，坚持每一季度考核一次和年终总评定。这种加强经济考核的做法，进一步调动了广大职工的积极性，有力地促进了经济责任制的落实。

3. 重视信息反馈工作

为了随时了解目标实施过程中的动态情况，以便采取措施、及时协调，使目标能顺利实现，该厂十分重视目标实施过程中的信息反馈工作，并采用了两种信息反馈方法：

（1）建立“工作质量联系单”来及时反映工作质量和服务协作方面的情况。尤其当两个部门发生工作纠纷时，厂管理部门就能从“工作质量联系单”中及时了解情况，经过深入调查，尽快加以解决，这样就大大提高了工作效率，减少了部门之间不协调现象。

（2）通过“修正目标方案”来调整目标。内容包括目标项目、原定目标、修正目标以及修正原因等，并规定在工作条件发生重大变化需修改目标时，责任部门必须填写“修正目标方案”提交企业管理委员会，由该委员会提出意见交主管副厂长批准后方能修正目标。

该厂长在实施过程中由于狠抓了以上三项工作，因此，不仅大大加强了对目标实施动态的了解，更重要的是加强了各部门的责任心和主动性，从而使全厂各部门从过去等待问题找上门的被动局面，转变为积极寻找和解决问题的主动局面。

**第三阶段：目标成果评定阶段**

目标管理实际上就是根据成果来进行管理的，故成果评定阶段显得十分重要，该厂采用了“自我评价”和上级主观部门评价相结合的做法，即在下一个季度第一个月的10日之前，每一部门必须把一份季度工作目标完成情况表报送企业管理委员会(在这份报表上，要求每一部门自己对上一阶段的工作做一恰如其分的评价)；企业管理委员会核实后，也给予恰当的评分；如必考目标为30分，一般目标为15分。每一项目标超过指标3%加1分，以后每增加3%再加1分。一般目标有一项未完成而不影响其他部门目标完成的，扣一般项目中的3分，影响其他部门目标完成的则扣分增加到5分。加1分相当于增加该部门基本奖金的1%，减1分则扣该部门奖金的1%。如果有一项必考目标未完成则扣至少10%的奖金。

该厂在目标成果评定工作中深深体会到：目标管理的基础是经济责任制，目标管理只有同明确的责任划分结合起来，才能深入持久，才能具有生命力，达到最终的成功。

**思考题**

1. 在目标管理过程中，应注意一些什么问题？
2. 目标管理有什么优缺点？
3. 增加和减少员工奖金的发放额是实行奖惩的最佳方法吗?除此之外，你认为还有什么激励和约束措施?（本题待学完第八章后再讨论）
4. 你认为实行目标管理时培养完整严肃的管理环境和制订自我管理的组织机制哪个更重要?

**案例二**

**巨人大厦的倾倒**

史玉柱成功后，想建一幢和自己身份相配的大楼——巨人大厦，让全中国的人都看到自己的气派。

巨人大厦最初的构想当时只准备盖18层，作为巨人集团的办公用房。有位领导来参观，看到楼的位置非常好，就建议把楼盖得高一点，由自用房转到开发房地产上，于是史玉柱决定改建为54层。后来又听设计单位说，多加10层对地基影响不大，而且可以超过广州准备兴建的63层的全国最高楼，所以设计又改为64层。此时，又一位领导要视察巨人集团，又觉得64层有点不吉利，就打了个电话给设计单位，当被告知加高对地基影响不大时，史玉柱当即拍板，巨人大厦设计成了70层的规模。同时，造价预算则由2亿元上升到12亿元。就是这栋楼导致了“巨人”公司最终走向失败。

**思考题**

请从计划的角度分析巨人大厦倾倒的原因。(提示：计划的动态性不等于随意性。)

**案例三**

### 乔森家具公司五年目标

乔森家具公司是乔森先生在20世纪中叶创建的，开始时主要经营卧室和会客室家具，取得了相当的成功。随着规模的扩大，自70年代开始，公司又进一步经营餐桌和儿童家具。1975年，乔森退休，他的儿子约翰继承父业，不断拓展卧室家具业务，扩大市场占有率，使得公司产品深受顾客欢迎。到1985年，公司卧室家具方面的销售量比1975年增长了近两倍。但公司在餐桌和儿童家具的经营方面一直不得法，面临着严重的困难。

#### 一、董事长提出的五年发展目标

乔森家具公司自创建之日起便规定，每年12月份召开一次公司中、高层管理人员会议，研究讨论战略和有关的政策。1985年12月14日，公司又召开了每年一次的例会，会议由董事长兼总经理约翰先生主持。约翰先生在会上首先指出了公司存在的员工思想懒散、生产效率不高的问题，并对此进行了严厉的批评，要求迅速扭转这种局面。与此同时，他还为公司制定了今后五年的发展目标。具体包括：

1. 卧室和会客室家具销售量增加20%；
2. 餐桌和儿童家具销售量增长100%；
3. 总生产费用降低10%；

4. 减少补缺职工人数3%;

5. 建立一条庭院金属桌椅生产线,争取五年内达到年销售额500万美元。

这些目标主要是想增加公司收入,降低成本,获取更大的利润。但公司副总经理托马斯跟随乔森先生工作多年,了解约翰董事长制定这些目标的真实意图。尽管约翰开始承接父业时,对家具经营还颇感兴趣。但后来,他的兴趣开始转移,试图经营房地产业。为此,他努力寻找机会想以一个好价钱将公司卖掉。为了能提高公司的声望和价值,他准备在近几年狠抓一下经营,改善公司的绩效。

托马斯副总经理意识到自己历来与约翰董事长的意见不一致,因此在会议上没有发表什么意见。会议很快就结束了,大部分与会者都带着反应冷淡的表情离开了会场。托马斯有些垂头丧气,但他仍想会后找董事长就公司发展目标问题谈谈自己的看法。

## 二、副总经理对公司发展目标的质疑

公司副总经理托马斯觉得,董事长根本就不了解公司的具体情况,不知道他所制定的目标意味着什么。这些目标听起来很好,但托马斯认为并不适合本公司的情况。他心里这样分析道:

第一项目标太容易了,这是本公司最强的业务,用不着花什么力气就可以使销售量增加20%;

第二项目标很不现实,在这领域的市场上,本公司就不如竞争对手,决不可能实现100%的增长;

第三项目标亦难以实现,由于要扩大生产,又要降低成本,这无疑会对工人施加更大的压力,从而也就迫使更多的工人离开公司,这样空缺的岗位就越来越多,在这种情况下,怎么可能降低补缺职工人数3%呢?

第四项目标倒有些意义,可改变本公司现有产品线都是以木材为主的经营格局。但未经市场调查和预测,怎么能确定五年内我们的年销售额达到500万美元呢?

经过这样的分析后,托马斯认为他有足够的理由对董事长所制定的目标提出质问。除此之外,还有另外一些问题使他困惑不解:一段时期以来,发现董事长似乎对这公司已失去了兴趣;他已50多岁,快要退休了。他独身一人,也从未提起他家族将由谁来接替他的工作。如果他退休以后,那该怎么办呢?

托马斯毫不怀疑，约翰先生似乎要把这家公司卖掉。董事长企图通过扩大销售量，开辟新的生产线，增加利润收入，使公司具有更大的吸引力，以便在出卖中捞个好价钱。“如董事长真是这样的话，我也无话可说了。他退休以后，公司将会变成什么样子，他是不会在乎的。他自己愿意在短期内葬送掉自己的公司，我有什么办法呢?”

**思考题**

1. 你认为约翰董事长为公司制定的发展目标合理吗?为什么?你能否从本案例中概括出制定目标须注意哪些基本要求?
2. 约翰董事长的目标制定体现了何种决策和领导方式?其利弊如何?
3. 假如你是托马斯，如果董事长在听取了你的意见后同意重新考虑公司目标的制定，并责成你提出更合理的公司发展目标，你将怎么做?

# 第六章　组　织

## 本章重点

- 组织的概念、特点
- 组织工作的概念、特点
- 组织结构及其设计原则
- 常见的几种组织结构形式
- 人力资源配置的原则和方法
- 正式组织与非正式组织

## 引　例

### 张三的小饭馆

张三要在某临街地段开一家小饭馆，假定张三除自己外，另雇了甲、乙、丙、丁4个人。虽然是一家小小的饭馆，日常的工作也不少，如采购、烹饪、招待客人等，靠一个人是干不过来的，有几个帮手，不仅能使饭馆生意运转起来，而且还能带来许多便利。例如，以前张三有事，必须关门才能去办事，现在则不必关门了。再如，现在可以分配甲、乙去做厨师，丙去接待客人，丁去采购，张三机动，调剂忙闲不均的情况，一切都可顺利地运转起来，再不会出现顾此失彼、照顾不过来的情况了。有了这样一些基础条件，饭馆就可以比以前做得更好，获得更多的盈利。

这种变化，同时也给店主张三带来了新的问题，即如何调度和使用甲、乙、丙、丁这4个下属。组织管理的问题摆到了张三面前。

最开始，张三是通过直接命令的方式管理的，即分别向每一个下属分派任务，每一件事都要由张三来指挥和调度。这样过了一段时间后，张三发现，他在店里的时候，一切都还可以，但当他有事出去的时候，工作就会发生混乱。

于是他考虑，能不能找出一套框架或规则来，做到即使他不在场，工作也能顺利进行呢？

# 第一节　组织概述

## 一、组织与组织工作

### （一）组织的概念及特点

组织是人类社会最常见、最普遍的现象。如企业、学校、医院、政府机关等等，各种各样的组织构成了现代社会，人们都在组织中生活或工作。组织是管理的一项重要职能，组织职能要求组织中的每个管理人员都参与建设、发展和维持好工作中的各种关系，以达到组织的目标。

所谓组织是指为了达到某些特定目标经由分工和合作及不同层次的权力和责任制度而构成的人的集合。它有一个特定的目的，由一群人组成，有一个系统化的结构。组织从本质上来说是人们为了实现共同目标而采用的一种手段或工具。

组织一般具有三个特点。

1. 既定目标

组织必须要有目标，共同目标的存在是组织存在的前提。如果一项工作或某个目标只要通过个人的努力就能完成，则就没必要建立组织。只有当个人力量难以完成此项工作或实现此目标时，建立相应的组织才是可取的。

由于组织目标是组织存在的前提，因此，一旦组织实现了它的目标，组织也就失去了它自身存在的基础。要维持组织的生存与发展，管理者必须根据环境的变化和组织的发展不断制定出新的目标。

2. 分工与合作

为了实现组织目标，组织内部必然要进行分工与合作。没有分工与合作的群体也不是组织。比如企业为了达到经营目标要有采购、生产、销售、认识等部门，这是一种分工。每个部门都专门从事一项特定的工作，各部门之间又要相互配合，只有分工与合作结合起来才能产生较高的集团效率。

3. 权责制度

组织要有不同层次的权力责任制度。分工以后，为了使人们能履行其职责，就必须赋予其相应的权力。同时为了保证各部门之间、各项工作之间的协调，就要对各项工作的责任和权力进行协调。只有这样，才能保证各项工作的顺利进行，最终保证组织目标的实现。

### （二）组织工作的概念及特点

组织是由一群人组成的，他们为了实现共同的目标而团结在一起。为了发挥组织的功能，就必须考虑劳动分工和工作协调问题。在任何组织活动中，工作的分配、协调都需要组织工作。

组织工作是指为了实现组织的共同目标而确定组织内各要素及其相互关系的活动过程，也就是设计一种组织结构，并使之运转的过程。

组织工作一般有以下特点。

1. 组织工作是一个过程

组织工作是根据组织的目标，考虑组织内外部环境来建立和协调组织结构的过程。它一般要经过确定组织目标、分解目标、通过分工形成部门、形成职务说明书、规定职权并通过职权关系和信息系统把各部门的业务活动联系起来等一系列的步骤。

2. 组织工作是动态的

组织内外部环境的变化，都要求对组织结构进行调整以适应变化，组织工作不可能是一劳永逸的。

3. 组织工作要充分考虑非正式组织的影响

非正式组织对组织目标的实现有重大影响，因此，组织工作必须考虑非正式组织的影响。这有利于在组织工作中，设计与维持组织目标与非正式组织目标的平衡，避免对立，并在领导与指导时对非正式组织加以利用。

## 二、组织的作用

### （一）组织具有人力汇聚的作用

随着社会环境的日益变化，单个人的力量显得越来越渺小，单个人不仅不能发展自己的事业，有时甚至不能维持自己的生存。因此，人们组成各种组织，互相协作，共同从事某项活动。这种联合与协作是以各种组织的形式完成的，它实际上个人力量的一种汇聚。

### （二）组织具有人力放大作用

人力汇聚起来的力量绝不等于个体力量的算术和，组织设计的目的就是要达到整体大于部门之和。正因为这样，组织具有一种放大人力的作用。人力放大是人力之间分工和协作的结果，而任何人力的分工和协作都必须发生在一定的组织体系之中。

### （三）组织是连接领导与职工、内部与外部环境的桥梁

借助于组织内部在合理分工基础上形成的权责分配关系，使组织成员有一个正式的信息联系渠道，可以了解工作中出现的问题，及时进行信息传递，保证问题的及时有效解决。组织为了求得生存与发展，必须与外界环境进行联系，这就要求组织拥有权责分明、信息传递通畅的机构。在现代企业中，由于外部环境对企业的影响日益增强，因此，要求企业结构中加强决策机构的力量，及时根据外部反馈的信息不断进行自我调节，以适应环境的变化。

# 第二节　组织结构的设计与运行

## 一、组织结构及其设计的目的

### （一）组织结构

从组织工作的概念中可以看到，组织工作的要点，一是组织结构的设计与变革，二是组织内部相互关系的确定和维护。一定的组

织结构与一定的组织关系相结合，就构成了一定的组织模式。

组织结构一般是指组织成员为完成工作任务、实现组织目标，在职责、职权等方面的分工、协作体系。它是由组织的目标和任务以及环境的情况决定的。它对组织内部的正式指挥系统、沟通系统具有直接的决定作用，对组织中的人的社会行为等也有影响。因此恰当地认识和设计组织结构，对实现组织目标是十分重要的。

### （二）组织结构设计的目的

组织结构设计的目的是为了使组织成员协调地开展工作，发挥整体大于部分之和的优势，使有限的资源形成最佳的综合效果。就一个企业而言，其组织结构设计的目的就是根据企业目标，对各种管理要素进行合理配置，以达到企业高效运转的目的。

众所周知，在自然科学领域，石墨与钻石都是由碳原子构成的，但两者的力量与价值简直无法相提并论。钻石之所以比石墨坚硬，根本原因就是原子间结构的差异:石墨的碳原子之间是“层状结构”，而钻石的碳原子之间是“金刚石结构”。同样，组织结构设计是否合理直接关系到组织效能的高低。优秀的组织结构，能够做到机构精简、高效，职能分工合理而明确，既高效又统一，既发挥了个人积极性、创造性，又能保持高度的和谐和统一。反之，不良的组织结构，机构臃肿、人浮于事、效率低下。组织内因职责不清、职能重叠而扯皮，形成有权无责而滥用权力，有责无权而消极怠工。一般来说，成功的企业，都有运行顺畅的组织结构；相反，失败的企业往往存在着不良的组织结构。

## 二、影响组织结构设计的因素

### （一）组织战略

组织结构的设计与调整必须服从于组织战略。如果管理当局对组织战略进行了重大调整，那么组织结构也必须做相应的调整，以适应和支持这一变革。

随着组织规模的不断壮大，公司战略逐渐由单一产品向纵向一体化、再向多样化方向转变。战略的实施对控制手段和协调手段的要求也日益复杂，这就需要重新设计组织结构，采用相对复杂、严格的结构形式，以适应变化了的组织战略。

### （二）组织规模

研究表明，组织规模对其结构的影响也非常明显。比如，对于产品单一、只有几十人的小型企业来说，采用直线制的组织结构形式将是最好的选择。而对于一个拥有成千上万工人的大型企业来说，如果没有复杂而严密的组织结构、健全的规章制度以及分权决策体系，企业就很难保持正常运行。因此，一般来说，规模越大，工作专业化、标准化程度越高的组织，其复杂性和正规化程度也就越高，组织结构也就越倾向于机械式。

### （三）技术因素

任何组织都需要利用某种技术才能将投入转化为产出，而无论采用什么技术和生产方式，都会对组织结构产生一定的影响。一般来说，常规技术可用一般的逻辑分析来解决问题。如大型钢铁企业、汽车企业等应建立严格控制的组织结构。非常规技术，如科研机构、高新技术企业等，因难于系统化分析，因此，适合采用灵活的组织结构形式，以提高组织的应变能力。

### （四）组织环境

当今社会，组织处于不断动荡的环境变化之中，传统的组织结构已经越来越不能适应现实需要，因此，越来越多的管理当局开始致力于组织改组，力求使其精干、快速、灵活，更具有竞争力。

## 三、组织结构设计的原则

### （一）目标任务原则

组织设计的根本目的就是为了实现组织的任务和目标。组织结构的全部设计工作必须以此为出发点和归宿点。在设计组织结构时，应首先分析企业的任务和特定的目标，并以此为依据，设计组织的总体框架。同时，必须以事为中心，建立机构，设计职务，配备人员。

### （二）责权利相结合的原则

责任、权力和利益三者之间是不可分割的，必须协调、平衡和统一。权力是责任的基础，有了权力才可能负起责任；责任是权力的约束，有了责任，权力拥有者在运用权力时就必须考虑可能产生的后果，不至于滥用权力。利益的大小决定了管理者是否愿意负责任以及接受权力的程度。高层管理者对实现组织目标要负全面责任，就必须拥有较大的权力。基层管理者只对一定的执行任务负责，因此，给予必要的权限即可。权力要限制在责任范围内，过大不行，过小也不行，责权应该对等，有责无权或有权无责，或责权不对等，都会影响组织结构的正常运行。

### （三）分工协作原则

组织的任务和目标的完成，离不开组织内部的专业化分工和协作。因此，在组织结构设计时，应坚持分工协作的原则，对各个部门和每个职工的工作内容、工作范围、相互关系、协作方式和方法等，都要做明确的规定。通过分工，使人们专心地从事某项工作，增加对工作的熟练程度，从而提高效率。在分工的同时，又要十分重视部门之间的协作，加强横向联系，以发挥管理的整体效率。

### （四）统一指挥原则

统一指挥是指按管理层次建立统一指挥、统一命令系统。要求任何下级只接受直属上级的命令和指挥，并对其直接负责，形成一条自上而下逐级指挥和自下而上逐级负责的等级链，以防止多头领导、相互推诿，保证政令统一、目标实现。

## 阅读资料一

### 巴恩斯医院

10 月的某一天，产科护士长黛安娜给巴恩斯医院的院长戴维斯博士打来电话，要求立即做出一项新的人事安排。从黛安娜的急切声音中，院长感觉到一定发生了什么事，因此要她立即到办公室来。5分钟后，黛安娜递给了院长一封辞职信。

"戴维斯博士，我再也干不下去了，"她开始申述："我在产科当护士长已经四个月了，我简直干不下去了。我怎么能干得了这工作呢？我有两个上司，每个人都有不同的要求，都要求优先处理。要知道，我只是一个凡人。我已经尽最大的努力适应这种工作，但看来这是不可能的。让我给你举个例子吧。请相信我，这是一件平平常常的事。像这样的事情，每天都在发生。"

"昨天早上7:45，我来到办公室就发现桌上留了张纸条，是杰克逊（医院的主任护士）给我的。她告诉我，她上午10点钟需要一份床位利用情况报告，供她下午在向董事会作汇报时用。我知道，这样一份报告至少要花一个半小时才能写出来。30分钟以后，乔伊斯（黛安娜的直接主管，基层护士监督员）走进来质问我为什么我的两位护士不在班上。我告诉她雷诺兹医生（外科主任）从我这里要走了她们两位，说是急诊外科手术正缺人手，需要借用一下。我告诉她，我也反对过，但雷诺兹坚持说只能这么办。你猜，乔伊斯说什么？她叫我立即让这些护士回到产科部。她还说，一个小时以后，她会回来检查我是否把这事办好了！我跟你说，这样的事情每天都发生好几次的。一家医院就只能这样运作吗？"

（资料来源：企业管理网）

### （五）信息沟通原则

组织的有效运作必须以顺畅的信息沟通为保障。组织成员之间只有通过相互沟通，才能把组织的目标变成组织成员的具体行动。因此，在组织结构设计时，应建立高效的信息沟通渠道，尽量缩短信息沟通距离，避免不必要的沟通障碍。

### （六）集权与分权相结合的原则

在进行组织设计与调整时，既要有必要的权力集中，又要有必要的权力分散。集权是大生产的客观需要,它有利于保证统一领导和指挥，有利于人力、物力、财力的合理分配和使用。而分权则是调动下级积极性、主动性的必要条件。合理分权有利于基层根据实际情况迅速而准确地作出决策，也有利于上层领导摆脱日常事务，集中精力抓大事情。因此，集权与分权是相辅相成的，是矛盾统一的。

### 阅读资料二

通用汽车公司的前总裁斯隆是掌握分权艺术的天才，他不断鼓吹并实施分权措施，但同时又决不越过分权的极限，他的分权艺术可以概括为“活动分权，控制集中”，高层决策部门牢牢控制重大政策的方案的决策权，而一旦最高层作出决策以后，执行权力则被分散到各个业务部门去运作。

我国许多民营企业在经历了失败以后，才明白分权的奥妙。

有一段时间，许多企业包括方正这样的高科技企业，学习国外企业采取了“利润中心”的组织制度，将各个销售区域确定为“利润中心”，也就是说每个销售区域或分公司要完成一定的利润目标，并拥有财务、人事、营销等重大决策权力。实施一段时间以后，出现了严重的失控问题。企业决策者后来认识到，利润是一个企业级别的目标，是企业整体努力的综合结果，这些二级部门并不具有单独创造利润的能力，它们必须得到企业其他所有部门的配合才能创造利润，那么授予这些部门与其能力不相称的权力就是导致错误的根本原因。后来，这些企业认识到这些部门都只是“费用中心”，它们只能对自己有能力做到的事情负责并授予相应权力。因此，方正公司的销售部门现在只需对销售额负责，而不再承担利润目标，同时财务和人事方面的权力也归还公司总部。各个层次的权力关系理顺之后，企业又实现了正常运作。

### （七）有利于人才成长的原则

人是组织中最重要的因素。如果没有组织成员的努力工作，只有组织结构是不可能实现组织目标。因此，组织结构的设计，应充分考虑人才成长的机会和空间，应有利于组织成员在工作中得到培养、提高和成长，有利于吸引人才，发挥员工的积极性和创造性。

### （八）执行与监督相分离的原则

这一原则要求组织中的执行机构与监督机构(如质量监督、安全监督、财务监督）应当分开设置,不应合并成一个机构。分开设置后,监督机构既要执行监督职能,又要加强对被监督部门的服务职能。

### （九）弹性结构原则

所谓弹性结构原则是指一个组织的部门结构、人员的职责和职位都是可以变动的，以便保证知识和职权的结合，保证集权和分权的均衡。弹性组织结构原则包括以下两点：

1. 使部门结构具有弹性

使部门结构具有弹性的方法：一是根据任务和完成组织目标的需要，定期审查组织内任何一个部门存在的必要性，如果已经不必要，就应改组；二是根据环境和任务的要求成立若干工作小组。如新产品研究开发组、调资小组等。一个问题产生后，将解决问题的有关人员，从各单位抽出，组成专门工作小组，问题解决后小组就应该解散。

2. 使职位具有弹性

使职位具有弹性可以采用以下一些办法：一是按任务和目标的需要设岗，而非因人设岗。一个人的职位责任不是一成不变的，而应根据不同时期的组织目标和分配的任务而改变职责。二是干部的定期更换。即要求干部都有一定的任期，不能无限制地担任下去。目的是增强干部的能力素质，增强干部的弹性，也给更多的人提供机会。三是实施职工一专多能、一人多岗，使岗位人员具有弹性。四是实行多种用工制度，使组织内人员具有弹性。

## 阅读资料三

### 轮岗制让员工和公司更加成熟

迄今为止，很少有企业在管理上对员工实行轮岗制，这正是爱普生中国公司在管理上的一个秘诀。

轮岗制，简而言之，就是一个人在一个岗位上工作几年后再调到其他工作岗位工作，换一个角度看问题就会有新的认识和收获。而且对公司内部员工的工作分析能力、沟通能力是一个很好的锻炼。举个例子来说，爱普生要求在北京本部的工作人员一定要有第一线的经验，像本部市场人员一定要到外地办事处去工作一段时间，然后再回来工作，这样才能更好地为当地办事处服务。通用市场开拓科经理张锋刚来公司时是做公关工作，后来派到武汉工作，用了一年半的时间，把武汉办事处从无到有办成一个优秀的办事处，回来以后做喷墨打印机的产品经理，干了一段时间后又做公关经理，经过这么多次的轮岗，可以说张锋对公司的所有工作都比较清楚了，不仅自己的工作效率提高，也会跟其他部门进行很好的合作。

爱普生制定的岗位轮换制一般是每两年左右轮一次岗，这样做下来，可以让公司的员工从不同的角度加强对公司的理解，从而提高整个公司的效率。

经过轮岗，现在公司许多的经理都是多面手，都是成熟的管理者，这说明公司已经成熟起来了。

## 四、组织结构设计的内容

### （一）岗位设计

岗位设计就是在劳动分工的基础上，以实现工作的专门化为目的，按工作性质的不同将实现组织目标必须进行的活动划分成最小的有机相连的部分，以形成相应的工作岗位。活动划分的基本要点是工作的专门化，即按工作性质的不同进行划分。通过工作的专门化，使每一个组织成员或若干个成员能执行有限的一组工作。由于每个人的能力是有限的，不可能完成大量的各种各样的不同性质的工作，只有通过工作的专门化，才能挑选出具有不同才能的人去从事相应的工作。

岗位设计的结果通常用岗位说明书的形式体现出来。岗位说明就是对每个岗位应当完成的工作作出规定。具体包括：岗位名称和代号；某岗位所需的工作人员数量；所属部门名称及直属主管姓名；待遇情况及所处级别；岗位工作的性质、范围等；岗位工作的具体内容、对象、方法和步骤等等，这是狭义的岗位说明。广义的岗位说明还要进一步指明某个岗位适合配备什么资格或条件的人员来从事，具体包括：从事该岗位应接受的教育程度及工作经验；任职者应具备的生理状况、个性和行为特征；任职者应拥有的智商程度和技能等。

另外，在进行岗位设计时，应遵循因事设职的原则。同时应注意以下几个方面：一是要进行合理的岗位轮换。即在不影响工作秩序的前提下，使员工在不同的岗位上进行轮换，这样可消除员工工作专业化带来的厌烦情绪，提高工作效率，也有利于培养多面手。二是岗位扩大化。即横向扩大员工的工作范围，以员工原来所从事的工作为基础，将工作范围向前后工序扩展，以使员工从事多样化的工作。三是岗位丰富化。即纵向扩大工作范围，增加工作的深度。

## 阅读资料四

### 岗位分析

一个企业要有效地进行人力资源的开发和利用，一个重要的前提就是要了解各种工作的特点以及能胜任各种工作的人员的特点，所以，企业中从事人力资源管理的管理者，必须学会岗位分析。

岗位分析：岗位分析是收集和分析有关任务、责任和工作内容的信息的过程。岗位分析分成两大部分：岗位描述和岗位说明书。

岗位描述：　岗位描述主要包括：职务名称、工作活动和工作程序、工作环境和工作条件、社会人文环境、聘用条件。

岗位说明书（又称职务要求）：要求说明从事某项工作的人员必须具备的一般要求（年龄、性别、学历、工作经验），生理要求，心理要求。

岗位分析的步骤：

A．确定选用岗位分析的信息。因为收集岗位信息的方法很多，从定性一面谈到定量的量表调查，而且每种方法都有其优点和不足，所以第一步，先决定用什么工作信息，然后，你才能决定用什么方法去收集这些信息。

B．收集公司的背景资料。收集能得到的有关资料，如公司的组织结构图，工作流程图，原有的工作描述书。

C．选择有代表性的工作岗位进行工作分析。对于许多类似的岗位，有必要选择有代表性工作岗位进行分析，以节省时间。

D．收集和加工岗位信息。如收集工作活动内容、对员工的行为要求、工作环境、素质要求（性格特征、智力和能力）。分析、加工，整理成文。

E．反馈和修正岗位描述。将初步整理的岗位描述请在该岗位的人员以及他的直接领导审阅，在他们的修改和认可的基础上，进一步完善，才能成为岗位说明书。

F．岗位分析示例。工种及编号：中国区销售总监；部门：中国分公司；工作地：中国上海；工作目的：通过对各级销售机构的管理和监督，实施总公司在中国大陆的销售目标和计划；工作任务：1. 指导在大陆的销售机构的各种活动。2. 每周向亚太销售总监书面汇报辖区的销售情况。3. 根据对销售区域、销售渠道、销售定额、销售目标的批准认可，协调销售分配功能。4. 负责招聘分区销售经理，批准对推销员销售区域的分派。5. 定期评估销售计划。6. 批准各种有助于销售的计划，　如：培训计划、促销计划。7. 审查市场分析，以确定客户需要、潜在的消费量、价格一览表、折扣率、竞争活动。8. 可以和广告公司联系，并可确定 500 万人民币以下的广告费的计划。9. 可以根据有关规定建议和实施对本部门员工的奖惩。10、可以调用小汽车 2 辆，送货车 1 0 辆；工作条件（略）；社会环境：有 2 名助理，10 名分区经理，120 位销售员，直接领导是亚太销售总监，同时也间接接受中国分公司总经理的领导；需要经常交往的部门是生产部和财务部；聘用条件：待遇部分略，本岗位是总公司亚太区的中层管理者，有机会晋升为亚太区销售总监或中国分公司总经理。每年有一次在美国培训的机会。

G．岗位说明书(胜任条件)。上海经营者人才公司，吴光青，工科硕士，参加过 3 个月以上的销售专业课程的培训。经验要求：至少在相同行业有 8 年工作经历，其中至少有 3 年销售管理经验，管理的销售队伍规模不少于 20 名，有外资企业工作经历更好。语言要求：英语、听、说、读、写都优秀，能熟练使用上海话和普通话。年龄和性别要求：40 岁左右，男性。

岗位描述和岗位说明书也可以编在一起，称为岗位分析表。

（资料来源：中国管理传播网）

### （二）部门化

岗位设计完成以后，第二步就是将这些工作按某种逻辑合并成一个组织单元，如任务组、部门、处室等，这就是部门化过程。

将整个组织通过部门化划分为若干个管理单元的目的是为了

据此明确责任和权力，并有利于不同的部门根据其工作性质的不同采取不同的政策和加强本部门内的沟通与交流。

部门化一般以工作职能、产品或服务类别、顾客要求、地区分布等为依据。

1. 按职能划分部门

这是最普遍采用的一种划分方法。它把属于同一性质的工作任务或职能编在一起形成一个部门。如在高校里，通常按学科不同划分成不同的教研室，如外语教研室、计算机教研室、会计教研室、外贸教研室等。这种划分方法有利于提高专业化水平，充分发挥专业职能，有利于提高管理者的技术水平和管理水平。

2. 按产品划分部门

按产品或产品系列类别来组织业务活动，划分部门的一种方法。如通用汽车公司就是按汽车类别划分部门的。这种方法有利于本部门内进行更好的协作，提高决策的效率，有利于保证产品质量和进行核算。但容易出现部门化倾向，也不利于降低费用。

3. 按地区划分部门

即按地理区域设立部门。许多全国性或国际性的大企业常采用这种方式。其优点是：能对本地区环境的变化作出迅速的反应，缺点是与总部之间的职责划分较困难。

4. 按顾客划分部门

即根据顾客的需要和顾客群设立相应的部门。不同类型的顾客，在产品品种、质量、服务要求、价格等方面会有不同的要求，实行顾客部门化可更加有针对性地按需生产、按需促销。如服装商场分别设立男装部、女装部、童装部。缺点是只有当顾客达到一定规模时才比较经济。

除了以上几种划分方法外，根据企业的特定情况和需要，还有按人数、时间、项目、设备、业务流程等来设置部门的方法。但实际工作中绝大多数大型组织中存在多种不同的部门划分方法，既有按职能划分的部门，也有按其他方法划分的部门，以适应各种不同的需要。

### （三）管理幅度与管理层次的设计

1. 管理幅度

部门化解决了各项工作如何进行归类以实现统一领导的问题，接下来需要解决的就是组织中管理幅度与管理层次的设计问题。

管理幅度是指一个主管能够直接有效地指挥下属成员的数目。管理幅度的大小，应根据实际情况灵活确定。一般来说，确定管理幅度的大小应考虑以下几方面因素：

（1）主管人员与其下属双方的素质和能力。在双方素质都比较高、能力比较强的情况下，管理幅度就可以大一些。

（2）工作本身的性质。若下属的工作性质差异很大，就需要个别指导，管理幅度就需相对小一些；若下属的工作基本雷同，指导就方便，则管理幅度可适当加宽。

（3）工作条件。助手的配备情况、信息手段的配备情况等都会影响到管理者从事管理工作所需的是，若配备有助手、信息手段先进、工作地点相近，可节省管理者在处理日常事务及决策过程中的时间和精力，则管理幅度可以大一些。

（4）组织沟通情况。组织沟通渠道畅通，信息传递迅速、准确，所采用的控制技术比较有效，对下属的考核制度比较健全，这样，管理幅度就可以大一些。

（5）组织环境和组织自身的变化速度。如果环境和组织自身都比较稳定，则管理幅度就可以大一些；反之，管理幅度就应小一些。

2. 管理层次

管理层次是指一个组织设立的行政等级的数目。一个组织集中着众多的员工，作为组织主管，不可能面对每一个员工直接进行指挥和管理，这就需要设立管理层次，逐级进行指挥和管理。

一个组织中管理层次的多少，一般是根据组织工作量的大小和组织规模的大小来确定的。工作量大且组织规模大的组织，其管理层次可多些；反之，管理层次就比较少。一般来讲，上层的主要职能是从整体利益出发，对组织实行统一指挥和综合管理，制定组织目标大政方针和实施组织目标的结构，所以又称战略决策层和最高经营管理层；中层的主要职能是为达到组织总的战略目标，制定并实施各部门具体的目标，拟定和选择计划的实施方案、步骤和程序，按部门分配资源，协调各部门之间的关系，评价生产经营成果和制定纠偏措施等，所以又称经营管理层计划；下层又称执行管理层或操作层，其主要职责是按规定的计划和程序，协调基层组织的各项工作和实施生产作业。

3. 管理层次的确定

管理层次的多少与某一特定的管理人员可直接管辖的下属人员数目即管理幅度的大小直接相关。管理幅度、管理层次与组织规模之间的关系为：

$$管理幅度\times管理层次=组织规模$$

也就是说，当组织规模一定时，管理幅度与管理层次成反比例关系。管理幅度越宽，层次越少，其管理组织结构的形式扁平型；相反，管理幅度越窄，管理层次越多，其管理组织结构的形式成高耸型。如图 6-1 所示。

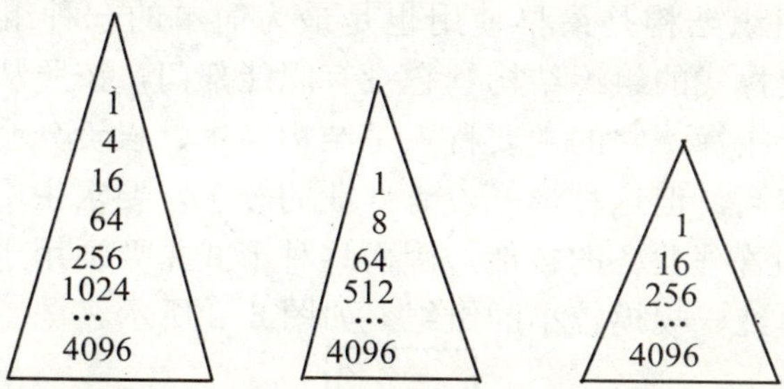


| （A） | （B） | （C） |
|---|---|---|
| 管理幅度=4 | 管理幅度=8 | 管理幅度=16 |
| 管理层次=6 | 管理层次=4 | 管理层次=3 |
| 管理人员数=1365 | 管理人员数=585 | 管理人员数=273 |

图 6-1　管理幅度与管理层次的关系

## 阅读资料五

在 IBM，创始人沃尔森在一开始便懂得如果用一套软弱的官僚机构妨碍职工的话，就会束缚他们自由发展的创业精神，而解决的方法即是用这样的方式建立公司：不管机构发展得多么大，职工们并不需要与一个庞大的官僚机构打交道。一个新的员工，来到这个拥有超过500亿美元的IBM公司，也会发现他身处在一种小企业氛围中。公司从来不将分公司开得过于庞大，无论职务如何，一个经理仅可管10~20人。该方法不会疏忽任何一个人，一个初露头角的开创者很快会被发现与鼓励，并给员工创造一个具有开创与献身精神的工作环境。

## 五、组织结构形式

### （一）常见的组织结构形式

组织结构是随着生产力和社会的发展而不断发展的。现代企业的组织结构形式，从传统管理到现代管理，是多种多样的。常见的组织结构形式主要有：直线制组织结构、职能制组织结构、直线职能制组织结构、事业部制组织结构、矩阵制组织结构、控股型组织结构和网络结构等。

1. 直线制组织结构

直线制组织结构是最早使用也是最为简单的一种组织结构形式，是一种集权式的组织结构。它没有职能部门，按照从上到下的权力划分实行指挥。它的主要特点是结构简单、权责分明、指挥统一、工作效率高。但这种形式没有专业的分工，要求生产行政领导具有多方面的管理业务的技能，因而这种形式主要适用于技术较为简单、业务单纯、规模较小的组织。如图6-2所示。

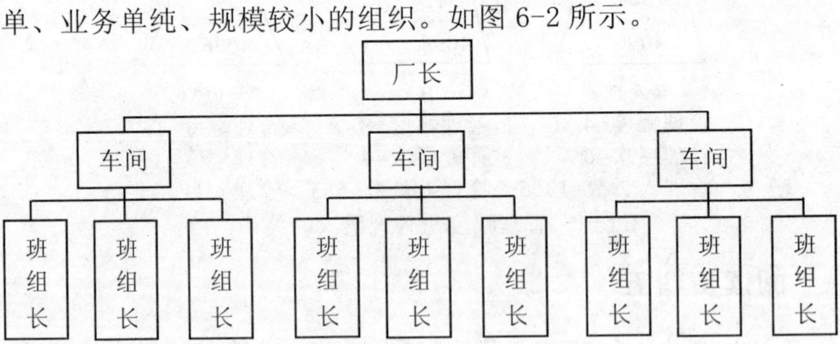


图6-2　直线制组织结构

### 2. 职能制组织结构

职能制组织结构的特点是按专业分工设置管理职能部门，各部门在其业务范围内有权向下级发布命令，每一级组织既服从上级的指挥，也听从几个职能部门的指挥。其优点是能充分发挥职能机构的专业管理功能，缺点是容易出现多头领导，政出多门，破坏统一指挥原则。如图 6-3 所示。

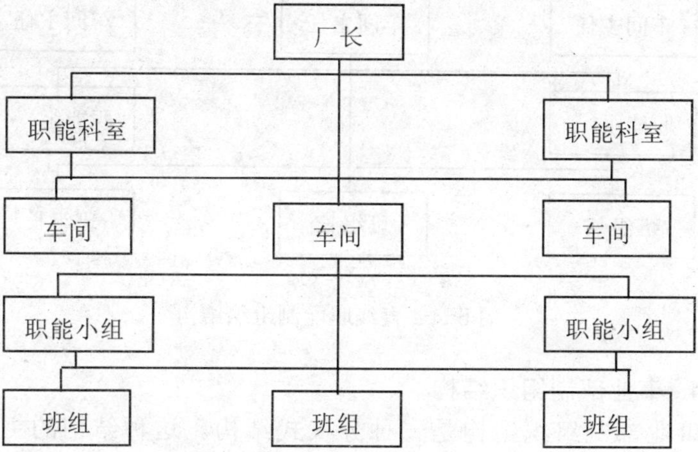


图 6-3 职能制组织结构

### 3. 直线职能制组织结构

直线职能制组织结构，吸取了直线制和职能制的长处，避免了它们的短处。这种组织结构的特点是以直线指挥系统为主，同时利用职能部门的参谋作用。领导集中，职责清楚，秩序井然，工作效率高，既保证了组织的统一指挥，又有利于专业化的管理。但随着企业规模的扩大，这种结构也暴露了一些缺点：当部门越来越多时，部门之间的协调就越来越困难，且各部门为了各自的利益，也容易产生矛盾。同时由于高层领导过多地参与日常的经营活动，也不利于下属发挥主动性和积极性，；也容易导致体制僵化，管理成本上升。所以，这种形式对中小企业比较适合，但对于规模较大的企业不太适用。如图 6-4 所示。

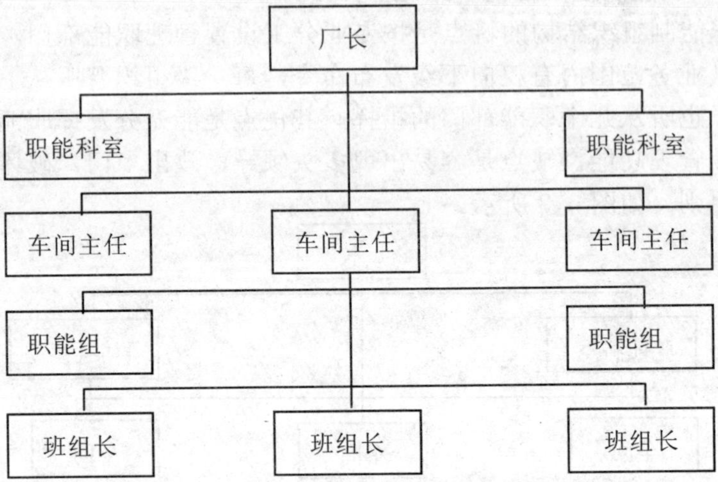


图 6-4　直线职能制组织结构

4. 事业部制组织结构

事业部制组织结构是一种分权式结构。这种结构的主要特点是：组织一般按地区或所经营的产品和事业来划分事业部，各事业部独立核算，自负盈亏，是独立的利润中心，组织总部按"集中政策，分散管理，集中决策，分散经营"的原则对事业部进行有效管理。这种结构的关键在于最高层与下级经营机构之间的集权与分权关系。最高管理层是企业的最高决策机构，主要负责企业的战略管理，制定发展目标、方针和总体发展计划。除此之外，它还负责企业各部门的总协调。为了使整个企业在分权的基础上保持企业运行的高效率和有效的控制，事业部制组织的最高管理层一般要掌握一些重要的权力，如人事权、财务权、战略管理权等。

这种组织结构的优点在于，它能够实现集权与分权的有效结合，有利于组织最高层摆脱日常行政事务而专心致力于组织的战略决策和长期规划；分权有利于调动各事业部的积极性和主动性，有利于增强事业部领导人的责任感，并使之能根据市场需求结构的变化，及时调整生产方向，以增强公司的适应性；有利于锻炼和培养高级管理人才。但这种组织结构也存在着缺陷，即容易导致内部机构重叠，结构臃肿，资源重复配置，管理费用较高；各事业部独立性较大，很容易产生本位主义，只关心自己的利益，相互之间协作较差。这种组织形式主要适用于采用多元化、国际化经营战略、业务范围较广、市场范围大的大型组织。如图 6-5 所示。

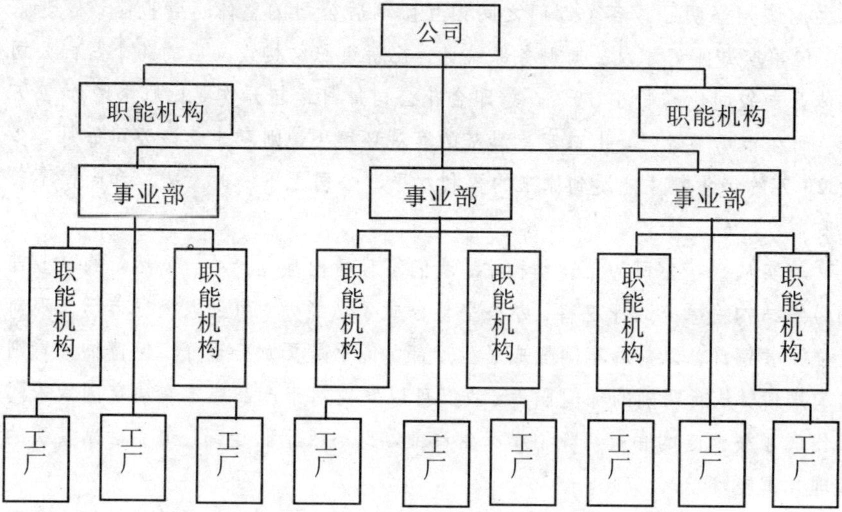


图 6-5 事业部制组织结构

## 阅读资料六

### 金花公司的结构调整

金花公司是一家生产脱水蔬菜的小企业，员工总数约 60 人，早期阶段该公司由于没有进行合理的组织结构设计，造成了很大的成本浪费和人浮于事，企业的发展受到了限制。其早期的公司结构如下：

总经理

办公室 财务科 保卫科 储运科

在学院派的建议下，该公司对现有的组织结构进行了大幅度整改，将原来设置的如办公室、储运科、保卫科及财务科等机构，按照新的事业部制模型设置成了以下新的组织结构：

总经理

总经办　财务部　营销部　储运部　生产部

其中总经办负责金花公司的日常办公接待以及保卫等工作，财务部则行使原财务科的职权，营销部负责该公司产品的销售和出口，储运部则负责产品以及原料的储运，生产部主抓整个公司生产任务的落实。按说这样一个新的机构设立应该相当明了，各个部门之间相互协调后公司的整体运营也应该逐步好转，但事实却刚好相反。据财务部统计，在新组织结构设立后的 4 个月内公司整体开支较同比增长了 10%，意即金花公司每月运转开支要比原来增加 2 万元。而在市场不景气，出口定单渺茫的客观环境下，则意味着该公司每月要多做 20 万的销售额才能达到原来的盈利水平，公司上下一时“丈二和尚摸不着头脑”。

其实从金花公司的上述结构中，我们不难看出症结所在。虽然新的事业部制组织结构将原来的保卫科、办公室整合成了总经办，而且也根据市场表现新设立了营销部，以前的车间变成了生产部，似乎是更加合理了。但仔细一看则略有端倪，从新明确的部门职责，我们可以发现对于产品成本有决定因素采购工作成了被遗忘的角落，既不属于生产部，也不属于储运部，成了名副其实的管理“真空环节”。

由于事业部制的设立，整个企业的运转机构人员增加，但市场部门在大环境影响下也一时难有作为，这就造成了金花公司 4 个月内企业开支增加了逾 8 万元，而导致了整个企业的人心涣散。

在公司处于发展阶段时，一定要有成本意识，组织结构的设置也要秉承这个原则，否则就会造成开支增加，使企业的流动资金捉襟见肘。

怎么才能设置较为合理的组织结构，在企业开支同等情况下而有更好的工作效率呢？以金花公司为例，其实它根本不需要很多的机构，大致可以采取以下的组织结构模式：

总经理

财务部　营销部　生产部

看到这个组织结构设置大家一定吃惊，一个公司居然没有总经办那成何体统？未免也太不注重企业形象了吧！不错，企业需要良好形象，然而企业形象却不是通过增加部门和冗员来体现的。从金花公司的实际出发，完全没有必要设立总经办，原因如下：

首先，金花是以外贸出口为主的生产型企业，虽然受外贸影响后也开展了内贸，但这只是阶段的营销方向调转，外贸仍是金花公司的赢利主体。金花公司的客户群相对集中，很容易掌控，完全可以将原先总经办的职责分担一部分给营销部。原总经办取消后，只配一名行政秘书工作亦可有条不紊。

其次，财务部当然不能动，但财务部必须担纲起成本控制的重任，即对所有涉及成本的工作有权加以监督，采取成本倒算法，这样可以避免成本管理这一细节被遗忘。

最后，生产部在财务部监督下完成采购、生产以及储运、安全等工作，而且还便于工作间的协调，不但物流效率增加而且产品整体合格率和成本也有所下降。

由于对组织结构进行了精简，使得金花公司的企业开支甚至低于原来的水平，也就是说每个月将比采用事业部制要减少 3 万元支出，企业的整体工作效率也得到了较大改善。

### 5. 矩阵制组织结构

矩阵制是在直线职能制的基础上，加上一套为完成某项任务而暂时设立的横向项目系统，是一种临时性的机构。这一机构中的项目成员既受纵向职能部门的领导，又同时接受水平的项目机构的领导。它比较适用于创新工作较多或经营环境复杂多变的组织。

这种组织结构形式的优点是：有利于集众人之所长，发挥个体优势，便于专家的高效配置，提高项目质量和劳动生产率；由于将企业的横向与纵向关系结合起来，有利于各种活动的协调；各部门人员的不定期组合，也有利于增加相互学习的机会，提高专业技术水平。其缺点是：由于项目机构是临时性组织，因此，容易使成员产生短期行为，也会因双重领导、责任不清而再成工作中的矛盾。这种组织结构主要适用于一些需要集中多方面专业人员集体公关的项目或企业，如航天航空企业、研究开发部门、工程建设企业、广告公司、管理咨询公司等采用这种组织结构形式效益比较明显。如图 6-6 所示。

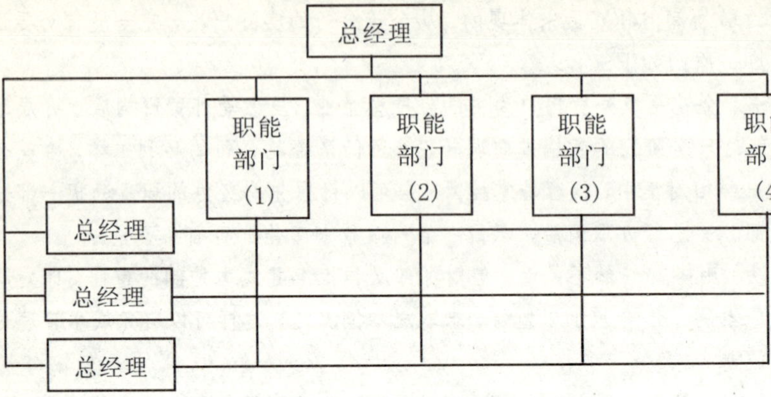


图 6-6　矩阵制组织结构

6. 控股型组织结构

控股型组织结构是在非相关领域开展多元化经营的企业所常用的一种组织结构形式。由于经营业务的非相关或弱相关性，大公司不对这些业务经营单位进行直接的管理和控制，而代之以持股控制。这样，大公司便成为一个持股公司，受其持股的单位不但对具体业务有自主权，而且保留独立的法人地位。

这种组织结构是建立在企业间资本参与关系的基础上的。由于资本参与关系的存在，一个企业就对另一个企业持有股权。这种股权可以是绝对控股（持股比例超过 50%）、相对控股（持股比例不足 50%，但可对另一企业的经营决策发生实质性的影响）和一般参股（持股比例很低且对另一企业的活动没有实质性的影响）。

在这种关系下，对那些企业单位持有股权的大公司便成了母公司，被母公司控制和影响的的各企业单位则成为子公司的（指被绝对或相对控股的企业）或关联公司（指仅仅被一般参股的企业）。子公司、关联公司和母公司一起构成了以母公司为核心的企业集团。

母公司也称集团公司，处于企业集团的核心层，所以称为集团的核心企业。相应地，各子公司、关联公司就是围绕该核心企业的集团紧密层和半紧密层组成的单位。此外，企业集团通常还有一些松散组成的单位，即协作企业，它们通过基于长期契约关系而被连接到企业企业集团中。集团公司或母公司与它所持股份的企业单位之间不是上下级之间的行政管理关系，而是出资人对被持股企业的产权管理关系。母公司作为大股东，对持股单位进行产权管理控制的主要手段是母公司凭借所掌握的股权向子公司派遣产权代表和董事、监事，通过这些人员在子公司股东、董事会、监事会中发挥积极作用而影响子公司的经营决策。如图 6-7 所示。

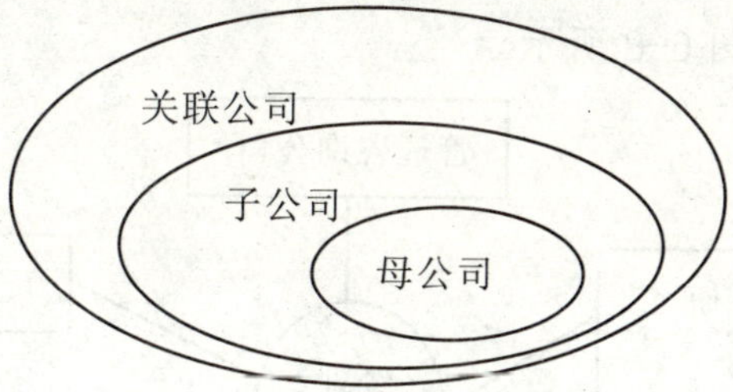


图 6-7　控股型组织结构

7. 网络结构

网络结构是利用现代信息技术而建立和发展起来的一种新型组织结构。它可以使管理人员面对新技术、新环境显示出极大的灵活应对性。

网络结构是一种这样的组织结构：它只有很小的中心组织，依靠其他组织以合同为基础进行制造、分销、营销或其他关键业务的经营活动的结构。它与其他组织结构不同，它没有制造、配售等直线机构，只有从事协调和控制的职能管理部门。它是通过与其他组织签订合同，从外部买入各种业务和服务来完成其本身的业务的。它是通过契约建立一种关系组织，使组织对动荡的环境有较强的适应能力。

网络结构的主要优点是：精干灵活；其主要缺点是：难以控制其他组织。如供应品的质量难以控制；难以保护创新等。

网络结构是小企业的理想选择。因为小企业相对来说在资金、技术和规模上无法与大企业抗衡，而小企业结构简单、组织灵活，容易形成自身特有的优势。因此，将这些小企业组成网络，优势互补，单个小企业保留自身关键功能，其他功能由网络中的其他企业承担，可以创造出很大的网络经济性。

当然，这种结构也适合大企业。如著名的耐克公司采用的就是网络结构的组织形式。该公司本身拥有很少的制造设备，员工也就百来人，而每年的销售额达数10亿美元。他们依靠的就是网络关系。他们与产品的制造公司、销售代理商建立联系，通过他们的生产经营活动实现公司需要的职能。在中国、韩国等许多国家都有他们的合作伙伴。如图6-8所示。

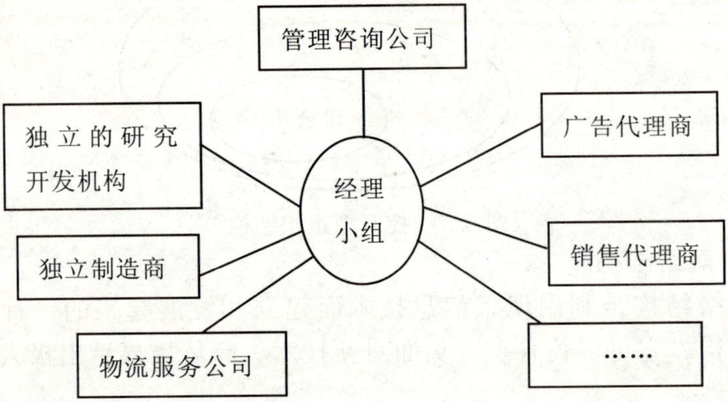


图6-8　网络型组织结构

### （二）组织结构的发展趋势

1. 柔性组织

“柔性”是指适应变化的能力。“柔性”组织可以理解为是一种二元型的组织系统。该系统的一部分是相对稳定的组织单元，以使员工在组织中有安全感，也可以保持组织结构的相对稳定。这一部分不能因内外部环境的变化而经常变化。另一部分是暂时的项目组，其成员是由各部门临时抽调的，针对各种项目开展工作，任务完成后，项目组即可解散。这种结构的优点是：既能保持企业的相对稳定，又能及时适应环境的变化。员工也能在不同的项目小组中发挥自己的特长，实现自身的价值。

2. 扁平型组织结构

扁平型组织结构的特点是管理幅度大、管理层次少。

这种结构的主要优点是：管理层次少、管理人员数量少，有利于节约管理费用；由于管理层次少，从而缩短了上下级之间的沟通距离，有利于改善和加强纵向沟通；由于管理幅度加大，有利于促使下属努力提高自身管理水平；有利于提高决策的民主化程度。同时，由于纵向沟通距离缩短，有利于加快信息传递，对外界变化迅速作出反映，更好地把握机会。

当然，这种结构也存在着缺点，主要表现在：由于管理幅度加大，可能加重各级管理人员的工作负担，对各级管理人员的素质要求也相应地提高了。同时，下属人员也必须提高素质，增强工作积极性和主动性，增强自控能力，否则容易出现失控的现象。

## 六、组织的运行方式

### （一）组织中的职权关系

职权是由于在组织中拥有职位而具有的权力，它是构成组织结构的核心要素，对于组织的合理构建与有效运行具有关键性的作用。职权有三种类型：直线职权、参谋职权和职能职权。

1. 直线职权

直线职权是指直线人员所拥有的包括发布命令及执行决策等的权力，即指挥权。能领导、监督、指挥、管理下属人员，各级管理人员都具备，但他们的权力范围、大小不同。这种职权关系必须遵循分级原则和职权等级原则，既要做到权责分明，又要做到在自己的职权范围内行使权力。

2. 参谋职权

参谋职权是指参谋所拥有的辅助性职权，包括提供咨询、建议等。参谋有个人、团体之分。如顾问、智囊团等。

## 阅读资料七

### 组织中的参谋人员

W. H. 纽曼　小 C. E. 萨默

参谋人员和与他共同工作的管理者之间的关系，部分取决于参谋职责。例如，一个仅仅负责搜集情况或检查工作的人，他与上级的关系，就和一个与上级具有共同职权的人的关系有所不同。不过，所有出色的参谋关系，几乎都有如下几个特征:

1. 一个参谋人员，基本上是他上司的代表。他所做的事，是他的上司在有所需的时间和能力时也将去做的事。他可以说是他上司的化身。他将在其特殊的领域内从事顾问、调查、设想、促进以及探究检查各项事宜。参谋人员的职位将使他具有重要的身份；同时，也使他负有不能歪曲上司的意图的职责。如他有时发表自己的观点，而这些观点与上司的观点有分歧时，他必须详细予以说明，因为人们通常都认为参谋人员与其上司较为接近，因而能正确反映上司的看法。顺便指出，一位上司也有责任与他的每个参谋人员共同消度足够的时间，以便建立共同一致的观点。

2. 参谋人员必须主要依赖说服来使他的思想付诸实施。由于无权发号施令，因此，他必须对自己的主张确立信心；并需对那些他拟说服使之接受自己建议的人的问题，具有充分的敏感性。凡不能完全或至少大部分通过获得别人自愿合作，而完成所有他要做的事情的参谋人员，最好还是另谋他职。

3. 参谋人员必须做好不突出和不追求个人荣誉的准备。在认识到他的上司或其他经营经理，由于在执行计划中负有主要责任，而将获得功劳的情况下，他必须是一个热情的合作者。为取得更好的成果，他必须做好准备，去看到别人由于他几个月前巧妙安排的计划而获得赏识。

这三个参谋工作的特征，如能够经常保持，则将大大有助于克服那种当第一个第三者，插足于一个部门中的上司与其下属之间的自然而亲切的两人关系中时，所不可避免的摩擦。

我们通常提到参谋，好似他独自一人在完成自己的工作。但是，在一些较大的公司中，他实际上可能有几个助手，甚至有一个由他领导的小分部。可是，参谋人员的增多，并不会改变参谋和经营经理之间的关系。在参谋单位内，当然也存在通常的上司与下属的关系或“直线”关系。正如上级授权一样——确定任务、权限和义务——参谋单位的负责人也在他本人与小组内其他人员之间建立一系列的直线关系。我们将这些人称之为“参谋人员”，根据的是他们的工作，而不是由于他们以某种方式免除了通常的下属和上司的关系。

3. 职能职权

职能职权是指参谋人员或某部门的主管人员所拥有的原属于直线主管的那部分权力。它包括两种情况：一是在纯参谋的情况下，参谋人员拥有辅助性的职权，无指挥权；二是在复杂情况下，主管把职权关系作一些变动，把原本属于自己的直线职权授予参谋人员而形成职能职权。所以职能职权是组织职权的一个特例，是介于直线职权和参谋职权之间的权力。

4. 三者关系的处理

要保证组织结构的正常运转，必须处理好三者之间的关系。一是必须认清各级管理人员在管理工作中实际上都具有直线、参谋或职能三种职权，这三者都是使组织活动朝着组织目标前进的不可分割的整体。直线职权意味着作出决策，发布命令并付诸实施，是协调组织的人、财、物，保证组织目标实现的基本权力；参谋职权则仅仅意味着协助和建议的权力，它是保证直线主管人员作出更加科学合理的决策的重要条件；职能职权是直线职权的一部分，因此，它也具有直线职权的特点，它主要解决的是怎么做、何时做的问题。二是要发挥参谋职权的作用。一方面参谋人员是专家，应让他们独立地提出建议，不应左右他们的建议；另一方面直线人员也不能被参谋所左右，直线人员应广泛地听取参谋的意见，但直线始终是决策的主人。三是应适当限制职能职权的使用范围、使用级别。

（二）集权与分权

要使组织结构有效地运转，还必须选择好组织的运行方式，即必须正确处理好集权与分权、个人与集体的关系。

集权是指组织的决策权大部分集中在上层，下级的一切行动都必须听上级的命令和指挥。

分权是指将组织的决策权根据职务上的需要分散到各个阶层，由他们自主地决策问题。

在组织中，集权与分权是各有利弊。集权有利于加强组织的统一领导，防止部门利益与公司整体利益相冲突；有利于加强组织控制。但集权不利于调动基层的积极性、创造性和主观能动性；也会使高层管理者整天忙于日常性事务，无暇顾及组织的长远发展和重大决策问题，也不利于管理干部的培养。分权可以减轻高层管理人员的负担；有利于调动基层管理者的积极性；有利于增强组织的应变能力；有利于培养优秀的管理人才。但是，分权把握不好，也会使上级失去对下级的有效控制；容易出现部门利益与公司整体利益相背的情况，也容易出现各自为政的局面，从而增加各部门之间协调的难度。

在组织管理中，集权与分权是相对的，绝对的集权和绝对的分权都是不存在的。不同组织，其集权与分权的程度是不同的，即使同一个组织在不同时期的权力集散程度也会变化。影响组织集权与分权的因素主要有：

（1）决策的重要性。一般来说，凡是涉及组织信誉、庞大经费开支或影响职工士气等重大问题的决策，应由上层管理部门作出，不宜分权。因为基层管理人员的能力及获取的信息量有限，难以作出重大决策。相反，对一些不太重要的决策，可以适当分权。

（2）政策的统一性。如果组织的方针政策有必要统一，则实行集权比较有利。如果方针政策不需要统一，则可实行分权。

（3）组织的规模。组织规模大，经营管理复杂，需要作出的决策很多，同时由于管理层次、管理部门多，控制、协调也困难，则为了提高效率，可实行分权管理；反之，组织规模小，集权程度就可以高一些。

（4）组织的工作性质。凡是流动性较大、变化大的工作，宜采用分权，如建筑工程项目用人等；变化较小、较有规律性的工作，应采用集权。

（5）组织的成长方式。若现有组织是建立在并购或联合的基础上的，则实行分权较好；如果组织是依靠内部积累由小到大逐步发展起来的，则实行集权较好。

（6）管理哲学。主管人员的个性和他们的管理哲学，对组织的集权与分权也会产生较大的影响。

（7）管理人员的数量和素质。如果管理人员数量充足、经验丰富、管理能力强，则可实行分权；反之，则实行集权比较好。

（8）控制技术和手段。如果控制技术和手段比较完善，主管人员对下属的工作和绩效有较强的控制能力，则可实行分权；反之，宜实行集权。

（9）组织的外部环境。如果外部环境变化大，宜实行分权；外部环境变化小，则宜实行集权。

## 第三节 人力资源配置

组织结构的设计仅仅是为组织的运行提供了一个框架，组织的有效运行最终还要通过人力资源配置来实现。人力资源配置是对人力资源进行恰当而有效的选择、考评和培养，其目的是为了以合适的人员去充实组织结构中所规定的各项职务。人力资源的合理配置不但有利于组织充分挖掘劳动潜力，节约使用劳动力，降低人力成本，而且也为组织不断地改善结构，提高劳动生产率提供了条件。

### 一、人力资源配置的目的

人力资源配置首先要满足组织的需要，同时，也要考虑满足组织成员个人的特点、爱好和需要，将合适的人安排在合适的岗位上。因此，人力资源配置的目的可以从组织和个人这两个方面来理解。

#### （一）满足组织的需要

1. 通过人力资源配置达到组织系统正常运转的目的

组织系统要能有效地运转，必须使机构中每个工作岗位都有合适的人去占据，这是人力资源配置的首要目的。

2. 通过人力资源配置为组织发展准备干部力量

组织是一个动态系统，它处在不断变化的社会环境之中。同时，组织目标、组织的内容以及组织结构也必须随着环境的变化而适当调整。因此，在组织配置人力资源时，不仅要考虑目前机构人员的配置，还要考虑机构可能发生的变化，为组织以后的发展准备和提供工作人员，特别是管理干部。组织可以通过使用来培训未来的管理干部。

3. 通过人力资源配置和组织文化，维持成员对组织的忠诚度

对一个组织来说，人才流动虽然可能给组织带来人才竞争的环境，也能给组织带来新的活力，但也给职工带来了一定的不稳定性，出现离职问题，特别是优秀人才的外流，往往使组织几年的培训费付之东流，而且破坏组织的人事发展计划，甚至影响组织发展过程中的干部需要。因此，要通过人力资源配置，建立组织文化，树立对组织忠诚的价值观，既要留住员工的人，也要留住优秀员工的心。

### （二）满足员工的需要

（1）通过人力资源配置，使每个人的知识和能力都能得到公正的评价、承认和运用。

（2）通过人力资源配置，使每个人的知识和能力不断发展，素质不断提高。知识与技能的提高，不仅可以满足人们较高层次的心理需要，而且往往是通向职业生涯中职务晋升的阶梯。要通过人力资源配置，使每个人都能看到这种机会和希望。

## 二、人力资源配置的原则

人力资源配置是为每个岗位选配合适的人，这就首先需要满足组织的要求，同时也要考虑组织成员个人的特点和需要，将合适的人安排在合适的岗位上。因此，组织人力资源的配置必须遵循以下原则。

### （一）因事择人的原则

这是人力资源配置的首要原则。因事择人就是要求按岗位的需要选派合适的人员，即选派的人员必须具备相应岗位的知识和技能。

### （二）经济高效原则

人员配置必须做到精简、高效、节约，以先进合理的定员标准为依据来确定人员数量；在组织中提倡兼职，鼓励员工一人多能；一定范围内简化业务手续，减少管理层次，精简机构等。

### （三）量才器用原则

随着科学技术的发展，计算机的广泛应用，客观上要求新的职位配备与之相适应的人员。不同的人具有不同的能力和素质，只有根据人的特点来安排工作，才能使人的潜力得到充分发挥，使人的工作热情得到最大限度地激发。

### （四）人事动态平衡原则

即应合理安排各类人员的比例关系。包括合理确定直接生产人员和非直接生产人员的比例、基本生产工人与辅助生产人员之间的比例以及各个工种之间的人员比例等。但随着环境的不断变化，工作人员的能力和知识也在不断提高和丰富，因此，人与事的配合也需要进行不断的调整。在调整过程中应注意，尽量让能力强的人去从事更高层次的工作，担负更多的责任，让能力不符合职务要求的人，有机会从事力所能及的工作，力求人尽其才，实现人与工作的动态平衡。

## 三、人力资源配置的方法

### （一）合理确定人员需要量

组织在一定时期内所需要的人员数量取决于生产、经营、管理、服务等方面的工作量与各类人员的劳动效率。它的配置是在组织设计的基础上，根据职务数量、职务类型来确定的。常用的方法有：

1. 效率定员法

即按劳动定额计算定员的方法，适用于一切能够用劳动定额表现生产工作量的工种或岗位。

2. 设备定员法

根据完成一定的生产任务所必须开动的设备台数和班次，按单机设备定员计算编制定员的方法。

3. 岗位定员法

即按岗位定员标准、工作班次和岗位数计算人力资源配置的方法。

4. 比例定员法

比例定员法是以服务对象的人数为基础，按定员标准比例来计算编制配备的方法。

5. 职责定员法

职责定员法是按既定的组织机构和它的职责范围，以及机构内部的业务分工和岗位职责来确定人力资源配备的方法。

影响职责定员的主要因素：一是管理层次；二是机构设置与分工；三是工作效率。在实际管理工作中，应努力提高人员素质，强调一专多能，一人多职，简化业务手续，使常规工作程序化、标准化、规范化。

以上五种人力资源配置方法，在一个组织中是同时使用、互为补充的。

### （二）选配人员

为了保证担任职务的人员具备职务设计和分析中要求的知识和技能，必须对组织内外的候选人进行筛选，作出最恰当的选择。如果把不合适的人安排在不合适的岗位上，对组织、对个人都会带来灾难性的后果。因此必须研究和运用一系列科学的测试、评估和选聘方法，以选拔合格的人才。

### （三）制订和实施培训计划

组织中的员工，特别是管理人员的培训是人员配备过程中一项重要的工作。培训，既是为了适应组织技术变革、规模扩大的需要，也是为了实现成员个人的充分发展。因此，要根据组织成员、技术、活动、环境等特点，利用科学的方法，有计划、有组织、有重点地进行全员培训，特别是有发展潜力的未来管理人员的培训。

## 第四节　组织力量的整合

### 一、充分利用非正式组织的积极作用

#### （一）正式组织与非正式组织

1. 正式组织

正式组织是组织设计工作的结果，是经由管理者通过正式筹划并借助组织图和岗位说明书等文件予以明确规定的。正式组织有明确的目标、任务、结构、职能以及由此形成的成员之间的责权关系，因此对组织成员具有相当程度的约束力。具体来讲有以下几个特点：

（1）目的性。正式组织是为实现组织目标而有意识建立的。

（2）正规性。正式组织中成员的职责范围和相互关系通常由书面文件加以明文、正式的规定，以确保成员行为的合法性、精确性、纪律性和可靠性。

（3）稳定性。正式组织一经建立，一般都会维持较长的一段时间，以充分发挥组织的效能。过于频繁的变动，不利于正式组织的发展。

反映正式组织中各方面关系的文件除了岗位说明书外，更重要的是组织图。组织图直观、明了地反映了组织中每个成员所处的位置、部门组合和管理幅度等，组织图也清楚地表明了组织中的权力和责任是如何由最高管理层逐级流向下层，并由此构成直接指挥和工作汇报关系的指挥链的。组织图还界定了各职位、各部门之间的相互关系，从而为组织的正式运行提供了一种井然有序的方式，并指明了上下、左右之间信息沟通的正式渠道。

2. 非正式组织

非正式组织是伴随着正式组织的运转而形成的。在正式组织中，某些成员由于工作性质相近、社会地位相当，对一些问题的看法一致、观点相同，或者由于性格、业余爱好相同或感情相投，他们在平时相处时便会形成一些小群体，这些小群体慢慢地便会演变成比较固定的非正式组织。任何组织，不论规模多大，都可能有非正式组织存在。非正式往往与正式组织一起并存于一个单位、机构或组织之中。图 6-9 是正式组织与非正式组织的对比。

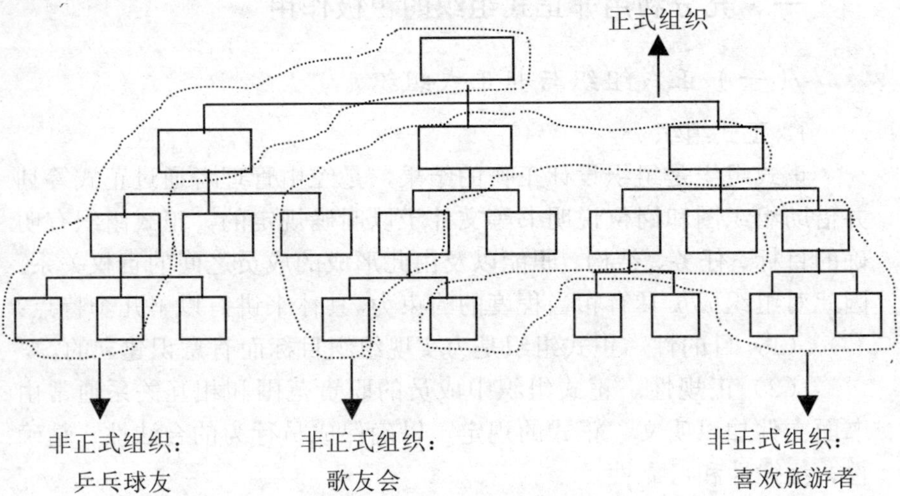


图 6-9　正式组织中的非正式组织

非正式组织是未经正式筹划而由人们在交往中自发形成的一种个人关系和社会关系的网络。在非正式组织中，成员之间的关系是一种自然的人际关系，与正式组织相比，非正式组织主要有以下特点：

（1）自发性。非正式组织中的成员不是本着有意识的共同目的参与活动，他们只是由于自然的人际交往而自发地产生交互行为，由此形成一种未经刻意安排的组织状态。

（2）内聚性。非正式组织虽然没有严格的规章制度来约束其成员的行为，但它通过成员的团体意识、团体固有的规范和压力以及非正式领导者的说明和影响作用而将人们团结在一起，并产生很强的内在凝聚力。

（3）不稳定性。由于非正式组织是自发产生、自由结合而成的，因此存在不稳定性。它也会随着人员的变动或人际关系的变化而发生改变，从而使其结构出现动态的特征。

### （二）非正式组织的利用

#### 1. 非正式组织的作用

非正式组织的存在及其活动，既可以对正式组织起积极作用，也可能产生消极作用。

非正式组织的积极作用主要表现在：它可以为员工提供在正式组织中很难得到的心理需要的满足，创造一种更加和谐、融洽的人际关系，提高员工的相互合作精神，最终改变正式组织的工作情况。

非正式组织的消极作用主要表现在：当非正式组织的目标与正式组织的目标发生冲突时，则可能对正式组织的工作产生极为不利的影响。非正式组织要求成员行为一致性的压力，可能会束缚其成员的个人发展。此外，非正式组织的压力还会影响到正式组织的变革进程，造成组织创新的惰性。

#### 2. 非正式组织的利用

由于非正式组织的存在是不以人们的意志为转移的，是一种客观的、自然的现象，而且由于非正式组织对正式组织具有正反两方面的作用，因此，管理者不能采取简单的禁止或取缔的态度，而应对它进行妥善的管理，最大限度地利用它的积极作用，克服其消极作用。

（1）正确认识非正式组织的作用，有效地利用和发挥非正式组织的积极作用。管理者必须正视非正式组织存在的客观必然性和必要性，允许乃至鼓励非正式组织的存在，为非正式组织的形成创造条件，并努力使之与正式组织吻合。

（2）对非正式组织的不利影响，管理者应通过建立和宣传组织文化，影响和改变非正式组织的行为规范，从而更好地引导非正式组织为正式组织目标的实现作出贡献。

总之，一个运作良好的组织是由正式组织控制的组织，如果一个组织中非正式组织的影响超过了正式组织，这个企业就相当危险了。在这方面，福特公司的经历就十分典型。

### 阅读资料八

1903 年，40 岁的福特聘请了当时著名的汽车专家詹姆斯 · 卡曾思出任总经理，第三次办起了汽车公司。卡曾思采用了流水线作业方式，极大地提高了生产效率，先后推出“T”型车和“N”型车获得成功，福特因此成为“汽车大王”。

20 世纪 20 年代初期，福特晚年又对总经理的职权发生了浓厚兴趣，他辞退了卡曾思，开始实行个人独裁，收回了管理人员的权力，依靠亲信来控制企业，甚至利用秘密警察暗中监视经理人员，一旦某位经理人员拥有自己的职权时就会被解雇。

福特每隔一两年就要将第一线的领班降职，福特的理由是“不这么做，这些人会变得傲慢，忘了他们的权力是福特先生的恩惠”。结果除了几名销售经理之外，福特公司的正式组织几乎被破坏殆尽，优秀人才大量流失，公司经营陷入极度混乱。到 1944 年福特公司已经濒临破产。

在这种情形下，老福特不得不让位给他的孙子——26 岁的小福特。小福特上台以后，立即重金礼聘通用汽车公司的副总裁欧内斯特. R. 簿里奇。簿里奇首先申明“管理人员的权力来自于其担负的职责，而不是来源于所有者的恩赐”。在这一思想的指导下，簿里奇重建福特的管理机构，解散了老福特的亲信。一年之后，福特公司便扭亏为盈。

## 二、充分发挥参谋的作用

组织中的管理人员是以直线主管或参谋两类不同身份来从事管理工作的。他们对组织活动的展开和目标的实现都是必需的，但又起到两种不同的作用。然而在现实中，直线与参谋的矛盾经常是组织缺乏效率的重要原因。因此，正确处理直线与参谋的关系，充分发挥参谋人员的合理作用，是组织力量整合的一个重要内容。

## 三、充分发挥委员会的协调作用

在现代社会中，委员会正在作为一种集体管理的主要形式而被广泛地采用，在管理中，尤其是在决策方面扮演着越来越重要的角色。委员会一般由一个两名以上的人所组成的集体来行使职权。委员会按职权可分为直线式委员会和参谋式委员会。直线式委员会是一种权力性委员会，如董事会等；参谋式委员会是为直线管理人员提供咨询、建议和服务的，是一种非权力性委员会。

实行委员会制有许多优点。首先，可以集思广益。委员会往往是由两个或两个以上的人组成，利用集体的智慧、经验，进行集体决策、集体判断，可以避免决策的失误。其次，委员会能起到协调作用。组织中有些问题依靠某一部门很难解决，需要多个部门一起协商，这样通过委员会可以把多个部门的人员集中起来，一起解决问题，既减轻上级领导的负担，又有利于加强部门之间的合作。第三，委员会制可以避免权力过于集中，对个人权力起到一定的制约作用。第四，委员会作出的决策一般能较好地反映各方面的意见，代表各方面的利益。第五，有利于主管人员的成长。因为委员会使下级管理人员有可能参与决策，这样既可以激发下级管理人员的积极性，也有利于下级管理人员及时了解到其他管理人员及整个组织所面临的问题，从而提高其整体管理的能力。

### 复习思考题

1. 什么叫组织和组织工作？各有什么特点？
2. 在组织中，直线权力、参谋权力和职能权力三者之间的关系如何？
3. 影响组织结构设计的因素有哪些？
4. 组织结构设计应考虑哪些原则？
5. 你所在的组织是一种什么样的组织结构？这种结构在理论上有什么优点？你们的组织结构是否体现了这些优点？
6. 管理幅度是如何确定的？它与管理层次有何关系？

7. 衡量集权与分权的标志是什么？哪些因素影响集权与分权？
8. 目前普遍采用的部门划分方法有哪些？
9. 人力资源配置的原则和方法是什么？
10. 简述扁平结构的优缺点。
11. 组织结构的各种基本形式有什么特点？分别适用于什么样的企业？
12. 什么是正式组织，什么是非正式组织？如何利用非正式组织的积极作用？
13. 深入一家企业了解其组织情况。要求:（1）画出组织结构图；（2）简要分析其组织的合理与不足之处,并提出改进和完善意见。

**案例一**

## 提　升

杰里•诺兰（Jerry Nolan）在环球摩托车公司总部工作。他的任务是处理正当的赔偿要求问题，同时指导分布在世界各地代销点的维修工程师的工作。后来他听说有一个现场工程师的空缺。

首先，杰里•诺兰去找了他的顶头上司唐纳德•布朗（Donald Brown)，请求考虑调他到简•史密斯（Jane Smith）的部门担任现场工程师。“这事我们以后再说吧”，他的想法被拒绝了。

在布朗出差时，杰里又找了国际业务部服务经理简•史密斯本人。史密斯不仅是布朗的上级，还负责关于现场工程师的工作。史密斯女士主张从公司内部提拔年轻有为的人，在交谈中，她认为杰里•诺兰很适合现场工程师的工作，答应等布朗出差回来后同他谈谈。

一星期后，布朗把杰里召到他的办公室，作了一下这段谈话，“我听说你在我出差的时候同史密斯女士谈了有关现场工程师工作的事，我不能让你去担任这个工作。我们正转换到用计算机处理索赔系统进行工作，我们需要你，因为你在我七个下级人员中经验最丰富。”

杰里听了很吃惊，难道就因为他是小组中最出色的人就不给提升吗？两星期后，从公司外招聘到了现场工程师，杰里不知道他下一步该做什么？

**思考题**

你认为布朗的人事工作做得如何？你建议采取什么政策？

**案例二**

## A公司的困境与出路

### 一、现状分析

合资企业A公司是一家以集成电路设计与开发的高科技公司，公司成立于2000年初。总经理为中方委派，是电子电路专业的硕士，年龄40岁。

新组建的公司有员工约76人，管理人员有23人。管理队伍构成情况是：公司的管理人员以硕士以上学历为主，这些高级技术人员受到了总经理的器重，加上市场部总经理的一位朋友，共计7个人构成了A公司的高级管理层。而人力资源部、行政部以及策划部的管理人员多是30岁以下的、对技术不太熟悉的员工，即企业的中高层管理队伍是以技术为中心的。管理人员年龄明显分为三个阶段：核心的技术人员集中在35岁以上，而且多来自于原来的科研院所，市场人员仅有两名，其他的管理人员均集中在30岁以下，用A公司员工的话来说是“国有合资企业”。

虽然是合作公司，但是由于控股方为中方，合资双方所进入的均是一个崭新的高科技领域，因此在销售方面没有优势。同时，在2000年下半年以及2001年，IC行业由于公司的管理人员多来自于原来的科研院所，其管理模式和赢利模式与现代的企业制度有较大的差别，而总经理由于性格比较内向，所以在经营管理上遇到了较大的困难，主要表现在以下几个方面：

1. 人员的市场观念以及现代企业管理意识与市场的要求都有一定的距离。在科研院所中，多以科研室为管理部门，科研室的组长或主任具有相当的管理权力，其中包括下属员工的奖金权利等。而招聘来的这些人员在原来的科研院所中多为被管理者，加之管理能力以及基础方面的不足，因而在新机制的公司中，多采取比较宽松的管理办法，并因此导致员工工作效率的不断降低。由于高科技公司分工比较具体，因而给总经理的管理带来了较大的困难。

2. 从社会上招聘的管理人员具有较强的市场意识，但是，从科研院所来的管理人员市场意识相对比较淡薄，因此在一开始就受到了前者的发自内心的情绪抵触；但是，随着时间的推移，前者则被后者从行为上及工作效率上同化了，进而造成了整体管理水平的下降。

3. 公司里市场部门仅有员工5人，而且仅有两位管理人员和一位员工有行业销售经验，另外两名则为新招聘的大学生，销售工作不能顺利地展开。到2001年的7月份，销售收入仅完成了计划的20%。而在公司的高层管理队伍中，对企业的开发定位各执己见，因此阻碍了产品开发以及市场开拓的速度。

4. 公司成立时，总经理为了能将有能力的技术人员招聘到公司，给了这些管理人员(1位博士、4位硕士、3位本科)较高的薪水，几乎是管理人员平均薪水的两倍。由于薪资水平及管理上存在的问题，导致管理层内产生了不满情绪。

5. 由于公司成立时间有限，因此没有形成良好的企业文化，同时由于总经理在这个方面的引导上以及人力资源部门、行政部门的管理人员比较年轻，企业文化在那些从科研院所以及刚刚从大学毕业的员工自发情况下，形成了凭“良心”工作的文化氛围。

以上是企业在发展到约一年半的时候形成的主要问题，这些问题严重地困扰着总经理，特别是其中一个副总经理由于自认为比总经理能力强，所以通过电子邮件与外方的代表人进行私下沟通，不仅影响了双方的合作信任关系，而且影响了企业管理工作的正常进行。

## 二、解决方案

针对面临的一系列困难，A公司向企业管理咨询公司的专家进行了咨询，专家为A公司制定了以下的解决方案：

1. 管理队伍调整。首先，从技术人员中挑选能够承担市场营销任务的两名管理人员和一名员工进入市场营销部门，同时通过招聘，加强营销部门的市场开拓能力，同时，加强市场信息与竞争对手信息收集与分析，并制定相应的市场营销激励政策；

其次，对技术部与工艺部的管理结构进行调整，将原来的部门制管理形式改革成为项目部，项目部根据市场部的定单而形成，并随着项目的完成而解散；同时，在项目部内部实行市场化的管理方式，并严格执行计划目标管理；

再次，对主要的管理人员进行个人管理能力特别辅导，以提高其项目管理能力和计划执行与阶段目标控制能力。

在调整的同时，压缩管理人员的编制，变原来比较扁平的管理机构为比较垂直的管理机构，将原来的技术部与工艺部合并为技术部，将质量部门设置为“廉政公署”，全面监督产品的开发与产品质量，公司的核心管理层由原来的6人减少为5人，其中技术部门两人，市场部门两人和总经理。

针对以上两个策略，企业管理咨询公司制定了与之相对应的培训课程，培训一项改革一项，并立即形成标准。培训与实施时间为一个月。

2. 管理队伍建设。首先，对薪资体系进行一定的调整，根据职务级别与职务组别调整薪资，同时加大与绩效管理(全程的目标控制，不同于以往的绩效考核)的挂钩；而在调整薪资的同时，人力资源部门加强员工的福利管理与企业文化建设，并将原来的企业理念“建设一流的集成电路设计企业”调整为“精确的设计，准确的服务”。

时间正好是2001年的7月，于是组织所有的管理人员以及那些有潜力成为管理人员的员工在一个度假村召开了“A公司管理人员述职会议”，引导所有的管理人员对上半年的工作进行深入的检讨与总结，并在会后形成决议性质的文件，进行大力度的改革。

对于在公司调整过程中不能适应的管理人员以及员工，在做思想工作无效的情况下，劝其离开公司。

其次，在公司里逐步实施有效的绩效管理而不是简单的绩效考核，即一个持续的交流与沟通过程。该过程是由员工和他的直接主管之间达成协议来保证完成，并在协议中对未来工作达成明确的目标和理解，并将可能受益的组织、经理以及员工都融入到绩效管理系统中来。

针对以上的两个策略，专家亲自主持了“管理人员述职会议”，在对人力资源部门进行薪资调整进行咨询服务过程中，对所有的员工进行了为期10个课时的绩效管理培训。此项工作的进行持续了两个月，基本达到了预期的目标。

3. 赢利模式改进。由于公司初创，所以赢利模式不能单纯地依靠公司自己开发的项目与产品。为此，通过所有的技术管理人员以及市场管理人员充分地挖掘个人的市场资源，建立了在做好公司产品营销的基础上，加大了产品代理的力度，这些代理的产品一部分是来自于外方的合作者，另外一部分是为了为客户提供更为周到的服务而代理的产品。

同时加强公司的市场策划与销售管理，建立完善的公司产品售后服务网站，为客户提供准确的服务。

至2001年11月，公司市场部门的员工人数为13人，而技术部门的人数为32人，职能部门的人数则为6人，管理人员为16人，公司总人数为51人。公司的员工结构以及管理人员结构调整基本达到了预期的目标，同时公司的产品开发效率大大提高。

此项工作的进行，在一定程度上得益于公司总经理在北京以及香港所接受的专业市场营销培训以及公司经营管理培训。此项工作总计持续了约三个月。

### 三、方案效果评估

经过2001年7月到12月半年的调整，A公司的经营状况有了明显的改善。在调整的过程中主要出现了以下的几个问题：

1. 在调整开始，有3名主要的管理人员情绪波动比较大，经过总经理以及专家私下的多次工作，有一人最后于8月底离开了公司，另外两个管理人员调整了自己的心态，一个人去了市场部门，而另外一个则继续担任技术总监。最终形成了高效的企业决策层。

2. 在技术部门，对于部分员工离开公司的空缺，大胆采用年轻人，鼓励创新，虽然有了大约两个月的技术人员流动现象，但是最终通过项目部的形式，弥补了对企业开发的影响，同时提高了员工的工作效率。A公司9月至12月开发的新产品与前三个季度持平，说明了工作效率的提高。

3. 公司销售收入逐步提高，9月至12月的销售收入为470万元，其中项目开发收入为320万元，代理产品收入为150万元，虽然年度仍然略有亏损，但是却显示了良好的赢利能力。

4. 由于加强了改革过程中的企业文化建设以及培训工作，企业的管理人员管理能力明显提高，同时由于有效的福利管理工作，企业的凝聚力明显提高。

目前，A公司的发展正在逐步走上正规，同时由于IC行业的复苏，公司也在市场竞争中站稳了脚跟，正在向着更远大的目标前进。

### 思考题

1. 请对比分析A公司调整前后，在组织结构、人事管理等方面的变化。

2. 对知识型、高科技型企业中中、高层管理者的管理与一般企业有何不同？
3. 从本案例中你学到了什么？

**案例三**

## 马厂长和他的“党政联席会议”

1999年2月8日早上8点，滨城制鞋厂的“党政联席会议”照例准时开始。马玉柱厂长坐在主席的位置上，手里夹着一支香烟。

马玉柱，47岁，当年从部队退伍后进制鞋厂当工人，因头脑灵活，积极肯干，逐步被提升为干部。后来，他利用业余时间自学，取得了大专文凭。进入90年代以来，激烈的竞争使滨城制鞋厂的经营状况开始滑坡。马玉柱被委以重任，担任该厂厂长。

1996年初，滨城市的另一家国有制鞋厂破产倒闭，全部的资产、工人和退休人员由滨城制鞋厂接收。两厂合并后，马厂长经过定岗、定编，确定了全厂1200人在岗的规模，加上已退休的1000多名人员，全厂每月发放工资加退休金就需要80多万元。为了工厂的生存，马厂长亲自抓销售方面的工作，带领业务人员跑市场，联络客户。两年多来，工人的工资和退休人员的退休金从未迟发过，奖金拖欠不超过3个月。

随着竞争日趋激烈，市场销售工作的难度越来越大。一段时间内，销售科只见费用增长，不见销量增加。为了机器照常运转，为了保住客户，为了工厂的长远发展，马厂长和销售科的人员只能咬牙坚持着。

这种局面，引起了全厂职工的不解和猜测。厂内议论纷纷，认为销售部门花钱大手大脚，公款吃喝不加控制，低价签销售合同而置工厂利益于不顾，说不定个人拿了回扣，等等。反映最多的是由倒闭厂并入的职工，他们纷纷向厂党委郭书记反映情况，财务科毕总会计师也经常拿着销售公司的报销单据向郭书记告状。对生产、销售方面的工作一向不插手的郭书记，接到这么多的反映意见，不得不出面从大政方针上进行干预。他在党委会上，多次批评销售科彭科长，指出“销售量与费用不成比例，这本身就是大问题，很不正常！”并准备采取措施进行整顿。

马厂长也感受到上上下下的压力，觉得非常棘手。市场如此困难，工作如此艰辛，可群众却不知情，这种态势如果不能很好控制，势必造成局面的失控。经过思索，他向郭书记提出了成立厂“党政联席会议”的设想。

马厂长的提议，经厂党委会研究得以通过。“党政联席会议”定于每个工作日早上 8 点举行，10 点结束。会议成员包括厂党委书记、厂长、各支部书记、各部门负责人、工人代表等。会议的程序是：由马厂长担任主席主持会议，各部门依次汇报本部门的工作。与会人员有权力提出质询，汇报人必须详尽解答。厂内各项重要决策，必须经 2／3 以上的与会人员通过方可付诸执行。

“联席会议”实行一段时间后，厂里对销售科用款的议论、指责渐渐平息下来。会议成员十分珍惜自己的权力，大都准时出席会议。一时间，全厂职工的主人翁感空前强烈，当家作主的热情空前高涨。

所有这一切，马厂长都真切地感受到了。为了进一步使工作顺利开展，使稳定的局面长期持续下去，作为“党政联席会议”的补充措施，他劝说郭书记担任销售科的“日常事务监管”，规定销售科的工作要向郭书记请示、汇报。

做了一辈子党务工作的郭书记，对新的角色十分投入。他经常主动来到销售科听取汇报。他总是十分谦虚地征求业务人员的意见，做些大政方针上的指示，放手让业务员自主地工作。渐渐地，他感觉到销售科业务人员的工作十分辛苦，常常连家里的重要事情都顾不上。为扩大工厂的销售量，他们几乎到了忘我的境界。就这样，郭书记成了销售科强有力的后盾，谁家亲属生病，他亲自上门慰问；谁家里有了困难，他派人解决。

1999 年 2 月 8 日这一天是星期一，又是农历小年，临近春节，要研究的事情很多。不过，马厂长认为最重要的是彭科长上周签订的一笔“低价销售合同”的通过问题。

事情是这样的。上一星期，彭科长去一家公司催收货款，这家公司是滨城制鞋厂多年以来的外销客户，关系一直很好。彭科长和该公司的严总经理谈到厂内库存尚有 6000 多双出口鞋，希望严总能帮助推销一下，价格好商量。严总当即向国外客户发盘，国外客户也于当日还盘。根据客户还盘价，严总提出以每双 28 元的价格收购，并要求工厂改包装。彭科长请示了马厂长后，与该公司签订了协议合同。严总的公司为此预付了 12 万元货款。

今天是彭科长出差归来后头一天上班，他先是向大家汇报了催款的结果，然后谈到了这个合同。彭科长的汇报立即引起了强烈的反响，大多数人表示反对。毕总会计师情绪激动地站了起来说:“为什么我们原价 54 元的鞋要卖 28 元，而且还要改包装，别说是工资、设备，就连原料成本也收不回来!我实在难以理解。”说完，长时间地盯着彭科长，临坐下时还扫了马厂长一眼。毕总会计师的发言，得到了许多人的附和。彭科长只好做进一步的解释:“这批鞋已经存放了 2 年多，再压下去恐怕还要贬值。现在趁着外商要货，我们可以减少资金占用，通过变现以盘活库存，加快资金周转。”但无论彭科长做何解释，反对的意见仍然占了上风，会议进行到 11 点，最后表决通过决议：此合同不予执行。

会议结束后，马厂长令彭科长立即向严总经理通报，此合同厂里不准备执行，应予以撤销。电话那边，严总立时火冒三丈。无奈，彭科长只能简单地介绍一下“联席会议”的情况，告诉他决议一旦作出，是很难更改的。严总马上又与马厂长通电话，马厂长除了表示抱歉之外，也无能为力。

中午，严总亲自书写了一份 1500 字的长篇传真，发往滨城制鞋厂。下午一上班，马厂长拿着传真出现在郭书记的办公室。转天早上 8 点，会议室内，马厂长宣布开会。他让会议秘书向每人发了一份传真复印件，说:“大家先详细地看一遍这份文件，我们再重新研究昨天关于库存鞋变卖合同的问题。”

半个小时过去了，许多人已不止一次地看过这份传真，一些人开始交头接耳，小声议论着。看到这些，马厂长宣布:“下面由郭书记讲话。”

郭书记举了举手中的传真复印件说:“同志们，这份传真从昨天下午到现在，我已经看了不止 10 遍了，不知道你们的感受如何。我认为这是一份难得的教材，它帮助我们了解市场，了解外贸常识，很值得认真学习呀。”于是，郭书记带领大家，学起了这份 1500 余字的传真。

10 时 30 分，会议结束。会议作出决议：撤消昨天的会议决议，合同予以执行。

## 思考题

1. “党政联席会议”制度实施后，马厂长的权力结构发生了什么变化?
2. 请站在马厂长的角度分析毕总会计师的发言，你认为毕总会计师是否称职?

3. 请分析导致马厂长推出“党政联席会议”制度的根本原因。
4. 请分析“党政联席会议”的正、负向作用。

**案例四**

### 越级汇报不可一棒子打死

一次，方太集团董事长茅理翔与一个搞企业的朋友交流，朋友提到企业管理中遇到的难点。一个工人由于越过车间主任向总经理反映情况，被车间主任在工作分配上打击报复，被迫含泪辞职。他朋友说，这个事你认为应该怎么办？

“越级汇报”、“越级管理”均成为现代管理中比较时髦的词，很多咨询老师也专门说，管理的越级是影响下属积极性的大忌。如果说什么事都越级汇报，你去越级管理，那么，要我这个干部什么用。不能越级汇报，是企业管理中的一项普通规则。但是，它必须建立在这样的基础上：第一，管理者本人敬业、公正。第二，管理者有能力妥善处理问题。

茅理翔同样也碰到过这类事。他们一个分厂的总经理，对自己的员工说，你们有什么事不得越级汇报，一切事先向我说，由我统一向董事长汇报。董事长很忙，你们向他汇报，要我这个总经理干什么。可是，这个总经理在外协件加工问题上，违反公司规定，让自己的亲戚加工，原规定由两家做，他却只安排一家，而且价格还比较高。由于他有“不准越级汇报”的规定，公司人员不敢向上汇报，更不敢当面给他提意见。最后，茅理翔从一次私人谈话中，才了解到这件事。

茅理翔认为，一般性的是是非非，确实不应该越级汇报，而且上层领导要制止越级汇报。但如果发现重大的违纪问题，要允许投诉。这也是一种民主监督。事实上，基层干部如果自己想干私活或闹独立王国，你要人家不汇报？不可能，这是压也压不住的。

与不越级汇报相类似，不越级管理也是企业管理中应遵循的一项普通规则。上级要避免直接插手下级的事情。但下级办事不公，影响效率，上级就不能不管。从长期来看，如果这个干部确实不称职，应该把他撤掉。

**思考题**

为什么说不越级汇报、不越级管理是企业管理中的一项普通规则？作为企业领导者和员工，应如何处理好越级—不越级的关系？

# 第七章　领　导

## 本章重点

- 领导与领导者的区别
- 领导者与管理者的区别
- 领导者的权力及影响力
- 领导者素质理论
- 领导行为理论
- 领导权变理论
- 领导艺术

## 引　例

### 实达是如何步入ST的

作为最早进入信息产业的实达集团，无论是规模、资金以及外部环境，种种迹象都表明了实达有一个千载难逢的发展机会。然而事与愿违，实达不仅没有抓住这一机会，反而在1999年、2000年出现亏损并步入ST的行业，这究竟是何原因？

我们知道，完善的法人治理结构是成熟企业的基本特征，也是企业持续发展的基石。但是由于中国企业所处的特殊环境，完善的法人治理结构并不是企业成功的主要原因，至少在创业初期是如此；相反，企业领导的远见卓识、个人魅力和背景往往具有更为重要的意义。原因在于中国企业家所面临的许多非常规的环境，需要非常规的方式才能得到解决。

从实达来看，自1994年初实达前任总裁胡刚的离职，所形成的领导真空就一直没被填补，导致实达过早地结束了企业个人魅力主导的时代，丧失了可能的非常规的快速发展机会，被迫转入了制度主导期。

而实达此时的困惑在于：一方面，作为领导实达这样的企业，新任总裁的个人素质，其战略眼光、管理能力、经验是不够的，虽然新总裁也付出了努力和心血；另一方面，实达的制度化建设远未完成，其中表现之一是实达的法人治理结构还没真正建立起来。这样实达就悬空在创业期(主要依赖企业家的个人魅力)和制度化管理期(主要通过完善的管理制度)的中间。

选择最合适的企业领军人物是董事会最重要的职责之一，但实达的董事会却没有做好。在实达处在良性发展的1994—1997年时，如果说董事会对企业经营班子的信任还是可以理解的话，但在随后实达出现了一系列问题时，实达董事会却没能及时从选择最合适的企业领导人的角度来考虑解决的办法，这就导致了实达犯下了一系列错误而不能得到及时的纠正。

由于当时中国企业面临的特殊情况，我们不得不说，正是由于新总裁的个人能力和影响力及其在企业战略、管理乃至文化上的失误，从根本上决定了实达的发展结局。

## 第一节　领导概述

### 一、领导与领导者

#### （一）领导

关于领导的含义，国内外管理学界有许多不同的理解，较有代表性的主要有以下几种：

1. 哈罗德·孔茨的观点

领导是一种影响力，是对人们施加影响的艺术或过程，从而可以使人们心甘情愿地、满怀热情地为实现组织或群体的目标而努力。

2. 戴维斯的观点

领导是一种说服他人热心于一定目标的能力。

3. 布朗卡特的观点

领导是一项程序，使人得以在选择目标及达成目标上接受指挥、引导和影响。

4. 施考特的观点

领导是在某种情况下，影响个人或群体达成目标的行动或过程。

5. 周三多教授的观点

领导是指指挥、带领、引导和鼓励部下为实现目标而努力的过程。这一定义包含三个要素：一是领导者必须有部下或追随者；二是领导者拥有影响追随者的能力或力量，它们既包括由组织赋予领导者的职位和权力，也包括领导者个人所具有的影响力；三是领导的目的是通过影响部下来达到组织的目标。

6. 王利平教授的观点

领导是一种职能活动，有时也指一定的地位集团。在企业组织中，董事、理事、厂长、经理、部门主管等均可归入领导的范畴。……领导是拥有权力的个人或集团向他人施加影响，使之为实现预定目标而努力的过程。

上述这些定义，虽然对领导这一概念的表述不完全一致，但却存在着共同之处，他们都阐述了以下三方面的内容。

1. 领导的本质是影响力

正是依靠这种影响力，领导者才能在组织或群体中实施领导行为；依靠这种影响力，领导者把组织或群体中的被领导者吸引到他的周围，心甘情愿地为实现群体或组织的目标而努力，使领导具有有效性。因此拥有影响力的人才称得上是一位领导者。

2. 领导是一个过程

领导是一个过程，是对人们施加影响的过程。而且在每个过程中，领导者、被领导者、组织环境等都是影响领导有效性的重要因素。领导者面临千变万化的组织或群体的内外环境，特别是要面对各种各样的人，他们的身份各不相同，他们的受教育程度、文化水平、历史背景以及进入组织或群体的目的等都千差万别，而且人们的需要、目的等都处于动态的变化之中。因此，领导不仅仅是一个过程，而且也是一种艺术。

3. 领导的目的性

即领导是一项目的性很强的行为，一切领导行为必须指向组织或群体目标，通过影响被领导者，使他们心甘情愿地为实现组织或群体目标而努力。

由此可见，领导就是指挥、带领、引导、鼓励和影响组织中每个成员（个体）和全体成员（群体）的行为活动过程，其目的是使个体和群体能够自觉自愿而有信心地为实现群体或组织的既定目标而努力。

从一般意义上来讲，领导是一种行为过程，是指对生产过程以及建立在生产活动基础上的社会活动过程进行组织、计划、指挥、控制和协调的一种有机运行过程。同时，领导也是一种服务，它通过拥有一定权力，履行一定职责，为群体、社会成员提供服务。从特殊意义上来讲，领导是一种统治形式，是政治权力的运用，因为任何领导总是与一定生产关系相联系，代表着不同阶级、利益集团的利益，运用政权的力量为自己的阶级谋利益。

作为人类历史的实践活动，领导还具有自身的一些特点：

1. 社会历史性

领导方式总是一定生产力方式的反映。小生产状态下，领导方式是个人专断、经验主义；而在大生产状态下，则是民主领导、集团科学决策。

2. 制约性

即领导的一切活动都受到主观条件和客观环境的制约。

3. 目的性

即领导活动是有目的的，偏离目标的领导是无益的。

4. 能动性

领导活动并非被动地适应客观环境，而是发挥领导者、被领导者的创造性，能动地改造客观环境的过程。

### （二）领导者

根据不同的标准和价值判断，对领导者这一概念可以有不同的理解。

从狭义上来讲，领导者是指能够影响他人并拥有管理权力实现领导活动过程的人。在组织或群体中，这些人能把其他人吸引到自己周围，能够得到别人的信任并为别人所追随。因此，领导者既存在于组织中，也存在于一定的群体中；既存在于正式组织中，也存在于非正式组织中。他是以自己的威望引导和影响别人完成群体或组织目标的人，或是被委派到某一职位上以职务、权力和责任来引导和影响别人完成组织目标的人。

从广义上来讲，领导者是指履行一定权力、职责、义务的领导个人或集体。他的主要特征是：

（1）领导者一般都是一个单位或组织的当权者，他具有一定的职务，享受一定的权力，这是其从事领导的资格。

（2）领导者一般都是一个单位或组织的负责人，肩负着一定的责任。领导者除了与一般人一样服从国家法律、法令、法规、条例，担负一定的政治责任外，还有自己特殊的职责，那就是承担这个组织的决策、组织、计划、指挥、协调、监督的内在职责。

（3）领导者应当成为大众的服务员，他在社会赋予其权力的基础上，为社会成员提供服务。所以，领导者是当权者、负责人、服务员三者的有机统一，其中职权是领导者的首要条件，负责是领导者的中心任务，服务是领导者的本质。

在现代管理学中，越来越多的管理学者从另外的角度提出了有关领导者的概念，比如，具有“超凡魅力的领导者”或“改革精神的领导者”等。所谓“超凡魅力的领导者”就是具有强大的个人魅力，这种个人魅力来自于强烈的自信心、强大的支配力，以及对于信念、道德的坚定性等等，从而使下属坚信跟随他是正确的。具有“改革精神的领导者”，是美国管理学家巴斯提出来的，巴斯将领导者分为两类，即执行型和改革型。执行型的领导者向下属提出需要做什么、有哪些要求，并帮助下属树立信心，只要付出必要的努力，定能达到组织与个人的目标；改革型的领导者为了取得更大成效，以及对自己的组织发挥重大的影响力，则运用自己个人的想像力和精力去鼓舞下属，通过提高对完成任务的价值与重要意义的认识，通过强调组织或群体的利益高于个人的利益，以及通过强调追求更高层次的需求等来激励下属完成比原来预期的更多的工作。

### （三）领导与领导者的关系

在现实经济生活中，人们通常把领导和领导者两个概念混在一起使用，但实际上，这两者存在着明显的区别。领导是一种社会活动，或社会职能，特指领导者的角色行为，即对他人施加影响力，使之致力于实现群体或组织预期目标的活动过程。领导者是一种社会角色，特指领导活动的行为主体，即能实现领导过程的人。换句话说，领导这一概念，从名词意义上理解，就是领导人或领导者，即组织中确定和实现组织目标的首领，一个组织的领导者；从动词意义上理解，就是指一项管理工作、管理职能，通过该项职能的行使，促使下属努力实现组织既定目标。

## 二、领导者与管理者

领导者不同于管理者，领导者需要真正能够起到“领而导之”的作用，管理者就是要管得住、理得清。领导者与管理者，它们既互相联系又互相区别。一般来说，管理者的范围要大于领导者。一个好的管理者不一定是一个好的领导者，同样，一个好的领导者也不一定是一个有成效的管理者。因为一个管理者除了要做好领导工作以外，还有其他许多工作要处理，领导职能只是管理职能的一个组成部分，一个人能够影响别人这一事实并不表明他同样也能够计划、组织和控制。一个人可能是个领导者，但并非是一个管理者。有一个公式是这么表达的：领导水平＝哲学素养＋管理科学＋领导艺术。不懂哲学的人，没有战略思维能力；不懂管理科学的人，无法知道自己的战略思路为什么贯彻不下去；没有领导能力的人，只会自己冲锋陷阵，无法调动属下的积极性。我们经常见到一些很有哲学素养的领导，讲起话来很富有哲理，但就是难以见到他办好了具体的事，为什么？原因在于不懂管理。我们也曾见过有的领导具体措施和办法一套一套，把具体的事情做对了，但战略出问题，结果是全功尽弃。也曾见过有的领导认真负责，可就是没人愿意跟在后面一起干，忙坏了领导，乐坏了下属。要做一个好领导，可真是不容易。

具体来说，领导者与管理者的区别可归纳为以下几个方面：

(1) 从管理者与领导者的关系来看，管理者是由组织任命而产生，其产生方式是自上而下的，而领导者则是由于群体中的某些成员的认同和自愿追随而产生，其产生方式是自下而上的；管理者不一定能够成为领导者，领导者也不一定是管理者。

(2) 从管理者与领导者的行为方式来看，美国领导学大师本尼斯曾经作了精辟的论述，本尼斯认为：管理者寻求稳定，领导者探讨革新；管理者循规蹈矩，领导者独辟蹊径；管理者维护现状，领导者提高发展；管理者注重组织结构，领导者注重人力资源；管理者依赖控制，领导者激发信任；管理者目光短浅，领导者目光远大；管理者重视原因和方式，领导者重视事情和原因；管理者盯住结果，领导者看到希望。

(3) 从对象来看，管理的对象是组织中的所有资源，而领导的对象仅仅是组织中的部分成员。

(4) 管理者的领导行为是其管理行为的一种表现形式，是管理工作的一个环节。

## 三、领导者的权力与影响力

领导者，往往被人们认为是有“权”之人，这是事实。但作为领导本人必须弄清楚自己手中的权力结构，否则，就会出现不能够正确对待权力的现象。根据领导科学理论，领导者的权力构成有两大类，即职位权力和个人权力。其中职位权是组织“给我的权力”。而威望权和专长权是属于你自己的权力，即个人权力。

### （一）职位权力

职位权力，即职权，它是由工作职位带来的权力。是指在组织中，通过一定程序赋予某个人的资源支配能力。人们习惯比喻为“半张纸飘下来的”（即半张纸任命，半张纸在组织部门存根）。尽管这种比喻不恰当，但很形象。准确地说是“组织”相信你，授予你权力。这一权力可以从以下几个方面来理解：第一，它是以组织为基础的，离开了组织这种特定的环境，就不可能存在。第二，它是由处于更高层次的管理者通过一定的程序授权而获得的。第三，一切职权，从本质上来讲都是支配资源的权力。比如，财产使用权是指某人可以使用该物品，但不能出卖或破坏等，财产处置权是指某人可以按其个人意愿决定对财产的处理方式。同样，我们说某个人对其下属有指挥权，实际上是指组织规定他可以支配这部分人力资源。第四，职权具有相对性。任何人所拥有的职权都是相对的，即当某个人对某种资源具有支配权时，他所拥有的只是一定程度上的支配权，而不可能拥有绝对完整的支配权。

职权是支配资源的能力，从这个意义上讲，可以将职权分为两种类型，即以物质资源为对象的职权和以人力资源为对象的职权。

以物质资源为对象的职权，在组织中一般体现为审批权限和使用权限。如在企业中，只有电工才能对电路进行改造和修理，而一般职工就不具有这样的权力。这种类型的职权，一般都要根据具体情况，明确规定其对象和程度，即明确规定该权力可以支配的资源种类和资源数量。

以人力资源为对象的职权是一种极为复杂的职权，同时也是研究得最为广泛的一种职权。一般来说，在一个组织中，只要某个人被任命为某部门主管，他就拥有了支配下属的职位权力，其下属就有义务服从这种权力，并按他的要求去完成工作。一般地，以人力资源为对象的职权包括三种：

1. 法定权力

是指组织内各管理职位所固有的合法的、正式的权力。这种权力可以通过领导者利用职权向直属人员发布命令、下达指示来直接体现，有时也可借助于组织内的政策、程序和规划等而得到间接体现。这种权力是组织等级指挥链所固有的，具有非人格性、制度性特征。

2. 奖赏权

奖赏权是指对按命令行事的组织成员提供奖金、提薪、升职、赞扬、理想的安排和其他有价值资源的权力。在一个组织中，奖赏权的使用，可以使那些符合组织价值观的行为得到奖励，从而组织价值观与组织成员个人需要之间建立直接联系，使组织成员自觉地将管理者的命令作为其自身决策的前提。

3. 惩罚权

惩罚权就是对组织成员进行惩罚的权力。在组织中，在对那些有利于组织的行为进行奖赏的同时，管理者对不利于组织发展的行为也要予以惩罚，即从负面将组织利益与个人利益联系起来，以保证组织价值观进入个人的价值系统中。具体的惩罚方式主要包括批评、训斥、分配不称心工作、降薪、解雇等。

### （二）个人权力

个人权力，也称非职位权力。这种权力与领导者所处的职位无关，是指由于领导者自身的某些特殊条件而具有的权力。比如，领导者具有高尚的品德、丰富的经验、卓越的工作能力、良好的人际关系；领导者善于体贴关心他人，令人感到和蔼可亲；领导者具有某种专门知识、技能和专长等等。这种权力不随职位的变化而变化，也不具有强制性，但他对人的影响是发自内心的、长远的，下属会因此而心甘情愿地追随、服从领导者。是否能成为一位优秀的领导者，与领导者的职位无关，而与领导者的个人能力有关。个人权力主要表现在以下几个方面：

1. 模范权

它来自下级对上级的信任，即下级相信领导者具有他所需要的智慧和品质，跟他有共同的愿望和利益，从而对他钦佩和赞誉，愿意模仿和跟从他。

2. 专长权

它来自下级对上级的尊敬甚至崇拜，即下级感到领导者具有某种专门的知识、技能和专长，能帮助他明确方向、排除障碍，达到组织目标和个人目标。知识就是力量，从某种意义上讲，知识也是权力。谁掌握了知识，具有了专长，就具有了影响别人的专长权，谁掌握的知识、信息越多，谁拥有的专长权就越大。

3. 魅力权

这是一种无形的，很难用语言来描述和概括的权力。它是建立在超然感人的素质之上的，这种素质吸引了追随者，从而激起人们的忠诚和极大的热忱。比如，体育明星、歌星、传奇的政治领袖等都具有这种魅力。比如，著名的黑人领袖马丁·路德·金，尽管法定权力很小，但他具有强大的人格魅力，有力地影响着许多人的行为。

4. 感情权

感情权是指个体由于和被影响者感情比较融洽而获得的权力。比如，多年的老朋友，无论工作上有没有关系，都会互相影响。

如何在人民群众中树立威望，如何在业务上不断学习和提高，真正成为知识型的领导，要靠个人自己的修行。其一，一个人有了这两大权力，组织才相信你，才会给你职位权，否则，即使给你了职位权，你也难以保得住，一旦丢失了，你就什么也没有。其二，职位权可以被别人拿走，而一旦有了个人魅力和专长，别人是拿不走的，永远属于你自己。

影响力可以理解为改变他人心理和行为的能力。领导者的重要任务是“影响”个体或群体的行为，而其影响的基础是权力，即指挥下级的权和促使下级服从的力。作为领导者，仅仅有职位权力只能是指挥官，而不能成为令人信赖和敬佩的领袖。非正式组织中的领导者并不拥有职位权力，但却能使周围的人对他一呼百应，其影响力主要来自于他个人的力量。因此，领导者必须认清自己的权力结构，通过加强个人权力，来充实职位权力，增强自己的影响力，决不能够仅仅凭借自己手中的职位权力，在那发号施令。

## 阅读资料一

### 职权、权力和影响力

伊查克·爱迪思

要执行决策，管理者需要一定的能量，能量的来源就是职权、权力及影响。

## 一、职权

我把职权(authority)定义为制定决策的权利,也就是说“行”和“不行”的权利。这是一个人的工作岗位所固有的正式权利，与其权力、关系与受教育程度无关。

我把“行”与“不行”以“和”连起来表达并不是什么错误。绝大多数人都会说“行或不行”，但要是我们把职权定义为说“行或不行”的权利，那就意味着有些人有权利说“行”，但没权利说“不行”(这种情况很罕见)，或者他有权说不行，但不能说行(这种情况比较普遍)。

当人们只能说“不行”而不能说“行”时，就会使企业官僚化，并会造成企业丧失与环境变化相关的能力。内容、方法、时机及人员方面出现新的需要，必须通过改变企业行为方式的手段表达出来。但这一点却难以做到。因为只有很少人能说“是”，而他们是高高在上的，那些可以说“不”的人倒很多，而且无所不在。出现的问题及解决办法经过这么多说“不”者的过滤，根本就到不了说“是”者那儿。所以有成效的管理顾问总是要求能直接和最高主管接触就不值得大惊小怪了，只有在那儿才能得到肯定的答复。

说“行”的职权是必要的，但还不够。在许多国家，靠你的职权你付钱让别人给你买咖啡都买不来。“你想怎么样?”是那些天不怕地不怕的雇员们常常采取的态度。

## 二、权力

实施决策的第二个管理能量的来源是权力(power)。

我把权力定义为奖惩能力。

因为完成企业的某些工作要求不止一个人相互协作,就像抬起巨石要求大家齐心协力工作一样。所以在实施决策中所需要的人，不管他是谁，只要他能够左右这种协作关系，他就拥有权力。一个人的权力的大小，取决于他被需要与被取代的程度。

坠入爱河可能是一种不可抗拒的人生经历。你也许会说：“我需要你!我想你!没你我就活不成了，你是我的惟一。”什么时候我们才能从持续的痛苦中解脱出来?当我们不再对对方有所求，或者我们所需要的东西不再非找这个人不可的时候。好极了！不过，我们脱离了痛苦，但欣喜也随之而去了，于是生活因为不再充实而变得空虚起来。

《希腊左巴》的作者柯占奇思在克里岛上的墓碑上刻着："不再有希望，也不再有胆怯，终于自由了。"

当我们一无所求也一无所惧时，我们就不再受任何权力的约束了。但只有我们死了才会出现这种情况。活着就意味着希望与恐惧、梦想与追求、依赖与期盼、索取与给予。一句话：相互依靠。

作为管理者最需要什么人来执行决策？我们的下属！那才是真正的权力所在。这种结论会让许多管理者大吃一惊。他们认为一个人在企业里爬得越高，权力就越大。错了！爬得越高是职权越大，而且可能是被委任的职权。只有在基层你才能找到真正的、纯粹的权力；你越深入基层，权力就越大。

……

下属有权力，尽管是暂时的，但他们确实有。老练的管理人员都明白这一点。你爬得越高，你下面的人的权力就越大。你爬到权力的顶峰之后想在那里找到权力，但会让你大吃一惊的是山顶竖着的牌子上写着："权力在下面!"你的工作就是谋取下属合作，否则你就作为管理人员见鬼去吧，因为你不能把每一个人都解雇了。除非你赢得了下属的合作（使权力合法化并结合起来），否则清算的日子就会来临。不要仅仅是控制！只有那些不可救药的家伙才让他滚蛋。

三、影响

实施决策或履行责任的第三种能量来源是影响（influence）。这是一个人所具备的不靠职权或权力就能让人去做事的能力。影响力往往来自于能使我们所要指挥的人按照要求去行动的信息。当他自己对所要求实施的决策的正确性信服了时，他就受到了影响。只有他按自己的意志行事，而没有受到胁迫或恐吓时，才会出现影响的情况。

## 四、领导者的作用

领导者在指挥、带领、引导、鼓励和影响组织中每个成员和全体成员为实现组织的目标而努力的过程中，应发挥组织、指挥、协调、沟通、激励、考核等方面的作用。

### （一）指挥作用

一个组织的运转，离不开领导者的正确指挥。而一个领导者要进行正确的指挥，首先必须大胆谨慎、善于学习；以身作则，做出显著成绩；平等待人，树立指挥权威。其次，在实际指挥过程中，领导者要有魄力。即有胆有识，具有敢于斗争、敢于取胜的勇气和决心，有勇往直前的气概。第三，作为领导者还必须多谋善断。即要多调查、多讨论、多比较、多听取各方面的意见，同时，遇事要能进行及时、正确的决断，只有这样，才能提高指挥的正确性。

### （二）协调作用

在组织活动中，即使大家有共同的目标，但由于每一位组织成员的能力、态度、性格、地位等各不相同，加上各种外部因素的干扰，人们在思想上会发生各种分歧，行动上也会偏离目标，因此，需要领导者来协调人们之间的关系。所谓协调就是把组织内人员相互间冲突的利益融合在一起，并引导他们朝着同一目标奋进的一种技巧。协调工作做得好，有助于妥善处理组织内外、组织上下、部门之间等各方面的问题与矛盾。一个善于协调的领导者，总能让自己的工作顺利地进行，也总能为自己工作的顺利开展营造良好的环境。

### （三）沟通作用

协调是为了让大家在行动上趋于一致，而沟通是为了使大家在思想上互相了解。在一个组织中，各部门往往有自己的团体利益，也很容易造成部门内的本位主义，这对组织的发展是非常不利的，因此，沟通对一个组织来说是非常重要的。通过沟通，使组织成员对共同问题能彼此了解，达成共识。一个有效的领导者可以使组织成员的分歧趋于一致，并进行相互交流，建立意见沟通渠道，消除一切有碍沟通的障碍，使组织成员互相信赖、互相了解，最终提高整个组织的效率。

（四）激励作用

当一个人的工作、生活、学习遇到困难、挫折或不幸，当某种物质或精神的需求得不到满足时，就必然会影响到其工作的积极性。这时就需要有通情达理、关心群众的领导者来为他们排忧解难，以高超的领导艺术激发下属的事业心、忠诚感和献身精神，充实和加强他们积极进取的动力。

领导者应该使下属提高工作兴趣，以增加工作效率。激发组织成员的工作热情，引导他们朝同一个目标努力，协调各种人际关系，使组织成员保持高昂的积极性。领导者不是在群众的后面推动和鞭策，而是在群众的前面引导、鼓励群众实现共同的目标。这就是领导者在组织和率领员工努力工作过程中必须发挥的作用。

## 第二节　领导者素质理论

领导理论，就是关于领导的有效性的理论。领导理论可以分为三部分，即领导者素质理论、领导行为理论和领导权变理论。领导者素质理论主要研究领导者的品行、修养，目的是要说明好的领导者应该具备怎样的素质。

### 一、传统的领导者素质理论

素质一词，最初只在生理学范畴内使用，是指人的先天生理解剖学特点，指人的神经系统、感觉器官和运动器官等生理系统的先天特点。这种先天特点是人们获取知识、才能的自然基础。随着社会的发展，素质一词的内涵和外延都发生了变化，被广泛地应用于社会生活的各个领域，成了一个社会性的概念。现在素质通常是指人所具有的先天和后天条件所凝结成的区别于他人的基本特征。它是人们进行活动所凭借的内在个人条件，是个人成败得失的因素。

不同的社会角色对人的素质要求是不同的。领导者的素质除了应具有稳定性、基础性、可塑性等一般特性外，还应具备特殊属性。

因为领导者担负的是决策、组织、协调和指挥等更重要的社会角色，所以必然要求领导者具备更高的素质。

传统的领导者素质理论以探讨领导者素质为主，称为素质论或伟人论。这种理论认为领导者是天生的，只要是领导者就一定具备超人的素质。斯多基尔通过对早期有关素质理论的研究，将领导者素质分成了六大类：

1. 领导者的身体特征

比如，充满活力、有干劲、仪表出众、打扮整齐等。

2. 领导者的社会背景

领导者的社会背景包括是否接受过高等教育和具有良好的社会地位。

3. 领导者的智慧和才能

比如过人的智慧、在专业方面的知识和沟通的技巧等。

4. 领导者的性格

比如有自信心，喜欢支配别人，进取、独立，能控制情绪和具有创造力等。

5. 领导者在工作方面的特点

比如渴望得到成就，追求责任感，有事业心和以工作为本等。

6. 领导者的社会技能

比如善于交际，有行政能力和能与人合作等。

## 二、现代领导者素质理论

与传统领导者素质理论不同，现代领导者素质理论认为先天的素质只是人的心理发展的生理条件，它是可以在社会实践中得以培养和发展的。因此，他们主要是从满足实际需要和胜任领导工作所需要的要求方面来研究领导者应具备的能力、修养和个性的。巴斯通过研究认为，有效领导者的特性是："在完成任务中具有冒险性和创造性，在社会环境中能运用首创精神，富有自信和特有的辨别能力，愿意承受决策和行为恶果，愿意承受人与人之间的压力，愿意忍受挫折和耽搁，具有影响其他人行为的能力"。

对于领导者素质理论，不同的人有不同的看法。有的人认为，这不是一种好的方法，因为各研究者所列的领导者特性包罗万象，说法不一，并且有的互相矛盾；这些研究大多都是描述性的，并没有说明领导者应在多大程度上具有某种素质，而且也并非所有领导者都具备所有的素质，而许多非领导者也可能具备大部分这样的素质。但这种理论也不是一无用处，一些研究表明，领导者的才智、广泛的社会兴趣、强烈的成就欲以及对员工的关心和尊重，确实与领导的有效性有很大关系。此外，领导者素质理论系统地分析了领导者应具备的条件，向领导者提出了要求和希望，这对于培养、选择和考核领导者也很有帮助。

### 阅读资料二

#### 关于领导者的价值

美国学者斯托基尔经过研究，发现了与领导才能有关的5种身体特征（如精力、外貌与身高等）、4种智能特征（如思维能力、反应敏捷程度等）、16种个性特征（如适应性、进取性、热心与自信等）、6种与工作有关的特征（如追求成就的干劲、毅力和首创性等）以及9种社会特征（如愿意与人合作、人际关系协调能力和管理能力等）。

吉赛利提出了领导者八种个性特征五种激励特征，其中个性特征包括才智、主动性、督察能力、自信、为员工所亲近、决断能力、性别、成熟程度；激励特征包括对工作稳定的需求、对金钱奖励的需求、对指挥别人的权利的需求、对自我实现的需求、对职业成就的需求。还有一些研究认为，一个好的领导者应具备这样一些特点：勤奋、忠诚、聪明、自信、果断、正直、关心他人、平易近人、幽默、善于鼓动人等。

## 三、我国对领导者素质的研究

从20世纪80年代初开始，我国的许多专家学者也对领导者的素质进行了一系列的研究，并对领导者应具备的素质提出了自己的看法。他们认为，领导者素质就是充当领导角色的个体为完成特定的职能职责、发挥其特定的影响和作用所必须具备的、且将完全依凭和利用来从事领导活动的自身条件，是得自于先天和后天、凝结于领导者个体之内、有高水平高能量、特别适合完成领导职能职责的个体特质。领导者的素质并不是与生俱来的，它是在先天基础上经过后天的学习和培养，在不断的实践中逐步造就形成的。

### （一）成功领导者应具备的基本素质

根据领导者素质的标准以及领导者素质的特性，一个成功的领导者应该具备的素质大体分为两大类：

#### 1. 基础素质

领导者的基础素质包括：领导者的政治素质、道德素质、思想素质、知识素质、心理素质、身体素质等方面。

（1）领导者的政治素质。领导者的政治素质是指领导者在政治方面表现出来的基本特质，是领导者从事领导活动必须具备的政治立场、政治观点、政治态度和政治品质等各方面的基本条件。领导者必须具备敏锐的政治观察力和判断力，要善于从政治上观察和处理问题。领导者的政治素质如何，体现在具体的领导活动中，就是在决策时能否正确地认清形势，把握政治方向，把政治原则贯彻到具体的工作中去。对于一个企业领导者来说，绝不能单纯地就经济论经济，否则会使企业失去很多发展的机会。政治素质在整个领导者素质体系中居于首要和根本的地位，对于其他素质的发挥具有决定性的影响。

## 阅读资料三

### 领导者要善于从政治角度思考问题
### ——可口可乐的“政治棋”

1941 年，日本偷袭珍珠港后，美国参加了第二次世界大战。紧张的战事影响了民用经济的发展。可口可乐公司的经营陷入了困境。国内的销售情况不佳，国外的销路更是一筹莫展。这时可口可乐公司的第二任董事长罗伯特·伍德鲁夫焦虑万分。正在这时，他在麦克阿瑟手下当上校参谋的老同学班赛临时从菲律宾回国述职。寒暄之中，伍德鲁夫说：“难得你还想着我啊？”“我不是想你，我是天天在想你的可口可乐!”班赛说：“好长时间没喝上你那深红色的‘头痛药’了，在菲律宾热得要命的丛林中，真想喝呀!一下飞机，我就先喝了两大瓶。可惜我不是骆驼，不然真想灌上一肚子带回去慢慢消化。”

班赛的一席话，使伍德鲁夫心中豁然开朗：如果前线将士都能喝到可口可乐，那么当地的人自然也就可以接受的这种饮料了，这样还愁没有销路吗?伍德鲁夫决心抓住这个千载难逢的好机会。

伍德鲁夫立刻赶往华盛顿，游说美国国防部的官员。但是，五角大楼官员对这个问题丝毫不感兴趣。他们不相信伍德鲁夫的可口可乐能够“鼓舞士气”，“调剂前线战事的艰苦生活。”

乘兴而来，败兴而归。国防部的回答是“研究研究”。但是，可口可乐公司的困境已经无法等待国防部的研究结果了，必须主动出击。伍德鲁夫横下一条心，决定开展一场政治宣传攻势：公开宣传可口可乐对前线将士的重要性不亚于枪弹。他相信，只要舆论界动起来，五角大楼也会坐不住的。

伍德鲁夫亲自敲定了 2 万字的宣传册，宣称：“由于在战场上出生入死的战士们的需要，可口可乐对他们已不仅是消暑解渴的饮料，而是生活必需品，与枪炮弹药同等重要。”伍德鲁夫的这一“宣传战”居然打响了，获得了众多的国会议员、军人家属，还有国防部官员的一致赞赏。

国防部官员不但同意把可口可乐列为军用品，还支持可口可乐公司在军队驻地建立饮料生产厂。这时，伍德鲁夫又打起了商人的精明算盘，称投资风险太大，也需要“研究研究”，实际上是不愿意由可口可乐公司出资。由于宣传的作用，前方将士早已迫不及待地等着喝可口可乐，其反应之强烈，是国防部官员所欲罢而不能的。是否供应前线可口可乐，已经不是一种简单的商业行为，而成为一种具有重要政治影响的事情了。最后国防部公开宣布：“不论在世界任何一个角落，凡是有美国军队驻扎的地方，务必使每一个战士都能以五美分喝到一瓶可口可乐。这一供应计划需要的全部设备与经费，国防部将给予以全力支持。”

在五角大楼雄厚财力的支持下，可口可乐公司在 1941 年以后不到 3 年的时间内，就向海外输出了 64 家生产加工厂。到大战结束时，可口可乐作为“军需用品”的消费量，已经达到了 50 亿瓶左右。

由于伍德鲁夫的“锦囊妙计”，在各种消费品的经营十分困难的战争时期，可口可乐的生产不仅没有受到影响，反而大大发展了。而且，广泛地开拓了国际市场，为战后的新发展奠定了坚实的基础。

（2）领导者的思想素质。领导者的思想素质是每个领导者都必须具备的基本素质之一，思想素质的高低是领导者成熟与否的重要标志，它是领导者的灵魂，对实现领导职能起着重要的作用。思想素质是领导者理论修养、思想作风、思想观念以及思维方式等各方面的总和。

时代的发展和社会的变革对领导干部的思想素质不断提出新的要求。因此，每一个领导者都必须加强思想修养，使自己具有与履行其领导职能相称的思想素质。只有这样，才能不断改进领导工作，提高领导能力，适应新形势和新变化，面对各种新的机遇和挑战。

（3）领导者的道德素质。领导者的道德素质是领导者在领导活动中自觉遵守社会规范，恪守领导活动职业道德的素质。具体表现为责任心、宽容性、诚实和信赖他人的品格，并以此体现为他人、为集体、为社会奉献的精神。道德素质差的领导者，往往无视其他社会成员的人格价值及其权益，在采取领导行为时，常常对他人的权利表现出有意无意的侵犯，这样必然会引起被领导者及其他社会成员的鄙视与抵触，从而影响领导目标的实现。因此，领导者要实现领导目标，就必须提高自身的道德素质。道德素质既是领导者的基本行为规范，也是领导者成功的主宰力量。

（4）领导者的知识素质。领导者的知识素质是构成领导者决策成功不可缺少的因素。在关键时刻，领导者知识储备的数量和质量，可以使组织绝处逢生，也可以使组织全功尽弃。

随着知识经济时代的到来，信息技术资源似野火般地蔓延，大大提高了社会的复杂程度，组织领导管理发生了革命性的变革。在这个时代，提高体力劳动工人的生产率再也不能自行创造财富了，重要的是提高知识生产的效率并使知识转化为生产力。在这个时代，知识将成为社会的时尚，成为财富的代名词。著名管理大师德鲁克曾经说过："知识是什么？知识就是我们的首要财富。"在这个时代，知识和财富将空前地统一在一起，知识越丰富的人也将是物质财富最富有的人。比尔·盖茨是世界著名的计算机公司——微软公司的总裁，是巨大财富的拥有者，也是无人不知的风云人物。是什么力量把比尔·盖茨推上世界首富的宝座？是知识。因此，顺应时代发展的需要，传统的领导者必须向知识型领导者转变。

知识领导对领导者的知识提出了新的要求。知识领导要求领导者全面把握有关激励方面的知识和技巧；充分了解知识共享原则；较好地把握组织文化建设的知识；掌握领导方式变革的知识；把握社会整体目标的含义。具体包括：思维知识、法律知识、科学技术知识、文史知识、心理知识以及本行业的专业基础知识和领导学知识等等。

（5）领导者的心理素质。领导者的心理素质就是领导者在领导活动中所表现出来的心理现象的特点和个性。领导者的心理素质关系到领导者的领导水平，影响到组织的发展。因此，作为一个领导者，必须充分认识到自己所扮演的社会角色和这个角色所需要的心理素质，自觉地使自己的心理和行为与所扮演的角色相符合。比如充分的自信、顽强的意志、坚韧的毅力、乐观的心态和较强的自我控制力等都是一个成功的领导者应该具备的优秀的心理素质。同时，在实际领导活动中，领导者还必须对自己的心理状况有清醒的认识，要尽量避免和克服嫉妒、羞怯、紧张以及偏见等不健康的心理。

## 阅读资料四

### 优秀领导素质造就成功领导者

华裔电脑名人王安博士声称，影响他一生的最大教训发生在他 6 岁的时候。

有一天王安外出玩耍。路经一棵大树的时候，突然有什么东西掉在他的头上。伸手一抓，原来是个鸟巢，从里面滚出一只嗷嗷待哺的小麻雀。他很喜欢它，决定把它带回去喂养，于是连同鸟巢一起带回了家。他走在路上忽然想到妈妈不允许他在家里养小动物。他只好轻轻地把小麻雀放在门口，急忙走进屋内，请求妈妈的允许。

在他的哀求下，妈妈破例答应了儿子的请求。王安兴奋地跑到了门后。不料，小麻雀已经不见了。一只黑猫正在意犹未尽地擦拭着嘴巴。王安为此伤心了很久。

从这件事，王安得到了一个很大的教训：只要是自己认为对的事情，就应该有信心，不能犹豫，必须马上付诸行动。没有自信心的人，固然没有做错事的机会，但也失去了成功的机遇。

另外，一个优秀的领导者还必须具备健康的体魄、充沛的精力，这也是领导工作得以顺利开展的重要保证。

2. 职能素质

领导者的职能素质是领导者的基础甚至在领导活动中的综合体现，是完成领导职责的特定能力。包括科学决策能力、组织协调能力、把握全局能力和选才用人能力。这些能力素质是领导者开展工作的必要条件，是提高领导绩效的决定性因素，是领导者素质构成的重要因素。

（1）领导者的决策能力。领导者的决策能力是衡量一个领导者能力和水平的重要标准。一个组织是否具有活力、是否具有发展前途，关键在于它是否拥有勇于和善于作出决断的领导者。所以，决策是一切领导职能中最基本的职能。而要作出正确的决策，领导者必须能够对变化着的种种因素进行研究、分析，善于审时度势。俗话说："识时务者为俊杰"，就是强调要认清形势，把握事物发展变化的趋势，顺应历史的发展方向而动。

### 阅读资料五

#### 卓越的领导者是勇于作出决策和善于作出决策的人

决策工作是领导者的主要工作。任何组织成员都不会愿意追随犹豫不决、难以作出决断的领导者。一个组织是否具有活力、是否具有发展前途关键在于它是否拥有勇于和善于作出决断的领导者。

1878 年，世界著名发明家爱迪生在他的科学实验室基础上创办了爱迪生灯泡公司。1892 年，爱迪生灯泡公司与美国当时最主要的电力公司之一汤姆森·休斯顿公司合并，正式命名为通用电气公司(GE 公司)。100 多年来，通用电气公司已经发展成为一个跨五大高科技产业、三大服务业、六大传统制造业、五大支持服务业的巨型跨国公司。对世界上许多大公司来说，1998 年是不堪回首的一年，在全球经济普遍不景气的情况下，通用电气公司仍然保持了较高的销售收入和较高的利润增长。1999 年 7 月，在美国《财富》杂志公布的全球500大公司排名中，通用电气公司以3559.35亿美元的销售收入名列第九位，而它 92.96 亿美元的利润更使它耀眼夺目。历经 100 多年的通用电气公司所以到今天仍然能焕发出夺目的光彩，在很大程度上应该归功于现任公司总裁杰克·韦尔奇卓越的决策能力。

1980 年，年仅 35 岁的杰克·韦尔奇成为通用电气公司的总裁。面对全球化的竞争浪潮的冲击，对于通用电气公司来说进行调整与变革已经势在必行。杰克·韦尔奇上任后，对通用电气公司进行了脱胎换骨式的改革，他锐意创新，打破传统的观念和官僚式的组织结构，倡导以人为中心的管理，让员工积极发挥创意，以适应迅速变化的世界。他果断地调整产业结构，更新人事，培训干部，对通用电气进行了革命性的整治，使通用电气公司成为当今世界上最具竞争实力的大公司之一。

大规模的裁员就是韦尔奇改革措施中的一项重大决策。韦尔奇上任后，果断决策使通用电气公司从煤矿到电熨斗等 117 个企业中撤出了资金，实现了产业结构的调整和企业的重组与改革，这必然伴随着大规模的裁员。这一决策曾遭到公司上上下下近 20 万人的反对，但是韦尔奇以他的远见卓识和非凡的勇气、果敢的精神坚决地贯彻了这一决策，通用电气公司由此获得了巨大的收益。1982 年，由于实施“缩小规模”的政策，公司裁减 3.5 万名雇员，使公司减少了 9 亿美元的税前支出。在韦尔奇上任时，通用电气公司员工总数约为 42 万人，到 1991 年底，通用电气公司员工总数下降到 28.5 万人。如果没有韦尔奇果断的调整和改革，通用电气公司恐怕和其他许多老牌公司一样积重难返，最终会逐渐走向衰落。

正确的领导决策是实现组织目标的决定性因素，决策的失误是最大的失误。领导决策的正确与否，是决定整个事业兴衰成败的决定性因素。衡量一个领导者能力和水平，主要是看他的决策水平和能力，以及由此所取得的业绩和效能。

（2）领导者的组织协调能力。领导者的组织协调能力是指领导者根据组织目标、按照一定原则设计出合适的组织结构，并使其有效运行的能力。一个组织的运行状况在很大程度上取决于组织结构各个层级上的领导者的素质，领导者组织协调能力的强弱将直接影响到整个组织能否有效地运转。

（3）领导者把握全局的能力。领导者把握全局的能力是指领导者在思考问题、处理问题时必须具有全局观念，不能只见树木不见森林，只重视局部利益而忽视了整体利益。任何领导者都应该把主要精力放在事关全局的重要问题上，能否把握全局是领导活动成败的关键。从某种意义上讲，领导者的职责就是通过各种手段使组织中的各种要素有机地结合起来，以最有效的方式高效能地运转，完成既定的组织目标。要达到这一目标，领导者不仅要具备宏观决策能力、组织能力，还必须具备把握全局，使整个组织沿着既定的目标前进的能力。一个不能很好地把握全局的领导者，将无法积极有效地贯彻决策，组织内外的各种要素会处于散乱的状态，从而造成组织混乱，使整个组织陷于无政府状态，组织目标的推进和实现也将成为空谈。

（4）领导者的选才用人能力。领导者的选才用人能力是指领导者所具有的正确地选拔人才、使用人才的能力。任何一个领导者，即使是最杰出的政治家、军事家、企业家，都不可能独自处理所有面临的需要解决的问题。因此，明智的领导者都十分注重调动下属的积极性，科学、有效地使用人才。正确地选拔和使用人才，直接关系到领导的效能，关系到事业的成败和国家的兴衰。选才用人是领导者的基本职能，能否选好人才、用好人才，是评价一个领导者，尤其是高级领导者是否成熟的重要标志之一，是实现科学领导的关键。凡是成功的领导者都有一个共同的优点，即他们知道争取并留住优秀人才是一个领导者最重要的任务。

3. 领导艺术

领导者的领导艺术是领导者素质和能力在领导行为过程中的

纯熟运用，是富有创造性的领导方法的体现。高超的领导艺术是领导者素质的升华，是领导者素质的最高体现。领导者各种领导能力都可升华为领导艺术。比如决策艺术、预测艺术、组织艺术、激励艺术、协调艺术、控制艺术、沟通艺术、用人艺术等等。领导者只有灵活运用各种领导方法和技巧，才能率领和引导下属克服前进道路上的各种障碍，顺利实现预定目标。有关领导艺术的内容详见本章第五节。

### （二）成功领导者素质的形成

从以上的分析可以看到，成功领导者素质的构成是十分庞杂的，似乎有点令人望而生畏。但是，成功领导者的素质是可以培养的，关键是要掌握领导者素质培养的基本途径和方法。

1. 认识自我

作为领导者素质培养的基本前提，首先要使领导者认识自我，了解自己的素质结构，了解自己的优势和不足，也就是建立清晰而明确的自我观念。具体来说，就是要明确我是谁、我的价值观是什么、我的个人理想是什么、我有什么特点、我有什么能力和技能、我适合做什么、我希望做什么以及我的性格适合在什么样的环境下与什么样的人一起工作等等。只有对自我有一个清楚的认识和了解，才能根据领导者的素质要求和实际工作的需要，针对自身特点进行切合实际的素质培养和训练。相反，没有一个清晰的自我概念，领导者就不可能正确地进行自我定位，不可能有正确的个人发展目标。

2. 领导实践

领导者的优良素质，不是先天与生俱来的，而主要是后天养成的，是在自觉的领导实践中孕育、锻炼和成熟起来的。领导活动本身就是一个实践的过程，领导者解决问题的能力、处理问题的能力只有在具体的领导活动中加以运用才能得到锻炼和提高。毛泽东同志说过："读书是学习，实践也是学习，而且是更重要的学习"（《毛泽东选集》(合订本)，人民出版社 1967 年版第 165 页）。领导者素质的提高，不能只是关起门来修身养性，而必须投身到领导实践中去，深入实践，尊重实践，在领导实践中经受锻炼和培养。

3. 加强学习

学习是提高领导者知识水平、理论素养的重要途径。领导实践使领导者获得的是经验，而学习赋予领导者的是经验的升华以及进一步实践的有力武器。

作为一个领导者必须有提高自身素质的强烈愿望和要求，认识到不断学习的重要性。近些年来随着科学技术突飞猛进的发展与全球化进程的加速，新知识、新技术不断涌现。Internet 的商业化和社会化已经打破了时空的界限，形成了全球性的信息网络，信息传输和信息交换的速度大大加快，更大范围的信息共享已经成为现实。这一切都充分说明，组织的内外经营环境已发生了深刻变化，而入世更进一步催化了变化对组织的直接影响。作为组织，尤其是组织领导者，凭自己原有的经验、原有的知识，凭过去所走过来的路，已难以应付面对的新形势、新局面。为此领导者必须正确认识和对待自己，摆正位置，增强紧迫感和危机感，以积极主动的精神，学习和补充自己之不足，不断丰富和提高自身素质，永远站在时代发展的前列。

领导者的学习，一方面体现为积极参加系统的学习，参加脱产或不脱产的各种长短期培训。进高校研读企业管理之类的专业课程，或涉及经营管理的专题培训，这已成为当今教育市场的一个热点。尤其是具有本科学历的进一步研读工商管理的 MBA，以及为高层经理人员开办的不脱产的 EMBA，报名人数之踊跃，反映了社会对这方面的需求。

另一方面，广大从事管理工作的人员，要能长期进行系统的管理科学理论学习毕竟是少而又少。借鉴他人的成功经验，就成为学习管理既现实而又简单易行的另一重要渠道。向同样从改革开放中一块儿走过来而处于领先地位的兄弟单位学习，向“本是同根生”的企业取经，会显得更切实可行，也更亲切。“以人之长，补己之短”，不失为一条现实之路。“彼人也，我亦人也，有为者，亦若是”，对照别人，反思自己，更对自己是一种激励和鞭策。

4. 不断加强自身修养

所谓领导者的自身修养，主要是指领导者政治、思想、道德、知识、心理以及组织管理等一系列素质的锻炼和养成。加强领导者的自身修养是提高领导者自身素质的重要方法和途径。理论学习和领导实践是领导者加强修养、提高素质的基本方法。作为权力的执掌者，领导者是党和国家路线、方针、政策的制定者和执行者，领导者必须要正确看待和运用人民所赋予的权力，自觉地树立全心全意为人民服务的思想，不谋取任何私利和特权。克己奉公，以党和人民的利益为重，吃苦在前，享受在后。模范遵守和维护党纪国法，识大体，顾大局，破除狭隘的个人主义和本位主义思想，尽全力完成党和人民赋予的职责。因此，领导者必须不断学习，在思想上加强自我约束和自我控制，严于律己，提高修养，使自身在政治、思想和各个方面不断获得完善和提高。

### （三）适应未来发展需要的领导者素质要求

21 世纪是一个充满机遇和挑战的新世纪，我国正在经历的这场深刻的社会变革，正从政治、经济、思想、文化等各个方面塑造着一个充满活力的崭新的新形象。面对这样的内外环境的变化，作为领导者必须要把握社会的发展趋势，从多方面培养自身的能力和素质，以适应时代和社会发展的需要。适应未来发展需要的领导者必将朝着以下趋势发展：

1. 知识型领导必将成为未来领导者的主体

世纪之交，人类正处在全球经济发生根本变革的时代，工业经济正在成为过去，知识经济正在向人们走来。如果说工业经济是以能源和原材料来创造财富的话，那么知识经济就是依靠知识来创造财富。目前，发达国家，生产过程中自然资源和人力资源的地位正在发生逆转。高科技和新技术正在改变生产过程中脑力劳动和体力劳动的构成，与直接劳动相比，间接劳动的比重不断增加。技能含量较少的工种正在消失。随着网络经济的发展，看屏幕和敲键盘的“白领”工人正在大幅度地增加。知识经济将对社会生活的各个领域产生影响，比如经济增长方式、经济体制和政策、政府的职能和作用、企业管理、人们的思维、教育方式等等。目前，我国已越来越重视对领导干部的培养。一些综合性大学也纷纷开设了管理学课程。同时，对在职领导者的培训和继续教育也非常重视。这一切都大大提高了领导者的领导水平，可以预见，未来我国的绝大多数领导者，都将是受过良好的高等教育、具有丰富的现代管理科学知识的知识型领导者。

2. 创造力是未来领导者的重要素质

知识经济时代，创新能力对国家经济持续发展起着决定性的作用，是国家经济竞争力的重要标志。江泽民同志指出："创新是一个民族进步的灵魂，是国家兴旺发达不竭的动力"，"一个没有创新能力的民族，是难以屹立于世界先进民族之林的"。（江泽民在纪念北京大学 100 周年校庆会上的讲话）对于一个国家和一个企业来说，具备创新能力的人力资本是知识创新、技术创新、组织创新和制度创新的源泉，是构成一个国家和一个企业"可持续竞争优势"的根本所在。

信息技术的飞速发展为一般性知识的获得和存储提供便捷的方式，仓储式、再现式的学习显得越来越没有实际价值，创造力才是人才最宝贵的素质。面对知识经济的挑战，充满创造力、具有较高成就动机和充满开放与变革意识是未来领导者最重要的素质。

3. "超级领导"将成为重要的领导方式

所谓"超级领导"，就是引导和带领组织成员使他们成为自己领导自己的人。超级领导不以简单地发布命令和指示为工作内容，而是尽力鼓励和帮助组织成员适应变化和需要，最大限度地发挥自身的潜能，使他们和组织一起成长。超级领导是一种现代、高效的领导方式，他会使领导者的能力通过被领导者无限地延展，从而增强组织创造力，壮大组织的发展能力，实现组织目标。

4. 较强的合作精神将成为领导者的重要品质

随着全球一体化的不断加快，跨行业、跨地区、跨国的合作与交流已经成为一种普遍的现象，这既包括企业之间的经济合作，也包括组织之间、政府之间的文化、科技及其他的交流与合作。较强的合作精神和沟通能力是对未来领导者的基本要求。成功的领导者必须懂得和运用合作力量的原则。领导者需要力量，力量需要合作。

## 第三节 领导行为理论

仅仅有良好的领导素质还不足以保证领导者的工作效率。要充分利用这些素质，进行有效的领导，还必须对领导者的工作作风和类型进行研究。领导行为理论就是分析领导者的领导行为和领导风格对其组织成员的影响，目的是找出所谓最佳的行为和风格。

### 一、勒温理论

心理学家勒温通过长期研究，提出了领导作风理论。他以权力定位为基本变量，通过各种试验，把领导者在领导过程中表现出来的极端行为分为三种基本类型：专制型领导、民主型领导、放任型领导。

#### （一）专制型领导

专制型领导者的作风是以权力压服人，靠权力和强制命令让人服从。他把权力定位于领导者个人手中，其主要特点是：独断专行，从不考虑别人的意见，所有的决策都由领导者自己作出；领导者亲自设计工作计划、指定工作内容和进行人事安排，从不把任何消息告诉下属，下属没有参与决策的机会，而只能察言观色、奉命行事；主要靠行政命令、纪律约束、训斥和惩罚来管理，只有偶尔的奖励；领导者很少参加集体活动，与下属保持一定的心理距离，没有感情交流。

#### （二）民主型领导

民主型领导者的作风是以理服人、以身作则，他把权力定位于群体。其主要特点是：所有的政策是在领导者的鼓励与协助下由群体讨论决定的；分配工作时尽量照顾到个人的能力、兴趣，对下属的工作也不安排得那么具体，下属有较大的工作自由、较多的选择性和灵活性；主要以非正式的权力和权威，而不是靠职位权力和命令使人服从，谈话时多使用商量、建议和请求的口气；领导者积极参与团体活动，与下属无心理上的距离。

## 阅读资料六

### 爱穿工作服的总裁

当我们在旅行中或在电视里看到驰骋在世界五大洲的本田轿车和摩托车时，会自然而然地想起本田公司的创始人——本田宗一郎。这个奇迹的创造者并非富家子弟，也不是名牌大学的高才生。本田宗一郎出身清贫，没钱上学，一生全靠自我奋斗、自学成才。他是从修自行车起家的，在艰苦的创业道路上曾屡遭挫折。

他的公司只认才干，不认文凭，不拘一格选拔人才是他一贯的用人之道。在公司里，经常可以看到他身穿白色工作服和工人们一同出入车间，同桌进餐。本田认为，这样有利于沟通意见、协调关系，也能够及时了解工人的生产情况和情绪。在他眼里，工人绝非机器，如果将工人和机器置于同等地位，那么企业就要破产了。他鼓励员工发牢骚、提建议、献计献策，工人的建议被采纳后记录评分，当积分达到某一标准时，颁发“本田奖”或免费出国旅游。因此，工人非常喜欢这位爱穿工作服的总裁。

### （三）放任型领导

放任型领导的特点是：它是一种俱乐部式的领导行为，领导者只是从福利方面考虑管理，对工作事先无布置，事后无检查，权力定位于组织中的每一个成员，一切悉听尊便，毫无规章制度，认为权力来自于被领导者的信任，实行的是无政府管理。

勒温通过试验发现：在专制型领导的团体中，各成员之间的攻击性言论显著；成员对领导服从但表现自我或引人注目的行为较多；成员多以自我为中心；当受到挫折时，经常彼此推卸责任或进行人身攻击；当领导不在场时，工作积极性大为下降，也无人出来组织工作。而在民主型团体中，成员之间彼此比较友好；很少使用“我”

字而具有“我们”的感觉；遇到挫折时，人们团结一致以求解决问题；领导在场与不在场一个样；成员对团体活动有较高的满足感。

勒温的研究还表明，放任型团体的工作效率是最低的，它只达到社交目标而完不成工作目标；专制型领导虽然通过严格的管理达到了工作目标，但群体成员没有责任感，情绪消极，士气低落，争吵较多；民主型领导工作效率最高，不但完成工作目标，而且群体成员之间关系融洽，工作积极主动，有创造性。

## 二、领导行为连续统一体理论

领导行为统一体理论是由美国学者坦南鲍姆和施米特提出来的。他们认为，领导方式是多种多样的，从专制型到放任型，存在着多种过渡形式。图 7-1 概括地描述了这种理论的基本内容和观点。

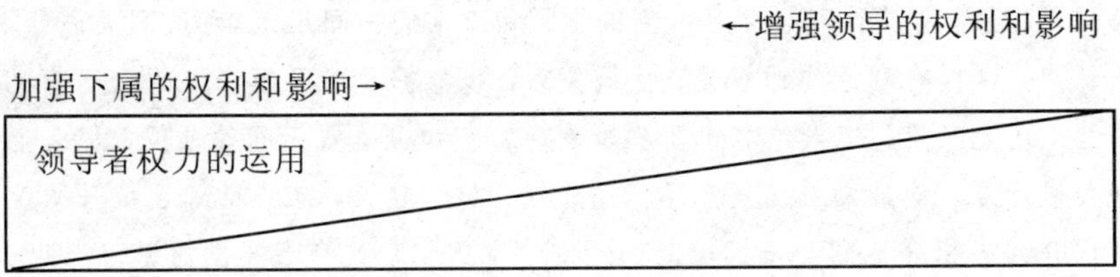


| (1) | (2) | (3) | (4) | (5) | (6) | (7) |
|---|---|---|---|---|---|---|
| 领导者自行决策并宣布 | 领导者销售决策 | 领导者做出决策并允许提问 | 领导者做出可修改的暂行决定 | 领导者提出问题并征求意见后再做出决策 | 领导者规定界限，让下属做出决定 | 领导者允许下属在规定的范围内行使职权 |

图 7-1　领导行为连续统一体

图的两端分别是民主和独裁两种极端的领导行为。从左到右，领导者运用职权逐渐减少，下属的自由度逐渐加大，从以工作为重逐渐转变为以关系为重。随着领导者授权程度以及决策方式的不同，就形成了一系列的领导方式。

坦南鲍姆和施米特认为，很难说哪种领导方式是正确的、哪种领导方式是错误的。应当根据领导者、下属、环境三个方面的因素，有针对性地选择适当的领导方式。这些因素具体包括：

（1）对领导者个性起作用的一些因素，如他们的价值观体系、对下属的信任程度、对某些领导方式的偏好等。

（2）下属所具有的可能影响领导者行为的因素，如责任心、知识和经验等。

（3）环境因素，如组织的价值准则和传统、问题的性质、时间的压力等。

## 三、领导行为四分图理论

研究领导行为的早期学者是美国的斯多基尔·菲莱西曼教授和他的同事。他们对领导效能进行了大量的研究，做了上千次测量，最终他们将领导行为的内容归结为两个方面，即以人为重和以工作为重。

以人为重，是指注重建立领导者与被领导者之间的友谊、尊重和信任关系。包括尊重下属的意见，给下属以较多的工作自主权，体察他们的思想感情，注意满足下属的需要，平易近人，平等待人，关心群众，作风民主。

以工作为重，是指领导者注重规定他与工作群体的关系，建立明确的组织模式、意见交流渠道和工作程序。包括设计组织机构，明确职责、权力、相互关系和沟通办法，确定工作目标和要求，制定工作程序、工作方法和制度。

他们按照这两类内容设计了调查问卷，结果发现，两种领导行为在一个领导者身上可能一致，也可能不一致，它们并不是相互矛盾、相互排斥的，而应该是相互联系的。一个领导者只有把两者相互结合起来，才能进行有效的领导。如图 7-2 所示。

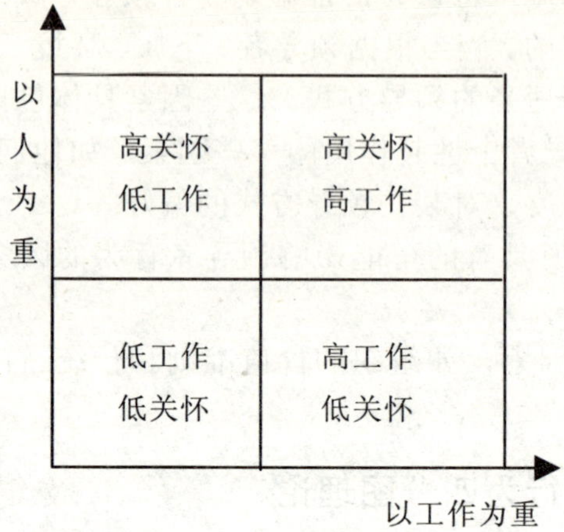


图 7-2 领导行为四分图

## 四、管理方格图理论

管理方格图理论是由美国管理学家布莱克和莫顿在 1964 年出版的《管理方格》一书中提出来的。如图 7-3 所示。

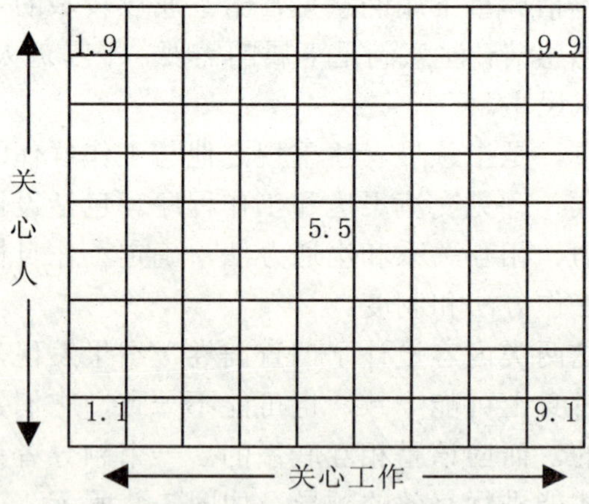


图 7-3 管理方格图

图 7-3 中横坐标与纵坐标分别表示领导者对工作和对人的关心程度，每个方格就表示“关心工作”和“关心人”这两个基本因素

以不同程度相结合而形成的一种领导方式，各有 9 种程度，因此，可以有 81 种组合，形成 81 个方格。这就是所谓的“管理方格”，其中有 5 种类型比较典型。

1.（1.1）型：为贫乏式管理

这种类型的领导者对人和工作都不关心，他们只以最小的努力来完成必须做的工作及维持人际关系。这是一种不称职的管理。

2.（9.1）型：为权威式管理

这种类型的领导者高度关心生产和效率，而不关心人，也就是不关心下属的需求和满足，并尽可能使下属不至于干扰工作的进行。这种方式的领导拥有很大的权力，强调有效地控制下属，努力完成各项工作。

3.（1.9）型：为俱乐部式的管理

这类领导者只关心人而不关心生产，只注重搞好人际关系，以创造一个舒适、友好的组织气氛和工作环境，而不太注重工作效率，从而导致组织气氛和谐，但不利于生产任务的完成。

4.（5.5）型：为中庸式管理

这类领导者对人与生产都有适度的关心，强调适可而止。这种方式的领导既对工作的质量和数量有一定的要求，又强调通过引导和激励促使下属完成任务。但这种领导往往缺乏进取心，乐于维持现状。

5.（9.9）型：为团队式的管理

这类领导者既关心人又关心工作，既能使组织的目标和个人的需求最有效地结合起来，既高度重视组织的各项工作，又能通过沟通和激励，使群体合作，下属人员共同参与管理，使工作成为组织成员自觉自愿的行动，从而获得高的工作效率。

管理方格理论对培养有效的管理者是一种有用的工具，它提供了一种衡量管理者的领导形态的模型，可使管理者较清楚地认识到自己的领导行为。在 5 种典型方式中，布莱克和莫顿认为，（9.9）型领导是最有效的方式。为把领导者推向（9.9）型，一些组织应用这个理论来培训管理人员。为此，布莱克和莫顿设计了一项培训管理人员的方案，具体要点如下：

1. 研讨训练

即让管理者理解、熟悉管理方格理论的基本原理和方法，并根据该理论分析自己属于何种领导风格。

2. 团队发展

将来自相同部门的领导者集中起来，讨论本部门管理者成为（9.9）型领导应达到的标准。

3. 群际发展

组织学习和讨论（9.9）型标准，确定工作单位内部各群体相互之间达到（9.9）型标准应有的关系，研究存在的问题以及解决问题的方法和措施。

4. 确定组织目标

根据标准要求，由主管领导和部门领导研讨并确定组织目标的修订。

5. 实现目标

把参加者集中起来，进一步讨论目标，提出实现目标的方法，并采取适当的行动来加以实施。

6. 巩固和发展

对整个计划和实施过程进行评估，巩固已取得的成果并使之不断推进。

## 第四节　领导权变理论

领导权变理论着重研究影响领导行为和领导有效性的环境因素，目的是要说明在什么情况下，哪一种领导方式才是最好的。领导权变理论认为，一种具体的领导方式不会到处适用，有效的领导行为应随着环境因素的变化而变化。这种领导理论，从时间上来讲，要晚于领导素质理论和领导行为理论；从内容上来说，是在前两种理论的基础上发展起来的。它所关注的是领导者与被领导者及环境之间的相互影响。这种关系可用下式表示：

$$E=f\,(L, F, S)$$

式中，$E$代表领导的有效性，$L$代表领导者，$F$代表被领导者，$S$代表环境，$f$代表函数关系。

比较有代表性的权变理论有：

## 一、菲德勒的权变理论

美国管理学家菲德勒从1951年开始，首先从组织绩效和领导态度之间的关系着手进行研究，经过长达15年的调查和试验，提出了“有效领导的权变模式”，简称为“菲德勒模型”。这是第一个比较全面的领导权变理论模型。他认为，任何形态的领导方式均可能有效，其有效性完全取决于领导方式与所处的环境是否适应。因此领导者应首先摸清自己及所辖的下属的领导风格，并争取自己和下属被委派到最适合各自风格的环境中去，以实现最佳领导效能，即让工作适合管理者。

美国菲德勒提出了 LPC 这种单一的风格诊断工具。LPC(Least Preferred Co-worker)是指“最不愿与之共事的同事”。这里的LPC不包括一切方面，而只是指在工作中最难与之交往而把任务完成的人。菲德勒认为，人们如何描述他的LPC恰能说明他自己的内在倾向与领导风格。LPC分高的人，即能对其最不喜欢的同事给予好的评价的领导者，就被认为对人宽容、体谅，提倡人与人之间友好关系，是关心人的领导。相反，LPC分低的人，即对其最不喜欢的同事给予很低的评价的领导者，就被认为是惯于命令和控制，是不关心人，只关心工作的领导。

与此同时，菲德勒经过试验，把影响领导有效性的环境因素归结为三个方面。

### (一)上下级关系

这是最重要的考虑因素。是指领导者受到被领导者拥护和支持的程度，即领导者是否受下属的喜爱、尊敬和信任，是否能吸引并使下属追随他。领导者与下属之间相互信任、相互喜欢的程度越高，领导者的权力和影响力就越大；反之，其影响力就越小。

(二) 任务结构

是指下属所从事的工作或任务的明确性。如果所领导的组织或群体要完成的任务清楚，组织纪律严明，成员有章可循，则工作质量就比较容易控制，领导也可更加有的放矢，更容易为组织成员规定明确的工作职责；反之，工作规定不明确，成员不知道如何去做，领导者就会处于被动。这是判断环境因素的次重要因素。

(三) 职位权力

是指组织赋予领导者正式地位所拥有的权力。职权是否明确、充分，在上级和整个组织中所得到的支持是否有力，直接影响到领导的有效性。一个领导者对其下属的雇佣、工作分配、报酬、提升等的直接决定权越大，其对下属的影响力也越大。这是决定环境因素最不重要的因素。

三种环境因素可搭配成八种组合，如表 7-1 所示。其中上下级关系好、任务结构性高而职权又大，被认为是有最大的环境控制与影响力，属于最有利的领导环境；反之，上下级关系不好，任务结构性低而职权又小，被认为是对环境控制与影响力最小，属于最不利的领导环境。

表 7-1　菲德勒模型

<table>
<tr><td>上下级关系</td><td colspan="4">好</td><td colspan="4">差</td></tr>
<tr><td>任务结构</td><td colspan="2">明确</td><td colspan="2">不明确</td><td colspan="2">明确</td><td colspan="2">不明确</td></tr>
<tr><td>职位权力</td><td>强</td><td>弱</td><td>强</td><td>弱</td><td>强</td><td>弱</td><td>强</td><td>弱</td></tr>
<tr><td>情景类型</td><td>1</td><td>2</td><td>3</td><td>4</td><td>5</td><td>6</td><td>7</td><td>8</td></tr>
<tr><td>领导所处的情景</td><td colspan="3">有利</td><td colspan="2">中间状态</td><td colspan="3">不利</td></tr>
<tr><td>有效的领导方式</td><td colspan="3">任务导向</td><td colspan="2">关系导向</td><td colspan="3">任务导向</td></tr>
</table>

## 二、赫塞—布兰查德的情景领导理论

情景领导理论又称领导生命周期理论。它是由赫塞和布兰查德提出来的。该理论的主要观点是：领导者的风格应适应其下属的成熟程度。在被领导者逐渐趋向成熟时，领导者的领导行为要做相应的调整，这样才能成为有效的领导者。

赫塞和布兰查德认为，成熟度是指个体对自己的直接行为负责任的能力和愿望的大小。它取决于两个方面：任务成熟度和心理成熟度。任务成熟度是指相对于一个人的知识和技能而言，若一个人具有无须别人的指点就能完成其工作的知识、能力和经验，那么他的工作成熟度就是高的；反之，就是低的。心理成熟度则与做事的愿望或动机有关，如果一个人能自觉地去做，而无须外部的激励，就认为他有较高的心理成熟度，反之则低。

情景领导理论是建立在管理方格图理论和不成熟—成熟理论基础上。他们也划出一个方格图，横坐标为任务行为，纵坐标为关系行为，在下方再加上一个成熟度坐标，从而把原来由布莱克和莫顿提出的由以人为主和以工作为主构成的两维领导理论，发展成由关系行为、任务行为和成熟度组成的三维领导理论。在这里，任务行为是指领导者和下属为完成任务而形成的交往形式，关系行为是指领导者给下属以帮助和支持的程度。由此赫塞和布兰查德提出了四种领导方式：

1. 命令式（高工作——低关系）

领导者对下属进行分工并具体指点下属应当干什么、如何干、何时干等，它强调直接指挥。

2. 说服式（高工作——高关系）

领导者既给下属以一定的指导,又注意保护和鼓励下属的积极性。

3. 参与式（低工作——高关系）

领导者与下属共同参与决策，领导者着重给下属以支持及其内部的协调沟通。

4. 授权式（低工作——低关系）

领导者几乎不加指点，由下属独立地开展工作、完成任务。

赫塞和布兰查德还将成熟度分成四个阶段。

1. 不成熟

下属缺乏接受和承担任务的能力和愿望，他们既不能胜任，又缺乏自觉。

2. 初步成熟

下属愿意承担任务但缺乏足够能力，他们有积极性但没有完成任务所需要的技能。

3. 比较成熟

下属具有完成领导者所交给的任务的能力，但没有足够的积极性。

4. 成熟

下属能够而且愿意去做领导要他们做的事情。

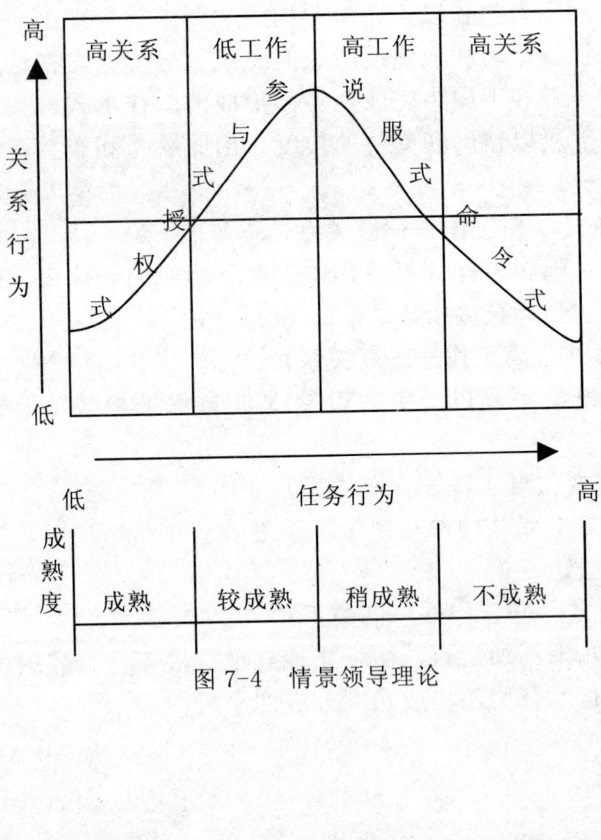


图 7-4　情景领导理论

图 7-4 概括了情景领导模型的各项要素。当下属的成熟度较高时，领导者不但可以减少对活动的控制，还可以减少关系行为。在不成熟阶段，下属需要得到明确而具体的指导；在初步成熟阶段，领导者需要采取高任务和高关系行为。高任务行为能够弥补下属能力的欠缺，高关系行为则能够使下属在心理上“领会”领导者的意图；在比较成熟阶段出现的激励问题，运用支持性、非指导性的参与风格可获得最佳解决。最后，在成熟阶段，领导者不需要做太多事情，因为这时的下属既愿意又有能力承担责任。

## 三、路径—目标理论

路径—目标理论是由加拿大多伦多大学教授伊万斯首先提出来的，后由其同事豪斯及华盛顿大学教授米切尔予以扩充和发展。它以期望激励理论和领导行为理论为基础，其研究的核心是以帮助下属建立明确的工作目标，并努力达成目标而展开的。之所以成为途径—目标理论，是因为它主要关心的是领导者如何影响下属对他们目标和达成目标的途径或方法的认识和理解。该理论关心的两大主要问题：一是如何建立工作目标和工作方法、途径；二是领导者所扮演的角色，即如何帮助下属完成工作的途径—目标循环。

途径—目标理论认为，对于一个领导者来说，没有什么固定不变的领导方式，要根据不同的环境选用适当的领导方式。领导方式可以分为四种：

### 1. 指示型领导方式

给下属明确任务目标，明确职责，严密监督。让下属知道期望他们的是什么，以及完成工作的时间安排，并对完成任务进行具体指导。

### 2. 支持型领导方式

对下属友好，平等对待，关心下属的生活和福利。当工作高度程序化，让人感到枯燥乏味时，采用这种方式比较好。

### 3. 参与型领导方式

鼓励下属参与任务目标决策和解决具体问题。当任务相当复杂，需要组织成员之间相互协作时，或当下属拥有完成任务的足够能力并希望得到尊重和自我控制时，采用这种方式是合理的。

4. 成就导向型领导方式

领导者通过为下属设置富有挑战性的目标和鼓励下属完成这些任务来管理下属。只要下属能完成目标，他们就有权自主决定怎么做。

途径—目标理论强调领导的有效性取决于领导行为、下属、任务之间的协调配合，其基本观点是：领导者的职责在于帮助其下属实现个人目标并确保这些个人目标与组织目标或群体目标相一致。所谓途径—目标是指有效的领导者要支持组织成员为实现组织目标所作的种种努力，为其完成任务提供各种必要的条件。

## 第五节　领导艺术

### 一、领导艺术的含义

领导不仅是一种行为过程，而且它也是一种艺术。关于领导艺术的含义，不同的学者有不同的论述。有的人认为，领导艺术是指“把人们的眼界抬到一个更高的视角，把人们能力提到一个更高的水平，把人们的个性发展到超越平常的界限”。也有的人认为，领导艺术是指“创造一个远景，而其他人能够对这个远景产生向往之情并付出精力朝着它努力”。还有的人认为，领导艺术是“一个团体内的打气过程，在某种形势下，某个人对其他人加以影响，使他们自愿地为完成团体任务而作出贡献”等等。在这一系列的定义中，我们可以看到一些共同的要点：

1．领导者要具备灵活运用各种领导方法和原则的能力与技巧，通过影响和引导组织成员来共同完成任务，实现组织目标。

2．领导艺术就是富有创造性的领导方法的体现。

3．领导艺术其本身是一个关键的实体，它对组织的成功起着至关重要的作用。

为此，我们可以把领导艺术概括为：建立在领导者知识和经验基础上的领导技能。领导者为了实现组织目标，巧妙运用权力，有效地影响被领导者，调整各种关系和矛盾，改变领导的各种内外环境的技巧、手段和特殊方法。它本质上是对领导科学纯熟的运用。它是领导者智慧、学识、才能、素质、作风、气质、个性、品质、影响力、吸引力、经验的综合反映和在领导过程中的体现。

## 二、领导艺术的特点

1．非模式化和非规范性。即领导艺术没有统一的格式和定局。

2．随机性和灵活性。领导艺术不是对领导科学和方法机械地、简单地运用，而是根据情况变化，对领导方法灵活性、创造性、针对性地加以运用。

3．特殊性和偶然性。具体的领导艺术往往是领导者在特殊条件下解决问题的特殊方法和手段，是对某一特殊、偶然情况下所面临的问题作出的决断，具有不可模仿性。

## 三、领导艺术的内容

领导艺术贯穿于领导过程的各个环节。领导艺术的内容十分丰富，归纳起来大体有两大类：一类是将其视为履行职责的艺术，主要包括沟通、激励和具体的指导艺术，以及决策艺术、授权艺术、用人艺术等等；二是将其视为提高领导工作有效性的艺术，主要包括调查研究的艺术、演讲的艺术、谈话的艺术、时间运筹的艺术、会议艺术、理事的艺术、吸引组织成员参与管理的艺术、公关艺术等等。一般来说，领导艺术与领导效能成正相关关系，领导艺术高，效能就大；领导艺术低，效能就小。下面着重介绍以下几种领导艺术：

### （一）决策艺术

在非程序化的决策过程中，管理者的主观决策技能起着重要的作用。人们在一定经验的基础上，对未来事件的判断具有远见和洞察力，主要表现在及早察觉组织发展的有利与不利条件，依靠自己的周密考虑和集中群众的正确意见，做出既有事实根据又先于别人想到的不寻常的战略决策，促使组织取得重大的成就与改进。

### （二）用人艺术

在充分了解和发挥职工长处的基础上，把工作的需要和个人的能力很好地结合起来，使每个职工在各自的工作岗位上兢兢业业、积极进取；把发挥每个人的长处与组织目标很好地结合起来，使每个职工的长处同集体和别人的长处相得益彰；使每个人的短处同集体和别人的长处结合起来而不致有损于组织；在组织中创造一种气氛，凡是能做出显著成绩的人，都会得到应有的尊重和提拔；能顺利履行职责、依靠和运用平凡人的聪明才智做出不平凡的业绩，促使组织的目标实现。这些都是用人艺术的具体体现。

### （三）授权艺术

根据不同情况把不同程度的领导权力下放给下级管理人员或其他人员，并对其进行指导和监督，使每项工作都能在最适当的层次得到较好的处置，既有利于充分发挥下属的积极性、主动性，又能帮助上级领导集中精力研究和解决主要问题，维护和加强整个组织的统一指挥。这些都是授权艺术的具体体现。

### （四）指挥和激励艺术

在实践中树立和维护必要的权威，使职工自觉地团结在管理者的周围，并接受其指挥；在管理过程中，根据加强思想政治教育和物质利益原则的精神，使组织中的鼓动工作和激励制度、方法等能适应广大职工多种多样的、经常变化的需要，进而起到维护纪律、鼓舞士气、充分挖掘潜力、克服各种困难、提高效益和效果的作用。

### （五）集中精力抓主要环节的艺术

在组织各项生产工作、任务中，找出对实现组织目标具有重要作用的某项工作或某个环节；在突出重点的基础上统筹全局，正确决定每个时期、阶段的工作秩序，科学地分配自己的时间和组织资源，并把这种决定坚持贯彻下去。

### （六）领导变革的艺术

组织在发展过程中不断革新技术，改进管理，必然会引起人们的思想认识和组织行为的变革。要求主管人员因势利导，正确处理变革过程中革新与守旧的矛盾，达到既促进变革又稳定局面的目的。

领导艺术建立在领导者个人的经验、素养和洞察力的基础上，认真讲求领导艺术，有助于提高领导艺术的有效性，有助于密切领导者和组织成员的关系，营造一个既有集中又有民主、既有纪律又有自由、既有统一意志又有个人心情舒畅的组织环境，领导者的领导艺术将起到决定性的作用。

## 四、领导艺术的行为模式

约翰·艾达尔于 20 世纪六七十年代创立了一种领导艺术的行为模式。该模式认为，领导者必需的关键性的领导艺术行为有：指令、计划、作决定、协作、控制、交流、交际、评估、创造、足智多谋、发展等；领导者的领导艺术应致力于完成任务、建设和提高团体及关心每个成员，这三者之间必须达成一种平衡关系。一个领导者如果只把注意力放在任务上，全力以赴地制定工作计划，却忽略了对组织团体的培训、激励和鼓励，常常会遇到不能协调一致的机能失调问题；一个领导者，如果只致力于激发组织团体精神，却忽略了工作或组织成员，常常得不到最大的参与度和责任度，因为这两者只有在一个真正和谐的环境下才能产生，成员们会缺乏真正的成就感或成功感。

## 复习思考题

1. 简述领导、领导者、管理者三者之间的区别。
2. 领导者起什么作用？
3. 领导者的权力包括哪几个方面？它们各自的内容是什么？
4. 一个优秀的领导者应具备怎样的素质？

5. 成功领导者素质培养的基本途径和方法是什么？
6. 勒温理论的基本内容是什么？
7. 管理方格图划分出的五种典型的领导方式是什么？
8. 菲德勒的权变理论所指出的决定领导方式有效性的环境因素有哪些？
9. 简述领导艺术的概念和特点，并阐述领导艺术对提高领导工作有效性的意义。

**案例一**

## 哪种领导类型最有效

ABC公司是一家中等规模的汽车配件生产集团。最近，对该公司的三个重要部门经理进行了一次有关领导类型的调查。

一、安西尔

安西尔对他本部门的产出感到自豪。他总是强调对生产过程、产量控制的必要性，坚持下属人员必须很好地理解生产指令以得到迅速、完整、准确的反馈。安西尔当遇到小问题时，会放手交给下级去处理，当问题很严重时，他则委派几个有能力的下属人员去解决问题。通常情况下，他只是大致规定下属人员的工作方针、完成怎样的报告及完成期限。安西尔认为只有这样才能导致更好的合作，避免重复工作。

安西尔认为对下属人员采取敬而远之的态度对一个经理来说是最好的行为方式，所谓的"亲密无间"会松懈纪律。他不主张公开谴责或表扬某个员工，相信他的每一个下属人员都有自知之明。

据安西尔说，在管理中的最大问题是下级不愿意接受责任。他讲道，他的下属人员可以有机会做许多事情，但他们并不是很努力地去做。

他表示不能理解在以前他的下属人员如何能与一个毫无能力的前任经理相处。他说，他的上司对他们现在的工作运转情况非常满意。

二、鲍勃

鲍勃认为每个员工都有人权，他偏重于管理者有义务和责任去满足员工需要的学说。他说，他常为员工做一些小事，如给员工两张下月在伽里略城举行的艺术展览的入场券。他认为，每张门票才15美元，但对员工和他的妻子来说却远远超过15美元。通过这种方式，也是对员工过去几个月工作的肯定。

鲍勃说，他每天都要到工场去一趟，与至少 25%的员工交谈。鲍勃不愿意为难别人，他认为安的管理方式过于死板，安的员工也许并不那么满意，但除了忍耐别无他法。

鲍勃说，他已经意识到在管理中有不利因素，但大都是由于生产压力造成的。他的想法是以一个友好、粗线条的管理方式对待员工。他承认尽管在生产率上不如其他单位，但他相信他的雇员有高度的忠诚与士气，并坚信他们会因他的开明领导而努力工作。

## 三、查里

查里说他面临的基本问题是与其他部门的职责分工不清。他认为不论是否属于他们的任务都安排在他的部门，似乎上级并不清楚这些工作应该谁做。

查里承认他没有提出异议，他说这样做会使其他部门的经理产生反感。他们把查里看成是朋友，而查里却不这样认为。

查里说过去在不平等的分工会议上，他感到很窘迫，但现在适应了，其他部门的领导也不以为然了。

查里认为纪律就是使每个员工不停地工作，预测各种问题的发生。他认为作为一个好的管理者，没有时间像鲍勃那样握紧每一个员工的手，告诉他们正在从事一项伟大的工作。他相信如果一个经理声称为了决定将来的提薪与晋职而对员工的工作进行考核，那么，员工则会更多地考虑他们自已，由此而产生很多问题。

他主张，一旦给一个员工分配了工作，就让他以自己的方式去做，取消工作检查。他相信大多数员工知道自己把工作做得怎么样。

如果说存在问题，那就是他的工作范围和职责在生产过程中发生的混淆。查理的确想过，希望公司领导叫他到办公室听听他对某些工作的意见。然而，他并不能保证这样做不会引起风波而使情有所改变。他说他正在考虑这些问题。

### 思考题

1. 你认为这三个部门经理各采取什么领导方式？这些模式都是建立在什么假设的基础上的？试预测这些模式各将产生什么结

果？

2. 是否每一种领导方式在特定的环境下都有效？为什么？

**案例二**

### 皮尔·卡丹的领导艺术

皮尔·卡丹既是世界著名的时装设计师，又是杰出的企业家。皮尔·卡丹精力过人，设计、生产、经营、人事等一切重大问题都由他本人拍板定案。他从不召集会议，而是由他本人跟各主管经理直接对话，了解情况，作出决定，然后放手让主管经理去执行。

人才是企业的灵魂。一个企业不仅要有优秀的人才，而且还要考虑怎样运用这些人才。卡丹在用人上非常有眼光，他以用人之长作为标准。只要他发现某人在某一方面有专长，就会毫不犹豫地用其所长，完全没有年龄及资格作为限制。

卡丹的成功正在于他善于用人，敢于用人，并及时地纠正自己的偏差，使他能在激烈的市场竞争中站稳脚跟。北京崇文门外马克西姆餐厅开业的时候，卡丹从法国聘请了一名经理，但由于这位经理对中国的情况毫不了解，经营起色不大。卡丹发现后，把他调离了北京。新经理上任后，面貌很快大有改观。

**思考题**

请分析皮尔·卡丹的领导风格。

# 第八章　激　励

## 本章重点

- 激励的内涵
- 需求、动机、行为之间的关系
- 几种人性假设理论
- 几种主要的激励理论
- 激励的基本方法

## 引　例

### 猎人与猎狗

(一)

一条猎狗将兔子赶出了窝，一直追赶他，追了很久仍没有捉到。牧羊看到此种情景，讥笑猎狗说“你们两个中间小的反而跑得快得多。”猎狗回答说：“你不知道我们两个的跑是完全不同的！我仅仅为了一顿饭而跑，他却是为了性命而跑呀！”

(二)

这话被猎人听到了，猎人想：猎狗说得对啊，那我要想得到更多的猎物，得想个好法子。于是，猎人又买来几条猎狗，凡是能够在打猎中捉到兔子的，就可以得到几根骨头，捉不到的就没有饭吃。这一招果然有用，猎狗们纷纷去努力追兔子，因为谁都不愿意看着别人有骨头吃，自已没得吃。就这样过了一段时间，问题又出现了。大兔子非常难捉到，小兔子好捉。但捉到大兔子得到的奖赏和捉到小兔子得到的骨头差不多，猎狗们善于观察，发现了这个窍门，专门去捉小兔子。慢慢地，大家都发现了这个窍门。猎人对猎狗说：“最近你们捉的兔子越来越小为什么？”猎狗们说：“反正没有什么大的区别，为什么费那么大的劲去捉那些大的呢？”

(三)

猎人经过思考后,决定不将分得骨头的数量与是否捉到兔子挂钩,而是采用每过一段时间,就统计一次猎狗捉到兔子的总重量,按照重量来评价猎狗,决定一段时间内的待遇。于是猎狗们捉到兔子的数量和重量都增加了。猎人很开心,但是过了一段时间,猎人发现,猎狗们捉兔子的数量又少了,而且越有经验的猎狗,捉兔子的数量下降得就越厉害。于是猎人又去问猎狗,猎狗说:“我们把最好的时间都奉献给了您,主人,但是我们随着时间的推移会变老,当我们捉不到兔子的时候,您还会给我们骨头吃吗?”

(四)

猎人做了论功行赏的决定,分析与汇总了所有猎狗捉到兔子的数量与重量,规定如果捉到的兔子超过了一定的数量后,即使捉不到兔子,每顿饭也可以得到一定数量的骨头。猎狗们都很高兴,大家都努力去达到猎人规定的数量。一段时间过后,终于有一些猎狗达到了猎人规定的数量。这时,其中有一只猎狗说:“我们这么努力,只得到几根骨头,而我们捉的猎物远远超过了这几根骨头.我们为什么不能给自己捉兔子呢?”于是,有些猎狗离开了猎人,自己捉兔子去了……

## 第一节　人性假设与激励

### 一、激励概述

激励是领导工作的重要方面。广义的激励是指激发鼓励,调动人的热情和积极性。从诱因和强化的观点看,激励是指创设满足员工各种需要的条件,激发员工的动机,使之产生实现组织目标的特定行为的过程。简单地讲,激励就是调动员工积极性的过程。

激励的核心问题是动机是否被激发,所以激励又可称为动机激发。通常人们的动机被激发得越强烈,激励的程度就越高,工作就越努力。一个优秀的领导者一般都有调动员工积极性的心愿,但员工的积极性不会因为领导者的良好心愿而自动地激发出来。要指望员工们努力工作,领导者就必须首先了解员工心理想些什么,需要什么，他们的工作动机是什么。在了解了员工的需要、动机和利益要求后，再有针对性地采取激励措施，这样才能取得预期的激励效果。

## 二、需求、动机与行为

领导者要诱导和激发员工朝着所期望的目标采取行动，首先必须了解人的需要、愿望、目标或其他各种动力。

人的行为是由动机决定的，而动机则是由需要引起的。所谓需要是指个体内部缺乏某种东西的状态。这种所缺乏的东西，可能是个体内维持生理作用的物质因素（如水、食物等），也可能是社会环境中的心理因素（如情感、成就感等）。当人缺乏这些东西时，就会形成紧张状态，感到不舒服，如果人们意识到了这种紧张感，就会设法加以消除。一般来说，任何一个人，在同一时刻，都会存在着多种不同的需要，而且这些需要的强弱程度也各不相同，强度越高，人们要满足需要的欲望也越强。

需要并不能直接转化为行为，人的行为是由动机所直接驱动的。所谓动机是指引起个人行为，维持该行为，并将此行为指向某一目标的内部动力。动机不是毫无原因地自发产生的，人总是不断地接受到来自环境的各种因素的刺激，当某种刺激所包含的意义与人体内的某种需要相关时，这种外在的刺激就会与内在的需要相结合，引发动机，最终导致行为的产生。在这个过程中，内在的需要起决定作用，外在的刺激起到诱发动机的作用。

行为就是人类日常生活中所表现的一切动作。动机决定着人的行为，但并不是每一个动机都可以立即引发行为的。对每一个人来说，一般都会同时存在多个动机，这些动机的强度处于不断变化之中，当某个动机的强度在所有动机中处于优势地位时，该动机就成为优势动机。一般来说，只有优势动机才能引发行为。因此，领导者在激励员工时，首先必须找出他们需要什么，然后再提供适当的刺激或诱因以激励员工努力工作。

总之，人类的有目的的行为都是出于对某种需要的追求。未得到的需要产生动因，进而导致某种行为。行为的结果，总是表现为一定的绩效，有的与组织目标一致，有的违背组织目标，组织中将根据其绩效表现，对个体进行激励，可能使个体需要得到满足，也可能使个体需要得不到满足，行为的结果也可能是遭受挫折。个体在受到激励之后，产生消极的或积极的行为。需要、动机、行为与激励之间的关系可用图 8-1 来表示。

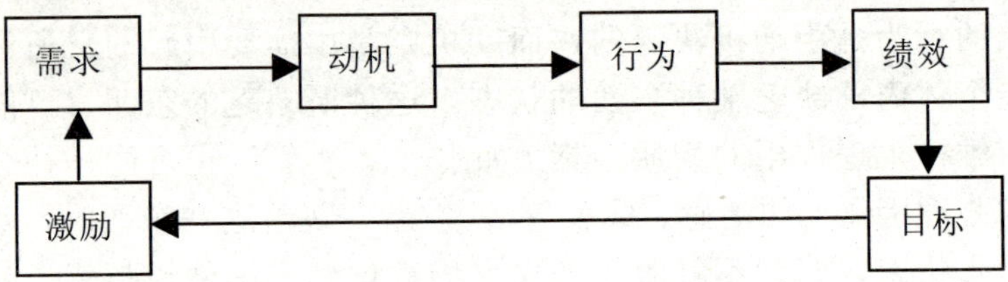


图 8-1　需求、动机、行为与激励

## 三、关于人性的几种假设

领导者要对下属进行有效的激励，首先必须正确地认识和对待下属。所有领导者都必须清楚一个问题：人性的本质是什么？这就是所谓的“人性的假设”。

关于人性假设的理论很多，主要有经济人假设、社会人假设、自我实现人假设和复杂人假设。

### （一）经济人假设

“经济人”又称为“理性——经济人”，也就是美国心理学家道格拉斯·麦格蕾戈在《企业人性方面》一书中所说的 X 理论。它的主要观点是：多数人天生是懒惰的，他们都尽可能地逃避工作；多数人都没有什么雄心壮志，也不喜欢负什么责任，而宁可让别人领导；多数人的个人目标与组织目标都是相矛盾的，为了达到组织目标必须靠外力加以严格管制；多数人都是缺乏理智的，不能克制自己，很容易受别人影响；多数人都是为了满足基本生理需要和安全需要，所以他们将选择那些经济上获利最大的事情去做；人大致可以分为两类，多数人都是符合上述设想的人，另一类是能够自己鼓励自己，能够克制感情冲动的人，这些人应当负起管理责任。与之相适应，激励的主要手段就是“胡萝卜加大棒”，即一方面用金钱刺激员工的积极性，另一方面对消极怠工的采取严厉的惩罚措施。通过这种方式来激发员工产生领导者和组织所要求的行为。

### （二）社会人假设

“社会人”又称为“社交人”，这是初期的人际关系论的思想。这种假设的主要观点是：人是有思想、有感情、有人格的活生生的“社会人”。作为一个复杂的社会成员，金钱和物质虽然对积极性的产生具有重要的影响，但是决定因素不仅仅是物质报酬，而是职工在工作中发展起来的人际关系。与之相对应，领导者应该关心和体贴员工，重视员工之间的社会交往关系，通过培养和形成员工的归属感来调动人的积极性，以此来提高生产率。

### （三）自我实现人假设

“自我实现人”假设又称为Y理论，也是由道格拉斯·麦格蕾戈提出来的。该理论认为，人需要发挥自己的潜力，表现自己的才能，只有人的潜力和才能充分地发挥出来，人才会感到满足。其主要观点包括：一般人都是勤奋的；控制和惩罚不是实现组织目标的惟一办法，人们在执行任务中能够自我指导和自我控制；在正常情况下，一般人不仅会接受责任，而且会主动寻求责任；在人群中存在着高度的想像力以及谋求解决组织中问题的创造性；在现代工业条件下，一般人的潜力只利用了一部分。与之相对应，领导者应创造一种适宜的工作环境、工作条件，使人们能在这种条件下充分挖掘自己的潜力，充分发挥自己的才能，也就是充分实现自我。

### （四）复杂人假设

复杂人假设是在20世纪70年代初提出来的对待人性的一种权变思想。这种假设认为，人是复杂的，不仅因人而异，而且一个人本身在不同的年龄、不同的时间和不同的地点也会有不同的表现。

人会随着年龄、知识、地位、生活以及人与人之间的关系的变化而出现不同的需要。为此，领导者的激励措施也应该多种多样，对不同的人，在不同的情况下采取不同的措施，即一切随时间、条件、地点和对象的变化而变化，不能一刀切。

## 四、激励的类型

### （一）物质激励与精神激励

物质激励着眼于人的物质需要，主要通过金钱、实物等形式实现；精神激励着眼于满足人的精神需要，主要形式有授予称号、颁发奖状、表扬、记功、事迹宣传等。

### 阅读资料一

#### 柳传志谈激励

联想集团董事局主席柳传志在谈到怎样“带队伍”时说：我们有两种激励方式：第一，当然是物质激励；第二是精神激励。在物质激励方面，我要特别介绍的一点是，我们的骨干员工有股份，是公司的股东。联想过去完全是一个国有企业，也就是国家占了100%的股份。经过八年的努力，现在我们的员工有了35%的股份。虽然在美国，这是一件再普通不过的事情，但是在中国则是件非常了不起的事情，对于我们的创业者和公司的骨干员工有非常大的激励作用。在中国，没有经过股份改造的企业其实是很难办好的。我举一个例子，在中国有一个非常有名的国有企业，所在的行业是烟草行业，规模非常大。这个企业以前是一个亏损的小企业，由一个企业家经过18年非常艰苦地把它做大。这个企业大到什么程度呢?18年中，他交给中国政府的税收就有几十亿美元。但是这个企业没有进行股份制改造，这个企业家个人没有股权，18年中他拿到的全部报酬包括工资和奖金加到一起还不到10万美元，当他要退休的时候，才发现自己一无所有，这时候他做了一件最不该做的事情——贪污了500万美元。他的贪污行为被发现，被判了无期徒刑。他犯法被判刑，我不能同情他。但是这件事给我们的启发是，国有企业一定要进行股份制改造。在我们的电脑行业里，也有一些国家投资的国有企业没有能力来和联想这样的企业竞争，因为他们的领导人的积极性跟我们相比差多了。在中国，几乎人人都知道联想的这个故事。和我在一起创业的老同事，由于年龄、能力、精力等等方面的原因，都由管理层退下来了。有的退休了，有的做个普通的员工。他们为什么肯退下来呢?因为他们有股份，联想办得越好，他们每年分的红利就越多。而由于他们的退休，把位置让给了更有精力和能力的年轻人，这就对联想的持续发展起了很大作用。所以股份制改造对创业者，对骨干员工是最重要的物质激励。

至于精神激励是多方面的，我们为有能力的员工提供舞台，给他们充分表演的机会，保证他们工作的时候，责权利能够一致。比如我前面讲到的，联想应收账款的控制做得非常好，其实很多方法都是第一线的工作人员想出来的，他们提出的建议可以立刻被采纳，而在中国的一些外国公司办的企业，他们的一些规定条文都是在总部制定的，而在中国公司要照规定去执行，当本地公司人员发现不合乎实际情况的时候，要一层一层地上报，得到国外总部的批准，不但效率降低了很多，而且对员工的积极性是很大的打击。

### （二）正激励与负激励

正激励是指一个人的行为表现符合社会需要和组织目标时，通过各种方式来巩固和强化这种行为，是对行为的一种肯定。负激励，就是当一个人的行为表现不符合社会需要和组织目标时，通过批评、惩罚等各种方式来抑制这种行为并使其不再发生，是对行为的一种否定。

### （三）内在激励与外在激励

内在激励是通过启发诱导方式，激发人的主动精神，使他们的工作热情建立在高度自觉的基础上，充分发挥内在的潜力。外在激励则是运用环境条件来制约人们的动机，以此来强化或削弱有关行为，提高员工的工作意愿。内在激励着眼于调动人的内因，带有自觉性的特征；外在激励则倚重外因，具有一定程度的强迫性。

## 第二节　激励理论

对激励理论可以从不同角度进行各种不同的分类，比较常见的分类方法是按其所研究的激励侧重面的不同及其与行为的关系不同，将激励理论分为内容型激励理论、过程型激励理论和行为修正型激励理论三种。

### 一、内容型激励理论

内容型激励理论着重对激励的原因与起激励作用的因素的具体内容进行研究。其中，最有代表性的是马斯洛的需要层次理论、奥德弗的ERG理论、麦克利兰的成就需要理论和赫茨伯格的双因素理论。

#### （一）需要层次理论

需要层次理论是美国著名心理学家马斯洛在1943年出版的《人的动机理论》一书中提出的，该理论是研究组织激励时应用得最为广泛的理论。马斯洛认为，人有一系列复杂的需要，按其优先次序可以排成阶梯式的层次，即生理需要、安全需要、社交需要、尊重需要和自我实现需要五类。

1. 生理需要

即对食物、水、空气、住房等的需要都是属于生理需要，这类需要的级别最低，人们在转向较高层次的需要之前，总是尽力满足这类需要。一个人在饥饿时不会对其他任何事物感兴趣，他的主要动机是得到食物。即使在今天，还有许多人不能满足这些基本的生理需要。领导者应该明白，如果员工还在为生理需要而忙碌时，他们所真正关心的问题就与他们所做的工作无关。当努力用满足这类需要来激励下属时，我们是基于这种假设，即人们为报酬而工作，主要关于收入、舒适等等，所以激励时试图利用增加工资、改善劳动条件、给予更多的业余时间和工间休息、提高福利待遇来激励员工。

### 2. 安全需要

安全需要包括对人身安全、生活稳定以及免遭痛苦、威胁或疾病等的需要。和生理需要一样，在安全需要没有得到满足之前，人们惟一关心的就是这种需要。对许多员工而言，安全需要表现为安全而稳定以及有医疗保险、失业保险和退休福利等。主要受安全需要激励的人，在评估职业时，主要把它看作不致失去基本需要满足的保障。如果领导者认为对员工来说安全需要最重要，他们就在管理中着重利用这种需要，强调规章制度、职业保障、福利待遇，并保护员工不致失业。如果员工对安全需要非常强烈时，领导者在处理问题时就不应标新立异，应该避免和反对冒险，而员工们将循规蹈矩地完成工作。

### 3. 社交需要

社交需要包括对友谊、爱情以及隶属关系的需要。当生理需要和安全需要得到满足后，社交需要就会突显出来，进而产生激励作用。在马斯洛的需要层次中，这一层次是与前两个层次截然不同的另一个层次。这些需要如果得不到满足，就会影响员工的精神，导致高缺勤率、低生产率、对工作不满及情绪低落。领导者必须意识到，当社交需要成为主要的激励源时，工作被人们视为寻找温馨和谐人际关系的机会，能够提供同事之间社交往来机会的职业会受到重视。领导者感到下属努力追求满足这类需要时，通常会采取支持与赞许的态度，十分强调能为共事的人所接受，开展有组织的体育比赛和集体聚会等业务活动，并且遵从集体行为规范。

### 4. 尊重需要

尊重需要既包括对成就或自我价值的个人感觉，也包括他人对自己的认可与尊重。有尊重需要的人希望别人按照他们的实际形象来接受他们，并认为他们有能力，能胜任工作。他们关心的是成就、名声、地位和晋升机会。这是由于别人认识到他们的才能而得到的。当他们得到这些时，不仅赢得了别人的尊重，同时就其内心因对自己价值的满足而充满自信。不能满足这类需要，就会使他们感到沮丧。如果别人给予的荣誉不是根据其真才实学，而是徒有虚名，也会对他们的心理产生威胁。在激励时应特别注意有尊重需要的员工，领导者应采取公开奖励和表扬的方式。布置工作要特别强调工作的艰巨性以及成功所需要的高超技巧等。颁发荣誉奖章、在公司的刊物上发表表扬文章、公布优秀员工光荣榜等手段都可以提高人们对自己工作的自豪感。

5. 自我实现需要

自我实现需要的目标是自我实现，或是发挥潜能。达到自我实现境界的人，接受自己也接受他人。解决问题能力增强，自觉性提高，善于独立处理事情，要求不受打扰地独处。要满足这种尽量发挥自己才能的需要，他应该已在某个时刻部分地满足了其他的需要。当然，自我实现的人可能过分地注重这种最高层次的需要的满足，以至于自觉或不自觉地放弃满足较低层次的需要。重视这种需要的人会认识到，无论哪种工作都可以进行创新。为了使工作有意义，强调自我实现的领导者，会在设计工作时考虑运用适应复杂情况的策略，会给身怀绝技的人委派特别任务以施展才华，或者在设计工作程序和制订执行计划时为员工群体留有余地。

马斯洛的需要层次理论假定：人们被激励起来去满足一项或多项在他们一生中很重要的需要。更进一步说，任何一种特定需要的强烈程度取决于他在需要层次中的地位，以及它和所有其他更低层次需要的满足程度。其中包括四点基本假设：

(1) 已经满足的需要，不再是激励因素。人们总是在力图满足某种需要，一旦一种需要得到满足，就会有另一种需要取而代之。

(2) 大多数人的需要结构很复杂，无论何时都有许多需要影响行为。

(3) 一般来说，只有在较低层次的需要得到满足之后，较高层次的需要才会有足够的活力驱动行为。

(4) 满足较高层次需要的途径多于满足较低层次需要的途径。

马斯洛的需要层次理论的基本观点是：

a. 需要的存在是促使人们产生某种行为的基础。当一个人无所求时，也就没有什么动力和活力；反之，若一个人有所需要，就必然存在着激励的因素。

b. 人的需要是分等分层的，呈阶梯式逐渐上升。人的最基本的需要是生理需要。一般来说，只有在低层次的需要得到满足以后，人才会进一步追求较高层次的需要。而且低层次的需要满足程度越高，对高层次需要的追求就越强烈。任何一个人在某个时候不一定都有这五种需要，已有的需要也不是同等强度的，但总有一个决定他行动方向的主导需要。

c. 不同的人或同一个人在不同时期的需要结构是不同的。由于各人动机结构发展的状况不同，这五种需要对于每一个人的优势位置也就不同。比如，有的人喜欢金钱，有的人喜欢地位，而有的人追求事业的成功。即使是同一个人，在不同情况下的需要结构也是不同的。年轻时也许比较喜欢金钱，到年老时可能安全需要是第一位的。但不管怎样，总有一种需要发挥主导作用。因此，作为领导者应关注当前员工起主导作用的需要，以便进行有效的激励。

马斯洛的需要层次理论对人类的基本需要进行了分类，并对各种需要之间的关系进行了阐述，揭示了人类心理发展的一种普遍特性。这对领导者进行有效的激励具有重要的指导意义，领导者若能了解下属的需要层次并根据下属正在追求的那一层次的主导需要来激励他们，就能取得好的激励效果。

### （二）ERG 理论

ERG 理论是由美国激励研究者奥德弗提出来的。在进行了大量的调查研究之后，奥德弗对马斯洛的需要层次理论进行了改进，他认为，一个人的需要不是分为五类，而是有三类核心需要，即生存（Existence）需要、相互关系（Relaatedness）需要和成长（Growth）需要，这就是所谓的 ERG 理论。

#### 1. 生存需要

生存需要是人的最基本的需要，主要指人在衣、食、住、行等方面的物质需要。它包括多种形式的生理和物质的欲望，既有如饥、渴和住处的需要，也有在组织环境中的工资、福利和物质工作条件等的需要。这种需要类似于马斯洛的需要层次理论中的生理需要和安全需要。

2. 相互关系需要

这种需要包括所有在工作中与他人之间的人际关系，个人的这种需要通过与职务内外其他人的相互作用得到满足。这类似于马斯洛需要层次理论中的社交需要以及尊重需要的外在部分。

3. 成长需要

这是个人发展和完善的需要。它包括个人在工作中的创造性和个人成长的努力。成长需要的满足，产生于个人所从事的工作，他不仅需要发展他的才能，而且还需要培养新的才能。这种需要类似于马斯洛需要层次理论中的尊重需要的内在部分以及自我实现需要。

ERG 理论的主要观点是：

(1) 人有多种需要，而且可以同时并存。不同层次的需要并不是阶梯式截然分开的，也不是当较低层次需要得到满足以后，才会逐级产生较高层次的需要。

(2) 各个层次的需要得到的满足越少，这种需要越为人们所渴望。如满足生存需要的工资越低，人们越渴望得到更多的工资。

(3) 较低层次的需要越是能够得到较多的满足，对较高层次的需要就越渴望。比如，人的生存需要越是得到满足，对人际关系的需要和工作成就的需要就越强烈。

(4) 如果较高层次的需要不能满足，那么对满足较低层次需要的愿望更加强烈，即当满足较高层次需要的努力受到挫折时，就会倒退到较低层次的需要的满足。比如，成长需要得不到满足时，对人际关系需要的渴望就越大。

ERG 理论与马斯洛的需要层次理论一样，都是属于“需要理论”，它们既有相同的地方，又各具特色。比较而言，人们认为 ERG 理论更切合实际。这两种理论的主要区别在于：

(1) 马斯洛的需要层次理论是建立在“满足——上升”基础上的，即一旦较低层次的需要得到满足，人们将上升到较高层次的需要上去；而 ERG 理论不仅体现了“满足——上升”的一面，而且还提出了“挫折——倒退”的一面，即当较高层次的需要得不到满足或遇到挫折时，人们会把更多的希望寄托在较低层次的需要上。

(2)马斯洛的需要层次理论认为，人在每一个时期只有一种突出的需要；而 ERG 理论认为，人在任何一个时期都可以有一个或一个以上的需要。

(3)马斯洛的需要层次理论认为，人的需要是严格地按由低到高逐步上升的；而 ERG 理论认为，人的需要并不一定严格按由低到高的顺序发展，而是可以越级的，也存在由高到低的下降。

(4)马斯洛的需要层次理论认为，人类有五类或七类需要，他们是与生俱来的，是内在的；而 ERG 理论认为，人类只有三种基本需要，其中有的是与生俱来的，有的是经过后大学习得来的。比如，成就的需要就是后天学习得来的。

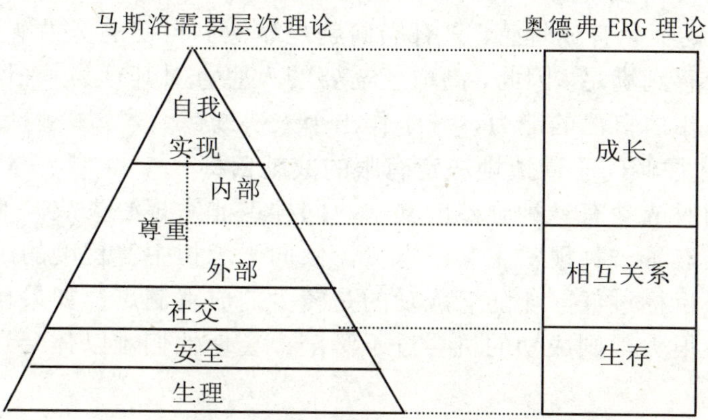


图 8-1　两种需要理论联系图

## （三）成就需要理论

成就需要理论是由美国心理学家麦克利兰于 1961 年提出来的。他认为，在人的生存需要基本得到满足的前提下，人还有权力需要、成就需要、社交需要。权力需要是指影响和控制别人的一种欲望或驱使力；成就需要是指根据适当的标准追求卓越、争取成功的一种内在驱动力；社交需要是指人们寻找他人接纳和友谊的欲望，或获得他人赞同的欲望。

麦克利兰认为，不同的人对上述三种需要的排列顺序和所占比重是不同的。倾向于权力需要的人，具有较高的权力欲望，也有一定才能，希望担任领导和控制别人；倾向于社交需要的人，注意从群体和他人那里得到友情，重感情，有较强的归属感；倾向于成就需要的人，对胜任和成功有强烈的要求，而对友谊交往的需要则相对较低。麦克利兰认为，成就需要的高低对个人和组织都起着特别重要的作用。因此，麦克利兰的理论通常被称为成就需要理论。

这一理论是要预测那些具有高度成就需要的员工的行为。麦克利兰认为,具有强烈的成就需要的人往往显示出以下三个共同特征：

1. 喜欢能够发挥独立解决问题能力的工作环境

他们喜欢独自面对挑战性的问题，如果某一问题不是独立解决的,他们就不会有成就感。只有当问题是靠他们自己的努力解决的,他们才会感到满足。因此,高成就需要的人愿意对其行为承担责任,在工作中相信自己的能力，敢于作出个人决断。

2. 往往倾向于谨慎地决定有限的成就目标

他们对成功有一种强烈的要求，同样也非常担心失败。他们对待风险采取了一种现实主义的态度，倾向于承担中等程度的风险。因为如果目标过低，伴随着成功的是较少的成就满足；如果目标过高，风险很大，则成功的机会过于渺茫，会使他们难以体会到成功的喜悦。

3. 希望得到对他们的工作业绩的不断反馈

高成就需要的人很想了解其工作业绩的优劣，如果能够从上级那里得到嘉奖或表扬，他们就会感到莫大的满足。

该理论还认为，成就需要是可以通过学习获得的，这种学习可以通过特殊的培训计划达到。培养人们高成就需要的方法有：

(1) 个体通过努力获得有关自己工作情况的反馈，以提高自己获得成功的信心，从而增强追求成功的欲望。

(2) 选择一种获得成功的模式，如模仿成功人物的做法。

(3) 努力改变自己的形象，把自己设想为某个追求成功和挑战的人。

(4) 根据现实情况审时度势，提出切实可行的目标，并付诸实施。

成就需要理论把重点放在鉴别和培养成就需要上，它丰富了马斯洛对自我实现需要的描述，对于管理者发现高成就需要的人及培养下属的成就需要是非常有用的。但成就需要理论对于管理者应如何激励占绝大多数的低成就需求者的问题没有进行深入研究。

### （四）双因素理论

双因素理论也称“保健——激励理论”，是由美国心理学家赫茨伯格在对 2000 多名白领工作者进行调查的基础上提出来的。赫茨伯格认为，传统的把“不满意”作为“满意”的对立面的看法是不正确的，“满意”的对立面应当是“没有满意”，“不满意”的对立面应当是“没有不满意”。当人们获得那些导致满意感的因素时就会产生满意感，而如果没有获得这些因素，仅仅是没有满意，并不会产生不满意感；反之，当人们没有获得那些可以消除不满意感的因素时，就会产生不满意感，而如果获得了这些因素，仅仅会消除不满意感，并不会带来满意感。

赫茨伯格通过研究进一步将影响人们行为的因素分为两种类型：保健因素和激励因素。所谓保健因素是指那些与人的不满情绪有关的因素。这类因素主要包括公司的政策、管理和监督、人际关系、工作条件、工资等。保健因素处理不好，会引发对工作的不满情绪，处理得好，可以预防或消除这种不满。但是，改善保健因素只能起到安抚员工的作用，保持人的积极性，维持工作现状，并不能对员工起激励作用。所以保健因素又称维持因素。

激励因素是指那些与人们的满意情绪有关的因素。主要包括：工作表现机会和工作带来的愉快、工作上的成就感、工作上的奖励、对未来发展的期望、职务上的责任感等等。在管理工作中，与激励因素有关的工作如果处理得好，就能使人们产生满意的情绪，从而提高员工的工作积极性，如果处理不当，则会使员工得不到满意感，但不会导致不满意。

赫茨伯格的双因素理论与马斯洛的需要层次理论也有相似之处。他提出的保健因素相当于马斯洛提出的生理、安全、社交等较低层次的需要，激励因素则相当于尊重、自我实现等较高层次的需要，只是他们具体的分析与解释不同罢了。

双因素理论对激励员工具有一定的指导意义。他告诉我们一个事实，采取了某项激励措施后并不一定能带来满意，更不等于劳动生产率的提高。因而提醒我们要注意运用激励因素。比如，奖金本身属于激励因素，是由于员工良好的工作业绩而给予的奖励。但在我国目前许多企事业单位，奖金发放的平均主义以及奖金的“工资化”，已使奖金从激励因素变成了保健因素。花了钱，不但没有取得相应的激励效果，反而造成员工的抱怨和不满。

双因素理论非常重视工作内容与工作本身对员工的激励作用，如运用工作丰富化等方法来充分发挥员工的积极性与创造性。这种内在激励对员工素质较高的高技术现代公司有特别重要的意义。

但对于激励因素和保健因素，不同的人反映是不一样的。对某个人起激励作用的因素，对另一个人可能起保健作用。因此，在实际工作中要根据各人的不同情况具体对待。另外，双因素理论的调查对象主要是工程师、会计师等白领阶层，因此，缺乏全面性和代表性，这是在运用该理论时应该注意的问题。

## 二、过程型激励理论

过程型激励理论着重研究人们选择其所要做的行为的过程。主要说明行为是怎样产生的，是怎样向一定方向发展的，如何能使这种行为保持下去，以及怎样结束这种行为发生的整个过程。主要有期望理论、公平理论、波特—劳勒模型等。

## （一）期望理论

期望理论是美国心理学家弗罗姆在 1964 年出版的《工作与激励》一书中首先提出来的。该理论认为，人之所以愿意从事某项工作并达成组织目标，是因为这些工作和组织目标会帮助他们达成自己的目标、满足自己某一方面的需要。

期望理论认为，某一活动对某人的激励力取决于他所能得到的成果的全部预期价值与他认为达到该成果的期望概率。用公式表示就是：

$$M=V\cdot E$$

式中，$M$ 表示激励力，是指调动人们积极性、激发人的内部潜力的强度；$V$ 表示效价，是指一个人对活动的预期结果可能给自己带来的满足程度的评价；$E$ 表示期望值或期望概率，是指人们对自己能够顺利完成某项工作的可能性的估计。

根据公式，激励力的大小主要取决于效价和概率两大因素。比如爬山，要激励某人爬上山顶，其激励力主要取决于两大因素：一是爬上山顶后他将得到什么，这是他爬山的前提，如果爬到山顶后他得到的奖赏很高，即效价很高，则他将奋力往上爬；反之，如果他爬到山顶得到的奖赏很低，即效价很低，则他将不屑一顾。二是他根据经验判断能否爬得上去，如果爬上去的概率很小，则哪怕奖赏很高，他也不会去爬。而效价、概率是因人而异的，对某人效价很高的事情，对另一个人则可能很小；对某人概率很大的事情，对另一个人则可能很小。因此，在运用期望理论时应注意以下几点：

1. 这里的效价是指综合效价。即某目标给某人带来的好处、效益是多种多样的，它既可以是物质的，也可以是精神的，效价是指各种报酬的总和。

2. 同一事件或同一目标对不同人的效价是不同的；同一个人在不同时期的效价也是不一样的。

3. 期望概率是指当事人主观判断的概率，它与个人能力、经验以及愿意作出的努力程度等直接有关。

4．效价与平均期望概率相互影响。平均概率小，效价相对增大；平均概率大，效价相对减小。

期望理论为管理者提高员工的工作绩效提供了可实现的途径。比如，为了提高期望概率，目标设置要具体可行；要注意培训员工以提高其完成任务的能力，创造有利于完成任务的条件；及时兑现报酬等。为了提高效价，奖励要针对人们最迫切要求满足的需要，对不同的人可根据其需要的不同给予不同的奖励。要通过各种渠道了解员工效价、期望概率的变化情况，以便及时采取措施维持其工作积极性。

### （二）公平理论

公平理论是美国心理学家亚当斯在其 1965 年发表的《社会交换中的不公平》一书中提出来的，也称“社会比较理论”。

这一理论主要研究报酬公平性对人们工作积极性的影响。其主要观点是：当一个人做出成绩并取得报酬以后，他不仅关心所得报酬的绝对值，而且关心自己所得报酬的相对值。因此，他要进行种种比较来确定自己所得报酬是否合理，比较的结果将直接影响其工作的积极性。

这里的比较包括横向比较和纵向比较。所谓横向比较，就是将“自己”与“他人”进行比较来判断自己所获得的报酬的公平性，从而做出相应的反应。可以用下列公式来表示：

$$R_P=自己所得的报酬/自己的投入量$$

$$R_A=他人所得的报酬/他人的投入量$$

其中 $R_P$ 即自己的收支比率，$R_A$ 为他人的收支比率。

公平理论认为，每个人都会自觉或不自觉地将自己的收支比率与他人的收支比率进行比较。如果这种比较表明收支比率相等，即 $R_P= R_A$，他就会感到公平，从而性情舒畅，努力工作。反之，如果收支比率不相等，则可能出现下列情况：

当 $R_P>R_A$ 时，说明此人得到了过高的报酬或付出的努力较少。在这种情况下，一般来说，他不会要求减少报酬，而有可能会主动增加工作量。但过一段时间，他便会觉得自己得到这么多报酬是应该的，因而工作状态又会恢复到原先的状态。

当 $R_P<R_A$ 时，则说明此人对组织的激励措施感到不公平，此时他可能会要求增加报酬,或者自动地减少投入；或者要求组织减少比较对象的报酬或增加他的投入；或者另找比较对象以求心理平衡；也可能发牢骚、讲坏话，消极怠工或另谋他职，以便达到心理上的平衡。

除了“自己”与“他人”进行横向比较以外，还存在着自己的目前与过去的比较，即纵向比较。可以用下列公式来表示：

$R_P$=自己所得的报酬/自己的投入量

$R_H$=自己过去所获得的报酬/自己过去的投入量

当 $R_P= R_H$ 时，他认为激励措施基本公平，积极性和努力程度可能会保持不变。

当 $R_P> R_H$ 时，他不会觉得所获得的报酬过高，他会认为自己的能力和经验有了进一步的提高，报酬增加是应该的。因此，工作积极性也不会因此提高。

当 $R_P< R_H$ 时，他会觉得很不公平，工作积极性会下降，除非管理者给他增加报酬。

一般情况下，人们会更倾向于进行横向比较。而且在比较过程中，人们总是过高地估计自己的投入量，过低地估计自己所获得的报酬；而对别人的投入量及所得报酬的估计则刚好相反。因此，管理者在运用该理论时，应当在工作任务分配、工资和奖金的评定以及工作业绩的评价中，力求公平合理，以保护和调动员工的积极性。不过，公平也是一种心理感受，它是相对的、主观的。由于受到公平的标准、绩效的评价、个人的感受等许多因素的影响，绝对的公平是不存在的。因此，管理者还应注意对当事人进行正确的公平观的引导，作为员工也应树立正确的公平观，不要盲目攀比、无理攀比以及按酬付劳。

### （三）波特—劳勒模型

1968 年美国管理学家波特和劳勒在他们合著的《管理态度与工作绩效》一书中提出了一个综合的激励模型，被称为波特—劳勒模型，这是在期望理论和公平理论基础上的扩展，他以非传统的方式来确定激励、满意和绩效三者之间的关系。如图 8-2 所示。

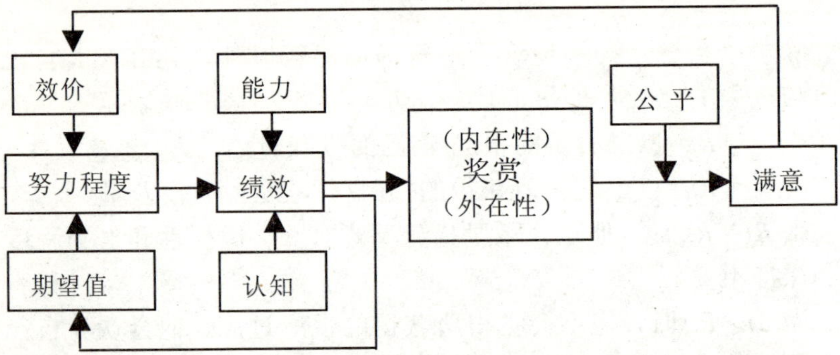


图 8-2　波特—劳勒模型

该激励模型主要包括四个变量：努力、绩效、报酬和满足。

努力：相当于期望理论的激励力。努力一方面取决于对报酬价值的主观评价（效价），另一方面还取决于个人对可能获得报酬的期望概率。

绩效：主要依赖于个人的努力程度，同时还取决于个人的工作能力、对所承担角色的理解力即个人对在某项工作中应发挥的作用的认识以及所处环境的限制。

报酬：分为内在报酬和外在报酬两种。内在报酬是指工作本身产生的报酬，如尊重、自我实现等需要的满足；外在报酬是指工作之外的工资、工作条件、职业保障等方面需要的满足。

满足：是个人的一种内在的认知状态，表明个人在实现了预期的目标和报酬之后所得到的满意感觉。

报酬与个人对报酬的公平感结合在一起，影响着个人的满足，其中公平感又受个人对工作绩效的自我评价的影响。同时，一个人最后得到的满意程度又将影响到以后的价值判断。当个人从实现目标和报酬中得到了满足时，就会使他对此项目标所得报酬的评价提高，进而提升此项目标对个人的激励力，使他更加努力。

这一模型综合了个体的外部激励、内部激励、行为表现和行为后果的相互作用等各种因素，把整个激励过程——从激励的激起、绩效的达成、报酬的获得一直到满足的实现，表述得比较完备，将前面的期望理论和公平理论有机地结合起来，形成了系统化的激励过程。

## 三、行为修正型激励理论

行为修正理论是研究如何将人的消极行为转化为积极行为的一种激励理论，较有代表性的是强化理论、归因理论和挫折理论。

### （一）强化理论

强化理论是美国心理学家斯金纳提出来的。斯金纳认为，人们为了达到某种目的，都会采取一定的行为，这种行为将作用于环境。当行为的结果对他有利时，这种行为就会重复出现；当行为的结果对他不利时，这种行为就会减弱或消失。这就是环境对行为强化的结果。

强化理论的主要论点是：

1．人的行为是受外部因素控制的，控制行为的因素称为强化物。强化物是在行为结果之后紧接着的一个反应，它提高了该行为重复的可能性，行为是其结果的函数。

2．当人们因采取某种理想行为而受到奖励时，最有可能重复这种行为。当这种奖励紧跟在理想行为之后，则奖励最为有效；当某种行为没有受到奖励或是受到惩罚时，其重复的可能性则非常小。

3．对人的行为控制，只要求控制刺激人的外部环境中的两个条件。即在行为产生前，确定一个具有刺激作用的客观目标；在行为产生后，根据工作绩效给予奖或惩，或既不奖也不惩。

4．通过学习培训可以使人的行为反应适应客观环境。

在组织的管理实践中，常用的强化手段有三种类型：正强化、负强化和消退。正强化是指组织对成员的某种行为给予肯定和奖赏，该种行为符合组织目标，成为获得肯定和奖赏的工具。正强化增加了组织成员该种行为重复出现的可能；负强化是指当组织成员的某种行为不利于组织目标达成或不符合组织的某种规范要求时，组织希望其不再发生同样或类似行为，所给予的带有强制性的不利回报；消退是指撤消对组织成员的某种行为的正强化后，使该行为出现的可能性减少。

强化手段所产生的激励效果的大小，不仅与采用何种强化手段有关，还与如何进行强化实施的程序有关。强化实施的程序一般分为持续性强化和间歇性强化两种。持续性强化是对每个行为都给予强化，没有中断和缺省；间歇性强化是指非连续的强化，即经过一段时间强化一次。不同的强化方式所起的效果是不同的，因此，管理者在进行强化时，不仅要注意强化的内容，也要注意强化的方式。具体在进行强化时应注意以下几点：

(1) 要针对不同的对象采取不同的强化措施。

(2) 分阶段设立目标，及时给予强化。

(3) 及时反馈工作结果，增强强化效果。

(4) 尽管正强化和负强化都有激励作用，但在实际工作中应以正强化为主，负强化为辅，以取得更好的强化效果。

### （二）归因理论

归因理论是由美国斯坦福大学的罗斯和澳大利亚的心理学家安德鲁斯等人提出来的，也成为认知理论，因为它主要是说明和推论人们活动的因果关系。

该理论的主要论点是：

1．不同的归因会直接影响人们的工作态度和积极性，进而影响随之而来的行为和工作绩效；对过去的成功或失败的归因，会影响将来的期望和坚持努力的行为。一般人可作出四种归因：一是努力程度，二是能力大小，三是任务难度，四是运气与机会。

2．把以往的工作或学习的成功与失败的原因，归于内外因中的稳定性因素还是不稳定性因素，是影响今后工作和学习的成功期望和坚持努力行为的关键。也就是说，如果失败被认为是由于能力低、任务难等稳定因素所致，就会降低随后的成功期望，就会失去信心并不再坚持努力的行为；反之，如果将失败的原因归于自己努力不够或粗枝大叶等不稳定因素，就会坚持甚至增强取得成功的动机，激励进一步增强信心，坚持努力的行为。

该理论对增强人们的坚持性，对取得成就行为有一定的作用，通过改变人的思想认识可以达到改变人的行为的目的。

### （三）挫折理论

挫折理论专门研究挫折的表现，挫折产生的原因和影响因素，目的在于找出对受挫折的有效激励的方式方法，引导人们的行为，走出挫折阴影，从逆境中奋起，积极努力地对待工作。

该理论的主要论点是：

1．不同的人受挫折后的行为表现是各不相同的，有的人采取积极进取的态度，有的人采取消极的态度，甚至有的采取对抗的态度。

2．挫折的各种表现形式都是客观存在的，我们应该找出挫折发生的原因，以便妥善处理。形成挫折的原因也是多种多样的，归纳起来主要有主观原因和客观原因两大类。由主观原因引起的挫折又称为内因性挫折，它是由个人所具备的条件（体力、智力、经验、思想意识等）和动机的冲突致使目标无法实现而产生的挫折；由客观原因所引起的挫折又称为外因性挫折，它是由外界因素（自然环境、社会环境）阻碍人们达不到目标而产生的挫折。

3．由于每个人的志气和容忍力不同，其感受挫折大小的程度也不同。

4．挫折理论提出采用宽容的态度，提高认识，分清是非。心理咨询以及改变环境等多种方法，可以引导受挫折者避免消极甚至对抗的态度，而采取积极的态度以改变行为朝着积极方向发展。

## 第三节 激励方法

根据上述各种激励理论，在实践中建立科学、合理、规范的激励制度，运用多种激励方法和手段来激发人的工作积极性和提高人在工作中的满意度，是激励理论研究的真正目的。

### 一、激励的基本方法

#### （一）报酬激励法

报酬是指作为个人劳动回报而得到的各种类型的酬劳。报酬激励就是组织通过提供一定的报酬刺激，来激发组织成员努力完成一定的工作任务，以达到组织目标。报酬激励可分为两大类：一类是经济性报酬，是指工资、奖金、佣金等直接经济报酬，以及各种福利、保险等间接经济报酬；另一类是非经济性报酬，是指个人对工作的心理满足感，如工作的有趣性、挑战性、责任感、成就感及发展机会等，以及个人对物质环境的满足感，如管理的政策、称职的管理、和谐的同事、舒适的工作条件、恰当的社会地位标志等。经济性报酬和非经济性报酬同等重要，并且不能直接互相替换。调查研究表明，非经济性报酬虽然不是决定人们工作中表现的惟一主导因素，但是会直接影响员工对自己工作的满意，通常都能起到比较明显的激励效果。而且根据马斯洛的需要层次理论，随着人们生活水平的不断提高，低层次的需要满足以后，对较高层次的需要会大大增加，因此，非经济性报酬会显得越来越重要。作为管理者若能较好地运用报酬激励方式，对提高组织成员以及整个组织的工作绩效都有十分重要的意义。

当然，有效的报酬激励要求对组织成员工作绩效进行客观公正的鉴定，并给予应有的报酬。对员工的报酬激励方式主要有：

1. 薪酬

薪酬是组织对员工给组织所做的贡献所付给的相应物质回报或答谢。主要包括固定工资、浮动工资、津贴等。在人们生活水平还不是很宽裕的时候，薪酬的激励作用是十分明显的。因此，管理者应遵循公平、竞争、经济、合法的原则，设计具有激励性的薪酬体系。在具体设计时，应充分考虑员工的工作业绩；薪酬应有助于激励员工学习更多、更广、更深入的知识和技能，使组织成为学习型组织；薪酬水平应反映劳动力、人才市场供求状况，考虑行业特点与本地区生活水平；还应处理好短期激励与长期激励之间的关系；考虑到本组织的实际情况以及相关的政策法规。

2. 认可与赞赏

一般来说，无论是高层次的管理者还是一般员工，从内心来讲都希望得到别人的认可和赞赏。因此，在管理实践中，可采用灵活多样的形式对员工进行认可和赞赏，而且这种方法只需讲究管理技巧，就能收到较好的效果，并且能较好地增加组织的凝聚力，使用的经济成本也比较低。认可和赞赏有时可以成为比薪酬更具激励作用的报酬激励方式。

3. 福利

福利是为了吸引员工到组织工作或维持组织内部员工的稳定而支付的作为固定工资补充的若干项目。主要包括：带薪休假、免费旅游、金融性福利以及其他生活性福利等。福利制度可以增强组织的亲和力，在实际使用时，应将员工所获得的福利与其工作业绩的优劣、为组织服务的期限长短等因素结合起来，避免福利的平均主义，使福利这一激励措施能真正起到好的作用。

4. 员工持股

员工持股是“员工持股计划”的简称，起源于20世纪60年代的美国。这种做法实际上是将员工的收益与其对企业的股权投资相联系，将个人的利益同企业的效益、管理和员工自身的努力等因素结合起来，带有明显的长期激励的成分。实践证明，一旦员工变成所有者，他们就会以主人翁的精神投入工作，并基本不会做出损害公司效益和利润的行为。对高层管理人员而言，股票和股票期权的激励方法更是一种常用的方法。这种奖励能克服管理人员的短期行为，从而保证组织的持续发展力。

## 阅读资料二

### 股权激励法

一

武汉的高科技企业红桃 K 集团通过实施全员持股，实现了企业稳健发展。1993 年，以谢圣明为首的 8 个创业者筹集 6000 元资金创建武汉“红桃 K”公司，开发“红桃 K”口服液，并以农村包围城市的市场开拓战略获得成功。经过 7 年的稳健发展，现在已经成为一家总资产 45 亿元，主营生物保健品的民营高科技企业集团。

“红桃 K”为何能在这种逆境中处于不败之地呢？有人说是市场网络建设得好，也有人认为新产品开发速度快，但这都不是“红桃 K”集团强劲发展的最本质原因，最根本原因还是应归功于“红桃 K”公司的治理机构的“三级跳”：

第一跳，踏上民营企业跳板。

第二跳，由民营企业跳向混合型企业。谢圣明认为，要使“红桃 K”克服民营企业长不大，长大就分家的死症，关键在于老板要有胸怀，要舍得把股份给大家，确立员工的主人翁地位。谢圣明及其他创业者的个人股份以全资到逐步稀释，直到如今股东多达 2233 人，1995 年以前到岗的所有职工，1996 年 12 月 1 日前到岗的各级管理干部，都已经成为大小股东，谢圣明的个人股份由 100%先是改造到 40%以内，第二次又改造到 20%。

第三跳，由混合型企业跳向股份制公司。1999 年“红桃 K”集团对 300 多家子公司进行股份制改造，集团占这些子公司 55%的股份，另外 45%的股份无偿送给在子公司工作的骨干员工，连股连心，用全员持股使走乡串户的打工者变成了企业的主人。

二

2000 年底，经上级政府批准，拥有 60 亿净资产的春兰（集团）公司，拿出其中 25%即 15 亿元，量化配股卖给员工。根据方案，春兰员工用现金 1∶1 配股，每股 1 元，买一送一，配送股比例按职务高低分等，其中高级经理人员、高级管理人员、高级科技人员、中高级营销人员等四类人员，购买股权分别为 160 万股、80 万股、50 万股（后两类），其余职工按工作年限，分别为 10 万股和 8 万股。经营层和员工的持股比例为 1∶4。个人未来职务若有变化，持股比例也随之变化。

在改制方案里，春兰首席执行官陶建幸所获的股权与其他高级经营管理人员相等，总量为 320 万。春兰连续 15 年以 93%的速度增长，职工未参与利润分配，改制后，将进一步使员工享受利益，又关心企业的长远发展。

5. 进修培训

实践证明，进修培训已成为许多员工十分看重的一个条件，如果组织能给员工提供良好的进修培训机会，即使工资水平低一点，许多高素质的员工也会愿意来工作。因为在知识更新不断加快，科学技术迅猛发展的今天，许多员工尤其是高素质员工，他们到一个企业工作，不仅仅是为了钱，更多的是希望通过工作得到发展、得到提高。为此，管理者应尽量把一些有吸引力的培训项目成为一种奖励，通过这些项目的给予来激励员工。

## 阅读资料三

### 松下公司的“造物先造人”

松下电气公司是日本最大的民用电气公司，其产品被誉为“世界的松下电气”。松下公司自 1918 年由松下幸之助创立以来，之所以能在经济危机的种种冲击和激烈的竞争活动中生存发展，其重要原因之一就是对员工的培训、选拔和使用。公司有句名言“造物先造人”，就是说，要生产出先进的产品，首先要培育出优秀的人才。

松下电气公司有健全的职工培训机构，总公司设立了教育训练中心，下设各种类型的8个研修所和1所高等职业学校，各职能机构都有明确的培训对象，并在实践中形成了一套具体的培训制度和方法。

松下电气公司在职工培训、使用问题上积累了成功的经验，其中有两点特别引人注意：一是一个企业主管要真正懂得培养人才的重要性。正如松下幸之助所说，如果说公司在造就人才方面获得成功的话，那么首先是因为我这个最高经营者对此有强烈的要求。二是把尊重人的精神作为根本。1929—1933 年的经济危机曾使松下公司陷入困境，松下当机立断决定生产减半，但员工一个也不被解雇。此举使员工们大为感动，主动放弃休息，想方设法帮助公司推销积压产品。经过上下一致的共同努力，终于渡过难关，迎来了新的更大的发展。

6. 员工职业生涯发展

职业生涯是每一个人职业发展的历程，组织如果能在员工的成长发展中，给予员工必要的指导和帮助，提供员工个人发展和晋升的机会，员工就会以忠诚和业绩加以回报。

### （二）目标激励法

目标激励法就是由组织设置恰当而具有挑战性、且明确的目标，以激发员工的动机，达到调动员工工作积极性的目的。目标激励的实质是以目标设置来激发组织成员的自我管理意识和指导行为。同时，目标激励法有利于组织实施目标管理，对组织目标的达成具有很大帮助。在运用目标激励法时，应注意目标设置的合理性、可行性以及与个体的切身利益的相关性。目标的内容要具体明确，能够有定量要求的目标更好，切忌笼统抽象。同时，目标要具有挑战性，目标定得太低，不具有激励作用。

### 阅读资料四

#### 本田公司的目标激励法

本田公司的创始人本田宗一郎最善于通过建立激动人心的目标来激励员工。美国学者乔治·吉尔德这样评价本田宗一郎：“本田是亨利·福特以后世界上最伟大的企业家之一。”

本田宗一郎取得这样的地位，是由于他在两件不可能的事情上获得了成功。第一件事是将过时的摩托车改造成20世纪下半叶的经济增长点之一；第二件事更了不起，他在1966年跻身于汽车工业的最前列。在美国最后一家进入汽车制造业的公司是1946年开始生产汽车的凯择—弗雷泽汽车公司，该公司最终以失败退出行业而告终。

20世纪60年代，本田宣布他的公司要参加汽车大赛。其根本目的是要在汽车制造技术方面取得突破。他知道他们需要日本最优秀的技术天才的帮助，他也明白如果他仅仅只是宣布他要开办一家汽车制造厂是无法吸引到这些人的。只有下决心制造世界最快的赛车才能吸引他想要的人。本田终于将他的梦想中的队伍组织起来了,成立了一家分公司。本田告诉他的队伍,他们没有任何短期计划,不受任何现有汽车制造技术的限制,惟一目标是新技术,允许失败。

本田Ⅰ型赛车在墨西哥和意大利的汽车大赛上获奖,Ⅱ型赛车在1966年一连串汽车大赛中夺得11次冠军,这简直让世界汽车界傻了眼。英国人评论说:“本田公司的制造工艺的精密度之高几乎可以比得上镶有钻石的手表。”

然而夺取汽车大赛并不是本田的最终目标。1967年,本田觉得已经不能从制造赛车中得到更大的技术好处了,他就退出了汽车大赛,带领他的队伍投入了另一个更有挑战性的工作:制造无公害汽车。这一富有远见的行动不仅比其他汽车公司领先好几年,甚至领先于日本和美国的环保运动。这一努力使得本田公司积累了大量独一无二的技术,使一些世界最大的汽车公司处境尴尬。

### (三)奖惩激励法

奖励和惩罚都是一种强化手段。奖励是对人的行为的肯定,可直接激励。而惩罚是对人的行为的否定,属于间接激励。奖励的心理机制是人的荣誉感、进取心理,有物质的和精神的需要;惩罚的心理机制是人的羞怯、过失心理,不愿受到名誉或经济上的损失。使用奖励激励法时,应奖励分明,与实际情况相符合,否则会造成不公。奖励的形式是多种多样的,可分为物质奖励、精神奖励,以及两种奖励的结合。惩罚的形式也是多种多样的,如批评、检讨、处分、经济制裁、法律制裁等。

### (四)考评激励法

考评激励法是指各级组织对所属成员的工作及各方面的表现进行考核与评定。通过考核和评比,及时指出员工的成绩、不足及下阶段努力的方向,从而激发员工的积极性、主动性和创造性。同时,为了让考评激励发挥最大的作用,在考评过程中必须注意制定科学的考评标准,设置正确的考评方法。

## 阅读资料五

### 如何进行绩效考评

绩效考评是公司人力资源管理的一个重要方面,也可以说是一个难点。绩效考评是指对员工的工作进行客观的评价,这种评价直接关系到薪金调整、奖金发放、职务升降等诸多员工的切身利益。如果做得不好，会起到适得其反的作用。

## 一、绩效考评的意义

绩效考评的一个显而易见的意义是为了给薪金、晋升等提供依据，但它的意义不止这些。通过考评使员工知道自己的优势、不足和努力方向，这对他们改进自己的工作有很大好处。另外考评还可以使人事部门和公司高层了解公司的人力资源现状，使下一步人力资源管理工作更加有的放矢。

## 二、制定考评内容

制定考评内容是编制考评的第一步。在制定内容时，要注意体现以下两个方面的东西：一是公司的管理原则，即公司鼓励什么，反对什么；二是该岗位的工作要项。考评内容要抓重点，不能面面俱到，另外对于难于考评的项目也要谨慎处理。

绩效考评是考评员工的工作水平，所以员工个人的生活习惯、行为举止、个人癖好等内容不宜作为考评项目出现。如果这些内容妨碍到工作，其结果自然会影响到相关工作的考评成绩。

考评项目是客观考评还是主观考评，要根据考评岗位的具体情况处理。如对项目组开发人员的考评，由于开发人员每个任务不可能一样，所以宜使用主观考评，如任务难度、任务紧迫度、协作精神、努力程度等；对办公室文员的考评应使用具体内容和抽象内容相结合的形式，因为文员有常规性事物处理，如打字、订车票、采购办公用品、维护固定资产等等，这些具体工作使用客观考评，另外对他的工作态度和作风也有要求，如是否热情、是否公正等，这是主观考评。

考评的尺度一般使用五类标准：极差、较差、一般、良好、优秀。也可以使用分数，如 0 分至 10 分，10 分是最高分。对于不同的项目根据重要性的不同，需使用不同的分数区间；使用五类标准考评时，在计算总成绩时也要使用不同的权重。

人事部门制定考评内容的初稿，然后要与被考评人和考评人深入地进行讨论，最终的标准须经双方认可。

## 三、制定考评实施程序

考评内容制定完成后，要制定相应的考评实施程序。考评实施程序一般分为自评、互评、上级考评、考评沟通等四个步骤。

**1. 自评**

自评即被考评人的自我考评，考评结果一般不计入考评成绩，但它的作用十分重要。自评是被考评人对自己的主观认识，它往往与客观的考评结果有所差别。考评人通过自评结果，可以了解被考评人的真实想法，为考评沟通做了准备。另外，在自评结果中，考评人可能还会发现一些自己忽略的事情，这有利于更客观地进行考评（被考评人往往是他的直接上级）。

**2. 互评**

互评可以在部门内部员工之间进行，也可以由其他部门进行考评。如在一个人数较多的部门中，部门内部员工之间适合进行互评；如果人数少，而这些人主要是服务于其他部门的（如财务部、行政部等），适合由其他部门进行考评。

在互评侧重主观考评时要注意两个问题。首先互评的项目应是互评人有考评条件的项目，协作精神、努力程度等可以考评，某项工作的完成度则不宜考评（应由直接上级考评）；另外，互评要不记名，并且互相保密，这样才能保证互评的客观性和真实性。

**3. 上级考评**

上级考评是考评中必不可少的环节，因为被考评人的上级对他的工作情况最为了解。上级考评要考评所有项目。该考评一般由上级直接进行。

**4. 考评沟通**

考评成绩统计结束后，考评人要与被考评人做一次沟通，主要是通报考评成绩，并指出被考评人的优缺点和努力方向，指导被考评人改善自己的工作。

在考评沟通中，往往容易发生被考评人不认可自己某些缺点的争执。这要求考评人应事前根据自评结果找出可能产生争执的项目，并对相关内容进行客观地广泛地调查，在解决这些争执时，才能做到有理有据。最终要使被考评人接受考评结果。

（资料来源：中国管理传播网）

### （五）竞赛与评比激励法

竞赛在组织内是客观存在的。在正确思想指导下，竞赛以及竞赛中的评比对调动人的积极性有重大意义。竞赛与评比的主要作用：一是对动机具有激发作用，使动机处于活跃状态；二是能增强组织成员的心理内聚力，明确组织与个人的目标，激发人的积极性，提高工作效率；三是能增强人的智力效应，促使人的感知敏锐准确、注意力集中、记忆状态良好、想象丰富、思维操作能力提高；四是能调动人的非智力因素。另外，团体间的竞赛评比，能缓和团体内的矛盾，增强集体荣誉感。

### （六）组织文化激励法

这种激励方法是利用组织文化的特有力量，激励组织成员向组织期望的目标行动。组织文化是一个组织在长期的运行过程中提炼和培养出来的一种适合组织特点的管理方式，是组织群体所共同认可的特有的价值观念、行为规范及奖惩规则等的总和。按组织文化的构成要素，组织文化的激励主要包括三个方面：一是价值观激励。良好的价值观能增强组织的凝聚力，培养奋发向上的精神，并对每个成员的目标和行为具有导向和激励作用。二是榜样作用。榜样的力量是无穷的，组织典范人物所树立的形象和模范作用对组织中的其他成员会具有很强的激励功能。三是组织形象激励。即组织利用形象增强组织成员的成就感、自豪感和对组织的忠诚。

## 二、激励原则

### （一）针对员工不同需要进行激励的原则

需要是激励的根源，是员工努力工作的源泉。而不同的人的需要是不同的，即使同一个人在不同时期的需要也有所不同。因此，作为管理者，在制定激励措施前，应进行充分的调查研究，真正把握员工的需要，只有这样，才能有的放矢，起到好的激励效果。

## 阅读资料六

### 给得好不如给得巧

（1）中秋节到了，为了让员工们感受到公司的温暖，工会决定给每位员工发两盒月饼、两箱可乐。为了把这些物品发到每位员工手中，工会的老张和小李没少费心思，一个电话一个电话地打，一份一份地发，有时发到六点半都无法下班。没想到中秋节刚过完没几天，公司里流传着各种各样的议论。有的说：不知道哪个家伙出的馊注意，这月饼有啥吃头啊。有的说：月饼还好，那可乐我可不喜欢。有的说都21世纪了，还发实物，发钱又省事又实惠。有的更不好听了：肯定是工会那几个人想捞回扣，要是没点好处傻瓜才会干呢。听到这些，老张和小李简直气炸了！真是好心不得好报。

（2）某公司的王工程师是一个有名的工作狂，脑瓜子有点木，可技术革新却屡建奇功。他妻子小陈刚给他生了个大胖小子，广东的春天又值梅雨季节，小孩的衣服、尿布洗了很难晒干，小陈是既着急又没辙。这事给总经理办公室的小聪知道了，小聪是一位学工商管理的大学毕业生，她给总经理建议道：王工一心扑在工作上，整天不着家，如果公司花三百元钱买一台衣服烘干机送到王工家里，效果一定好极了。这一天，当王工又一次很晚才回到家时，一进门就听到妻子说：今天你们公司派人送来了一台烘干机，可解决大问题了。王工心里顿时一热，吃过饭后他又往实验室去了。

### （二）公平原则

公平理论指出，个人的工作动机，不仅受其所得的绝对报酬的影响，而且受到相对报酬的影响。人们是需要公平的，每个人会不自觉地把自己付出劳动所得的报酬与他人付出劳动所得的报酬进行横向的比较，比较的结果直接影响工作积极性。因此，管理者应当研究和重视组织内以及组织外相关人员激励的公平性，具体来说：一是所有组织成员在获得或争取奖酬资源方面机会要均等；二是奖惩的程度要与组织成员的功过相一致，奖惩的原因必须是相关事件的结果；三是激励措施实施的过程要公正，即要做到过程的公开化和民主化。

### （三）正激励为主、负激励为辅的原则

正激励和负激励对人的行为均能起到强化作用。正激励是主动性的激励，用来培养正确的行为；负激励是被动性的激励，用来抑制和消退不正确的行为。就两者的作用来说，正激励是第一位的，

负激励是第二位的。因为激励的实质就是为了调动人的积极性，因此，在使用激励时，应以正激励为主，负激励为辅。

### （四）讲究效益原则

激励应该计算投入产出比。激励归根到底是为了实现组织目标而采取的手段，因此它不能凌驾于组织目标之上。实现组织目标本身就是谋求投入产出比最大。也就是说，组织要用尽可能少的资源投入，来最大限度地完成预定目标和任务。做好激励工作，并不意味着无限制地满足组织成员的需要。有的激励方式虽然对组织成员的激励效果很好，但当激励需要支付的代价大于它所能产生的效益时，它就是不切实际的，也是不符合组织需要的。

## 复习思考题

1. 管理学上对人性有哪几种假设？各有什么特点？
2. 什么叫激励？管理工作中应如何运用激励？
3. 需求、动机、行为之间有什么关系？
4. 需要层次理论和双因素理论的主要观点是什么？
5. 期望理论、公平理论、强化理论的主要观点是什么？
6. 根据强化理论，怎样才能控制人的行为？
7. 常用的激励方法有哪些？各有什么特点？
8. 对普通员工的激励与对知识型员工的激励有何不同？

## 案例一

### 华东输油管理局的激励方式

华东输油管理局有 8000 多名职工，1 万余名职工家属，管理着沧临、濮临和鲁宁三条输油管线，担负着华北、胜利、中原三大油田生产原油的输送任务。这样一条地下大动脉，在我国经济建设中有着重要的战略意义。但在管线建成投产后的一段时间内，出现了职工不安心泵站工作、劳动纪律松懈等问题。基层单位的领导常常花费很大气力做思想工作而收效并不大。通过调查、分析，找出了问题的原因。从客观原因上看，输油生产有着与其他企业不同的点多、线长和分散等特点，四个输油公司和 20 多个输油泵站，70%以上建在远离城镇的乡村。正是这种特殊性，给生产第一线的职工带来了一系列困难，如购粮买菜、子女上学、幼儿入托、家属就业、食堂伙食花样少和质量差，以及业余文化生活单调等等。从主观原因上看，一些单位的领导片面地强调“先生产，后生活”，甚至把生活后勤工作和生产对立起来，这样，就形成了落后的生活后勤和广大职工、家属生活方面的需要不能相适应的矛盾，并逐渐上升为影响职工思想情绪、影响生产的主要矛盾。例如在几个问题比较突出的泵站，有20%以上的职工向领导提出请调报告；有的由于食堂办得差，50多个职工竟有30多个煤油炉，做小锅的人数远远超过了在食堂就餐的人数；有的由于吃菜困难，职工中脱岗买菜的现象时有发生；有的为了买一斤盐、一支牙膏也要跑几里路。通过分析知道，广大基层职工对搞好生活后勤工作、解除后顾之忧的需要是当时的主导需要。

华东输油管理局着重把握住职工及其家属主导需求的满足，采取一系列措施，要求各个单位必须把职工的生活后勤工作纳入议事日程；利用各泵站站内的空闲土地发展蔬菜生产，解决职工吃菜难的问题；选送了几批炊事员外出进行技术培训，提高烹调技术水平；选送了一批具有高中、初中文化水平，有一定特长的青年职工到师范学校培训，充实教师队伍，为各幼儿园、托儿所配备了必需的教具、玩具和用品，解决了入托难的问题；组织各单位的职工家属兴办集体福利事业，为职工生活提供方便；积极联系生活物资送货到基层；各单位积极进行绿化，为职工创造优美、舒适的工作、学习和生活环境。同时还积极丰富基层的文化生活，逐步解决基层业余文化生活单调、枯燥的问题。通过这一系列措施的落实，原来存在的问题陆续地得到不同程度的解决，从而调动了职工的积极性，促进了工作，保证了生产。

**思考题**

请你根据需要和激励理论分析华东输油管理局的行为。

**案例二**

### 山花煤矿奖金分配风波的启示

山花煤矿是一个年产120万吨原煤的中型矿井。该矿现有职工5136人，其中管理干部458人，占全矿职工的8.9%。1990年全矿职工在矿井领导的带领下，团结一心，努力奋斗，取得了生产和安全的大丰收。特别是在安全方面，

100 万吨原煤生产死亡率降到了 2 人以下，一跃跻身于同行业的先进行列。至此，上级主管部门特拨下 15 万元奖金，奖励该矿在安全与生产中做出贡献的广大干部和职工。

在这 15 万元奖金的分配过程中，该矿袁军矿长代表矿行政召集下属五位副矿长和工资科长、财务科长、人事科长和相关科室的领导开了一个“分配安全奖金”会议。袁矿长首先在会上发言，他说：“我矿受到上级的表彰是与全矿上下广大干部和职工群众的齐心协力、团结奋斗分不开的。奖金分配上嘛，应该大家都有份，但是不能搞平均主义，因为每个人的贡献有大小，我看工人和干部就该拉开距离，如工人只是保证自身安全，他们的安全工作面不大。而干部不但要保证自身安全还要负责一个班组、区、队，或一个矿的安全工作，特别是我们这些头头还在局里压了风险抵押金，立了军令状，不但要负经济责任，同时，又要负法律责任。为此在奖金分配上不能搞平均，应该按责任大小、贡献多少拉开档次。若奖金分配不公，就会打击干部和工人的工作积极性。为防止干好干坏一个样、干多干少一个样的现象，我认为这次分奖金应该拉开几个档次，我和财务科长初步商量了一个分配方案，算做抛砖引玉吧！请大家讨论，下面就请王科长向大家介绍一下具体方案。”

王科长说：“奖金总额是 15 万元，要想各方面都照顾到是不可能的，只能定出个大致的档次，主要分五个档次，矿长 550 元，副矿长 500 元，科长 400 元，一般管理人员 200 元，工人一律 5 元。这样分下来，全矿初级干部 13 人，科技干部 130 人及各类管理人员 307 人，职工 4678 人，刚好分均。”袁矿长接着说：“就这五个档次，大家发表一下意见。”

过了一回，主管生产的冯副矿长说：“我原则上同意这个分配方案，这样虽能鼓励大家努力工作，只是工人这个档次 5 元太少了，并且不论什么工种都是 5 元，这不是太平均了吗？我们既然反对平均主义，就要工人与干部都不能搞平均主义，最好把工人的奖金也拉开档次，否则工人的积极性怕是要受到影响，不利于今后工作任务的完成。”安检科陈科长心里想，我具体主管安全，责任不比你矿长小，奖金倒要少 150 元，与其他科长拿同档次奖金，这不是太不公平了吗？于是便开了腔：“要说安全工作，全矿大大小小几百条巷道我都熟悉，天天都在和安全打交道，处理安全事故每次都到现场，但有些人一年没下井几天，安全工作不沾边，奖金反倒不少，我建议多来一个档次，六个档次。”陈科长的发言马上引起了人事科长、财务科长等科长的极为不满，于是大家你一言我一句地说开了。最后袁矿长做了总结性的发言，他说，今天这个会大家讨论得很热烈，意见各不一致，为了统一思想，我把大家的意见归纳为两条：第一是怕工人闹意见影响生产；第二，多拉开些档次，要说闹意见，不论怎样分都会有人闹意见，比如有些与安全工作无关的人，我们一视同仁地给点，按理说照顾到了全矿职工，就会使意见相对小一些，要说影响生产，我们现在实行的岗位责任制，多劳多得，不劳就不该得，至于多拉档次，我看就不必了，多拉一个档次，就会多一层意见，像安检科陈科长这样的个别特殊情况，我们可以在其他方面进行弥补，这个方案今天我看就这么定了，请财务科长尽快把奖金发下去，散会。”

奖金发下后全矿显得风平浪静，但几天后矿里的安全事故就接连不断地发生：先是运输区运转队的人车跳轨，接着三采区割煤机电机被烧，随后就是丌拓区冒顶两人受伤。袁矿长坐不住了，亲自带领工作组到各工队追查事故起因。首先追查人车跳轨事故，机车司机说钉道工钉的道钉松动，巡检维修不细心。而钉道工说是司机开得太快，造成了跳道，追来查去大家最终说出了心里话，他们说，“我们拿的安全奖少，没那份安全责任，干部拿的奖金多，让他们干吧。”还有一些工人说：“老子受伤，就是为了不让当官的拿安全奖。”一段时间矿里的安全事故仍然在不断地发生，最终矿行政采取了一些措施，进行了多方面的调整工作，总算把安全事故压下去了。山花矿区从前那种人人讲安全、个个守规程的景象不见了。

### 思考题

请剖析山花煤矿的奖金激励制度，说明其为什么不能起激励作用。如你是矿区负责人，你认为怎样做是最合理、有效的。

### 案例三

## 彻底摒弃“红包”

### ——方太集团董事长茅理翔谈激励

“红包”原是三资企业普遍实行的一种激励手段，后来，乡镇企业也出现了年终塞红包的习惯。的确，这个办法有时挺管用，下属为多拿点奖金会拼命地干。但久而久之也就不管用了，而且出现了几种坏现象：

第一，春节之前，人人把眼睛盯住老板，总盼望自己能有红包。

第二，去年拿红包的人希望今年钱会多一些。多了会绽开笑脸，说声“谢谢”。少了一点，会不高兴，本认为今年工作非常卖力，年终发红包肯定能超过去年的，但到手之后数了数，没增加多少，心里就不高兴了，第二年的工作明显平平，没什么长进了。而如果红包年年增，一般企业都吃不消，因为企业总是有兴有衰，不可能年年发大财。

第三，没拿红包的道听途说，人人年终有红包，我为什么没有?没有，就闹情绪，闹得家里春节都过不太平。

第四，拿了红包的，心里还会想，某某可能比我还要多，看他这么高兴，好像捡了个金娃娃。其实他工作还没有我出色，老板亏待我了。

如此一来，红包还有没有激励作用?至少红包的激励作用慢慢减弱了。于是，方太后来干脆取消了红包，增加了两个透明度：一是薪金透明。什么岗位给多少年薪，平时拿多少，年终应该有多少，全部公开化，但强化月度考核与年终考核，必须把工作任务完成好才能拿到。二是奖金透明，把奖金与工作岗位、责任、绩效挂钩的情况公开化。增加透明度后，原来塞红包摆不平的事情，现在都摆平了。

**思考题**

1. 你如何评价茅理翔的激励观?
2. 你认为奖金怎样才能起到真正的激励作用?

# 第九章　协　调

## 本章重点

- 协调的特点、原则和方法
- 沟通及其重要性
- 沟通的要素、步骤及沟通形式
- 沟通障碍及其克服
- 冲突的类型及冲突的处理
- 人际关系的概念、构成要素
- 处理好人际关系的原则和方法

## 引　例

### 不可忽视的沟通协调

在战国时代，赵将廉颇勇猛异常，攻城略地、战功卓著。新提升的相国蔺相如胆略超群、足智多谋，秦庭之上斥责秦君，怒发冲冠；渑池会上力逼秦王，不失国威。二人皆为国家栋梁。然而廉颇自恃功大年高，论职羞于相如之下。每遇相如必极力侮辱，且不与其同列朝班。相如每每忍让，绝不与争。其门客询问原故，相如说："廉将军是赵国难得之才，相国亦身负重任。秦国不敢轻犯赵土，因有我二人之故。将相相斗，必有一伤，不论伤者为谁，皆国家之祸。"廉颇闻言，大感惭愧，背负荆条请罪相府。廉颇、蔺相如和好，共事赵国，以廉颇之勇加以相如之谋，使强大秦兵不敢犯境。这就是两千年来一直为人们交口称颂的"将相和"的故事。

蔺相如以国事为重，对廉颇忍让再三，因为他明白，自己与廉颇的团结会形成极大的力量，对赵国有益；如果二人相斗，其中必有一伤，则后果不堪设想。蔺相如成功地协调了自己与廉颇的关系，他们的和好使二人的长处相得益彰，得到了充分的体现与发挥。

与此相反的一个例子是，以蒋介石为代表的国民党政权是一个极其复杂、异常松散的封建军事结合体。在内战中，蒋介石以重金收买武力的名义统一了中国。其实诸派军阀自成体系，各行其政，各派系之间积怨甚多，常存兼并之心。正由于这种情况，军事结合体的弊病在抗战初期暴露无遗。国民党数百万众兵与日军对抗，数量上无疑占优势，然而对日作战一触即溃，数月之间大好河山沦丧殆尽。这里面除了不发动群众、装备低劣、兵员缺乏训练等原因之外，还有一个不可忽视的因素，那就是这个松散的军事结合体内部矛盾重重，毫无凝聚力与向心力。战场上各存异心、常常见死不救，甚至趁火打劫。国民党军队中很少有人能够成功地指挥这样的部队协同作战。故而初期战场全面瓦解。

可见在一个整体中，人多未必势众，也并不是每个人都充分地发挥其积极性和创造才能，就一定能保证事业的成功。团结才是力量的保证。作为管理者，必须使每个人的努力协调一致，搞好人与人之间的关系。因为在现代社会生活中，每个人都不可能孤立地存在，从事现代化生产的企业以及政府机构、军队团体等等都有一整套极其复杂的组织系统。一个成功的管理者总是把人与人之间、组织与组织之间的关系协调得很好。只有这样，才能使努力调动起来的积极性成倍地发挥效益而不是各自孤立，更不是互相抵消。

## 第一节　协调概述

协调贯穿于管理活动的整个过程，在整个管理过程中占有极其重要的地位。同时，管理者行使管理的一系列职能，其目的就是为了协调一切内外环境因素，达到资源配置最优，从而使组织目标得以顺利实现。

### 一、协调及其特点

协调是使两个或两个以上的单位（部门）及其人员配合适当、步调一致的行为过程，是各种关系呈现和谐、适应、互补、统一等状态的过程。法国管理学家法约尔在《工业管理与一般管理》一书中指出，管理职能包括计划、组织、指挥、协调、控制五项要素，并指出：“协调就是指企业的一切工作都要协调配合，以便于企业经营的顺利进行，并且有利于企业取得成功”。“协调就是在工作中做到先主要后次要”。“协调的意思就是让事情和行动都有合适的比例，就是方法适应于目的”。“对于计划执行的各个部分或环节，总会多少出现一些矛盾或冲突，管理活动就是要对此加以协调，保证计划的顺利实施”。法约尔的理论告诉我们，管理离不开协调，整个管理过程实际上就是协调的过程。

为了实现组织目标，协调工作需要围绕组织的中心任务和工作重点，保持和加强上下、左右、前后各个方面的沟通和联络，及时调解各种矛盾或冲突。具体来说，协调具有以下特点：

1. 普遍性

协调活动存在于一切管理活动中，存在于管理活动的全过程。

2. 联结性

协调工作总要涉及两个或两个以上的方面、要素或单元的关系，通过协调，让大家步调一致，为实现组织的共同目标努力。

3. 平衡性

平衡既包括各个方面在数量、质量上的一致，又包括各个要素的比例适当，合乎规律。

4. 变通性

在维持组织整体利益的前提下，协调对象的各方应作出相应的妥协或让步，以便问题能得到妥善地解决。

5. 保证性

一个现代化的实体组织，如果没有协调，那么整个组织就不能正常运转。因此，协调能保证组织的正常运转。

## 二、协调的原则和方法

### （一）协调的原则

在实际管理过程中，管理者进行有效的协调须遵循以下原则：

1. 整体原则

即从全局出发，从整体着想。

2. 服务原则

即从事协调工作的人应牢固地树立服务意识。

3. 协商原则

即各方应以平等的地位、相互尊重的态度和识大体顾大局的精神，主动沟通情况、交流思想。

4. 求实原则

协调工作的意见、方案、措施等，只有以客观事实为依据，才能被各方认同。

5. 团结原则

协调的主要目的是使各方同心协力，步调一致地实现组织的共同目标。因此，在协调中应重视团结问题。

### （二）协调的方法

在管理实践中，管理者常用的协调方法有：

1. 互相适应，自行调整

在具有协作关系的两个部门或个人之间，可以通过平等式的协商来达成工作上意见的一致，不需要上级的干预。

2. 上级或指定专门人员进行协调

当下属的两个有工作协作关系的单位不能协调时，或是下级碰到涉及其他部门的、超出他的职权范围的无法解决的问题时，由上级或指派专人进行协调。

3. 联络员协调

当管理者自己没有时间亲自进行沟通协调时，可以指派联络员来进行协调。联络员的主要职责是在两个需要配合的单位之间沟通信息，一般不拥有处理事务的权力。

4. 召开会议协调

这是管理者常用的方法。参与会议的各方开会前对所要解决的问题要有充分的准备；要让与会者有充分表达意见的机会；会议主持者要把握好会议方向，在酝酿成熟的情况下及时作出明确、可操作的决定，或是对需要再次召开会议协调的工作作出要求。

5. 委员会协调

委员会是进行跨部门协调的很好的机构。委员会既可以是长期的，也可以是临时的，这要根据所要协调的问题的性质来决定。委员会由相关性部门的代表组成，定期或不定期地就成员单位的有关问题进行沟通和作出决议。

6. 制度协调

通过制定规章制度或程序标准的办法，可以用来进行日常性工作的协调，可以减轻上级管理者大量的协调工作量。高明的管理者都非常重视组织的制度建设，制度建设得当，各项工作既能按章有条不紊地进行，又能促使各个部门的工作自动配合。

7. 调整组织机构或人员

由于组织机构协调不合理而导致协作过程中互相扯皮、“踢球”的现象司空见惯，调整的办法是将机构进行精简合并，也可以通过增设个别机构以消除由于缺少某一机构而导致有关成员不能有效协作的现象；由于某些人员工作上的不适应造成组织活动运转不协调时，可以对这些人员进行调整，或者对他们进行教育培训。

## 第二节　沟　通

### 一、沟通及其重要性

沟通是指将某一信息传递给客体或对象，以期取得客体或对象作出相应反应的过程。

对一个组织来说，沟通是一个十分重要的问题。它把许多独立的个人、群体联系起来，成为一个整体。组织中的相互了解、部门之间的协调以及与企业外部的联系等等，无不依赖于信息沟通。沟通对于组织的重要性，如同血液循环对于人体。有效的沟通有助于激励人们完成任务，实现工作的满意；有助于人们更好地理解自己的工作，更深刻地感受到自己的行动与整体任务的密切联系；有助于建立和改善人际关系，减少许多不必要的冲突。具体来说，沟通在管理中具有以下几方面的重要意义：

### （一）沟通有利于组织成员认清形势

一个人对自己的工作和工作环境知道得越多，就能工作得越好。一个组织中上下级之间的经常沟通，不但有利于组织工作人员，尤其是新来人员要认清形势，而且通过下属人员经常性汇报工作，也可以使主管人员认清形势，最终有利于组织工作的开展。

### （二）沟通是科学决策的前提和基础

一个组织对于大政方针的决策往往决定着组织生产经营的成败。为了使组织进行科学合理的决策，就必须迅速而准确地收集、处理、传递和使用情报信息。这里的信息情报包括组织内外的经济环境、市场、技术、资源、文化等内容。事实证明，许多决策的失误是由于信息资料不全、沟通不畅造成的。因此，没有沟通就不可能有科学有效的决策。

### （三）沟通是使组织成员团结一致、共同努力来达到组织目标的重要手段

通过沟通使组织成员之间互相协调配合，保证整个组织体系的统一指挥、统一行动，实现高效率的管理。同时，也只有通过沟通，才能把抽象的组织目标转变成为组织中每一个成员的具体行动，并通过共同努力，以保证组织整体目标的实现。

### （四）沟通是组织成员之间建立良好人际关系的关键

组织内人际关系如何，主要是由沟通的水平、态度和方式决定。工作群体是主要的社交场所，员工通过群体内的沟通来表达自己的挫折感和满足感。因此，沟通提供一种释放情感的情绪表达机制，并满足了员工的社交需要。

### （五）沟通也是组织与外部环境之间建立联系的桥梁

组织的生存和发展必然要与政府、社会、顾客、供应商、竞争者等发生各种各样的联系。比如，通过信息交流了解客户的需要、

供应商的供应能力、股东的要求、政府的法规条例及社会团体关心的事项等。任何一个组织只有通过信息沟通才能成为一个与其外部环境发生相互作用的开放系统，也才能使自己在激烈的市场竞争中处于优势地位。

## 二、沟通的要素及步骤

### （一）沟通的要素

根据参与沟通的“两方”的性质不同，沟通可以表现为人与人之间的沟通、人与机之间的沟通以及机与机之间的沟通。在领导工作中，沟通主要是指人与人之间的沟通，即人际沟通，也就是通过两个或更多人之间进行关于事实、思想、意见和感情等方面的交流，来取得相互之间的了解以及良好的人际关系。

跟其他沟通相比，人际沟通有自己的特点。一是人际沟通主要是通过语言（或语言的文字形式）来进行的；二是人际沟通不仅是单纯的情报和信息的交流，而且还包括情感、态度、思想和观念的交流。比如，一位员工要去看望生病的母亲，向领导请假一周，这时领导的态度将会对这位员工的情绪产生积极或消极的影响，其作用有时甚至可能抵消领导的准假。因此，可以说，态度情感问题贯穿于管理沟通的整个过程，作为管理者必须高度重视这个问题；三是在人际沟通过程中，心理因素有着重要意义。在信息发出者和接受者之间，需要彼此了解对方进行信息交流的动机和目的，而信息交流的结果是会改变人的行为的；四是在人际沟通过程中，会出现特殊的沟通障碍。这种障碍不仅是由于信息传递的失真或错误，而是人们所特有的心理障碍。比如，由于人的知识、经历、职业、政治观点等不同，对同一信息可能会有不同的看法或理解。这些特点表明，在研究人际沟通时，应了解和研究它的特殊规律。

沟通包含四个基本的要素，即信息发送者、信息接受者、所沟通信息的内容以及信息沟通的渠道。即除了要有信息外，还要有信源（信息的发送者）、信道（信息传递的渠道）、信宿（信息的接受者）。这些也是进行有效沟通必不可少的条件。

### （二）沟通的步骤

一般来说，信息沟通由以下几个步骤组成：

1. 信息内容

信息发送者明确要进行沟通的信息内容。信息发送者发送信息是由于某种原因希望信息接受者了解某些事情，因此首先要明确信息内容。

2. 信息符号

信息发送者将信息译成一种双方都了解的符号（编码），如语言、文字、手势等。要发送的信息只有经过编码才能使信息通过信息传递渠道得以传递。

3. 信息手段

信息发送者通过某种手段将信息传递给对方，如口头交谈、书面文件、电话等。信息的传递主要是以语言为主要形式来展开的，在相互沟通中，存在着文件、会议、电话、面谈等多种具体形式。

4. 信息接受

接受者对收到的信息进行译码，即了解和研究所收到信息的内容和含义。这个译码过程关系到接受者是否能正确理解信息，弄不好，信息就会被误解。

5. 信息反馈

信息接受者把所收到的或所理解的信息再反馈到信息发送者那里，供发送者核查。发送者和接受者对信息的理解和接受程度，受到专业水平、工作经验及环境等多种因素的影响。对同一个信息，不同的人会有不同的看法。为了核查和纠正可能发生的某些偏差，就要借助于反馈。

6. 信息再发出

信息发送者根据反馈回来的信息再发出信息，肯定原有的信息传递，或指出已经发生的某些偏差并加以纠正。

7. 信息反应

接受者按所接收到的信息采取行动，或作出自己的反应。信息传递的目的是发送者要看到接受者采取发送者所希望的正确行动，如果这个目的达不到，则说明信息不灵，沟通发生了问题。

以上整个过程如图 9-1 所示。

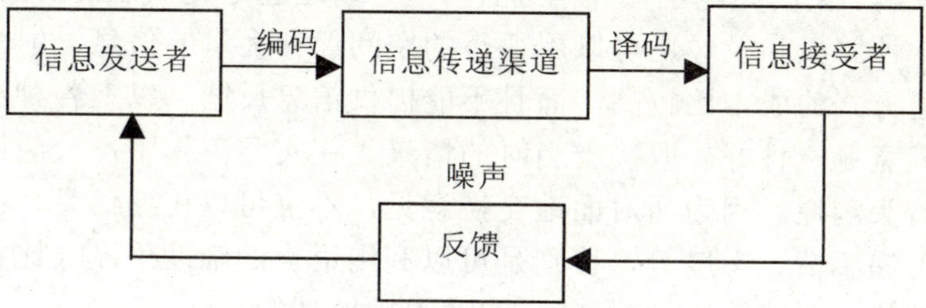


图 9-1　信息沟通过程

## 三、沟通的形式

沟通按不同标准可以分为以下几种形式：

### （一）按功能来分，可分为工具式沟通和感情式沟通

一般来说，工具式沟通是指发信者将信息、知识、想法、要求传达给接受者，其目的是影响和改变接受者的行为，最终达到组织目标。感情式沟通是指沟通双方表达感情，获得对方精神上的同情和理解，最终改善相互间的人际关系。

### （二）按方法来分，可以分为口头沟通、书面沟通、非语言沟通和电子媒介沟通

口头沟通是指会谈、讨论、会议、演说以及电话联系等；书面沟通是指布告、通知、刊物、书面报告等；非语言沟通是指声音、光信号、体态语等；电子媒介沟通是指传真、闭路电视、计算机网络等。在实际管理工作中，各种沟通形式都是必不可少的，而且各有其优缺点。比如口头沟通具有用途广泛、交流迅速，有什么问题可以直接得到反馈等优点，但也存在着缺点，主要是事后无依据，

容易忘记，而且当一个信息要经过多人传递时，由于每个人都以自己的方式传递信息，到最后，信息容易产生错误；书面沟通的优点是比较正式，可以长期保存，信息接受者可以反复阅读，并且通过文字形式表达，可以字斟句酌，更准确地表达信息内容。但缺点是花费时间比较多，如果文字水平差，有可能造成词不达意，影响信息的理解。又比如电子媒介沟通，不但可以迅速地提供准确的信息，同时，计算机和录像还可以用很小的空间保存大量的信息，但是这种沟通方式的成本比较高，而且不能提供信息反馈。以上各种沟通方式究竟哪一种好，取决于当时的情景。在实际工作中，一般比较注重口头沟通。因为面对面地交换意见，不仅可以传递信息，而且可以传递感情、态度等，特别是可以利用语言的辅助手段（比如体态、手势、表情等），这是其他沟通很难做到的。

### （三）按组织系统来分，可分为正式沟通和非正式沟通

正式沟通是通过正式的组织程序，按照组织结构所进行的信息沟通。这种沟通的媒介物和线路都是经过事先安排的，因而被认为是正式而合法的。如组织规定的汇报制度、定期或不定期的会议制度、上级的指示按组织系统逐级下达、或下级的情况逐级上报等等。非正式沟通是在正式沟通渠道之外进行的信息传递或交流。比如组织中职工私下交换意见、议论某人某事等。非正式沟通的特点是，其信息传递的媒介和路线均未经过事先安排，具有很强的随意性、自发性。在现代管理实践中，人们非常重视非正式沟通的研究。因为人们的真实思想和动机往往是在非正式的沟通中流露出来的，这样的沟通，信息传递速度快，而且也不受限制，对正式沟通起着很好的补充作用。

### （四）按沟通方向来分，可以分为上行沟通、下行沟通和平行沟通

上行沟通即自下而上的沟通，是指组织内部同一系统内的较低层次人员向较高层次人员的沟通，如请示、汇报、要求和意见申诉等。管理者应鼓励下属积极向上反映意见和情况，只有上行沟通渠

道畅通，管理者才能全面掌握情况，作出符合实际的决策。下行沟通即自上而下的沟通，是指组织内部同一系统内的较高层次人员向较低层次人员的沟通，如命令的发送、计划的下达和程序规则的颁布等。这是保证组织工作正常进行的重要沟通形式。平行沟通即横向信息沟通，是指组织内部同一层次人员之间的沟通。这种沟通主要是为了促成不同系统（部门、单位）之间的协调配合和相互了解。比如，高层管理者之间、中层管理者之间、直线人员与参谋人员之间、生产人员与设备维修人员之间，以及任务小组与专案小组内部所发生的沟通都属于此类。

### （五）按沟通是否进行反馈和在沟通中的地位是否交换来分，可以分为单向沟通和双向沟通

单向沟通是指没有反馈的信息传递，信息发送者和接受者在沟通中的地位不变。比如作报告、演讲、指示和命令等。它的特点是传递信息速度快，信息发送者不必顾忌接受挑战，能保持发信者的尊严。单向沟通适合于任务紧急、工作简单、无须反馈的情景，但准确性差。双向沟通是指有反馈的信息传递，是信息发送者与接受者相互之间进行信息交流并且在沟通中地位不断变化。交谈、协商、会议等就是典型的双向沟通的例子。双向沟通使信息得到及时反馈，具有准确性高、参与感强、感情有交流等优点。但速度慢，参与者的心理压力大，容易受干扰，缺乏条理。

## 四、沟通的方法

沟通的方法是多种多样的，上述的某些形式也是具体的方法。而且沟通的方法也应因人而异。

### （一）发布指示

在指导下级工作时，指示是非常重要的。指示可以使一个活动开始、更改或制止，它是使一个组织生机勃勃或者解体的动力。指示可以分为一般性指示、具体指示、书面指示、口头指示、正式指示和非正式指示等多种形式，究竟采取什么样的指示方式，管理人

员应根据其对周围环境的预见能力以及下级的响应程度等多种因素来决定。

（二）会议制度

会议是整个组织活动的一个重要反映，也是与会者在组织中身份、影响、地位以及所起作用等的表现。会议中的信息交流会在人们心理上产生重要的影响。通过会议，人们可以集思广益产生一种共同的见解、价值观念和行动指南；可以使人们彼此了解共同的目标，了解自己的工作与他人工作的关系；可以对每一位与会者产生一种约束力；还能发现人们所没有注意到的问题，并对其加以认真的考虑和研究。会议的类型可根据所要达到的目的和参加人员的不同而确定，比如工作汇报会、专题讨论会、职工座谈会等等。必须强调的是，虽然会议是管理者进行沟通的重要方法，但决不能完全依赖这种方法。利用这种方法时，必须讲究实效，降低“会议成本”，避免“文山会海”。

（三）个别交谈

个别交谈是指领导者用正式的或非正式的形式，在组织内部或组织外部，与下属或同级人员进行个别交谈，征询谈话对象对组织中存在问题和缺陷的看法，对别人或别的上级，包括对主管人员自己的意见。这种形式大部分是建立在相互信任的基础上的，不受任何约束，双方都感到有亲切感。这对双方统一思想、认清目标、体会各自的责任和义务都有很大好处。在这种情况下人们往往愿意表露真实的思想，提出不便在会议上提出的意见，从而使领导者掌握下属的思想动态，在认识、见解、信心等方面容易取得一致。

（四）建立沟通网络

沟通网络实际上是对各种沟通形式的概括。组织中不同的沟通网络对于组织活动的效率有不同的影响。组织中的沟通网络可分为正式沟通网络和非正式沟通网络。

1. 正式沟通网络

正式沟通网络是指根据组织机构、规章制度来设计的，用以交流和传递与组织活动直接相关的信息的沟通途径。它有五种信息沟通网络结构形式，即锁链型、Y 字型、车轮型、圆圈型、全渠道型。如图 9-2 所示。

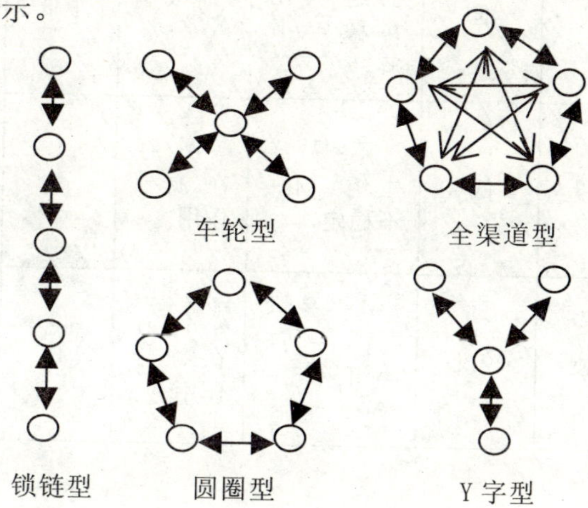


图 9-2 信息沟通网络结构图

现实经济生活中，很少存在单一的沟通模式。许多情况下，沟通自觉或不自觉地是多种沟通网络同时并存或交替进行的。在实践中，这种复杂性和可变性，要求设计者和管理者以及一般的组织成员灵活掌握，综合运用各种沟通网络，以提高组织的沟通效率，取得良好的效果。各种沟通网络对组织活动的影响见表 9-1。

**表 9-1 各种沟通网络对组织活动的影响**

| 沟通网络类型 | 沟通效率 | 精确度 | 组织效果 | 领导者的作用 | 士气 | 其他影响 |
| --- | --- | --- | --- | --- | --- | --- |
| 锁链型 | 快 | 准 | 较易产生组织化，组织很稳定 | 显著 | 低 | 任何环节都不能有误或打折扣 |
| Y 字型 | 快 | 准 | 较易产生组织化，组织稳定 | 显著 | 低 | — |

续表

| 沟通网络类型 | 沟通效率 | 精确度 | 组织效果 | 领导者的作用 | 士气 | 其他影响 |
|---|---|---|---|---|---|---|
| 车轮型 | 快 | 准 | 迅速产生组织化并稳定下来 | 非常显著 | 很低 | 成员之间缺乏了解，工作难以配合、支持 |
| 圆圈型 | 慢 | 低 | 不易产生组织化，不稳定 | 不存在领导作用 | 高 | 邻近的成员之间联系，远一点则无法沟通 |
| 全渠道型 | 慢 | 较准 | 不易产生组织化 | 不存在领导作用 | 高 | 成员之间真正相互了解，适合解决复杂问题 |

2. 非正式沟通网络

在小群体中或正式组织中，除了正式沟通网络以外，还存在大量非正式沟通的途径，这些途径所组成的结构形式即非正式沟通网络。这种网络不是由组织固定设置的，而是在组织成员进行非正式沟通中自然形成的。它往往以非正式组织为基础，成员之间有感情纽带，传送消息都是口头的传播，所以信息传递迅速，但有时往往信息失真，也容易迅速消散。一般来说，散布小道消息对完成组织目标是不利的。不过，由于人们往往在非正式沟通中更能表达真实的思想感情，所以领导者应注意采取非正式沟通方式。如在管理中，管理者应注意关心群众生活，平时注意与群众接触，交流思想，沟通信息，充分调动群众的积极性。

## 阅读资料一

### 迪特尼公司的企业员工意见沟通制度

迪特尼 · 包威斯公司，是一家拥有 12000 余名员工的大公司，它早在 20

年前就认识到员工意见沟通的重要性，并且不断地加以实践。现在，公司的员工意见沟通系统已经相当成熟和完善。特别是在20世纪80年代，面临全球的经济不景气，这一系统对提高公司劳动生产率发挥了巨大的作用。

公司的“员工意见沟通”系统是建立在这样一个基本原则之上的:个人或机构一旦购买了迪特尼公司的股票，他就有权知道公司的完整财务资料，并得到有关资料的定期报告。

本公司的员工，也有权知道并得到这些财务资料，和一些更详尽的管理资料。迪特尼公司的员工意见沟通系统主要分为两个部分:一是每月举行的员工协调会议，二是每年举办的主管汇报和员工大会。

## 一、员工协调会议

早在20年前，迪特尼·包威斯公司就开始试行员工协调会议，员工协调会议是每月举行一次的公开讨论会。在会议中，管理人员和员工共聚一堂，商讨一些彼此关心的问题。无论在公司的总部、各部门、各基层组织都举行协调会议。这看起来有些像法院结构，从地方到中央，逐层反映上去，以公司总部的协调会议是标准的双向意见沟通系统。

在开会之前，员工可事先将建议或怨言反映给参加会议的员工代表，代表们将在协调会议上把意见转交给管理部门，管理部门也可以利用这个机会，同时将公司政策和计划讲解给代表们听，相互之间进行广泛的讨论。

在员工协调会议上都讨论些什么呢?这里摘录一些资料，可以看出大致情形。

问:公司新设置的自动餐厅的四周墙上一片空白，很不美观，可不可以搞一些装饰?

答:公司正在做预算，准备布置这片空白。

问:管理部门已拟工作8年后才有3个星期的休假，管理部门能否放宽规定，将限期改为5年?

答:公司的管理部门在这方面作了很大的努力，诸如团体保险、员工保险、退休金福利计划、增产奖励计划、意见奖励计划和休假计划等。我们将继续秉承以往精神，考虑这一问题，并呈报上级，如果批准了，将在整个公司实行。

问:可否对刚病愈的员工行个方便，使他们在复原期内，担任一些较轻松的工作。

答:根据公司医生的建议,给予个别对待,只要这些员工经医生证明,每周工作不得超过30个小时,但最后的决定权在医师。

问:公司有时要求员工星期六加班,是不是强迫性的?如果某位员工不愿意在星期六加班,公司是否会算他旷工?

答:除非重新规定员工工作时间,否则,星期六加班是属于自愿的。在销售高峰期,如果大家都愿加班,而少数不愿加班,应仔细了解其原因,并尽力加以解决。

要将迪特尼12000多名职工的意见充分沟通,就必须将协调会议分成若干层次。实际上,公司内共有90多个这类组织。如果有问题在基层协调会议上不能解决,将逐级反映上去,直到有满意的答复为止。事关公司的总政策,那一定要在首席代表会议上才能决定。总部高级管理人员认为意见可行,就立即采取行动,认为意见不可行,也得把不可行的理由向大家解释。员工协调会议的开会时间没有硬性规定,一般都是一周前在布告牌上通知。为保证员工意见能迅速逐级反映上去,基层员工协调会议应先开。

同时,迪特尼公司也鼓励员工参与另一种形式的意见沟通。公司在四处安装了许多意见箱,员工可以随时将自己的问题或意见投到意见箱里。

为配合这一计划实行,公司还特别制定了一些奖励规定,凡是员工意见经采纳后,产生了显著效果的公司将给予优厚的奖励。令人欣慰的是,公司从这些意见箱里获得了许多宝贵的建议。

如果员工对这种间接的意见沟通方式不满意,还可以用更直接的方式来面对面和管理人员交换意见。

二、主管汇报

对员工来说,迪特尼公司主管汇报、员工大会的性质,和每年的股东财务报告、股东大会相类似。公司员工每人可以接到一份详细的公司年终报告。这份主管汇报有20多页,包括公司发展情况、财务报表分析、员工福利改善、公司面临的挑战以及对协调会议所提出的主要问题的解答等。公司各部门接到主管汇报后,就开始召开员工大会。

三、员工大会

员工大会都是利用上班时间召开的,每次人数不超过250人,时间大约3小时,大多在规模比较大的部门里召开,由总公司委派代表主持会议,各部门负责人参加。会议先由主席报告公司的财务状况和员工的薪金、福利、分红等与员工有切身关系的问题，然后便开始问答式的讨论。

这里有关个人问题是禁止提出的。员工大会不同于员工协调会议，提出来的问题一定要具有一般性、客观性，只要不是个人问题，总公司代表一律尽可能予以迅速解答。员工大会比较欢迎预先提出问题的这种方式，因为这样可以事先充分准备，不过大会也接受临时性的提议。

下列列举一些讨论的资料:

问:本公司高级管理人员的收入太少了，公司是否准备采取措施加以调整?

答:选择比较对象很重要。如果选错了参考对象，就无法作出客观评价，与同行业比较起来，本公司高层管理人员的薪金和红利等收入并不少。

问:本公司在目前经济不景气时，有无解雇员工的计划?

答:在可预见的未来，公司并无这种计划。

问:现在将公司员工的退休基金投资在债券上是否太危险了?

答:近几来来债券一直是一种很好的投资，虽然现在比较不景气，但是立即将这些债券脱手，将会造成很大损失，为了这些投资，公司专门委托了几位财务专家处理，他们的意见是值得我们考虑的。

迪特尼公司每年在总部要先后举行10余次的员工大会，在各部门要举行100多次员工大会。那么，迪特尼公司员工意见沟通系统的效果究竟如何呢?

在20世纪80年代全球经济衰退中，迪特尼公司的生产率每年平均以10%以上的速度递增。公司员工的缺勤率低于3%，流动率低于12%，在同行业最低。

许多公司经常向迪特尼公司要一些有关意见沟通系统的资料，以作参考。

（资料来源：中国管理传播网）

## 五、沟通障碍及其克服

沟通是人际关系学最重要的问题，就是任何轻视人际沟通的念头都是非常错误的。许多人际误会、矛盾乃至冲突都源于沟通障碍。1863年1月，恩格斯的妻子玛丽逝世，引起恩格斯极大的痛苦。他写信给马克思，希望得到他的安慰。其时马克思的处境也十分艰难。在回信中，他只用了一句话对玛丽的死表示不幸，接着就倾诉自己的困境。恩格斯看后十分气愤，再次写信斥责马克思并暗示要与这位共处20年的老朋友绝交。马克思看完信后非常不安，他写信承认自己的过错，其坦率与真诚的态度感动了恩格斯，二人终于言归于好。这次误会在很大程度上就是产生于沟通的障碍，当马克思耐心解释恢复了正常的人际沟通后，误会消失了。事实上这种解释机会并不是很多的，有时某些误会造成的裂痕是永远不可能弥补的。每一个人，特别是管理人员，必须致力于建立正常的人际沟通，决不能对此掉以轻心，更不允许寄希望于事后的解释而不去避免已经意识到的、可以避免的沟通障碍。要知道，解释问题，不论是用语言或是用行动去解释，都是靠不住的。有一句成语切不可忘记，即：防患于未然。

由此可见，沟通在整个组织活动中起着非常重要的作用，一个组织要高效地运转，必须进行有效的沟通。所谓有效沟通就是指发出的信息与对方收到的信息在内容上能达到相互一致或基本上相接近。而要进行有效沟通，首先必须了解有效沟通的特征及影响有效沟通实现的障碍，并在此基础上采取措施克服障碍，最终实现有效沟通。

### （一）有效沟通的特征

#### 1. 及时

及时是指沟通双方要在尽可能短的时间内进行沟通，并使信息发生效用。具体包括三个方面：一是信息传送及时。即在信息传递过程中，尽量减少中间环节，避免信息的过滤，使信息以最快的速度到达接受者手中；二是信息反馈及时。即接受者接收到信息后，应及时反馈，以便发信者及时修正信息；三是信息利用及时。信息具有较强的时效性，因此要求双方及时利用信息，以避免信息过期无效。

#### 2. 充分

充分是指信息发送者在发出信息时要全面、适量，既不能以偏概全，也不能过量，而应该适量充分。

3. 不失真

不失真是指信息的内容要真实可靠，要能充分反映信息发送者的意愿。只有这样，信息接受者才能正确理解信息，才能按不失真的信息采取行动，并取得预期效果。失真的信息会使接受者产生误导。

## （二）有效沟通的障碍

1. 语言障碍

语言障碍是指语言表达不清，使用不当，造成理解上的困难或产生歧义。语言不通是人们相互之间难以沟通的原因之一，当双方都听不懂对方的语言时，尽管也可以通过手势或其他动作来表达信息，但其沟通的效果大大下降。有时，即使双方使用的是同一语言，也会因一词多义或双方理解力的不同而产生误解。

2. 语义曲解

语义曲解是指信息接受者错误地理解了发送者的意思，这种现象可能是故意的，也可能是无意的。由于不同的人其年龄、受教育程度、职业职位、文化背景等各不相同，使得人们对同一事情的理解也会各不相同。有时别人好心说的一句话、做的一件事，由于理解角度不同，可能会产生误会。实际上，当人们面对某一信息时，是按照自己的价值观、兴趣、爱好等来进行选择组织和理解这一信息的含义的，一旦理解不一致，沟通就会受阻。

3. 心理障碍

心理障碍是指个性特征和个性倾向所造成的沟通困难。人的行为是受其动机、心理状态影响的，现实的沟通活动常常被人的态度、个性、情绪等心理因素所影响，有时这些心理因素会成为沟通中的障碍。如个人与个人之间、组织与组织之间、个人与组织之间，由于需要与动机的不同、兴趣与爱好的差异，都会造成人们对同一信息的不同理解。

4. 过滤的障碍

过滤是指故意操纵信息，使信息显得对接受者更为有利。过滤的程度与组织结构的层次和组织文化等因素有关，组织的纵向层次越多，过滤的机会也越多。组织文化则通过奖励系统或鼓励或抑制这种过滤行为，只要奖励越注重形式和外表，管理者便越有意识地按照上级的口味调整和改变信息。如一些单位的负责人喜欢对上级领导说领导爱听的话，报喜不报忧，这就是对信息的过滤。

5. 时间压力的障碍

如果信息接受者只有很短的时间接收和理解信息，就可能造成信息接收不全或产生误会。管理者有时间压力，以为决策是有时间限制的，而时间压力会造成沟通障碍。当事情或问题需要迅速判断和处理时，正式的沟通参差会减少，信息量的不足和不及时，有些人会被蒙在鼓里；有时因为时间紧急，导致信息传达不完整或模糊不清。

6. 信息过多的障碍

随着科技的进步，管理者从计算机网络及其他途径获得的信息量大大增加，如果对大量的信息不进行系统管理，就会使管理者一时无所适从，难以选择，分不清主次，甚至会被信息“淹没”。

### （三）沟通障碍的克服

针对以上影响有效沟通的障碍，必须采取一定的措施加以克服。具体可以采取以下措施：

1. 信息发送者必须对所要发送的信息有认真的准备

发信者在沟通前对沟通的内容要有正确、清晰的理解，比如，沟通要解决什么问题、达到什么目的等。重要的沟通最好事先征求他人的意见。此外，沟通之前对问题的背景、解决问题的方案及依据和资料、决策的理由和对组织成员的要求等要做到心中有数。

2. 尽可能传递有效的信息

因为人们总是比较关心对自己有用的信息，并能对这些信息认真对待，作出最敏感的反应。因此沟通的内容必须要有针对性，语义要确切，尽量通俗化、具体化和数量化，管理者若希望下级能记住要沟通的信息，则表达时的措词应尽量考虑到对方的利益和需要。

## 阅读资料二

### 秀才买材

有一个秀才去买材，他对卖材的人说："荷薪者过来!"

卖材的人虽然是一个大老粗，听不懂"荷薪者"（担材的人）三个字，但是听得懂"过来"两个字，于是把材担到秀才前面。

秀才问："其价如何？"

卖材的人听不太懂这句话，但是听得懂"价"这个字，于是就告诉秀才价钱。

秀才接着说："外实而内虚，烟多而焰少，请损之。(你的木材外表是干的，里头却是湿的，燃烧起来，会浓烟多而火焰小，请减些价钱吧。)"

卖材的人听不懂秀才的话，担着材就走了。

（资料来源：人民网）

3. 及时反馈与跟踪

在沟通中必须及时了解对方对信息是否理解和愿意执行，特别是组织中的领导，更应善于听取下属的报告，安排时间充分与下属人员联系，尽量消除上下级之间的地位隔阂及所造成的心理障碍，引导、鼓励和组织基层人员及时、准确地向上层领导反馈情况。

4. 增加沟通双方的信任度

在沟通创造良好的沟通气氛保持良好的沟通意向和认知感受性，使沟通双方在沟通中始终保持亲密、信任的人际距离。这样一方面可以维持沟通的进行，另一方面能使沟通朝着正确的方向进行。

5. 改善组织结构

为了取得良好的沟通效果，组织应尽量减少组织的结构层次，消除不必要的管理层，同时还应避免机构的重叠，增加沟通渠道，加强部门之间的联系，以加快信息的沟通速度，保证信息的准确和充分。

6. 领导者要保持清醒的头脑

如果领导者显示出对某类信息的偏好，比如只爱听好话，听不得批评意见，那么下属就会投其所好，甚至不惜歪曲事实或违心地向领导者传递不真实的信息，这样就会大大降低信息沟通的效果，有时甚至会起反作用。

7. 营造良好的沟通氛围，善于运用非正式沟通

沟通中尽量少用评价性、判断性语言，多用描述性语言，也就是既介绍情况，又探询沟通情况。沟通是表示愿意合作，愿意与对方共同找出问题，一起寻找解决方案，决不是企图控制和改造对方。应做到坦诚相待、平等待人，谦虚而富有耐心，以营造良好的沟通氛围，并在此基础上，适当地利用非正式沟通，使整个组织的沟通能顺利地进行。

8. 充分考虑文化因素对沟通的影响

在进行沟通时，应充分了解对方的文化背景，掌握文化对其基本价值观的影响，从而更好地理解对方对事物的看法和态度，以消除或降低沟通中的文化障碍。

## 第三节　冲　突

在分工越来越细的现代社会，个人与个人之间、组织与组织之间存在着各种各样的联系，这种联系既可能导致合作，也可能导致意见分歧、争论和对抗，使彼此的关系出现紧张状态。这里的分歧、争论和对抗就可理解为冲突。在组织生活中，冲突已经成了一种普遍的现象，为此，探讨产生冲突的根源，寻找处理冲突的方法，从而协调人际关系，已成为提高组织整体效率必须研究的一个课题。

### 一、冲突及其类型

冲突，即冲撞或对立。是指由于某种差异而引起的对立双方在资源匮乏时出现阻挠行为，并被感觉到的矛盾。这个概念包括三层含义：一是冲突必须有对立的两个方面，缺一不可；二是为了取得有限的资源（如财产、地位、权利、工作、时间等）而发生的阻挠行为；三是只有当问题被感觉到时，才构成真正的冲突。

对于冲突可以从不同的角度进行分类，主要有以下几种分类方

法：

### （一）建设性冲突和破坏性冲突

这是根据冲突对组织产生的影响来划分的。建设性冲突是指对组织有益的冲突，即冲突的解决会给组织带来一些积极的变化；破坏性冲突是指对组织有害的冲突。

传统的观点认为，在集体内部平静最利于团结，矛盾必定产生分离，而冲突简直是十分可怕的，它必然给组织和群体造成不和，阻碍组织发展，影响组织目标的实现，极端的情况还会威胁组织的生存。因此，所有的冲突都是破坏性的，必须采取各种措施进行避免。但事实上冲突有积极与消极之分。唐代最著名的谏臣魏征曾是唐太宗李世民最信任的一位大臣，然而他们之间却时常发生冲突，因为魏征总是直言不讳地指责太宗的过失，惹得太宗怒不可遏，屡次扬言要杀掉这个“乡巴佬”。但是冷静思考之后，发现魏征的谏辞是非常正确的，故而对他愈加信任。当魏征病死后，唐太宗曾伤心地说：“朕失去了一面可以明得失的镜子。”

当然冲突也不一定都能产生积极的意义。希特勒和隆美尔的关系就是最好的说明。隆美尔精明善战，指挥坦克部队驰骋北非，素有沙漠之狐的美称。然而由于隆美尔被卷入暗杀希特勒计划，希特勒盛怒之下将隆美尔赐死。他们之间的冲突就没有得到丝毫有积极意义的转化，而是以彻底决裂告终。表 9-2 为建设性冲突与破坏性冲突的特点。

**表 9-2 建设性冲突与破坏性冲突的特点**

| 建设性冲突 | 破坏性冲突 |
|---|---|
| 关心组织目标 | 关心最终的胜负 |
| 愿意了解对方观点 | 不听取对方的意见 |
| 以问题为中心（对事不对人） | 针对人（人身攻击） |
| 促进沟通 | 阻碍沟通 |

### （二）目标冲突、认知冲突、感情冲突和程序冲突

这是根据冲突的内容来分的。目标冲突是指双方在预期的结果上不一致，比如双方的价值观、需求互不相容等；认知冲突是指双

方的思想、观点和意见互不相容；感情冲突是指双方在情绪上相互对抗，如互不喜欢、缺乏信任等；程序冲突是指双方在解决问题的程序上看法不一致。

#### （三）人际冲突、群际冲突和组织间冲突

这是根据冲突的范围来分的。人际冲突是指两个或两个以上的个体之间的冲突；群际冲突是指两个或两个以上的群体之间的冲突；组织间冲突是指两个或两个以上的组织之间的冲突。

### 二、冲突的根源

冲突是一种客观存在的不可避免的社会现象，它既有破坏性，又具有建设性，因此，可以通过了解冲突发生的根源，正确处理冲突，限制或消除破坏性的一面，利用建设性的一面，使冲突成为推动组织发展的力量。

研究发现，产生冲突的原因主要有以下几个方面：

#### （一）人的个性

在一个组织中存在着各色各样的人，不同的人有不同的个性，对同一问题的看法也不同，因此往往容易引起冲突。

#### （二）对有限资源的争夺

资源是有限的，而人的欲望却是无限的，这本身就是一对矛盾。在一个组织中，若不能将有限的资源恰到好处地分配到组织的各个部门、各个成员，则组织中部门之间、组织成员之间就会因争夺有限资源而产生冲突。

#### （三）价值观和利益的不同

由于组织中各部门或领导者的价值观念、利益观念不同，往往导致对一些事情的看法、处理方法也各不相同，这也是引起冲突的一个重要根源。

### (四)角色不同

由于组织中不同成员所承担的角色不同，每个人都有自己特定的任务和职责，而且每个人都从自己的角度出发理解问题，这就容易引起组织成员之间、组织成员与领导者之间的冲突。

### (五)追逐权力

权力的争夺是一起冲突的重要原因，如为了争夺某项权力，不惜攻击对方、抬高自己，导致明争暗斗。

### (六)职责不清

由于组织中对某些问题的职责规定不清，使得部门之间对工作互相推诿或者争着插手，从而导致冲突。

### (七)组织的变动

当组织发生变动，如精简机构、合并等时，原来的平衡被打破，新的平衡还未形成，这就很容易引起冲突。

### (八)组织风气不正

当上层管理者之间意见分歧，不团结，发生频繁和激烈的冲突时，很快会蔓延到下级，使下级也产生冲突。

## 三、冲突的处理

在实际工作中，冲突一旦发生，不管是发生在哪个层次上，都应该及时进行处理。冲突处理的方法有多种，任何一种方法都有其理论背景和适用范围，处理冲突必须以效果为依据，讲究方式和方法，不能无条件地照搬照抄，否则会适得其反。

### (一)回避法

即不问冲突的原因而允许冲突有控制地存在下去，其目的是缓和冲突，使矛盾不至于激化。具体做法是，可以将冲突双方人为地隔离或只允许双方有限制地进行接触，使双方感到冲突并未发生；或者对发生了的冲突漠然视之，似乎冲突从来就没有发生过。事实上当冲突达到一定程度时就无法回避了。

（二）协调解决法

即促使冲突双方通过谈判、协调达成一定的协议来解决彼此之间的冲突。协调时双方公开自己的观点，阐明各自的意见，把冲突因素明朗化，共同寻找解决冲突的途径。但是，通过协调解决冲突，只能使冲突问题暂时得到缓解，其根源依然可能再次出现。

（三）仲裁解决法

通过由双方都信赖的、具有一定权威的第三方人士出面，对双方的冲突进行调解。调解无效时进行裁决，或者完全依靠法规来解决冲突，要求双方按“下级服从上级”的原则执行决定。

（四）转移目标

即寻找一个外部竞争者,使冲突双方的注意力转向外部竞争者。

（五）教育

如通过讨论冲突的得失，使双方了解冲突所带来的不良后果，帮助他们改变思想和行为。

（六）重组群体

当一个群体内冲突严重而又长期解决不了时，可以通过解散群体，进行重组的方法来解决冲突。

## 第四节　人际关系

人际关系作为一种客观存在的社会现象，在当今社会已是无处不在、无时不在。对于组织中的管理者，了解有关人际关系的基本知识，掌握处理好人际关系的原则和技巧，对组织的发展有极其重要的作用。

### 一、人际关系的概念、构成要素

人际关系是指人与人之间以思想上的共识和感情上的共鸣为

基础，在社会劳动及生活中通过不同方式或渠道，经过一定时间，直接或间接交往而建立起来的一种合作行为。它主要包括个人在生活、生产及其他社会活动中形成的一切人与人之间的关系。人际关系实质上是一种社会关系，它包含在社会关系体系内，是社会关系范畴中一个重要的组成部分。但社会关系有更广泛的内容，只能通过复杂的人际关系表现出来。

人际关系的构成要素主要包括以下几个方面：

### (一) 健全而正常的人

人际关系的建立，是以人与人的交往为载体的，因此，其首要条件必须是思维正常、身体健康，并有一定交往能力的人。

### (二) 交往

人与人之间的交往，是建立和发展人际关系的桥梁。没有交往，就谈不上人际关系。

### (三) 交往的时机

人与人的交往，必须具备一定的时机，没有适当的时机，人与人的交往就只能是一句空话。

### (四) 时间及交往频率

时机为人的交往提供了条件，但初次相识并不能说明双方就已经建立了人际关系。只有在参与实践的过程中，人与人之间经过相当长时间的重复交往，彼此达到相互了解，心心相印，才能确定人际关系的成立。交往的次数越多，相处的时间越长，人际关系的成功率和牢固程度也越高。

### (五) 思想意识及感情上的一致性

人与人之间经过一定时间的交往，彼此之间的思想意识、道德修养、行为方式等达到高度一致，即由当初相识时的感性认识上升到理性认识的时候，人际关系才能建立。

### (六) 必要的社会实践活动

不参加必要的社会实践活动，就不可能有人的交往，人际关系便不能存在。

## 二、人际关系的形式

人与人之间的交往可分为直接交往和间接交往，但两者之间是相辅相成，可以互相转化的。从现实生活的角度来看，人际关系中的交往形式可以归纳为以下几类。

### (一) 亲属之间的交往

无论是直系亲属还是旁系亲属，一个家族中亲属之间的交往构成了家庭成员特殊的人际关系网络。而且每个家庭成员在参加社会实践过程中结成的人际关系，都会通过家庭成员或亲属之间的交往而融入每个家庭之中。因此，亲属之间的交往也毫不例外地渗透了社会人际关系的成分。而且，一般来说，每个人最早进入的人际关系网络往往是亲属之间的人际关系网。

### (二) 领导者与被领导者之间的交往

在组织中，领导者与被领导者之间除了决策与服从的关系外，上下级之间也会在长期的合作关系中建立起个人的友谊。这种友谊往往使上下级之间的关系更为融洽、和谐，进而使组织的工作完成得更出色，效率也更高。

### (三) 日常工作和劳动中相互之间的交往

人们在长期的工作和生活过程中，为了完成任务、夺取高效益，彼此之间相互照应、真诚合作，使各自的思想、行为及劳动技能得到充分互补、完善和提高，与此相对应，人际关系的群体优势也会为社会创造出效益和财富。

### (四) 组织之间的业务交往

组织在管理活动过程中因工作需要而进行的业务往来，也是通过组织有关人员的交往来沟通信息、实现联合、开发业务的。从某种意义上讲，在组织之间的公共关系范围内，同时也渗透了个人之间的人际交往。

(五) 日常生活中的相互交往

人们为了满足自己各方面的需要，必然要去多方寻求解决需要的途径，这就必然会有人际交往。

(六) 文化、科技的交往

主要是指文化、科技方面的专业理论、技术的交流。

除以上各种类型的交往以外的人际交往形式。

## 阅读资料三

### 关于人际关系

在我国，人际关系不良是人们当今最大的心理困扰，不少人自杀就是因为人际冲突。

中国是一个非常注重人际关系的社会，人与人之间存在着较强的人际依赖和人际制约，而这种强烈的人际依附性决定了人际摩擦的高频出现率。同时，中国人来自人际交往中的心理困扰也受中国人特有的情感表达方式和思维方式及个性的影响，其中包括：

1. 情感表达的含蓄性。中国社会文化习俗促使个体形成了比较内向的性格特征，并因而决定了情感表达方式的含蓄性。由于很难将感情和情绪直率地表现出来，所以不仅加大了人际间理解的难度，同时也加大了误解的可能性。

2. 思维方式的求全性。中国人追求完美的思维方式主要体现在道德观和人性审美上既苛求他人又苛求自己，这种缺乏宽容精神的求全思维加深了人际间的隔阂，从而加大了人际间的摩擦系数。

3. 对他人评价的极端关注。人际敏感可说是中国人普遍具有的性格特征，其根源是出自个体对自我的判断总是取决于他人对自己的态度，而自我感觉的良好与否，则主要依赖于人际交往的结果。对人际关系的注重、对获得他人好感的追求，使中国人普遍存在着对来自他人指责的恐惧。如有的人在公众场合惟恐说错话、做错事，结果言行过于谨慎，举止极端退缩；有的人在别人面前总要刻意修饰，生怕暴露自身的缺点；有的人每逢面对父母、上级、长辈就深感不自在，不坦然。

4. 对他人的过度怀疑。多疑也是中国人比较普遍的性格特征，社会上广泛流行的许多俗语反映了这一现象的存在，如“人心难测”、“人心隔肚皮”、“知人知面不知心”、“听话听声，锣鼓听音”。而最能代表这种猜疑心态的俗语则是“害人之心不可有，防人之心不可无”，即要防止自己在人际交往中因轻信他人而上当受骗。这种自我保护式的过度防御心态无疑会加大人际交往的难度。不容否认，对于中国人来说，人际关系是社会生活中最重要的内容，每个人都要花大量的精力于人际关系的调和之中，因此，如何维护人际关系的融合性是每一个中国人都面临着的社会问题。

## 三、人际关系处理的原则

人际关系的处理既是一门科学，也是一门艺术。要处理好人际关系，应遵循以下原则：

### (一) 相互尊重，平等待人

要想与别人处理好关系，首先必须尊重别人。要想让别人尊重自己，自己首先必须尊重别人。为此要有平等意识、民主意识，不要摆架子，也不要有优越感，要待人平和，平易近人。

### (二) 相互信任

作为领导者要信任下属，信任别人。信任本身就是一种激励和建立良好的上下级关系的基础，同时还应取信于别人。要言而有信，光明正大，不搞小计谋。领导者应不争功、不诿过，以取得下级的信任和依赖。

### (三) 互利互惠

人与人之间的友好关系，说到底是一个互利互惠的关系，只有当人们真正认识到保持良好关系有利于大家的共同利益时，人们才能自觉维护这种关系。

### (四)加强相互了解与信息沟通

人与人之间的相互了解、信息沟通是建立友好关系的基础和纽带。沟通内容包括信息沟通、情感沟通和观念沟通，要尽可能创造必要的条件与环境，化解障碍，保持沟通的畅通。

## 四、人际关系处理的技巧

人际关系处理的好坏，除了与人的个性等内在因素有关以外，还与人们在处理人际关系时是否运用正确、恰当的技巧有关。一般来说，处理好人际关系可以运用如下一些技巧：

### (一)善于表扬，鼓舞人心

表扬是认可别人长处和成绩的一种表达方式，善于表扬别人的成绩和赞美别人的长处，能够满足人们的荣誉感和自豪感，起到鼓舞人心、增强亲近感的作用。表扬是对人们的良好行为实施积极强化的一种方式，能提高人的自觉性，促使后进人员的转化。

### (二)批评要与人为善、掌握分寸

批评是限制、制止、纠正不良行为，保证正常工作进程的必要手段，但在批评时要表现出对人的关心爱护，与人为善，以理服人，不能一棍子把人打死。同时，批评要注意选择恰当的时机、场合和地点，做到恰到好处。

### (三)要注意交谈方式

领导者与人交谈要表现出诚恳、亲切与兴趣，要善于倾听别人的谈话，启发对方交谈的感情，掌握好谈话的题目与时机。

### (四)要注意讲话的语气

领导者发布命令与指示要讲究方式、方法和语气，多用协商、请求的语气，少用生硬的态度。

### (五)善于应付和化解冲突

组织中的冲突是客观存在的，应尽量减少冲突。一旦冲突发生了，应弄清产生冲突的原因，寻求有利的解决方法。对于建设性冲突，领导者应扮演“和事老”的角色；对于破坏性冲突，领导者应旗帜鲜明，立即加以制止，以免事态恶化。

## 复习思考题

1. 什么是协调？协调的特点是什么？
2. 简述协调的原则和方法。
3. 什么叫沟通？谈谈沟通在管理中的重要性。
4. 简述沟通的步骤、沟通形式和方法。
5. 有效沟通的特征是什么？
6. 有效沟通的障碍有哪些？如何克服？
7. 观察自己周围所发生的某一冲突现象，并分析其产生的原因，提出自己的冲突管理方法。
8. 人际关系是指什么？一般有哪些构成要素？
9. 处理好人际关系有哪些原则和技巧？

### 案例一

#### 张经理的沟通经验

某公司张经理在实践中深深体会到，只有运用各种现代科学的管理手段，充分与员工沟通，才能调动员工的积极性，才能使企业充满活力，在竞争中立于不败之地。几年来，他在调动员工积极性，发扬其创新能力方面进行了改革。

首先，张经理直接与员工沟通，避免中间环节。他告诉员工自己的电子信箱，要求员工尤其是外地员工大胆反映实际问题，积极参与企业管理，多提建议和意见。经理本人则每天上班时先认真阅读来信，并进行处理。他从大量的员工来信中收集到许多对决策有用的信息。如该公司在对生产线进行技术改造时，一名员工通过信箱，毛遂自荐要求担任改造工程现场指挥，张经理及其他管理者在经过调查后，认为该员工技术过硬，善于搞革新，便决定任用，结果，提前圆满地结束任务。自从设立经理信箱以来，先后收到员工来信 500 多封，这反映出员工对公司兴衰的关心。为了激励员工的这种热情，工厂决定，凡是被采纳的建议，给予鼓励；提出带有普遍性问题的来信，张经理给予答复。

其次，为了建立与员工的沟通体制，公司又建立了经理公开见面会制度，定期召开，也可因重大事情临时召开，参加会议的员工有员工代表、特邀代表和自愿参加的员工代表。每次会议前，员工代表都广泛征求群众意见，提交经理公开见面会上解答。1998年12月，调资晋级和分房两项工作刚开始时，员工中议论较多。公司及时召开了会议，厂长就调资和分房的原则、方法和步骤等做了解答，使部分员工的疑虑得以澄清和消除，保证了这两项工作的顺利进行。

最后，张经理还注意公司的舆论，注意将收集到的小道消息进行分析和利用。1999年，该公司面临供电紧张、原材料涨价、市场竞争加剧的不利形势，许多员工对完成任务信心不足，一时间小道消息漫天飞，认为该公司会裁员，也可能倒闭，人心惶惶。张经理了解了小道消息的内容，临时决定召开公开见面会，给员工以提问的机会。意见集中在两点：一是企业如何生存；二是员工的收入是否会受影响。面对问题，张经理结合工厂面临的实际情况，进行沟通，如实全面向员工介绍了公司的经营状况，认为该公司面临供电紧张、原材料涨价、市场竞争加剧的不利形势等情况确实存在，可能要暂时影响员工的收入，但公司有信心解决困难，并向员工详细介绍了工厂的经营方针和对策，并请员工对这些政策、方针和对策提供意见，以便及时修改。张经理自动提出扣除自己上半年的奖金。出人意料的是，员工对公司的政策十分配合，部分员工自动请求减免上半年的奖金，最后大家一致同意扣除上半年的奖金。这一举动，使公司上下齐心，共同努力，克服了困难，渡过了难关，使产值和利润有了大幅度的增长。

**思考题**

请分析张经理与员工在沟通方式上所做的选择，这些方式有何特点？沟通的主要内容是什么？从这个沟通案例中，分析管理者在沟通中所起的作用。

**案例二**

### AC航班坠落事件

一个初春的晚上7点40分，AC航班正飞行在离目的地K市不远处的高空。机上的油量还可维持近两个小时的航程。在正常情况下，像AC这样的航班，由此飞行到降落K机场，仅需不到半小时的时间。可以说，飞机的这一缓冲保护措施是安全的。但没有想到，AC航班在降落前遭遇了一系列耽搁和问题。

首先，晚上8时整，K机场航空交通管理员通知AC航班飞行员，由于机场出观了严重的交通问题，他们必须在机场上空盘旋待命。8时45分，AC航班的副驾驶员向机场报告他们飞机的“燃料快用完了”。交通管理员收到了这一信息，然而，在9时24分之前，飞机并没有被批准降落机场。而在此之前，AC航班机组成员没有再向K机场传递任何情况十分危急的信息，只是飞机座舱中的机组成员在相互紧张地通告说他们的燃料供给出现了危机。

9时24分，AC航班第一次试降失败。由于飞行高度太低及能见度太差的原因，飞机安全着陆没有保证。当机场指示AC航班进行第二次试降时，机组成员再次提到他们的燃料将要用尽，但飞行员还是告诉机场交通管理员说新分配的飞行跑道“可行”。几分钟后，准确时间是9时32分，飞机有两个引擎失灵了，1分钟后，另外两个也停止了工作。耗尽燃料的飞机终于在9时34分坠毁于K市，机上73名人员全部遇难。

当事故调查人员考察了飞机座舱中的磁带并与当事的机场交通管理员交谈之后，他们发现导致这场悲剧的原因实际上很简单：机场方面不知道AC航班的燃料会这么快耗尽。

下面是有关人员对这一事件所做的调查。

第一，飞行员一直说他们“油料不足”，交通管理员则告诉调查者，这是飞行员们惯用的一句话。当因故出现降落延误时，管理员认为，每架飞机都不同程度存在燃料问题。但是，如果飞行员发出“燃料危急”的呼声，管理员有义务优先为其导航，并尽可能迅速地允许其着陆。一位管理员这样指出：“如果飞行员表明情况十分危急，那么，所有的规则程序都可以不顾，我们会尽可能以最快的速度引导其降落的。”事实是，AC航班的飞行员从未说过“情况危急”，由此导致K机场交通管理员一直未能理解到飞行员所面临的真正问题。

第二，AC航班飞行员的语调也并未向交通管理员传递有关燃料紧急的严重信息。机场交通管理员普遍接受过专门训练，可以在多数情况下捕捉到飞行员声音中极细微的语调变化。尽管AC航班机组成员内部也表现出对燃料问题的极大忧虑，但他们向K机场传达信息时的语调却是冷静而职业化的。

另外也应当指出，AC航班的飞行员不愿意声明情况紧急是有一些客观的原因的。如按条例规定，驾驶员在飞行中作了紧急情况报告之后，他们事后需要补写出长篇的、正式的书面汇报交给有关方面。还有，紧急情况报告后如果飞行员被发现在估算飞机在飞行中需要多少油量方面存在严重的疏漏，那么，飞行管理局就有理由吊销其驾驶执照。这些消极的强化因素，在相当程度上阻碍着飞行员发出紧急呼救。在这种情况下，飞行员的专业技能和荣誉感便会变成一种“赌注”！

## 思考题

1. AC航班的不幸坠毁根本上是因为何种原因？(　)

A. 飞机燃料储备不足以及飞行员在计算剩余油量方面疏忽大意

B. 机场交通管理员在工作中的玩忽职守、推卸责任

C. 飞机燃料危急的信息没有被清晰地传递又未被充分地接受，因而造成飞机失事的真正原因是信息沟通过程中的障碍

D. AC航班飞行员在信息沟通过程中的用语不当问题

2. AC航班飞行员在向机场要求准允降落时使用了“油量不足”、“燃料用完”之类的话语，这些在机场交通管理员心中被认为不过是飞行员们的老生常谈和惯用伎俩。这种情况说明，处于紧急状态之中的AC航班飞行员本应该格外注意以下哪一点？(　)

A. 使用恰当的编码　　B. 选择合适的沟通渠道

C. 选择合适的信息发送者　D. 选择合适的信息接收者

3. 从机场交通管理员的角度来说，既然他们认为AC航班飞行员对“燃料用完”的报告难以令人相信其飞机正处于紧急状态中，这个时候，为稳妥和安全起见，他们最好需要做什么？(　)

A. 对报告情况的飞行员进行及时的信息反馈

B. 使自己在接受信息时也同时成为信息发送者

C. 开展双向的信息沟通

D. 以上所有方面

4. 事故调查者在收听录音磁带时发现，AC航班飞行员的报告在语调上没有传递出情况紧急的信息，这可以说是如下哪一方面的典型实例？(　)

A. 不擅长使用口头语言进行沟通

B. 不擅长使用书面语言进行沟通

C. 不擅长使用非言语语言进行沟通

D. 这根本上就与沟通语言的使用问题无关

5. AC 航班飞行员在实际情况紧急时不愿意直言向机场交通管理员报告“情况十分危急”，相反，在航班机组成员内部却相互紧张地通告燃料供给的“危机”，这说明了（　）。

A. 组织沟通往往比人际沟通问题更为复杂

B. 组织中的制度规定会对信息的有效沟通造成强烈的影响

C. 组织中的一些控制措施实际会左右组织成员的沟通行为

D. 以上均正确

6. 根据案例材料，政府飞行管理局对由于油量估计不准确而误发出“紧急呼救”信号的飞行员，将按规定吊销其驾驶执照。这种“消极的”强化措施是属于（　）。

A. 惩罚　　B. 正强化　　C. 自然消退　　D. 负强化

# 第十章　控　制

## 本章重点

- 控制与管理控制
- 管理控制的内容、目标和特点
- 管理控制的基本过程
- 管理控制的原理和要求
- 管理控制的类型和方法
- 管理控制中的阻力及其克服

## 引　例

### 管理控制的重要性

案例一

1980 年美国有 1100 家滑雪经营场所，但到 1992 年只剩下了一半。行业原因引起的问题包括：生育高峰期出生的人已经上了年纪；急速增长的滑雪缆车票价和住宿费用；近些年出现的好多个暖冬；以及将员工散布在几十平方英里范围内对管理造成的挑战。有一个人却战胜了这些行业性的困难，他就是普莱斯顿·史密斯，SKI 公司的首席执行官。他的企业经营着在凯林顿和斯诺山非常受欢迎的弗蒙特滑雪场，以及加州南部熊山的最大滑雪场。

史密斯投入巨资开发了一种特殊的造雪设备，它能够比其他滑雪场覆盖更多的地面。史密斯说："我们实际上已经消除了对自然降雪的依赖。"另外，他还发明了一种计算机控制系统，能使管理者更严密地监视各种操作，能够很快地发现问题并及时去解决问题。比如，他的控制系统，能够提供每条滑道一分钟前的详细情况，并具有立即在某一特定滑道造雪的能力，这只需调节一下造雪机上的各种阀门就可以了。

史密斯的行动为他带来了丰厚的回报。当其他的公司都在亏损时，他的公司仍在盈利。1992 年，公司的收入达到创记录的 8900 万美元，盈利 370 万美元。

案例二

普特南姆公司是美国设计生产工业用和商业用的空调设备的主要厂家之一。公司的大部分产品是标准件，但还有相当数量的产品（包括销售量很大的产品）是为办公大楼和工厂设计的。这家公司在产品设计上有所革新，而且有一个杰出的顾客服务部门。这家公司所以能有良好的声誉，是因为它的产品质量好，并能迅速满足客户对设备的要求。

由于公司发展迅速，不得不仔细考虑现金的需要量，特别是未收款和库存量。许多年以来，该公司通过严格的控制，把库存量保持在月销售量的 1.8 倍水平上，即每年周转 7 次左右。但是后来几乎在没有先兆的情况下，库存量突然猛增到月销售量的 3 倍。公司发现库存量高于正常水平达 1200 万美元。若以库存费用为库存金额的 30%计算(包括利息、仓储管理费和产品老化费等)，这一多余的库存量每年要花费公司税前利润约 360 万美元，这将迫使公司向银行请求更多的贷款。

普特南姆公司总经理理查德·辛普逊觉察到这件事以后，有些恼火。他被告知，库存量上升的主要原因是由于估计原材料会短缺，所以预购了很多，而且新的电子计算机程序不能像预期的那样发挥作用，结果使生产和采购人员不能得到有关几个月来所发生的库存量的完整信息。

辛普逊的态度是，没有一家公司会在没有预先通知的情况下，能允许这种超额库存量现象的发生，而且也不能期望主管人员通过过去的历史资料来控制企业。他指示他的财务副总经理提出一个计划方案来，使今后能较好地控制库存量。

## 第一节　管理控制概述

### 一、控制与管理控制

在日常生活中，控制可以说无处不在。在我们身边进行的每件事都需要进行控制。比如，人生病了，就需要通过药物控制病情的恶化；汽车行驶过程中需要通过刹车控制车速；学生学习成绩下降需要通过采取一定的措施控制学习成绩的继续下降等等。因此，控制跟我们的学习、生活、工作息息相关，只有通过控制，才能了解事情的进展情况，判断事情是否朝着我们所设想的方向发展，以便及时对自己的行动方案进行纠正。

控制作为管理的一项重要职能，是随着管理理论的演变而不断发展和完善的。早期管理学家法约尔曾经指出："控制就是核查一个企业中所发生的每一件事是否符合规定的计划、已发布的指示及所制定的原则,其目的是要指出计划实施过程中所出现的缺点和错误，以便改正和避免再犯。对一切的事、人和工作活动都要控制。"1948年，美国数学家、生物学家、通讯工程师诺伯特·维纳发表了著名的《控制论——关于在动物和机器中控制和通讯的科学》一书，从此，控制开始从传统的以经验为基础转向了以科学理论为依托，真正形成了一门新的学科，控制方法也逐渐科学化。在控制论中，控制是指按照给定的条件和预定的目标，对受控对象施加主动影响的行为过程。其目的在于保持事物的稳定状态或促进事物由一种状态向另一种状态转换。其本质是为实现事物有目的地变化，而在事物可能性空间（控制论中把事物发展变化的各种可能性的集合称为可能性空间）中进行选择的过程。

为了与物理、生物、机械及其他领域的控制区别开来，我们把由管理者作为一项重要的管理职能来开展的控制工作称为"管理控制"。管理控制，从传统意义上来讲，就是"纠偏"，即按计划标准衡量所取得的成果，并纠正所发生的偏差，以确保计划目标的实现。但从现代意义上来讲，控制不但应包括纠正偏差，还应该包括修改标准。这是因为随着组织内外环境的变化，当初制定的标准不一定完全适应现实工作的需要，这就要求管理者在适当的时候对原定的控制标准和目标进行适当的修改，以便把不符合客观需要的活动拉回到正确的轨道上来。为此，我们将管理中的控制定义为：由管理人员对组织实际运行是否符合预定的目标进行测定并采取措施确保组织目标实现的过程。

## 二、管理控制的重要性

管理控制是保证一个组织目标实现所进行的各项必要活动不可缺少的措施，是任何一个组织谋生存求发展所采取的一种积极的做法。如果没有一个有效的控制系统，一个社会、一个组织就会杂乱无章，就会离开正确的轨道。管理控制的重要性主要表现在以下几个方面。

### （一）任何组织、任何活动都需要控制

在当前复杂多变的社会环境中，每个组织都面临着严重的挑战。组织的计划和目标制定出来后，总要经过一段时间的实施才能实现。即使管理者在制定计划时进行了全面、细致的预测，考虑到了实现计划的各种有利和不利条件，但由于在计划实施过程中，组织内部的条件和外部的环境因素都会发生意想不到的变化，如组织内部人员结构的变化、政府可能出台的新的政策和法规、市场因素的变化等，这些内外环境的变化不仅会妨碍计划的实施进程，甚至可能影响计划本身的科学性和现实性；同时计划制定者本身受其素质、知识、经验和技巧的限制，在制定计划前的预测也不可能完全正确，在计划执行过程中也可能会出现偏差，还可能发生未曾预料到的情况。这时，控制工作就变得相当重要。通过控制，可以保证计划的执行和完成，也有利于在管理控制中产生新的计划、新的目标和新的控制标准。

### （二）管理控制有助于组织及时改正自己的缺点或错误

任何一个组织都会有缺点，犯错误，这是不可避免的。虽然小的偏差和失误不一定会立即给组织带来严重的损害，但在组织运行一段时间后，随着小差错的累积，最终积少成多，很可能对组织计划目标的实现造成威胁，甚至给组织酿成灾难性的后果。因此，防微杜渐，尽早发现潜在的错误和问题并及时进行处理，有助于确保组织按预定的计划运行下去。而要做到这一点，就必须建立一套有效的管理控制系统。因为有效的管理控制系统能够让管理者及时地

获取偏差信息，及时采取矫正措施，以防止偏差累积而影响组织目标的顺利实现。

### （三）管理控制有助于提高员工的工作能力

控制不仅仅是监督，更重要的是指导和帮助。通过控制工作，管理者可以帮助员工分析偏差产生的原因，端正员工的工作态度，指导他们采取纠正措施，这样既能达到控制的目的，又能提高员工的工作能力和自我控制能力。

### （四）控制工作的重要性还体现在它在管理的基本职能中所处的地位及其相互关系上

控制工作通过纠正偏差的行动与其他几个管理职能紧密地结合在一起，使管理过程形成一个相对封闭的系统。在这个系统中，计划职能选择和确定组织的目标、战略、政策和方案以及实现它们的程序，然后通过政治、领导等职能去实现计划目标。控制是计划目标实现的保证，它贯穿于计划执行的每个阶段、每个部门。也就是说，尽管计划工作必须先于控制活动，但计划目标是不会自动实现的。一旦计划付诸实施，控制活动就必须贯穿其中。控制对于衡量计划的执行情况，乃至发现并纠正计划执行中的偏差都是非常必要的。同时，在复杂的组织活动中，还需要控制来协调各部门的关系，当组织管理出现失误时还需要通过控制来进行调整和修正。因此，控制是改进组织工作、推动组织工作不断前进的有效保证。在组织中，管理者是通过他人来完成任务，达到目的，因此，有效的控制系统可以使管理者自始至终掌握他人完成任务的情况和进度，了解实际工作的进展是否符合原定目标，是否需要作出相应的调整和改变。离开控制，领导就可能流于形式，收不到实效。

因此，管理控制存在于管理活动的全过程，它不仅可以维持其它管理职能的正常进行，而且在必要时，还可以通过纠正偏差的行动来改变其他管理职能的活动。

综上所述，控制在管理中具有十分重要的作用，作为管理者应牢记控制的重要性，认真做好控制工作，以保证组织不断发展壮大。

## 三、管理控制的内容

管理控制的内容也就是管理者对什么加以控制，即控制的对象是什么。美国著名管理学家斯蒂芬·罗宾斯通过对一般组织的管理活动的研究，将管理控制的内容归纳为人员、财务、作业、信息和组织的整体绩效等五个方面。

### （一）对人员的控制

管理者是通过他人的工作来实现组织目标的。为了实现组织的目标，管理者必须依靠下属成员，因此，管理者就必须对下属成员进行有效的控制。对人员的控制最常用的方法：一是直接巡视法，即管理者通过观察组织成员的工作并纠正出现的问题；二是评估法，即管理者对组织成员的工作进行系统化、标准化的评估，以鉴定其工作绩效。对绩效好的予以奖励，对达不到绩效标准的，则根据偏差程度予以处罚，同时采取相应的措施，纠正偏差。具体来说，管理者一般可采取下列行为控制手段。

1．甄别。识别和雇用那些价值观、态度和个性符合管理者期望的人。

2．目标。当员工接受具体的目标,这些目标就会指导和限制他们的行为。

3．职务设计。职务设计的方式在很大程度上决定着人们从事的任务、工作的节奏、人们之间的相互作用，以及类似的活动。

4．定向。员工定向规定了何种行为是可接受的或不可接受的。

5．直接监督。监督人员亲临现场可以限制员工的行为和迅速发现偏差。

6．培训。正式培训计划向员工传播期望的工作方式。

7．传授。老员工非正式和正式的传授活动向新员工传递了“该知道和不该知道的规则”。

8．正规化。正式的规则、政策、职务说明书和其他规章制度规定了可接受的行为和禁止的行为。

9．绩效评估。员工会以使各项评价指标看上去不错的方式行事。

10．组织报酬。报酬是一种强化和鼓励期望行为，消除不期望行为的手段。

11．组织文化。通过讲故事、仪式和高层管理的表率作用，传递了什么构成人们的行为信息。

### （二）对财务的控制

每个企业的首要目标是获取一定的利润。在追求这个目标时，管理者必须借助于财务控制。财务控制主要包括审核各期的财务报表，以保证合理的现金流通，保证债务负担恰当，保证各项资产都得到有效的利用，保证各期费用开支合理等等。预算是最常用的一种财务控制手段，它为管理者提供了一个比较有效的衡量费用支出的定量标准，据此能评估出实际支出与标准之间的偏差，从而采取措施予以纠正偏差。另外，还可以运用各种财务比率指标作为一种内部控制手段，考察评估组织在利用其资产、负债、库存等方面的效率及组织的综合效率。

### （三）对作业的控制

作业是指一个组织从资源的投入到产出最终产品或服务的转换过程。一个组织的成功，很大程度上取决于它在生产产品或提供服务等能力上的效率和效果，而作业控制就是对这种效率和效果进行监督、评价，指出实际与标准之间的偏差，并实施修正，从而提高组织产出最终产品或服务的效率和效果。组织中常见的作业控制有：生产或工作控制、采购控制、质量控制、库存控制等。

### （四）对信息的控制

人类步入信息社会，信息在管理中的地位越来越重要。管理者必须通过获取大量的信息来完成他们的工作。只有当信息及时、准确、可靠地传递并供使用时，才能提高组织的效率。不精确、不完整、过多或延迟的信息都将严重阻碍管理者的行动。因此，管理者必须对信息进行有效的控制。信息控制的主要方法是：对信息使用者的信息需要进行识别；对信息进行收集、加工、存储和检索，并及时、正确地提供给信息的使用者；保证信息的反馈灵敏、正确、有力。管理实践证明，建立一个计算机化的信息管理系统不失为进行信息控制的有效方法。

## 阅读资料一

### 控制系统的三个误区

①正式的管理信息系统将取代任何其他信息资源——取代误区。

②信息越多越好——“多即好”误区。

③管理者需要的是最新的技术——“新即好”误区。

首先我们看一下取代误区。基于计算机的复杂的信息系统已经极大地改变了管理者监督和控制组织活动的能力。但这种正式的系统只是对管理控制信息资源的一种增加而不是取代。会议、短暂的会面、单独谈话、四处巡视、社交活动、电话交谈等诸如此类的活动，仍然是管理者获取信息的重要渠道。

语言交流依然是每一个管理者工作中的主要内容。作为一个领导，管理者不可避免地会接收到大量关于事情进展如何、有什么问题或可能会出现什么问题的内容丰富的信息。这样的信息常常会比正式信息系统中的信息更能引起管理者对潜在问题的警觉。管理信息系统并不要求是包医百病的灵丹妙药，它不会也不可能会取代其他非正规收集组织活动信息的手段。接下来我们讨论“多即好”误区。“多即好”有两层意思：第一，信息越多所作出的决策越好；第二，管理者应该得到他要求的所有信息。仔细分析一下，一条也不正确。

信息数量的增加可能并不会改进决策的效果，这里至少有三条理由：

①管理者可能会被信息所淹没；②信息的价值取决于许多因素，并非单纯的数量；③管理者可能并不理解大量的信息之间的相互联系。

太多的信息，即使是高质量的信息，当它们的数量超过某一最佳点之后，可能对决策造成障碍。为什么?因为信息量在没有达到某一定量之前，新增的信息是非常有用的，决策者可以充分利用这些信息。但是当达到最大值以后，额外增加的信息只会降低决策的效果。

对于决策中用到的信息，不仅要考虑其数量，还要考虑它的质量，即信息是否相关、准确、完整、可靠、及时等。如果不满足这些要求，那么多也就不一定好。不论信息的数量质量如何，决策的效果还取决于决策者解决问题的能力，像许多消费者一样，管理者并不会对时髦的东西产生免疫力。随着计算机的速度越来越快，威力越来越大，新的外部设备和软件越来越多，许多管理者认为使用最新的技术成果是最好的。事实上并非总是如此，管理者常常并不需要新系统的大功能、速度或其他优势。越新是否越好取决于用户的需求和改进技术的成本。而且，改用新的技术常常会引起其他相应的变化。一个新的系统要求管理者学习使用它，即使是一个“用户友好”的系统也需要用户至少学习50个小时才能跟得上使用速度。通常一位管理者每小时的工资(包括福利)超过50美元，如果一有新技术就将其引入到系统中去，那么必然会引起高成本和混乱。在管理者决定购买最新的管理信息系统之前，应该仔细想想全部后果。

我们还要避免“新即好”的误区。我们最后要消除的一个误区是有效的信息系统需要最新的技术。电视会议、声控装置、蜂窝系统、大容量内存的超级计算机等诸如此类的东西，在某些情况下可能会提高管理的效率，但是认为应该吸收全部最新的技术的观点却是危险的。

### （五）对组织整体绩效的控制

组织绩效是一个组织实现其目标的重要评价因素，也是管理控制效果的集中反映。因此，管理者，尤其是高层管理者应十分关注组织整体绩效的控制。要有效地实现组织绩效的控制，关键在于科学地评价、衡量组织的绩效。一个组织的整体绩效很难用一个指标来衡量，生产率、效率、利润、员工士气、产量、适应性、稳定性以及市场占有率等都可能成为衡量组织整体绩效的重要指标，但其中任何一个单独的指标都不能等同于组织的整体绩效。要恰当地衡量组织绩效，必须采用多种方法。

## 四、管理控制的特点

与物理、生物等其他领域的控制相比，管理控制有其自身的特点，主要表现在以下几个方面：

### （一）目的性

管理控制无论是着眼于纠正执行中的偏差还是适应环境的变化，都是紧紧地围绕组织目标进行的。与其他管理工作一样，控制工作也具有明确的目的性。换句话说，管理控制总是要受到一定的目标的指引，服务于达成组织特定目标的需要。

### （二）整体性

管理控制的整体性主要表现在两个方面：一是从控制的主体来看，完成计划和实现目标是组织全体成员共同的责任，管理控制应该成为组织全体成员的职责，而不单纯是管理人员的职责。让全体成员参与到管理工作中来，这是民主管理思想的重要体现；二是从控制的对象来看，管理控制覆盖组织的各个方面，人、财、物、时间、信息等资源，各个层次、各个部门、各单位、各个人的工作，以及企业生产经营的各个不同阶段等，都是管理控制的对象。为了使组织各个方面在工作上达到均衡、协调、整体优化，就必须了解、掌握各个方面的工作情况并予以控制。

### （三）动态性

由于组织面临的内部条件和外部环境随时都发生着变化，组织不是静态的，从而决定了控制方法和标准也不可能固定不变。管理控制具有动态性的特征，这样可以提高控制的适应性和有效性。

### （四）人性

管理控制从本质上来讲是对人的控制，因为组织中的各项工作是要靠人来完成的，而且各项控制活动也要靠人去执行。所以管理控制首先是对人的控制，对人的行为的控制。

## 第二节　管理控制过程

### 一、管理控制的基本过程

管理控制的过程就是不断地将组织计划的执行情况与计划的

标准进行比较，发现偏差并采取措施纠正偏差的过程。具体包括以下三个步骤：

### （一）建立标准

标准是控制的基础。组织的运行和管理活动的展开是否沿着实现目标的方向走，必须有一个判断的标准。这里所说的标准是指评价成效的尺度，它是从整个计划方案中选出来的对工作成效进行评价的关键指标。一个组织，如果没有一套完整的标准，就无法客观地评定绩效或纠正偏差。所以，管理控制过程的第一步是建立标准。

标准的类型很多，以一个企业为例，常用的标准有：

1. 时间标准

时间标准是指生产一定数量的产品或做好某项服务工作所限定的时间，如工时、交货期等。

2. 生产销售绩效标准

生产销售绩效标准是指在规定的时间内生产、销售产品或服务的数量。也称数量标准。如表 10-1 就是某公司 7 月份为品牌 A—I 的产品设立的销售绩效标准。

**表 10-1 7 月份销售绩效** 单位：百万元

| 品 牌 | 标 准 | 实 际 | 超（欠） |
|---|---|---|---|
| A | 1075 | 913 | （162） |
| B | 630 | 634 | 4 |
| C | 800 | 912 | 112 |
| D | 620 | 622 | 2 |
| E | 540 | 672 | 132 |
| F | 160 | 140 | （20） |
| G | 225 | 220 | （5） |
| H | 80 | 65 | （15） |
| I | 170 | 286 | 116 |
| 合 计 | 4300 | 4464 | 164 |

3. 成本标准

成本标准是指在生产产品或提供服务过程中的各种消耗。如单位产品成本、期间费用等。

4. 质量标准

质量标准是指保证产品符合各种质量因素的要求，或是服务方面需要达到的工作标准。如产品等级、合格率、次品率等。

5. 职工工作标准

即对职工规定的行为准则。如麦当劳快餐店规定的员工的工作标准：一是95%以上的顾客进餐馆后3分钟内，服务员必须迎上去接待顾客；二是事先准备好的汉堡必须在5分钟内热好供应顾客；三是服务员必须在就餐人员离开5分钟内把餐桌打扫干净。

在实际工作中，不管采取哪种类型的标准，都必须按照控制对象的特点来决定。

### （二）衡量实际绩效，并将实际绩效与标准进行比较

建立了合理的标准后，就需要衡量工作绩效，并与控制标准作比较，对工作作出客观的评价，从中发现二者的偏差，为进一步采取控制措施提供全面准确的信息。这一步主要包括两方面工作：

1. 测定实际工作绩效

为了测定实际工作绩效，管理人员首先必须收集必要的信息。有四种信息常常被管理人员用来衡量绩效，它们分别是：个人观察、统计报告、口头汇报和书面报告。

个人观察提供了关于实际工作最直接和最深入的第一手资料。这种观察可以包括非常广泛的内容，因为任何实际工作的过程总是可以观察到的。个人观察的优点是可以获得面部表情、声音语调以及情绪等常常被忽视的信息；统计报告可以清楚有效地显示出各种数据之间的关系，尤其是在计算机被广泛应用的现在，统计报告的制作也日益方便，而且文字、数据、图形、图表齐全，为管理者收集信息提供了极大的方便；口头汇报主要是指通过会议、一对一谈话或电话交谈等形式来获得信息。这种方式的优点与个人观察相似，尽管这种信息可能是经过过滤的，但它快捷、有反馈，同时可以通过语言词汇和身体语言来扩大信息，还可录制下来，像文字一样永久保存；书面报告与统计报告相比要慢一些，与口头汇报相比要显

得正式一些。这种形式比较全面和精确，且有利于分类存档和查找。

2. 进行实际绩效与标准的对比

测定了实际绩效后，就可以进行实际绩效与标准的对比了，通过对比，发现偏差。如表 10-1 中超（欠）一栏就反映了各品牌商品实际销售情况与预期标准之间的偏差。在实际工作中，产生偏差是在所难免的，关键是管理者应该确定可以接受的偏差范围，并对超过偏差范围的显著偏差引起注意，采取相应的管理行为来纠正偏差或修改标准。以表 10-1 提供的资料为例，尽管总的销售量比原定目标要高一点，整体绩效还不错，但有些品牌的情况还是值得注意的。有几个品牌，如 B、D、G 的很小，这是不需要注意的，而品牌 A 的销售严重不足，比预期目标少了 15%，这是值得特别注意的，必须找出原因。至于品牌 I，虽然偏差为正，但偏差如此之大，也需要引起高度关注，销售量大增，究竟是标准定得太低，还是销售人员的努力或者其他原因造成的。

## （三）采取行动，纠正偏差

衡量比较之后，就需要进行控制工作的第三步，即采取管理行动。当然，在衡量绩效后，如果没有发生偏差，或偏差在可以接受的范围内，那就不需要采取管理行动了，只要维持现状即可。如果发现偏差超过了可接受的范围，就要分析原因，采取管理行动。这里重点介绍纠正偏差和修订标准两种方案。

1. 纠正偏差

如果偏差是由于绩效不足所产生的，管理者就应该采取纠正措施。具体可采取管理策略调整、组织结构完善、及时进行补救、加强人员培训以及进行人事调整等方法。

2. 修订标准

工作中的偏差也可能来自不合理的标准，就是说指标定得太高或太低，或者是原有的标准随着时间的推移已不再适应新的情况，在这种情况下就需要修改标准。总之，根据偏差产生的原因，管理者可以利用组织手段，通过进一步明确职责、补充授权或者对组织机构进行调整来纠正偏差；也可以用撤换责任部门的主管或是增配人员的办法来纠正偏差；还可以通过改善领导方式，增加物质鼓励的办法来纠正偏差；还可以采用重新制定计划或修正目标的方法来纠正偏差。通过采取不同的管理行动方案，以达到最好的控制效果。控制的详细过程见图 10-1 所示。

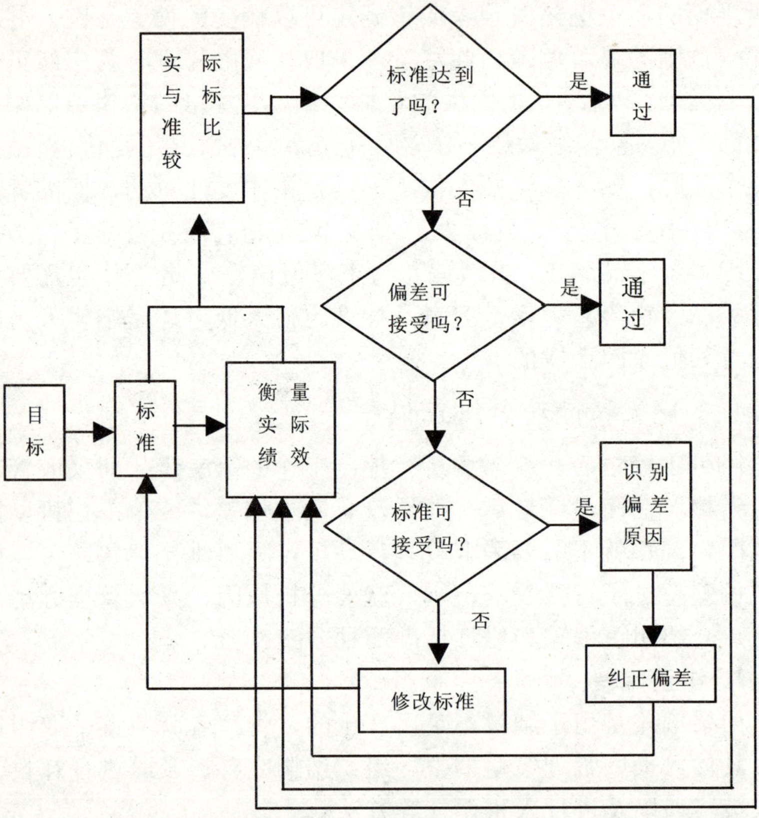


图 10-1　控制过程

## 二、管理控制的原理

要使控制工作发挥有效的作用，在建立控制系统或进行控制活动时应遵循一些基本的原理。

### （一）反映计划原理

控制的目的是为了实现计划，控制是实现计划的保证。计划越明确、全面、完整，所设计的控制系统越是能反映这样的计划，那么，控制技术就越能用来追踪计划执行的进程，控制工作也就越有效。因此，在设计控制系统时，每个管理者都必须紧紧围绕计划进行，要根据计划的特点拟定控制标准、衡量方法和纠偏措施。

### （二）组织适宜性原则

控制必须适应组织结构的类型。组织结构决定了职责和分工，明确了执行计划的职权和产生偏差的责任。因此，控制必须能反映一个组织的机构状况，反映各项活动中不同组织部门的职责所在，以便能更有效地纠正工作中的偏差。

### （三）个性化原理

控制需要人来执行。一方面，控制系统要求执行计划方案的管理者承担相应的责任，纠正脱离计划的偏差；另一方面，控制系统应尽量切合管理者的需要和特点。即在设计控制系统时，不仅要考虑到具体的职务要求，还应该考虑到担任该项职务的管理者的个性，控制系统和信息资料都要有助于每个主管人员执行他们的控制职能。如果主管人员不能、也不理解所建立的控制系统和信息资料，则他们的控制效果就会很差。

### （四）控制关键点原理

控制关键点原理是指管理者必须选择一些关键点实行重点控制，以保证整个管理活动按计划进行下去。因为人的精力是有限的，控制的费用也是有限的，所以管理者没有必要事无巨细地对计划执行的每一个环节都进行控制，他们只需要注意那些对计划的执行起关键作用的问题和因素。为此，管理者如何选择关键点就显得至关重要，有效的控制在很大程度上取决于这种能力。

### （五）例外原理

有效控制不仅要对关键点进行控制，还要对超出一般情况的特殊点给予足够的关注。也就是说，管理者应把主要精力集中在那些出现了特别好或者特别坏的情况上。同时考虑例外情况还必须与控制环节中的关键因素结合起来。仅仅注意例外情况是不够的，必须注意关键问题上的例外情况。一般来说，管理者越能将控制工作集中在例外情况上，就越能进行有效控制。但此时的例外情况必须是控制问题上的例外情况。

### （六）控制趋势原理

控制趋势原理是指控制工作应当着眼于未来，善于从现状中揭示未来倾向，而不只是简单地当出现了偏差才进行控制。对于管理者来说，重要的是现状所预示的趋势，而不是现状本身。控制变化趋势比仅仅改善现状重要得多，也困难得多。趋势往往容易被现象所掩盖，不易被察觉，也不易被控制和扭转，而且当趋势已经明朗时，再进行控制为时已晚。因此，控制的关键是根据现状预示未来。有效的控制系统应有预警功能，能在趋势刚露出苗头时就敏锐地察觉到，迅速地采取措施。

## 三、管理控制的要求

要使控制工作发挥作用，取得预期的成效，控制系统的设计还要特别注意满足以下几个要求：

### （一）客观性

有效的控制要求有客观、准确和适当的标准。管理必然包括许多主观因素，但对下属工作的评价，不应仅凭主观来决定。这就要求控制标准客观，分析客观正确，采取的措施客观正确，尽量避免主观臆断。

### （二）灵活性

控制系统应具备足够的灵活性以适应各种环境的变化。当计划发生更改，或出现了未预料到的情况时，控制职能仍能发挥作用。比如安排生产进度时，生产经理必须对由于机器损坏或主要工作人员突然生病而造成的进度拖延有所准备。如果控制系统不灵活，对这种情况无法处理，则即使是短暂的停产，也会扰乱生产。因此，在建立控制系统时，应对各种可能出现的情况准备好各种可选择的方案，使它具有更大的灵活性。

### （三）经济性

经济性是指控制所支出的费用必须合理，控制必须讲究经济效益。任何控制系统产生的效益都必须与其投入的成本进行比较。为了使成本最少，管理者应该尝试使用能产生预期结果的最少量的控制。这个要求看起来简单，但做起来比较复杂。因为一个管理者有时很难确定某个控制系统究竟能带来多少效益，也难以计算其费用到底是多少。是否经济也是相对的，因为控制的效益随业务活动的重要性和规模的大小而不同。在实际工作中，我们应尽可能有选择地进行控制，精心选择控制点，同时，尽可能改进控制方法和手段，以降低消耗，提高效益。

### （四）整体性

整体性是指控制工作在时间上要有长远观念，兼顾现实与未来；在空间上要有全局观念，从整体利益出发来实施控制。首先，有效的控制应面向未来，做到预先控制。其次，管理者在进行控制时，应避免从本部门实际利益出发，偏重局部目标而忽视组织整体的实现，搞本位主义，应从整体利益出发，统筹全局。

### （五）及时性

有效的控制必须能及时发现偏差，及时提供信息，以便管理者能迅速采取措施加以更正。信息再好，如果过时了，也将毫无用处，而且往往会造成不可弥补的损失。

### （六）匹配性

匹配性是指控制系统应同组织的气氛相匹配。任何控制系统或技术都必须适合组织气氛，才能实现有效的控制。比如，在一个员工要求有相当大的自由并能参与管理的组织里，采取一个严格的控制系统，其结果必定是大大违反员工意愿而注定要失败。反之，在一个不允许或稍微允许员工参与决策的组织了，采取一种一般化的控制系统，也是很难取得成功的。

## 第三节　管理控制的类型和方法

### 一、管理控制的类型

在组织中由于管理控制的性质、内容、范围不同，可以将管理控制分为许多类型。下面介绍几种主要的管理控制类型：

#### （一）按控制力量的来源来分，可以将控制分为外在控制和内在控制

外在控制是指一个单位或个人的工作目标和标准的制定，以及为了保证目标和标准的实现而开展的控制工作，是由其他单位或个人来承担的，自己只负责检测、发现问题和报告偏差。如上级主管的行政命令监督、组织程序规则的制约等，都属于外在强加的控制。

内在控制是一种自动控制或自我控制。自我控制的单位或个人，不仅能进行自我检测、发现问题，还能自己订立标准并采取措施纠正偏差。比如，目标管理就是一种让基层管理者和员工参加工作目标的制定，并在工作中实行自主安排、自我控制的管理制度和方法。

#### （二）按纠正措施的环节来分，可以将控制分为反馈控制、现场控制和前馈控制

反馈控制是指从已经执行的计划或已经发生的事件中获得信息，运用这些信息来评价、指导和纠正今后的活动。反馈控制是一种最主要也是传统的控制方式，也叫事后控制。它的主要特点是把注意力集中在行动的结果上，并且以此作为改进下次行动的依据。

其目的并非要改进本次行动，而是力求“吃一堑，长一智”，改进下次行动的质量。反馈控制的对象可以是行动的最终结果，如企业的产量、产成品的质检、对财务报表的分析等；也可以是行动过程中的中间结果如新产品样机、工序质量、产品库存等。在实际工作中，反馈控制对提高组织运行水平起着很大的作用。但这种控制最大的缺点是滞后性，只能在事后发挥作用，对已经发生的危害却无能为力。而且从衡量结果、比较分析到制定纠偏措施及实施都需要时间，这样就很容易贻误时机，增加控制难度。

现场控制是指控制发生在行动之中，是计划执行过程中所实施的控制，即通过对计划执行过程的直接检查和监督，随时检查和纠正实际与计划的偏差。现场控制包括两项职能：一是技术性指导，即对下属的工作方法和程序等进行指导；二是监督，确保下属完成任务。实行现场控制能及时发现偏差，及时纠正偏差，立竿见影，将损失控制在较低程度。但现场控制对管理者的素质要求比较高，因为在现场控制中，管理者需要及时完成比较、分析、纠偏等控制工作，因此，其控制效果在很大程度上依赖于管理者的个人素质。

前馈控制又叫事先控制，是指在计划执行之前事先制定计划执行过程中应遵守规则，规定每一项工作的标准，并建立偏差显示系统，使人们事先知道怎么做。这种控制是建立在预测的基础上的，尽可能在偏差发生之前将其觉察出来，并及时采取防患措施。前馈控制强调“防患于未然”，它的重点是对人、财、物、信息等预先进行合理配置，如企业中的预算控制、管理部门制定的政策等都属于前馈控制。

### （三）按控制时所采用的控制方式来分，可分为集中控制、分散控制和分层控制

集中控制就是在组织中建立一个控制中心，由它来对所有的信息进行集中统一加工、处理，并由这一控制中心发出指令，操纵所有的管理活动。当组织的规模和信息量不大，且控制中心对信息的取得、存储、加工效率及可靠性都很高时，采用集中控制有利于实

现整体的最优控制。企业中的生产指挥部、中央调度室等都属于集中控制。

分散控制是在组织十分庞大、信息量很大，一个控制中心难以进行信息存储和处理的情况下采取的一种控制方式。分散控制对信息存储和处理能力的要求相对较低，同时分散控制反应快、时滞短、控制效率高、具有较强的应变能力。而且由于采取分散决策方式，即使个别控制环节出现了失误或故障，也不会引起整个系统的瘫痪。但分散控制可能会使各个分散系统难以协调，难以保证各分散系统的目标与总体目标的一致性，从而会危及整体的优化。

分层控制是一种把集中控制和分散控制结合起来的控制方式。它的主要特点:一是各子系统都具有各自独立的控制能力和控制条件，从而有可能对子系统的管理实施独立的处理。二是整个管理系统分为若干层次，上一层次的控制机构对下一层次各子系统的活动进行指导性、导向性的间接控制。在分层控制中，要特别注意防止缺乏间接控制、自觉不自觉地滥用直接控制，并多层次地向下重叠地实施直接控制的弊病。

### （四）按专业领域来分，可以将控制分为库存控制、进度控制、质量控制、预算控制、人事管理控制、内部和外部审计控制等

库存控制主要是对原材料、燃料、配件、在制品、半成品、产成品等存货品种和数量的控制。库存应当保持在适当的水平，以保证生产和销售的需要；进度控制是根据产品或项目建设的进度计划要求，对各阶段活动开始和结束的时间所进行的控制；质量控制是由产品使用目的所提出的各项适用特性的总称。对产品质量特性，按一定的尺度、技术参数或技术经济指标规定必须达到的水平，这就形成了质量标准，它是检验产品是否合格的技术依据；预算控制是用财务数字或非财务数字来表示预期的结果，以此为标准控制执行工作中的偏差的一种计划和控制手段；人事管理控制主要是指对组织中的人力资源的管理，包括主要人事比例的控制以及对管理者

和一般员工在工作中的成绩、能力和态度作出客观公正的考核、评价和分析鉴定；审计是对组织中的经营活动和财务记录的准确性和有效性进行检查、检测和审核的一种反馈控制工具。定期开展审计工作，可以确保组织活动的正常和顺利进行。

## 阅读资料二

### 海信的管理控制七戒律

海信集团董事长周厚健在北京召开的质量管理检验研讨会上透露，为打造成为中国一流的"制造专家"，海信管理控制推行了七条"戒规"。

1. 质量不能使企业一荣俱荣，却可以让企业一损俱损。质量管理是"一把手工程"。

2. 用户是质量的惟一裁判。用户标准、市场标准就是企业最高的质量标准。

3. 技术创新是产品质量的根本。采用新的技术手段不断提高产品的设计质量、制造质量是须臾不可忘的一项重要内容。

4. 善待供应商就是善待自己。企业要有专门的质量工程师帮助上游供应商进行培训、诊断、改进、革新，供应商的进步有助于原材料品质的提高。在采购环节中，必须坚持"质量第一、价格第二"原则。

5. 好的产品质量源自员工的质量。选择质量管理人员，要挑选那些富有责任心同时又有创新意识和灵活性的管理者；而选择质量检验人员，应当选择性格正直、严谨甚至是"苛刻"的员工，并且给他最高的待遇、最能发挥人才和作用的工作环境。

6. 创新是重要的，但绝对不能以创新为由改变质量标准和传统实用的方法。在企业内部，质量绝对不能屈从于销售。宁可丧失暂时的份额，也不允许破坏长远的市场。

7. 质量是财务指标的红绿灯。

## 二、管理控制的方法

随着科学技术的迅猛发展和广泛应用，组织的规模也越来越大，活动的范围也越来越广，分工越来越细，产生的信息也越来越多，因而控制的方法也得到了很大的发展。现在，控制的方法不仅包括传统方法，而且运筹学、控制论、系统科学、信息科学和电子计算机技术等都在其中得到了广泛的研究和应用。

### （一）传统的管理控制方法

近些年来，尽管出现了许多新的控制方法，但是有些长期以来被管理者使用的传统的控制方法还是显得非常重要。下面介绍几种主要的传统控制方法。

1. 预算

预算作为一种传统的控制方法，无论是过去还是现在都得到了广泛的应用。

预算实际上也是一种计划，它是用财务数字或非财务数字来表示预期的结果，以此为标准控制执行工作中的偏差的一种计划和控制手段。预算对一个人或一个组织都是非常重要的，无论是个人还是组织都需要预算，所不同的是个人预算常不具形式，而组织预算则较具形式，且远比个人预算详尽，其编制过程也较为复杂。这里，我们主要讨论组织预算的编制，以作为计划及控制的工具。

预算控制是通过编制预算，然后以编制的预算为基础，来执行和控制组织的各项活动，并比较预算与实际的差异，分析差异的原因，然后对差异进行处理。预算的编制与控制过程是密切联系的。通过编制预算，可以明确组织及其各部门的目标，协调各部门的工作，评定各部门的工作业绩，控制组织的日常活动。

预算的种类一般分为业务预算、财务预算和专门预算三大类。不同的组织，其预算会各具特色，即使是一个组织内部的不同部门，也会有各式各样的预算。下面以企业为例说明各种预算类型及内容。

（1）业务预算。业务预算是指企业日常发生的各项具有实质性活动的预算，它主要包括销售预算、生产预算、直接材料采购预算、直接人工预算、制造费用预算、单位生产成本预算、销售及管理费用预算等等。

销售预算是编制全面预算的基础。企业应首先根据市场预测和企业生产能力情况，确定销售目标，编制年度及季度、月份的销售数量、销售单价、销售金额及销售货款收入情况；生产预算是根据销售预算所确定的销售数量，按产品名称、数量分别编制生产预算；直接材料采购预算是根据生产预算所确定的生产量以及各种产品所消耗材料的品种、数量、单价，根据生产进度确定材料采购数量及现金支付情况；直接人工预算是根据生产所需的工时，确定各种工种总工时和工资率及直接人工成本；制造费用预算是根据销售量和生产量水平确定各种费用总额，包括制造部门的间接人工费、间接材料费、维修费及厂房折旧费等；单位生产成本预算是根据直接人工及制造费用预算确定单位产品生产成本；销售及管理费用预算是根据销售预算情况及各种费用项目确定销售及行政管理人员薪金、保险费、折旧费、办公费及交际应酬费等。

（2）财务预算。财务预算是企业在计划期内反映现金收支、经营成果及财务状况的预算，主要包括现金预算、预计损益表、预计资产负债表、预计现金流量表等。

现金预算是反映计划期内现金收入、现金支出、现金余额及融资情况，通过现金预算反映计划期内企业现金内流动情况，控制现金的收支，做到合理理财；损益表是按前面编制的预算而编制的，它反映企业在一定期间的经营成果，并可通过损益表了解企业的盈利能力；资产负债表反映企业的资产、负债及收益情况，反映企业财务状况及偿债能力；现金流量表是根据前面所编制的预算编制的，用于反映企业在计划期内资金来源和资金运用及其变化的情况，以及企业理财的情况。

（3）专门预算。专门预算是指企业为那些在预算期内不经常发生的、一次性经济活动所编制的预算。它主要包括：根据长期投资决策所编制的资本支出预算，根据企业的政策和对预算期经营结果的预测而编制的股利发放额预算表。

在上述三大类预算里，财务预算的综合性最强，是预算的主体。但是，财务预算的各项指标又有赖于业务预算和专门预算，因此业务预算和专门预算是财务预算的基础。

预算是一种有效的控制方法，它有许多优点：一是明确。把各项工作成果数字化，使人一目了然。二是控制方便。因为任何活动最终都会反映到财务上。三是便于授权，同时又保证不会失去控制。另外，预算还能使管理者未雨绸缪，并养成决策前凡事先计划的习惯。但预算也存在着一些局限性，如预算过繁、过细、过于僵化，以致花费过多的时间、精力和财力，束缚了管理者的手脚，抑制了人们的创造力，导致虚假预算等。因此良好的预算应该具备较强的目的性、空间上的结构性、时间上的灵活性等特征。

2. 非预算控制方法

（1）统计数据资料。对企业经营管理的各个方面所作出的统计分析和明确提出的统计数据资料（无论是历史的还是预测的），对于控制来说都是非常重要的。大多数主管人员容易理解以图解或曲线图形所表示的统计数据，以为图表所表示的趋势及相互关系使人一目了然。从图表上可以知道:销售额和生产费用上升或下降 3%或 10%意味着什么？谁应该负责？

（2）专题报告和分析。这种方法有利于对具体问题的控制。日常的会计和统计报表虽然能提供大量必要的信息，但它们同时在许多方面并不适用。一位从事极其复杂的经营管理工作的成熟的经理，往往聘请一些训练有素的分析人员并由他们组成一个参谋小组，但不委派他们固定的任务，而只让他们在自己的控制下从事研究和分析工作。

（3）盈亏平衡点分析。盈亏平衡图是一种很有用的控制方法，它描述了销售额与成本的关系。它表明生产数量达到什么点时收支相抵、或亏本、或盈利。

（4）经营审计。管理控制的另一种有效方法是企业审计，即经营审计。从广义上来讲，经营审计是指企业内部的审计人员对企业的会计、财务以及其他的经营活动所作的定期和独立的评价。

（5）深入现场。预算、图表、报告、比率、审计人员的建议等对控制来说都是非常重要的，但是管理者如果完全依赖他们，就好像坐在隔音的控制室里看仪表和按键盘那样“与世隔绝”，自然不可能很好地完成控制工作。一个有经验的管理者，通过深入现场，亲自观察，也能从中得到有益的情报。

### （二）现代管理控制方法

现代化生产是由众多劳动者使用各种复杂的技术装备来完成的。复杂的生产过程、精细的劳动分工，要求有科学的组织和严密的计划与控制，以保证生产的连续进行和充分有效地利用现有的人力、物力和财力，取得最好的经济效益。但在日常生活中，常常发生各个生产环节之间的不协调，从而造成人力、物力、财力上的浪费，并进而影响整个生产任务的完成。为了适应现代化生产发展的需要，20 世纪 50 年代以来，许多发达国家进行了大量的调查研究工作，先后发明了一些新的科学管理方法，比如计划评审法、管理审核、管理信息系统等。下面对这些方法进行具体介绍。

#### 1. 计划评审法

计划评审法（Program Evaluation and Review Technique），简称为 PERT，是一种用来观察在时间和项目的推移过程中，如何把计划的各个局部恰当地结合在一起的方法。在我国也称为“计划协调技术”、“网络计划技术”、“统筹法”等。主要用于对研究与发展方面的控制上，如在建筑行业、交通部门、联合企业、海洋开发、原子能开发、武器研制及其他许多计划和项目上，该方法都得到了广泛的应用。

如本书第五章中所述，计划评审法的基本原理是：运用网络图形表达一项计划中各种工作（任务、活动、过程、工序）之间的先后次序和相互关系；在此基础上进行网络分析，计算网络时间，确定关键工序和关键路线；接着，利用时差，不断地改善网络计划，求得工期、资源与成本的优化方案，付诸实施；在计划的执行过程中，通过信息反馈进行能够监督和控制，以保证预定的计划目标的实现。

与其他方法相比，计划评审法有其自身的优点。一是它把计划中的各项工作之间的内在联系和制约关系都清楚地表示出来了，使管理者对它们各自在计划中所处的地位和作用都能一目了然，这就易于对一项复杂的任务进行全面考虑和安排，并可促进相关人员之间的相互了解、协调和配合，保证计划的顺利完成；二是计划评审法是一种灵活性很强的弹性计划，它把计划执行过程看成是一个动态过程，并不断根据有关实际执行情况的信息反馈，进行调整和滚动，确保预定目标的最终实现；三是计划评审法为管理者提供了现实的控制标准，指明了计划中的关键工序和关键路线，为管理者指明了控制的重点，从而有利于提高控制效果；四是计划评审法把图示和数学方法结合起来，计算简便，直观性强，容易掌握运用，有利于普及推广。

尽管计划评审法有许多优点，但它也存在着某些局限性。由于计划评审法只强调时间因素而不强调费用因素，因此它只适用于注重时间因素的那些计划，或适用于那些时间因素与费用因素有密切的、直接关系的规划。另外，如果计划本身模糊不清和对进度作出不合理的瞎估计，那么计划评审法也就会失去意义。所以，计划评审法的有效性取决于对该项技术的正确运用。

2. 管理审核

管理审核，在我国也称为“企业诊断”。管理审核是一个工作过程，它以管理学基本原理为评价准则，系统地考查、分析和评价一个组织的管理水平和管理成效，进而采取措施使之克服存在的缺点或问题。管理审核的目标不是评价个别主管人员的工作质量和管理水平，而是从系统的观点出发去评价一个组织整个管理系统的管理质量。

1962年，伦纳德曾对管理审核法做了全面的研究。伦纳德认为，管理审核的内容应当包括以下几个方面：

（1）计划和目标：如是否确定了组织的计划和目标。

（2）组织机构：如组织机构有无重复或重叠的职能。

（3）政策、系统程序：如政策是否肯定、明确和易于理解。

（4）人事部门：如职工流动率有多大。

（5）厂内布置和物质装备：如办公室是否按最大限度利用空

间面积和有效工作面积来布置。

（6）营运和控制方法：如对管理报告的精确性、明确性和及时性做出什么样的考虑。

由于管理审核这个概念提出的时间很短，目前还没有形成一种合理的能为大家普遍接受的程序。但从确保有效地进行管理这个要求出发，还是很有必要对它进行进一步研究和发展的。从目前国外的发展趋势来看，未来的管理审核将由外部的审核公司对一个组织的管理给予独立的评价，以便确保管理审核的客观性。这个审核公司应得到社会的公认，它配备着在管理方面有真才实学的人才，足以胜任评价一个组织的管理体制及其主管人员的质量。它从组织的内部进行大量的调查研究，并且制定出一套科学的客观标准，它特别重视如何去客观地评价组织中的最高一级主管部门所存在的管理不善的问题，因为这是管理审核的一个重点，也是一个难点。

3. 管理信息系统

科学技术的进步和社会的发展，使得信息数量急剧增加，要在浩如烟海的信息世界中为管理控制活动提供灵敏、准确、有利的信息，就必须在组织中建立和维持一个管理信息系统。

信息系统是一种基于计算机与通讯两方面技术而综合发展起来的技术。自20世纪70年代开始，通讯技术与计算机技术逐渐结合起来，使信息处理逐渐形成了一个系统。信息系统的功能是通过数据收集、数据传输、数据存储、信息解释与显示，以及信息分发等五个子系统来实现的。管理信息系统，简单地讲，就是能够经常地为管理者提供所需信息的系统。这一系统为管理者提供的是信息，而不是简单的数据，同时它是一种有顺序、有目的的安排。比如图书馆，一个图书馆可能藏书几百万册，但是读者如果不能快速地找到他们所需要的书，则这样的图书馆对他们来说一点也没用。这就是为什么图书馆要花大量时间来编制所藏书籍的目录，并保证所还书籍放回原处的原因。今天的组织就像一个充满书籍的图书馆，它缺乏的不是数据，而是数据处理的能力，也就是说，缺乏将正确的数据在需要的时候送给正确的人。而管理信息系统能够按一定方式组织数据，而且可以在一个合理的时间内查到这些数据，并将其转换成对管理者可用的信息。

管理信息系统在过去的40多年里走过了一个漫长的发展过程，主要有以下几个发展阶段：集中数据处理——面向管理的数据处理——分布式终端用户计算——交互式网络——……见表10-2所示。

**表10-2　管理信息系统的演进**

| 阶段 | 时期 | 说明 |
| --- | --- | --- |
| 集中数据处理 | 1954—1964 | 会计和事务性应用 |
| 面向管理的数据处理 | 1965—1979 | 直接支持管理和作业职能 |
| 分布式终端用户计算 | 1980—1985 | 在用户直接控制下的个人计算机 |
| 交互式网络 | 1986— | 联结个人最终用户 |

实际上，管理信息系统只有从第四阶段开始才体现了其全部作用和价值。

管理信息系统是以组织上层管理者在决策中所要求达到的目标，以及职能管理部门所提供的业务活动目标为依据，按照完成组织活动所应遵循的顺序而建立起来的，这个系统的建立过程大致可分为以下几个步骤：

（1）决策系统分析。管理者所作的决策可以指导管理信息系统的设计。因此第一步是识别所要用到的信息，包括一个组织中的全部工作职能，从最低一级的管理者到最高层主管。这一阶段还应考虑每一项决策是否是由适当的人所作出的？是否是由适当的部门所作出的？如果不能弄清这些问题，必然会导致整个信息系统的设计错误。

（2）信息需求分析。当决策问题被分离出来后，就必须弄清作这些决策时究竟需要哪些确切的信息。在组织中，管理职能所需的信息是不同的。比如一个市场部经理和人事部经理所需的信息肯定是不同的。因此，管理信息系统应该能适应不同职能管理者的需要。

（3）决策集成。对每一位管理者的需求和职能范围进行识别后，对于那些在很大程度上需求相互重复的信息必须予以确定。尽管一个组织中对信息需求的变化很大，比如，销售和生产部门的主管需要有关某一产品质量水平的反馈信息，虽然一个关心的是顾客是否满意，另一个关心的是产品生产过程的质量波动，通过识别出这种多余的信息，管理者在设计时应让系统只包含尽可能少的重复的信息，并且将相似的决策由一个人来做。

（4）信息处理设计。在这一阶段，可根据自己企业的情况开发一个收集、存储、传送和查询信息的实际系统，并画出一个简明的系统流程图，它包括数据的来源和类型、用户的位置、存储的方式等。

## 阅读资料三

### 美特斯·邦威的连锁店信息化管理

任何企业都无法排斥信息化管理在现代企业发展中的重大作用。要想将一张覆盖全国29个省、自治区、直辖市，600多个销售点的销售网络统一起来，没有信息化的管理制度，是难以想象的。信息化就像一条高速公路，将邦威的连锁店紧密地串连在了一起，形成了一个有机的、快速反应的整体。邦威公司的管理，也逐步由人的管理向制度化、信息化的“无为而治”。

周成建称，科学管理尤其是信息化管理是虚拟经营成功的重要手段。信息流和物流是支撑连锁经营系统高效运行的两个轮子。从1996年起，邦威公司就投人大量人力、资金，建立了计算机信息网络管理系统。现在，邦威全国所有连锁店均被纳入公司内部的计算机网络，实现了包括新产品信息发布系统、电子订货系统、销售时点系统在内的资讯网络，另外，邦威公司还建成了ERP企业资源管理系统。

通过这个信息化的资讯网络和管理系统，邦威连锁店之间，以及连锁店与邦威总部之间的信息流通速度大大加快，邦威总部可以及时发布各种信息，传达指令，连锁店也可以在千里之外实现快速订货。

另外，连锁店的销售业绩也将会在网络得到显示，邦威公司可以全面、准确地掌握市场反馈信息，获得进货、销售、存货等数据，进行经营分析，及时作出促销、配货、调货的经营决策，对市场变化作出快速反应，使资源得到有效配置，从而提高了邦威产品以及邦威连锁店在市场上的竞争力。

## 第四节 管理控制中的阻力及其克服

### 一、管理控制中的阻力

不管一个组织的控制系统是多么有效，总会有人反对或抵制组织的控制。反对或抵制控制的原因是多方面的，有的是由于组织过分的控制造成的，有的是由于不公平的报酬或不恰当的控制等等。对此，组织成员常常会采取一些反对控制的方法，主要有以下一些表现：

#### （一）对某项制度进行对抗

主要表现在：企业的部门经理经常会虚报预算，以预防其所在部门的经费被削减。而员工们如果不喜欢组织的某项规定，就往往会玩点花招来进行对抗。当操作人员不喜欢公司的安全预防措施时，就会以不折不扣地按相关条文办事为由而故意放慢工作速度，以此迫使管理者修改条文。

#### （二）提供片面的或错误的信息

当组织成员在工作中出现差错时，在向上级领导汇报情况时，总是遮遮掩掩，甚至提供虚假信息，掩盖事实真相，为自己的错误进行辩护。

#### （三）制造控制的假象

当向上级领导汇报工作时，总是报喜不报忧，或把存在的问题一笔带过，告诉领导工作一切正常，而事实上可能存在着很多问题。

#### （四）故意怠工与破坏

当管理者把有些标准定得不合理时，员工们会以故意怠工的方式来进行对抗。而管理者为了证明某一套控制方法不灵，就会有意地制造混乱，弄出一大堆问题。

## 二、克服阻力的策略

有效的控制是组织目标顺利实现的保证。为了实现有效控制，针对控制过程中出现的种种抵抗，管理者应采取相应的管理控制策略。

### （一）诱发对控制的积极态度

控制总是不太受人欢迎的。经理讨厌费用预算、采购员不满压低存货计划、会计人员不耐烦回答审计员不停的提问等等，这些都是管理实践中习以为常的事。然而，这些反映并不都是不可避免的，如果管理者能找到避免消极反应的办法，诱发人们对控制的积极态度，那么使控制有效的机会就将大大增加。

为了诱发对控制的积极态度，管理者可以采取一些有效的策略。如鼓励下属成员参与制定标准；保持一种不带偏见的控制观；运用“事实控制”，而不是用主观的、权威的控制；使控制制度具有弹性；在实施控制中应对个人需求和社会压力具有敏感性，即敏锐地实施控制。

### （二）建立有效的控制系统

要想进行顺利而有效的控制，就必须从一开始就建立一个高效率的控制系统。如果控制围绕着计划目标，又有重点，有灵活性、及时性、准确性和合理的奖惩制度，就能减少或避免过分控制、控制不当等问题，同时也可逐渐使那些对工作不负责任的人意识到自己应该担负的责任。

### （三）不丧失控制的授权

在管理实践中，过度的分权会使管理者的权力失控，因此，管理者可采取不丧失控制的授权策略。一是当分权增加时适当改变控制的内容。管理者授权后，要放弃对某个人具体细节的控制，应将注意力从频繁细致的控制报告转向定期的总的评价报告。二是保留控制的安全措施。当授权程度增大，脱离标准的偏差可能会超出某一规定时，管理者可使用一些警告信号式的控制，以便随手拿到足够的资料来判定产生某一具体问题的原因。三是加强自我控制的自觉性。管理者将更多的职权授予他的下属时，下属对控制的责任也将增大，这时管理者应想办法增强下属人员的自我控制能力。四是多辅导，少命令。控制的机制是：指明需要，加强辅导。努力帮助下属去完成任务。

### （四）控制十要诀

控制十要诀是国外管理学者在研究管理过程中提出来的。

(1) 控制必须高瞻远瞩，多做预测和估计；

(2) 控制必须反映出行动的性质和基本要求；

(3) 控制要能做到对差异的发生迅速作出反应，才能进行有效的预防或避免；

(4) 控制应把握关键点；

(5) 控制要以适当的标准为前提；

(6) 控制要有适度的弹性，即能设法使控制适应计划的变更和环境的改变；

(7) 控制必须合乎经济性原则；

(8) 控制要表现出组织的效能；

(9) 控制的技术与方法要能易于了解和掌握；

(10) 控制应能指导要改正的行动。

## 复习思考题

1. 什么是管理控制？它与控制论中的控制有什么区别？
2. 简述控制的基本过程。
3. 谈谈管理控制的重要性。
4. 简述管理控制的原理。
5. 常见的控制类型有哪几种？它们各适用于什么场合？
6. 预算控制的内容是什么？应如何进行预算控制？
7. 什么叫计划评审法？其基本原理是什么？

8. 什么叫管理审核？它包括哪几方面的内容？
9. 管理信息系统是指什么？它对控制工作起什么作用？
10. 管理控制中会遇到一些什么样的阻力？怎样才能减少甚至消除阻力？
11. 为自己建立一个管理学学习的控制系统，以衡量自己的学习收获，并予以控制。

**案例一**

## 青钢集团的“五个日”管理控制法

所谓“五个日”管理控制是以人为中心，集人本管理、目标管理、危机管理、随机管理等相关管理思想，采用量化的手段，并导入文化管理的管理理念，发挥知识经济时代先进文化的推动作用，采取全员参与、全过程控制、全方位管理，以“五个日”动态管理为核心内容，每天实现日目标、日反馈、日分析、日考核、日工资，通过确保日经营目标的实现来保证企业月度、年度经营目标实现的一种管理制度。

通过在整个青钢集团的推广实践，在不断总结经验的基础上，确立了“五个日”管理模式的内容和基本流程。

1. 确定日目标

首先根据企业年度目标，参照本企业历史最好水平、同行业先进水平，结合企业现状及发展潜力，指定本单位的年度奋斗目标。

其次是目标细化分解，一方面将本单位年度目标分解为工序目标和专业目标，将各工序目标和专业目标分解为车间目标、工段目标和班组目标，甚至分解细化到个人，另一方面将年度专业目标、车间目标、工段和班组目标分解为月度目标和日目标；在目标细化过程上，要做到目标具体、量度适中，留有余地，责任到人，每个目标都必须与信息反馈系统的触角相衔接，做到物各有主。

第三，动态修订日目标，用移动平行法，动态修订月度内和年度内剩余工作日的目标，并将其输入信息反馈系统，反馈至控制点，在下一个工作日发挥目标激励作用。

2. 及时日反馈

建立一个责任明确、相互制约、反应灵敏的信息反馈系统，具体规定原始数据信息的记录、收集、处理和反馈的单位、人员、程度及时间的要求。信息必须每天沿着反馈渠道，进行及时、准确的动态反馈，以实现系统的自我调节，使系统始终处于良性循环的可控状态。日反馈的信息是进行日分析和实施日考核的依据。

3. 进行日分析

将日反馈的信息与日目标进行比较，是否达到日目标，如达到日目标，就总结经验，将行之有效的做法予以标准化，以达到每天都有所提高、有所进步的管理目的；如达不到目标，要分析存在的问题，找出原因，落实教育责任者，实施日考核，并制定出下一步改进措施，以指令形式进入日反馈系统，实施控制手段，以达到同类问题不再发生的目的。

4. 实施日考核

建立一个高效、权威的日考核机构，成立一个以厂长任组长的日考核领导小组，由领导班子成员和各专业科室人员参加组成日考核小组，负责对日目标完成情况的信息在每天进行日分析后，按照考核规定，确定奖惩情况，并将奖惩情况沿信息反馈渠道及时反馈到控制点，以达到有效激励的目的。

5. 落实日工资

每个岗位根据日目标完成情况，确定每个人每天的收入，也就是把分配机制与管理机制相结合，把加强管理与利益驱动相结合，使管理真正硬起来。每天公司内每个班组、工段、车间、厂、处都要召开日分析会，对反馈的信息进行分析，对存在的问题提出处理意见的同时，进行考核，考核到每个人的当日收入。每个人的劳动与其收入直接挂钩，充分体现出按劳分配，以及资金、技术、管理等因素参与分配的原则。

**思考题**

请从管理控制的角度分析青钢集团“五个日”管理控制法的积极作用。

# 第十一章　管理创新

## 本章重点

- 战略管理
- 创新与管理创新
- 管理创新的主体、目标和原则
- 管理创新过程
- 管理创新的基本内容

## 引　例

### 只有创新才能生存

对那些已经认识到环境变化趋势并做好了充分准备的企业而言，变化意味着机会，否则变化之中处处充满陷阱。这一点，可以从韩国金融危机前后几大企业集团的命运变化中得到启示。

韩国企业的变化和全球范围内的信息化与国际化浪潮密切相关。亚洲金融危机之所以爆发，表面看是金融体系出现问题，实际上却是由于经济结构没能及时在信息化与全球化浪潮带来的挑战前做好调整。在产业结构信息化改造方面，美国行动最早，欧洲是20世纪90年代中期行动；而韩国、日本是在危机之后才开始行动，因此它们的企业包括整个经济都受到了惩罚。

现代、三星、大宇和LG四大企业集团曾经是韩国企业的成功典型，在国际上也享有一定的知名度。在金融危机之前，四大集团在国际上特别是在我国的知名度都差不多，现代第一、三星第二、大宇第三、LG第四，危机之前四大集团经营模式也差不多。但金融危机之后，四大集团发生明显分化，现代和大宇走下坡路，面临比较大的困难，竞争实力下降；三星和LG的地位则呈上升趋势。尤其是三星，危机过后，销售上升，利润大增，市值相当于其他三家的总和。

三星认识到了信息化、全球化两大浪潮齐头并进的趋势，并依据这两大方向进行了全方位创新。三星观察到，20年前的1979年全球股市最红火的是石油化工业，1989年为制造业，1999年变成IT业。股市10年一变，反映产业变革的趋势非常明确，什么企业在赚钱，利益越来越大，什么企业在下降，重视市值的企业很快就能发现。三星认为这也就是为什么强调市值的美国公司总能在变革中领先的原因，因为他们发现问题最早，变革也就最早。鉴于这种认识，三星及时地从重视销售转向重视市值，通过企业市值的变化来判断产业发展趋势。

三星逢凶化吉最根本的原因在于企业内部的管理创新比较成功。1987年，三星创业者兼韩国财界元老李秉吉董事长去世，其三子李健熙继任董事长。李健熙接替其父之后，意识到大企业病对三星可能产生的危害，意识到如果不积极改革，就难以避免衰落的命运。于是，三星集团在李氏家族新董事长李健熙的领导下，发起了以"第二次创业"为口号的管理创新。

### 一、经营理念的创新

三星的创业者留下的理念是"事业报国"、"人才第一"、"合理追求"。在20世纪60年代至70年代的环境下，企业处于成长阶段，企业与政府的关系还不成熟时，这一理念是合适的。但在社会政治日益民主化、经济日益国际化的80年代末期，三星已经是一个成熟的国际化大企业。再来看这三句话，就过于保守，不足以激励企业继续前进了。李健熙提出了新的经营理念，即"自律管理"、"重视技术"、"尊重员工"和"国际化"等，以更为民主、更重视技术开发的新精神激励员工。

在其他公司因为劳资纠纷而疲于奔命时，三星集团却防患于未然，向员工"支付同行业最高水准的工资"，并且不依赖血缘、亲缘和地缘等关系，实施公开聘用制和严格的人事管理制度。

另一方面，政局变化时，现代、大宇等大企业与政府对立，而三星则积极寻求与政府的合作，顺势而为，活跃在新闻媒介上。

### 二、管理制度的创新

在管理上三星建立了新的"李健熙体制"。李健熙有两个哥哥，大哥很早以前率领安国火灾保险公司离开了三星领导集团。二哥经营另外一家公司，1991年去世。现在的三星领导集团除了李健熙董事长外，还有一位姻亲洪锡炫博士担任三星科宁公司副董事长。1994 年，洪锡炫转到其父亲的公司。而李健熙董事长只有一个儿子，在李氏家族的下一代中，是没有选择的余地了。

三星集团改革了董事会。具体的做法是：象征着董事长集权管理制度的董事长秘书室，由原来的横向职能型管理组织向代表分权的纵向型事业部组织管理体制转变。李健熙董事长明确宣布，决策的比例将由原来的董事长80%、秘书室10%、下属企业10%分别改为20%、40%、40%。董事长助理不再像过去那样，仅仅负责集团内部协调工作，而是成为组织经营系统的核心，重要性更为增加。这样的改革，对李氏家族来说家产和控制权利分散了，但对于三星集团的发展来说，却是别无选择。

与三星集团相仿，LG在金融危机前也完成了家族式管理向经理层管理的转变，LG 的集团元老在 90 年代初主动提出辞职，引进现代企业治理结构。现任会长具本茂已经是第三代，他接受新理念的能力显然要比前辈更强。

正是由于三星与 LG 走在潮流之前，预见到了环境的变化，及时进行改革创新，才最终避免一场劫难，至今仍然称雄于国际市场。

## 第一节　战略管理与创新

把战略管理与创新放在一起讨论，主要目的是为了让管理者认识到，管理活动是一个不断变化的动态过程，管理知识每天都会产生新的理念和火花，从事管理工作必须掌握这一真理，并且把它放在战略管理的高度来对待。可以这么说，企业战略管理的过程本身就是一个创新的过程，管理者只有认识到这一点，才能真正掌握管理的精髓，做好管理工作。

### 一、战略管理概述

战略是企业因环境变化，为寻求竞争优势而对企业未来发展的全局性重大问题的谋划。战略管理作为一种理论于 20 世纪 50 年代起源于美国，70 年代中期以后，由于外部环境的巨变（如石油危机等），企业的管理重点开始转向注重应付环境突变而带来的机会和威胁的战略管理。进入 80 年代，战略管理研究形成了热潮。

世纪之交，科学技术迅猛发展，全球化竞争日趋激烈，企业的生存环境也由此复杂多变和难以预测。环境的变迁对企业的影响是致命的，任何一个企业乃至一个国家，如果不能及时地适应环境的变化，其生存和发展都将受到重大影响。在急剧变化的环境下，为了迎接生死攸关的挑战，企业必须不断地分析环境，从中寻找机会、避免威胁，并充分发挥自身优势，弥补自身劣势，在此基础上谋求自己的生存和发展，战略管理正是因为能解决这些问题而兴起并成为 21 世纪管理的重要内容的。

### （一）战略管理的层次

战略管理的层次一般有以下几个方面：

#### 1. 公司层战略

如果一个组织拥有一种以上的事业，那么它将需要一种公司层战略，这种战略主要回答这样的问题：我们应当拥有什么样的事业组织？公司层战略应当决定每一种事业在组织中的地位。

#### 2. 事业层战略

事业层战略寻求回答的是这样的问题：在我们在每一项事业领域里应当如何进行竞争？对于只经营一种事业的小企业，或是不从事多元化经营的大型组织，事业层战略与公司层战略是一回事。对于拥有多种事业的组织，每一个经营部门都有自身的战略，这种战略规定该经营单位提供的产品或服务，以及向哪些顾客提供产品或服务等。

当一个组织从事多种不同的事业时，建立战略事业单位更便于计划和控制。战略事业单位应当有自己独特的使命和竞争对手，这使得每一个战略事业单位应当有自己独立于其他事业单位的战略，比如，在联想、海尔这样的公司中，因其经营多种多样的事业，因此，管理当局可能建立十几个或更多的战略事业单位。

#### 3. 职能层战略

职能层战略寻求回答这样的问题：我们怎么支撑事业层战略？职能部门，如研究与开发、创造、市场营销、人力资源和财务部门等，应当与事业层战略保持一致。

### （二）战略管理过程

战略管理过程包括八个步骤，它是一个战略计划实施和评估的过程。最好的战略，如果管理当局不能较好地实施，或不能恰当地评估实施的结果，也照样会失败。因此，应仔细地考察战略管理过程的各个步骤。

#### 1. 确定组织当前的宗旨、目标和战略

每个组织都有一个宗旨，它规定了组织的目的，回答了我们到底从事的是什么事业。有了宗旨，就可以促使管理层仔细地确定企业的产品和服务的范围，决定组织从事的事业的性质。对于非营利性组织，如医院、政府机构、学校等，也必须确定自己的宗旨。

#### 2. 分析环境

环境是管理行动的主要制约因素，环境分析是战略过程的关键要素，因为组织的环境在很大程度上规定了管理层可能的选择。成功的战略大多是那些与环境相适应的战略。每个组织的管理当局都要分析它所处的环境，需要了解市场竞争的焦点是什么，拟议中的法规会对组织产生什么影响，以及组织所在地的劳动供给状况等等。重要的是准确把握环境的变化和发展趋势及其对组织的重要影响。

#### 3. 发现机会和威胁

进行环境分析后，管理当局需要评估哪些机会可以发掘，以及组织可能面临哪些威胁。同样的环境，由于组织所控制的资源不同，其面临的机会和威胁也不同，一个组织面临的机会，对另一个组织可能是威胁。比如，1999年，面对国内经济的不景气，国内房地产业受到了严重的威胁。但是，几家大型的、管理得好的房地产公司迎来了机会，他们以较便宜的价格大量购买竞争对手的房产，从而扩展了自己的规模。可见，环境对一个组织来说，究竟是机会还是威胁，取决于该组织所控制的资源。

#### 4. 分析组织的资源

分析组织资源就是对组织内部所拥有的人、财、物等方面进行

客观的评价。如组织的雇员拥有什么样的技巧和能力？组织的现金状况怎样？组织开发新产品的能力如何？公众对组织及其产品或服务的质量评价如何？这一步的分析主要是促使管理当局认识到，无论多么强大的组织，都在资源和技能方面受到某些限制。

5. 重新评价组织的宗旨和目标

将优势(Strengths)、劣势(Weakness)、机会(Opportunities)、威胁(Threats)结合在一起进行分析，可以发现组织可能发掘的细分市场。按照这种分析方法和识别组织机会的要求，管理者需要重新评价公司的宗旨和目标，如果需要改变组织的大方向，则战略管理过程就可能重新开始，如果不需要改变组织的大方向，管理者则应着手制定战略。

6. 制定恰当的战略

战略需要分别在公司层、事业层和职能层设立，特别是管理者需要开发和评价不同的战略选择，然后选定一组符合三个层次要求的战略，这些战略能够最佳地利用资源和环境的机会。同时管理者应当寻求组织的服务定位，以便获得领先于竞争对手的相对优势。成功的管理者所选择的战略将使组织获得最有利的竞争优势，并使这种优势能够长期保持下去。

7. 实施战略

无论战略计划制定得多么有效，如果不能恰当地实施仍不会成功。高层管理者的领导能力是成功的战略的一个必要因素，而中层和基层管理者执行高层管理者的计划的主动性也同样重要。管理者需要招聘、选拔、培训、处罚、调换、提升，甚至可能解雇员工，以实现组织的战略目标。新战略要取得成功，通常要求雇用具有不同技能的新人员，将某些雇员转换到新的岗位上和解雇某些雇员。

8. 评价结果

战略管理过程的最后一个步骤是评价结果。包括战略的效果怎么样、需要做哪些调整等内容。

进入 21 世纪，战略管理又有新的发展，从“超越竞争”到“企业生态系统使用演化理论”、“超级竞争模型”以及“竞争大未来”

等，21世纪的战略管理突出了企业间的战略联盟，一种既竞争又合作的战略理念正在被人们广泛接受。

## 阅读资料一

### 海尔的战略管理

海尔集团创建十多年来，一直沿着一条正确的发展战略在运作前进。企业战略具有全局性，对生产经营活动的方方面面起着指导作用。战略既要从企业的实际出发，把自己的人、财、物各种有限资源用到刀刃上，产生最佳效益；又要符合国内国际经济发展的大势和对企业今后可能产生的影响。因此发展战略要能在具有一定超前意识下指引企业沿着这一正确方向前进。

海尔在20世纪80年代提出品牌战略，把海尔这个品牌打出去、打响。这是以后发展的根本和前提。为了创品牌，就得大力抓产品质量和服务质量并努力做到精益求精，以赢得顾客，赢得市场。国际竞争在某种意义上反映了在品牌知名度上的较量。我国在入世后企业对此感受更深。自2001年起我国也开始每年评选行业的名牌产品，而海尔实施名牌战略则提前了十多年。

整个20世纪90年代以来，海尔的战略由海尔的国际化发展到国际化的海尔。这是在我国深化改革、扩大开放的时代背景下提出的。战略既定之后，就要全力以赴，动员企业各方面力量，充分发挥自己的优越性促其实现。海尔提出“东方亮了再亮西方”，说明先把一件事做好做实，再考虑去开拓崭新的领域。这点也是意味深长的。具体来说，这个战略要经过以下几步：首先是加快出口，通过加快出口促进本土化设厂，通过本土化设厂来创造本土化名牌，通过创造本土化名牌来获得更多的用户资源，然后整合更多的资源，增强企业在全球的竞争力和抗风险能力。

首先是加快出口。加快出口的速度并不是简单地增加创汇额，而是怎么样能够保证在当地的份额。比方说在美国设立一个工厂，盈亏平衡点是20万台，海尔在美国就是出口超过这个数后才建厂的。很多在国外设厂的出现了问题，很重要的原因就是因为还没有市场就去设厂。

1998年以来，海尔出口创汇高速增长，这种高速增长反映在当地的市场销量上，所以海尔选择在当地本土化设厂，几年下来海尔在海外设立了13个工厂。设立这些工厂目的不是当地产、当地销，而是为了提升企业的竞争力，能够成为当地的名牌。也可以通过设厂提高企业的竞争力，比方说美国设厂，遇到的第一个问题就是必须和美国市场联网，包括信息化、物流……这样，一下子把海尔在国内的物流推动起来了，使海尔马上和国际接轨。

通过本土化的名牌运作获得了更多的用户资源，订单增加了很多，这时候不一定再继续去设厂，原来13个工厂都是海尔投资或合资的，而现在有了订单，可以找很多工厂来代理，海尔付给一定的加工费。所以2003年以来海尔没有自己投资或合资来建工厂，而在全球的制造基地却增加了9个，这9个制造基地叫做国际合作工厂，只是拿来订单生产或承包一两条生产线，这就是海尔在全球结成的一个整体的生产运作经营的一个网络，这个网络可以有效地规避风险，比如现在的反倾销风险，乃至更麻烦的技术壁垒。

（资料来源：作者根据新闻媒体有关报道改写）

## 二、创新

创新是一种思想及在这种思想指导下的实践，创新是一种原则及在这种原则指导下的具体活动。“创新”一词通常与技术的更新、产品的开发等联系在一起。毫无疑问，这些技术和产品革新是创新的重要内容，但不是全部内容。

最早对创新进行论述的是著名经济学家约瑟夫·熊彼得。他在1912年出版的《经济发展理论》一书中，首先确定了创新的定义，将创新这个概念纳入经济发展理论之中，论证了创新在经济发展中的重大作用。熊彼得认为：创新是生产手段的新组合，“生产意味着把我们所能支配的原材料和力量组合起来”。这一创新概念包括以下几种情况。

（1）采用一种新产品，也就是消费者还不熟悉的产品——或一种产品的一种新的特性。

（2）采用一种新的生产方法，也就是在有关的制造部门中尚未通过鉴定的方法，这种新的方法不需要建立在新的科学发现的基础之上；但可应用在商业活动处理一种产品的新方式之中。

（3）开辟一个新的市场，也就是有关国家的某一制造部门以前不曾进入的市场，不管这个市场以前是否存在过。

（4）掠取或控制原材料或半制品的一种新的供应来源，也不问这种来源是已经存在的，还是第一次创造出来的。

（5）实现任何一种工业的新的组织，比如造成一种垄断地位（例如通过“托拉斯化”），或打破一种垄断地位。熊彼得关于创新的论述，既说明了创新在经济发展中的作用，同时也包含了创造全新的资源配置方式、方法的内在含义。

因此，根据经济学家的论述，我们可以把创新定义为革新或改革，即把一种发明引入经济，从而给经济带来较大的影响或发生较大的变革。在这里，必须区别几个概念：一是创新与发明。创新与发明是两个不同的概念，发明是指一种新产品、新技术或新的经营方式的初次出现。因此，发明可以理解为是一个技术概念。而创新是一个经济概念，是把一种发明引入经济中。创新者不一定是发明者，发明者也不一定是创新者。管理体系中的创新者是指那些看到了经济中存在的潜在利益，并敢于冒风险，把新发明引入经济之中，以便取得这种潜在利益的组织管理者。二是创新与创造。在管理学中，创造是指以独特的方式综合构想或在各构想之间建立不平常联系的能力。而创新主要是指采用一种创造性的构想并把它转化成有用的产品服务或运作方法的过程。

## 阅读资料二

### 皮尔·卡丹卓越创新之路

有一天，一个17岁的青年，在巴黎的一个酒吧借酒浇愁。一位伯爵夫人坐到他旁边和他说话。她问他：

“你身上的衣服在哪儿买的？”

“是我自己做的。”

伯爵夫人对他说：“孩子，努力吧，一定会成为百万富翁的！”

这个孩子就是皮尔·卡丹。

皮尔·卡丹——这一世界著名品牌，诞生于20世纪50年代。

1950年，在巴黎，年轻的卡丹租了一间简陋的门面，挂上了“皮尔·卡丹时装店”的牌子——开始了他的服装大师之旅。

1953年，他举行了第一次女式时装展销会，由此，皮尔·卡丹的名字赫然醒目地出现在许多报纸上。

春风得意。

1959年，皮尔·卡丹举办了既有男装系列又有女装系列的时装展示会。当时男性时装没有市场，在服装业界内是不入流的。皮尔·卡丹的异想天开遭遇的是冰天雪地。同业的冷落和指责一起袭来，他被赶出服装业的“雇主联合会”。

没有春风更奋蹄。

这个时代的巴黎青年，追求独特的个性，喜欢张扬。皮尔·卡丹大胆突破，设计了时代感强烈的“旷字牌服装——图纹对比和谐，宽窄长短相宜，生气勃勃，豪放洒脱，体现舒适、飘逸、挺拔和争娇斗艳、古朴典雅的风格”。旷字牌服装赢得了挑剔的巴黎顾客。演艺界名流、社会上层人士、达官显贵等争相慕名前来定制服装。

卡丹时装店门庭若市。

三年后，卡丹重返“雇主联合会”，还将主席的头衔戴在自己的脑袋上。

他着实不爱“戴”，可是没有办法呀，卡丹不“戴”，还有谁敢“戴”。

法国是世界时装中心。20世纪60年代以来，卡丹一直是法国时装界“先锋”派的代表人物。他的时装，突破传统，追求创新，式样新颖，色彩鲜明，线条清楚，可塑性强，领口做工精细、质地华贵，因而得以独领风骚。

对于创新，卡丹风趣地说：

“我已经被人骂惯了。我的每一次创新，都被人们抨击得体无完肤。但是，骂我的人，接着就做我所做的东西。……我是冒险家，我制造报纸第一版新闻已经不是一次，事实证明我成功了。”

然而，如何将法国服装文化乃至整个法兰西文化传遍全世界呢？

卡丹的思考最后落在了“让高雅大众化”的经营战略上。

他的经营理念是：时代不同了，明星制的模式必将走向死亡——是迎接“大众化时装的时代”到来的时候了。

在冬天里，卡丹看到了春风。

1961年，卡丹首次设计并批量生产流行服装，一举获得成功。

此后，他连连推出各种式样的、不同规格的流行成衣产品，产品常常供不应求。

卡丹不断地扩大公司规模，以顺应大众化市场的大量需要。

20世纪70年代末，卡丹设计的一种宽条法兰绒上衣，风靡法国、美国，使巴黎、纽约的“绅士们”为之倾倒，如醉如痴，他立即将其批量加工，投放“大众化”市场。

卡丹就是这样，一面设计出高雅的、领导潮流的新颖时装，一面将其投入大批量生产，占领最广泛的市场。

20世纪七八十年代，他所设计的许多时装，被推举为最创新、最美丽和最优雅的代表作，并三次获得法国时装的最高荣誉奖——“金顶针奖”。而这些获奖杰作，大多投放到他那遍布世界的“卡丹时装专卖店”的大众化市场。

皮尔·卡丹按着世界各地都有人仿制抄袭他的时装作品，他知道难以防止，干脆就宣布，可以把设计方案卖给厂家生产，可以把他的商标转让给经营者，有意合作的厂商可以使用“皮尔·卡丹”商标，但都必须付7%～10%的转让费，尽管转让费高了些，可厂商还是纷至沓来。美国有一个叫图林的商人用了“皮尔·卡丹”商标，一年可以多赚2000多万美元，如果不用“皮尔·卡丹”商标，产品几乎卖不出去。迄今为止，皮尔·卡丹已经签了6000多份合同。

这个时候再想想卡丹17岁时那个伯爵夫人说的话，她真是有眼力呀。创新是企业惟一有效的成功之路。

## 三、管理创新

### （一）管理创新的概念

关于管理创新，国内学者有不同的论述。芮明杰教授在1994年出版的《超越一流的智慧——现代企业管理的创新》一书中指出：管理创新是指创造一种新的更有效的资源整合范式，这种范式既可以是新的有效整合资源以达到企业目标和责任的全过程式管理，也可以是新的具体资源整合及目标制定等方面的细节管理。这个概念至少包括五种情况。

#### 1. 提出一种新经营思路并加以有效实施

新经营思路如果是可行的，这便是管理方面的一种创新。但这种新经营思路并非针对一个企业而言是新的，而应对所有企业来说是新的。

2. 创立一个新的组织机构并使之有效运转

组织机构是企业管理活动及其他活动有序化的支撑。一个新的组织机构的诞生是一种创新，但如果不能有效运转则成为空想，不是实实在在的创新。

3. 提出一种新的管理方式方法

一种新的管理方式方法能提高生产效率或使人际关系协调，或能更好地激励员工等等，这些都将有助于企业资源的有效整合以达到企业目标和责任。

4. 设计一种新的管理模式

所谓管理模式是指企业综合性的管理范式，是指企业总体资源有效配置实施的范式。这么一个范式如果对所有企业的综合管理而言是新的，则自然是一种创新。

5. 进行一项制度的创新

管理制度是企业资源整合行为的规范，既是企业行为的规范，也是企业员工行为的规范。制度的变革会给企业行为带来变化，进而有助于资源的有效整合，使企业更上一层楼。因此，制度创新也是管理创新之一。

常修泽教授认为："管理创新是指一种更有效而尚未被企业采用的新的管理方式或方法的引入。管理创新是组织创新在企业经营层次上的辐射。……管理创新的主要目标是试图设计一套规则和服从程序以降低交易费用，……"

综合上述观点，我们可以将管理创新定义为：管理创新是指组织管理中新的、更有效的管理方式方法的形成与应用。

### （二）管理创新的主体

管理创新是由人来进行的，那么为管理创新作出贡献的人应该是谁呢?德鲁克在其名著《创新和企业家精神》一书中提出创新的主体是企业家，这里所说的企业家并不是所有者意义上的企业家，也不是投资者，而是指组织中领导实施创新的人，可能是总经理，也可能是工程师。德鲁克强调了对创新起关键作用的人。

在我们看来，管理创新是一项系统性的工作，包括从规划到实施再到反馈的一个完整过程，从这个意义上来说，所有参与管理创新的人都可以称为管理创新的主体。这样看来，管理创新的主体范围就大大扩大了，既包括企业家，还包括普通管理人员和员工。

## 阅读资料三

许多追求创新的企业都建立了“全员创新机制”。如美国富有创新盛名的3M公司就是如此。3M公司允许研究人员用15%的精力来满足自己的创新欲。3M的一名工程师就是在这15%的自由活动时间里研制出一种粘贴式样便签簿，便签簿中的纸具有恰到好处的粘性，可以很容易粘贴和揭下。一开始，公司认为它不过是个小玩艺儿，不会有大的前途。但是发明者坚持要在公司里试用一段时间，3M公司并没有反对。该工程师就自己制作了一些这种便签簿让同事试用一个月。一个月之后，人们发现这个小玩艺实在方便，再也离不开了。现在这个当初不起眼的小发明已经成为该公司最赚钱的产品之一了。

在上面这个阅读资料中，企业全员都参与了管理创新，企业家设计了鼓励创新的制度，工程师贡献了成功最重要的发明，发明家的成功得到同事的热情支持，而不是眼红拆台。

在许多大型企业中都设有一个最重要的专职创新主体——研究和发展部(简称R&D)。一般说来，R&D部门主要负责技术和产品创新，管理创新的范围显然要比该部门的职责广泛得多。

## 阅读资料四

### “没有围墙的实验室”

研究实验室这种研究管理方式的创新极大地推动了20世纪的科技进步。研究实验室最早是由美籍德国物理学家史泰因梅茨为通用电气公司设想和建造的。史泰因梅茨本人是一名杰出的理论物理学家，但他在科研管理方面的创新更让后人受益无穷。史泰因梅茨创造性地将科学家原来一直是分散的研究工作组织起来，建立了所谓“没有围墙的实验室”。才使得技术创新真正成为带动人类进步的原动力。从一开始他的目标就很明确：科学研究以技术为导向，即为技术发明而组织科学研究；通过创新使大型股份公司能够不断自我更新。

史泰因梅茨在继承前人思想的基础上，在科研管理方面做了5项创新：第一，在公司内部建立一个科研团队，专门从事研发；第二，系统地组织研究工作，明确规定结果、步骤和程序；第三，研究人员以团队方式工作；第四，史泰因梅茨将不同领域的专家召集到同一个团队工作，打破专业界限：第五，从根本上重新确定科学与技术的关系，史泰因梅茨首先规定技术目标，理论研究为技术目标服务，即后来广为人知的"技术驱动论"。史泰因梅茨的创新促使"没有围墙的实验室"的出现，对大型科学和技术研究项目管理作出了重大贡献。

之后，贝尔公司建立起著名的贝尔实验室，杜邦、IBM紧随其后。这些实验室开发的成果如电话、电视、尼龙、计算机等现在已经成为20世纪人类文明和进步的标志。

贝尔实验室曾经是贝尔公司的创新机构，它从1911年设计出第一台电话自动交换机到80年代设计出光导电缆，其间还发明了晶体管和半导体，还有关于计算机的基础理论和设计制造工作。贝尔实验室取得如此成就不仅是由于它拥有世界一流的科学家，其科研管理方式更是功不可没。贝尔实验室所代表的"以技术为先导"的科研思想和管理方式本身就是20世纪的伟大发明。

### （三）管理创新的目标

有效的创新来自于明确的目标。创新主体在组织中的层次不同，承担的创新目标也不同。高层管理的目标主要是提出创新的任务，建立鼓励创新的组织制度，提供创新必需的资源；中层管理人员往往负责各个职能部门，他们的目标主要是鼓励支持本部门的管理创新活动，支持企业的整体创新战略；员工的主要目标在于创造性地开展本职工作，提出创新意见，接受并支持管理创新带来的变化和调整。

企业是一个经济组织，这意味着企业应该以追求效率为首要目标。同样，企业的管理创新也应该遵循同样的原则。曾经有民营企业设立"管理研究院"，任务是做管理基础研究，目标是社会效益。显然这种做法是不符合民营企业发展的一般规律的。科学研究一般分为三个层次：基础研究、应用研究和发展研究。基础研究不追求功利目标，又需要投入大量资源，而往往没有经济产出。可见，基础研究的这一特点与企业的本质是相违背的。因此，企业可以资助基础研究，但不可能维持高水平的以基础研究为目的的机构，企业的管理创新目标主要在应用和开发这两个层次。

企业管理创新的目的是提高经营效率，提高企业竞争力，而不是仅仅为了满足好奇心或社会效益的漫无边际的科学探索。美国企业在 90 多年前就明白了这个道理，他们在企业内建立了以实用创新为目标的研究机构，不仅使他们的企业大获成功，而且其余荫泽及全人类。

我们长期以来一直没有认识到科研创新的目标层次性原则的重要性，建立了为科研而科研的科研体制，并为这种体制纯粹献身科学的高尚精神而自豪，然而结果却并不美妙，最后难以为继，不得不进行改革，开始强调企业研究机构要以技术为先导。

### （四）管理创新的原则

从字面上看，管理创新原则的说法是有矛盾的，因为管理创新本身意味着对某些传统管理原则的突破。这里所说的创新原则只是从管理创新实践中总结出来的一些行之有效的方法，并不等于是管理创新必须要遵守的戒律。

#### 1. 目的性原则

企业的管理创新应该有明确的目的，要回答各种各样的“为什么”的问题：企业的长远目标是什么?这一目标需要调整吗?如何调整?我们是如何做的?这些做法的有效性如何?是否存在改进的余地?通过何种方法来改进?

明确的目的指出了创新的方向，也提出了对创新工作进行检验和评价的标准，这是任何一项管理工作都必须遵守的基本原则。漫无目的的创新是难以有所成就的，也无法确定对创新的评价和对创新者的奖惩，更不用说能够通过一步一步的创新使企业管理上升至更高的境界。

2. 系统性原则

企业组织是一个复杂系统，往往牵一发而动全身。采用新的管理方法之前不仅要考虑实施成本和可能收益，而且一定要考虑清楚这个方法的影响范围、影响程度、影响时间，充分考虑可能出现的意外情况，准备应急措施，充分考虑组织文化，考虑员工的接受程度，因此管理创新特别要强调把管理工作当作一个整体来考虑。

3. 注重沟通

组织管理的变革实际上是人们做事的思想观念的变革。一项完美的创新方案如果得不到员工的支持是难以成功的，创新实施过程成败的关键取决于组织者的沟通技巧。

4. 反向思维原则

所谓反向思维，是指分析一般人的思维方式，对一个问题有意识地采取不同的思维方式来考虑，以便找出新的解决之道。比如，看到别人嘲笑农民用洗衣机当容器使用时，有的企业发现真正可笑的是自己，重新分析这一市场需求的特点，从而创造出了新的市场。

还有一个例子，某个城市的商业企业降价大战逐步升级的时候，一个中等规模的企业却十分冷静，它没有仓促应战，它想到的是这场混战将如何结束。当这些企业都发现这场战争没有胜利者的时候，开始寻找下来的“台阶”，这家企业及时地出面充当了这个“台阶”——由它出面组织了一次和平谈判。无形之中它的地位由这个行业中的普通一员上升为至关重要的领导者。

这样的领域还有很多：多元化与专业化、特色与成本、价格与质量、分权与控制、利润与市场份额、长期利益与短期利益、竞争与合作……凡是矛盾取舍之所在，就有利用反向思维、多角度、全面考虑问题的必要。凡是当事物趋向一个极端的时候，距离它回归的时候就不远了；不仅如此，任何事物偏离平衡越严重，矫正的幅度必然越大，“矫枉必然过正”是反向思维的基础依据。

5. 综合交叉原则

企业管理日益成为一门综合性学科，管理创新必然涉及对其他学科、其他行业、其他企业的做事方法的借鉴，如对企业组织的认识就是如此。

在工业化早期，机器工业十分发达，人们倾向于认为组织是“机械组织”——各个部分分别承担不同功能(按职能划分成部门)，组合在一起完成总体功能，而不太注意各个部门之间的联系。在生物科学有关生态平衡的观点逐步普及之后，人们发现组织是“生态型组织”，企业有诞生、成长、衰落的过程，不仅企业作为一个整体有自己的生命周期，企业的领导和组织管理模式还必须配合企业发展的不同阶段的特点，以延长企业的生存周期，提升企业的存续质量。

在管理技术方面，这种综合的趋势就更加明显。自然科学和人文科学的成果日益综合地对企业管理产生影响，数学、计算机科学及各类工程科学自不必说，心理学、组织行为学、社会学这些我们长期以来忽视的软科学对管理的影响日益显著，企业日益认识到最重要、最困难的管理工作是对人的管理，因为人不仅是管理对象，还是生产的最终目的。这些不同领域的每一个新的交叉综合就会产生新的管理思想和管理技术。

德鲁克针对企业创新提出了“几要”、“几不要”原则，这些原则对于管理创新来说也有一定的借鉴意义。“几要”是：

（1）有目的、有步骤的创新要从分析机会开始。创新即是理性认识，也是感性认识。成功的创新者应该左右脑并用，既看数字也看人，创新者会经常出去走一走，看一看，观察顾客和用户，了解他们有什么期望和需求，了解他们的价值观念。

（2）一项创新要想有效，必须目标明确而且简单。创新应当留有余地。创新在开始时规模最好小些，只需要少量资金和为数不多的人，而且只需要一个规模有限的小市场，否则便没有足够的时间来进行必要的调整和变动。

（3）成功的创新要以建立领先地位为目标。这并不要求每一个创新都以发展成为一家大企业为目标，这是事先无法预料的。但是一项创新如果开始时不以取得领先地位为目标，它就没有充分的创新精神，成功的可能性就不大。

（4）创新要“专注于机会”而不是“专注于风险”。冒险并不是创新者的特征，成功的创新者是稳健的，成功的创新者是那些能够辨认风险并将风险限制在一定范围之内，能够系统分析创新机会并加以利用的人。

上面是成功的创新必须遵守的“几要”，管理者还必须注意以下几个“不要”。

（1）创新不要过于复杂、过于精巧。创新的东西总是要由普通人来使用的，如果创新要想达到一定的规模和一定的重要地位，得让普通人能够方便地使用才行。无论在设计上还是在使用上，过于精巧的东西差不多是注定要失败的。

（2）不要分散力量，不要零敲碎打，不要试图一下子完成许多事情。创新的努力一定要有一个核心，要集中力量去做，还要创新人员相互理解，团结一致。

（3）不要为将来去搞创新，要为现在搞创新。计算机是在 20 世纪 70 年代初期才真正开始对企业管理产生重大影响的，此时距离第一台实用型计算机已经过去 25 年。但是，从第一天起，计算机就有具体用途：或是用于编制工资单，或是用于科学计算。

当然，这些原则十分粗略，而且可能远不止这么几条，管理创新是一项实践性的工作，原则及尺度只能在管理实践中细心领会。

### （五）管理创新的过程

人们往往将管理创新与“偶然”、“天才”、“灵感”、“冒险”之类的词联系在一起。实际上，管理创新是企业家工作的一部分，也是一个有意识、有计划的系统性的工作。一般来说，有效的管理创新包括以下几个工作步骤：管理创新的规划、寻找管理创新的来源、设计创新方案、实施创新方案、检查评估创新结果。

#### 1. 管理创新的规划

创新规划包括几个方面的工作：提出创新任务，确定创新主体及创新任务，并安排相应的资源。

管理创新不是为创新而创新，管理创新是有目的的创新。提出创新任务有两个方面的重要作用：一个明确的任务给创新者指明方向、提出要求，将极大地提高创新的有效性；同时，一个事先明确规定的任务是事后检查和评价的主要依据和标准。

评价标准应是事前标准，在执行者开始行动之前作出明确规定，这是一个基本的管理原则。这样做也有利于明确决策者和执行者各自的责任。如果是执行不力而导致创新失败，那么执行情况者应该承担主要责任；如果执行政策者工作十分出色，创新失败是决策错误引起的，那么就应该追究决策者的责任。如果没有事前制定的任务标准，事后评价就没有依据，人们将无法作出公正的评价和判断。

2. 管理创新的来源

德鲁克在其代表作之一《创新和企业家精神》一书中详细阐述了创新的来源。系统的创新就是要密切注视创新机会的 7 个来源：其中 4 个在企业之内，3 个在企业之外。企业内部的创新来源是：意外情况，包括意外的成功，意外的失败等；实际情况与预想现实情况之间的不一致；基于过程需要的创新；行业或市场结构中人人不知不觉碰到的变化。企业外部的创新来源是：人口状况的变化；认识、情绪和意义的变化；新知识，包括科学知识和非科学知识。

(1)意外情况。意外情况包括意外的成功、意外的失败及其他意外情况。意外的成功是创新机会最大、风险最小、运用最容易的领域。但是经理人员往往很少主动接受意外的成功，他们对这种意外往往视而不见。出现这种情况，一般有以下几个方面的原因：首先是谦虚及视创新为常态的态度，承认意外的成功需要面对现实虚心地说：我们过去错了！其次，一般人都倾向于认为，凡是已经存在了相当长一段时间的事物必定是“正常的”，有永远保持下去的趋势，凡是与我们已经习惯地认为与自然规律相抵触的事情或意外是不正常、不健康、不能被接受的。另外，企业决策者的心理定势也可能阻碍他们承认意外的成功是一个新的发展方向。如果一家公司长期以来孜孜不倦地致力于改进和完善某种产品，一直将这种产品视为公司的“拳头产品”，然而不被公司看好的产品却“挤占”了拳头产品的市场地位，该公司就很可能会加大对拳头产品的投入，而不是承认不被看好的产品的成功。这方面典型的例子是瑞士的兽药研制企业的经历。这家瑞士公司一直认为自己是为人类健康服务的公司，当兽医们发现该公司的药品对家畜同样有效时，开始向它提出订货。但是，这家企业拒绝向兽医供货，该公司认为这是“滥用一种高尚的药品”，并且拒绝改变药品的配方和包装供家畜使用。结果，另外一家公司看到了兽医药物方面的巨大前景，毫无困难地获得了制造此种兽医药品的许可证，后来成为在兽医药物方面执世界之牛耳的企业。

## 阅读资料五

### 索尼公司从意外收获中发现了企业前进的方向

20世纪50年代初期，索尼公司的井深到美国去参观，他本来是想考察美国录音机市场的情况，没想到却有了意外收获。他发现，在美国半导体研究热火朝天，而日本还只有一些传闻。此时，索尼公司的录音机生意进展顺利，并在开发其他视听产品。索尼公司已经聚集了一批优秀研发人才，井深考虑更多的是这些新产品不足以保持他们的兴趣。他想也许半导体技术可以留住他们，他决定花25000美元从贝尔实验室购买晶体管技术特许使用权，目标是用晶体管制造收音机。

当时，25000美元对索尼公司这样一个小公司而言，是一笔很高的开支。那时，通产省掌握着一切外国设备的进口和外汇审批，由于日本的其他大公司都在申请购买这项专利，通产省拖了一年才批准索尼公司的请求。

索尼公司开始致力于半导体技术，在井深的领导下，索尼公司技术发展之快创下记录。井深还明智地认识到，索尼公司不太可能在半导体技术研究领域占据主导的地位，于是，他决定要使他的公司在半导体技术的商业应用方面处于世界领先地位。

1954年，索尼公司生产出了第一支自己的晶体管，这时美国的得克萨斯仪器公司已经生产出了世界上第一台晶体管收音机。正如井深他们当初还在研究核物理时，美国却在日本投下了原子弹一样，井深再一次感到无法逾越的障碍。这也更坚定了他的目标：此后，晶体管收音机方面的所有重大突破，从小型机到调频机再到第一台晶体管电视机，及其在商业上的成功，都将来自索尼公司。

与意外的成功不一样，意外的失败往往引人注目，但是很少有人把失败看成是机会的先兆。失败与机会的关系，取决于失败的原因。也许大多数失败是犯错误的结果，但是如果经过周密策划和谨慎执行的行动却仍然失败了，这往往意味着某种尚未被注意到的潜在变化，这种变化可能预示着机会。

## 阅读资料六

### 福特公司的意外失败

另一个例子是1957年福特公司推广爱塞尔(EDSEL)牌小汽车遭遇的失败。福特公司在设计开发爱塞尔汽车时，市场调研之充分，设计之周到，质量之完美，宣传介绍之细致，推广办法之讲究鲜有几种产品能与之相比。然而，爱塞尔牌汽车一推出就失败了。

福特公司负责人没有责怪顾客不近情理，而是断定自己忽视了某种已经存在的变化，于是决定对此事进行彻底调查。调研人员发现变化确实已经发生了：福特一直认为理所当然的自美国20年代以来按收入水平划分市场的办法已经过时了，这种划分方法正在迅速被另外一种完全不同的划分方法"生活方式划分法"所取代。在此基础上，继爱塞尔事件之后不久，福特便推出"雷鸟"牌汽车，这一款汽车使福特公司获得自T型车以来最大的成功，再次成为汽车界的领导者。

总的来说，意外情况为企业提供了最大机会和最小风险的创新领域。

(2)实际情况与预想之间的不一致。管理创新的第二个来源是实际情况与预先料想情况的内在差异。当现实情况与"应有情况"或假设情况不相符、不协调时，可能预示着创新的机会。

人们往往错误地理解现实，作出错误的判断，并朝着错误的方向努力，结果事倍功半甚至一无所获。如果能够及时发现这种错误，就有可能起死回生。集装箱的出现拯救了濒临绝境的远洋航运业就是最好的例子。

20 世纪 50 年代，由于空运的发展和航运费用的增长，使得航运业面临困境。造成远洋航运成本上升的主要原因是港口拥塞、装货和卸货时间过长。尽管航运业多年来绞尽脑汁地设计制造更快更省油的船只也于事无补，因为装卸时等待的时间 20 日太长。解决的办法很简单：把装货和装船分开。于是集装箱应运而生。与船只的设计制造相比，集装箱本身的技术含量几乎可以忽略不计。因此，集装箱对航运业而言，与其说是技术革命，不如说是管理革命，是管理思维方式的转变而不是技术发明拯救了远洋运输业。

上述例子是企业内部管理方面将“不一致”调整到“一致”所产生的奇迹般的效果。企业在理解顾客需求方面同样可能发生“不一致”的情况。

例如我国洗衣机行业对洗衣机的理解是帮助顾客洗衣服的机器，理所当然地认为市场存在于有电有自来水的家庭。但对于洗衣机行业来说，农村是一个巨大的市场。当一些企业在农村推销与城市一样的洗衣机时，他们当然也知道大多数农村家庭没有自来水。这些企业的销售人员看到农民无可奈何地将洗衣机当储藏容器使用，看到农民用洗衣机装麦子时，对农民大加笑话，嘲笑农民花钱买难受的虚荣心。但是，却有一些企业慎重考虑了农民使用洗衣机和洗衣机本来用途之间的不一致——他们发现农民买洗衣机主要不是用“洗”的功能，而是用“脱水”的功能，因为农民家庭没有自来水，但洗完衣服要甩干。他们还注意到有的农民创造性地用洗衣机来洗萝卜和土豆。针对这些发现，这些企业开发出了只有脱水功能的“洗衣机”和可以洗萝卜的洗衣机，这些企业没有嘲笑消费者的“愚蠢”，而是对消费者的创造性充满敬意，他们没有进行技术革命，只是对生产线稍加调整，就开拓出了一个新市场。

(3)需要也是创新之源。需要是发明之母。需要作为管理创新的源泉是以需要做的事情开始的，它着眼于使已有的过程臻于完善，使薄弱环节得到改进，着眼于根据新知识重新设计现有的流程。薄弱环节最需要创新，也是创新效益最显著的地方。薄弱环节的发现有时也需要远见卓识。

贝尔电话公司的一位统计员曾经描绘出反映企业15年内发展趋势的两条曲线：美国人，增长曲线和随着电话普及所需接线员的人数曲线。这两条曲线表明，15 年后如果继续用手工接线的话，美国所有 17—60 岁的妇女都得去当接线员。为此，贝尔公司开始研究自动电话交换机。两年后，贝尔电话公司开发出了第一台自动电话交换机并投入市场，终于获得巨大成功。

基于过程需要的创新要系统地去寻找。作出这类创新决策之前要考虑以下几点：

第一，一件工作本身是完整的，有前途的；

第二，该过程存在薄弱环节或欠缺某一环节；

第三，该环节改进的目标十分明确；

第四，能够确定解决问题的详细内容和要求；

第五，在企业内部形成改进的共识。

(4)行业结构变化中的创新机会。行业结构并不像人们想像的那样稳定。行业结构的变化为管理创新提供了众多机会。有两条线索可以显示行业结构的变化：一条线索是行业的迅速发展，如果某一行业的发展速度大大超出经济或人口的增长速度，就可以预言其结构将发生急剧的变化；另一条线索是许多以前毫不相干的技术汇集到了一起。

据研究显示，当某一迅速发展的行业的营业额翻一番时，该行业中的企业对本行业的市场看法和服务方式多半已经过时了。以保健品行业为例。20 世纪 90 年代初期和中期是保健品行业迅速发展的时期，先有太阳神，后有三株、巨人、红桃 K 等迅速崛起。在该行业发展到 90 年代中期，市场规模和营业额迅速膨胀的时候，市场或者说顾客其实已经发生了变化，他们已经相当成熟，对保健及自己的保健需求有了较多了解，不再容易轻信“地毯式”广告的诱惑了。因此，现在保健品行业风云变幻，行业结构与前几年相比已经面目全非。

多种新技术的结合也是导致行业结构变化的原因。如电话技术方面的研究主要应该归功于贝尔电话公司的贝尔实验室，然而主要的获益者却不是贝尔公司。当竞争者将电话技术和计算机技术结合起来的时候，贝尔公司还坚持自己对市场和用户的看法，认为计算机与电话是不相干的两种技术。后来，贝尔公司在计算机技术和电话技术相结合的新电话市场所占的市场份额不过 1 / 3，虽然它在这两个领域都具有无可匹敌的技术优势。这一行业的主要得益者之一——罗尔姆(ROLM)公司不过是由 4 个年轻工程师创立的新企业，其初衷是制造一种供军用飞机使用的小型计算机，进入电话行业完全是出于偶然。

有意思的是，行业结构的变化往往当局者迷。局内人倾向于把行业结构变化主要看成威胁，而局外人则更容易将这种变化看成机会，局外人对行业结构变化中的机会的预见和把握往往更为准确。在行业迅速发展的时候,先来者往往产生设法“捞油水”的想法，想方设法提高价格以赚取超额利润，这实在是目光短浅的做法。因为高价格除了招致更多的竞争者之外别无好处,这也是行业结构的变化往往被更多局外人或打算进入该行业的人视为机会的原因之一。

(5)管理创新机会的外部来源。除了企业内部和所在行业中可能存在的创新机会之外，管理创新的机会还存在于外部环境之中。人口状况的变化、社会观念的变化、技术环境的变化乃至政治、经济、法律、风俗及知识环境等方面的变化，都可能孕育着管理创新的机会。

企业存在的意义就是为顾客创造价值、满足顾客的需求，人口状况的变化是顾客需求变化的根本原因。人口状况包括人口数量、人口素质、人口年龄结构、家庭结构等所有与人口有关的因素。人口的变化直接影响企业发展。如果对于教育行业的发展来说，人口状况是决定性的影响因素很好理解，对于其他行业则不尽然。如旅游业在经过很长一段时间以后才意识到,人口老龄化意味着一个“银发旅游者”的新市场将逐渐扩大；随着我国人口低出生率的维持，婴、孕用品行业在质和量两个方面都必将发生变化；随着我国农业人口向城镇的流动,为这一特殊群体服务的新市场机遇必将出现并快速发展……因此，所有行业和企业都将受到人口状况变化的影响。

社会观念和风俗的变革也可以是管理创新的源泉。改革开放短短的20年，中国人婚丧嫁娶的风俗发生了革命性的变化。风俗变化带来的创新机会在婚礼服务行业表现得十分明显。婚礼用品如家具、家电和床上用品的变化自不用说，婚礼仪式也越来越中西合璧，如以前电台、电视台的主持人与某对新人的婚礼是毫不相干的，现在为婚礼服务正日益成为这些主持人的新业务。主持人为了竞争，不得不对古今中外的婚礼仪式进行研究，以提高竞争力。

新知识理所当然是管理创新的源泉，这里所谓的知识包括一切知识，而不仅仅是技术和科学方面的知识。比如，联想"天禧"电脑，主要创新是使用户"一键上网"成为可能。这款电脑在技术上并没有超越IBM或康柏，联想公司所做的工作不过是极大地简化操作过程，其中的主要创新手段甚至与高科技毫无关系，不过是取得电信公司的合作，使用户免去办上网手续的麻烦。但就是这样"简单"的创新，使联想战胜了洋品牌，赢得了市场，成为家用电脑业的第一品牌。

在知识成为主要资源的今天，基于知识的创新显得尤其重要。德鲁克说，基于知识的创新是"超星"级的企业家精神。人们常说的创新就是指这种创新。在各种创新中，在时间、失败率、可预测性及困难程度等方面，基于知识的创新都有与其他创新不同的特点。一般地说，基于知识的创新所需时间更长，结果更难预测，过程更难控制。

3. 创新工作的组织和评价

一个创造性的主意甚至一个创造性的产品被创造出来了，这只是创新链条的第一个环节，这个创新是否真的能实施还不一定。如果决策者认为某一创新设想符合组织利益，符合组织战略，决定采用它，下一步就会分配人员和资源来具体实施。如果涉及到组织的变革，那将是一个复杂的工作，首先还要宣传变革的重要性，取得所有涉及者的理解和支持。

管理是一个闭环，也就是说任何有效的管理工作都离不开反馈和评价。企业必须监督创新任务的实施过程，并在一段时间以后对实施效果作出评价，判断是否达到了预期的目的。事实上，当初制定的创新目标就是评价实施结果的依据和标准。

## 第二节　管理创新的基本内容

### 一、管理观念的创新

人的创新行为是受其思想观念支配的，因此，一切创新源于观念的创新。目前，企业进行信息化改造、开展电子商务已经成为时髦。然而在认识上还存在着误区，认为采用了先进技术就能提高企业效率。事实上，没有相应的观念更新，企业进行信息化改造的效果未必能体现出来。管理理念的创新在整个创新体系中起着非常重要的作用，而且涉及管理的方方面面，作为一个组织及组织的领导者应树立一些创新的管理观念，使组织发展紧跟变化了的新形势。

#### （一）“智能生命机体”观念

当前我们面临的最严峻的挑战是对组织认识的转变，从把组织看成是机器转变为把它看成是人性的化身。企业面对网络化、全球化、信息化和技术加速发展的经营环境,管理者必须彻底抛弃传统的“机器观”，而要把企业看成是一个“智能生命机体”，即依靠整体的智力、能力和整体意志实现对环境的超级响应性,使管理真正实现对整体绩效的放大功能。“智能生命机体”观念由以下要素构成。

1. 整体愿望

即形成全体员工共同的核心愿望,达到“上下同欲者胜”的境界。

2. 整体能力

追求企业这个“生命机体”的高度协调能力，使之具有很强的应变能力。

3. 神经网络

建立和完善遍布企业每一个生命细胞（员工）的信息、知识的创新与共享网络，使市场需求的任何微妙的变化都能灵敏地传达到企业大脑（决策中心），并通过这个“神经网络”使企业的整体智力与能力被迅速而充分的调动。

4. 整体学习与整体智力

通过系统思考的修炼，使企业的知识系统和协调能力在整体层面不断改进。

5. 成长的自然性和环境对生命的自然选择

符合生命成长规律，适应环境变迁者将生存下来。

### （二）可持续的学习型管理观念

把企业看成“智能生命机体”关键在于建立在整体愿望基础上的全员“可持续学习”，以提高企业的整体能力。“可持续学习”有以下形式：一是系统地从过去和当前的研究项目和产品开发中学习；二是客户作为企业中共生生态系统的一部分，成为获取信息的外源；三是组织内部成员之间加强联系，实现资源有效共享；四是培训不再是一次性，而是持续不断的活动。

### （三）团队型管理观念

在一些集团组织中，各成员公司与集团中心之间相互依存，使整个组织结构更具有弹性，并随着市场环境的变化而变化，与市场保持持续的平衡进程。这是成长的自然性和环境对生命的自然选择的客观要求。因为学习型团队是学习型组织成长的“种子”和企业生命机体对环境适应性运作的基本单元。

### （四）竞争与合作统一的观念

合作与竞争是矛盾的两个方面，它们既对立又统一。一方面，合作是通过谈判实现的，彼此要信守承诺；而竞争是在市场规则下对资源的相互争夺，是实力的较量。从这个角度讲，它们是对立的。另一方面，竞争与合作又是统一的，即合作是为了提高竞争实力，提高竞争壮大自己，改善在合作关系中的地位，从合作中获得更多的利益。在传统的市场经济中，人们常把商场比作战场，认为市场的本质特征就是你死我活的竞争。但在知识经济时代，随着科学技术的迅猛发展，市场体系越来越复杂，已经没有一个国家或企业能够在所有领域里都保持领先的地位。因此，拥有不同优势的企业之间的合作有利于加快技术进步和创新。在这种形势下，竞争者都不能再从敌对的角度来看待自己与竞争对手之间的关系，而应多方系统思考，既竞争又合作，建立复合型、多样化的竞争与合作关系。

## 二、管理目标的创新

企业是在一定的社会环境中开展经营活动的，特定的环境要求企业按照特定的方式提供特定的产品。一旦环境发生变化，要求企业的生产方向、经营目标以及企业在生产过程中同其他组织之间的关系进行相应的调整。在我国新的经济背景下，企业的基本目标为："通过满足社会需要来获取利润"。为此，企业应根据不同时期、不同阶段的特点，不断调整自己的经营目标，如以技术创新为某一时期的发展重点，以新产品开发为某一时期的核心，以提升内部管理水平为某一时期的关键等等。可以说，企业根据市场环境和消费需求的变化所进行的每一次调整都是一种创新。目标创新是企业发展中一种根本性的、决定全局的管理创新。

## 三、技术创新与营销创新

技术创新就是为了满足消费者不断变化的需求，提高竞争优势而从事的以产品及其生产经营过程为中心的包括构思、开发、商业化等环节的一系列创新活动。技术创新是企业创新的主要内容。现代企业的一个主要特征就是在生产经营过程中广泛应用先进的科学技术。技术水平是反映企业竞争实力的一个重要标志，企业要在激烈的市场竞争中处于主动地位，就必须顺应甚至引导社会的技术进步，不断地进行技术创新。技术创新的范围可概括为产品创新、工艺创新、市场开拓创新、开发利用新的资源以及组织和管理创新五个方面。显然，技术创新是企业进步的具体化过程，通过新产品、新工艺和新服务的创新与改进，新资源的开发与利用，新生产方式的建立与运行，实现企业竞争能力的提高。技术创新的必要性在于适应知识经济时代经营环境的新变化。科学技术的飞速发展以及广泛迅速的应用、顾客需求的个性化和多样化、知识产权制度的不断完善、市场竞争的日益激烈、企业的持续发展都需要企业进行技术创新。技术创新在一定时期可能给企业带来较强的竞争优势和相应的经济效益。事实上，企业生存和发展就是围绕市场进行持续不断的技术创新来实现的。

营销创新和技术创新同等重要，企业的核心技术与市场推广体系达到完美的结合。市场的需求和技术实现的可能是企业技术创新的前提，市场实现程度是检验企业技术创新成功与否的最终标准。但是，在知识经济条件下，传统市场营销模式受到极大的挑战，必须进行营销创新，有效地谋求新市场的开拓和新消费者的挖掘。营销创新既依赖于技术创新又促进技术创新，是企业前进的重要环节，企业不能单纯强调技术创新而忽略营销创新，而是既要关注技术创新，又要积极进行营销创新，技术创新和营销创新并重、并用。

## 四、管理制度创新

管理制度是行使经营权、组织企业日常生产经营活动的各种具体规则的总称，包括对材料、设备、人员及资金等各种生产经营要素的取得和使用的规定。管理制度包括的范围很广，如企业人力资源管理制度、财务管理制度、物资设备管理制度、投资决策管理制度和营销管理制度等等。管理制度的创新，要求企业根据内外环境的变化、自身的特点和企业目标的调整，适时、灵活地完善管理制度，提高企业运行的有效性。在管理制度的众多内容中，分配制度是最重要的内容之一。分配制度涉及到如何准确地衡量成员对组织的贡献并在此基础上如何提供足以维持这种贡献的报酬。由于劳动者是企业各种生产经营资源要素利用效率的决定性因素，因此，提供合理的报酬以激发劳动者的工作热情对企业的生产经营有非常重要的意义。

## 五、组织结构创新

企业组织的正常运行，既要求具有符合企业及其环境特点的运行制度，又要求具有与之相应的运行载体，即合理的组织形式。因此，企业制度创新必然要求组织结构的变革与发展。

一个组织的结构是由其复杂性、正规化和集权化程度决定的。管理者可以对这些结构要素的一个或多个加以变革，可将几个部门的职责组合在一起，或者精简某些纵向层次、拓宽管理跨度，以使组织具有扁平化和更少官僚机构的特征。为提高组织的正规化程度，可以制定更多的规则和制度。而通过提高分权化程度，则可加快决策制定的过程。

另外，也可以对实际的结构设计作出重大调整。这包括从职能型向产品分部结构的转变，或者形成一种矩阵结构设计，管理者也可以考虑重新设计职务或工作程序，或者修订职务说明书、丰富职务内容或实行弹性工作制。还可以修改组织的薪酬制度，比如，通过采用业绩奖励或利润分享方案，可以提高对员工的激励力。

## 六、管理方式创新

在企业管理这个大舞台上，面对国内外环境的快速变化，管理者们面临着严峻的挑战。

不少管理者已经认识到，当前企业所面临的许多困境，有许多是由于管理不善所造成的。在20世纪前，几乎任何管理方式都见效，而到最近二三十年，企业经营环境发生剧变，有效管理系统就遇到了前所未有的考验。新的环境也酝酿出了新的思想，各种新的管理手段不断涌现，对现代企业管理起到了很大的推动作用。

### （一）柔性管理

柔性管理是在研究人们心理和行为规律的基础上采用非强制方式，在人们心目中产生一种潜在的说服力，从而把组织意志变为人们自觉的行动。这一概念包含了四个方面的内容：一是依据心理和行为的规律；二是方式方法是非强制性的；三是对人的影响是潜在的；四是最终目标是让人们自觉行动。从概念可以看出，柔性管理的确是一种更加深刻、更加高级的管理，因而也是难度很大的管理，是丰富多彩的管理。

柔性管理既体现了一般管理的本质——控制，以及管理的核心——协调，又体现了柔性管理的本质特征——“柔”原则与“软”控制，而且是在顺应人们心理和行为规律的基础上进行的。而一般的管理则是以提高生产效率和效益为直接前提的。

柔性管理决不是靠几项制度、规定、纪律就能实现的。它既要控制，又不是声色俱厉；既要控制，又要自然而然、自觉自愿；既要控制，又不违背人们的心理和行为规律。否则，离开这些就离开了柔性管理的本质。

1. 柔性管理的特点

柔性管理是一个从内容到形式都极其丰富的管理形式，它的主要特点是：

（1）模糊性。因为管理的对象是人，而人的大脑是一个神秘莫测、奥妙无穷的世界，人们感情上的东西、潜意识的东西是一种非常特殊的存在物，无法用精确的数字来表示，因此管理者必须冲破传统的思维方式，在决策中只能寻求“满意解”，而不是“最优解”。

（2）非线性。柔性管理的非线性特征主要表现在两个方面：一是工作投入的精力与产生的效果是非线性的；二是个体人数与总体效能呈非线性，你干得越多，不一定就干得好，人越多，也不一定就更有效率。因此，柔性管理在量的方面处处表现为非线性。

（3）塑造性。柔性管理不仅要解决现实生活中一个个具体的矛盾，而且是放眼长远，解决传统和观念问题；不仅要做事发之后的工作，而且要做防患于未然的工作；不仅要做一人一事的工作，而且要创造综合环境。从而把实与虚、近与远、事与人结合起来。柔性管理就是在做净化灵魂、塑造精神的工作，这也正是它的远见卓识之所在。

（4）滞后性。柔性管理不像刚性管理中的规章制度一颁布即生效。它要求人们对事物要理解，行为要自觉，把外在的规定变为内心的承诺，而这个过程需要时间，于是便产生了滞后性。对柔性管理中的任何一项工作都不能急于求成。在柔性管理中，要求立竿见影是武断的。同时，更不能因为它具有滞后性而放弃柔性管理工作，否则，就不是武断，而是无知了。

2. 柔性管理的基本原则

（1）内在重于外在原则。柔性管理看重内在管理，如说服教育、感情投入、关心体贴、形象影响、传统舆论、激励尊重、心理沟通等，它以潜在的方式，在人们心目中形成深刻的、持久的影响，从而把管理者的心愿和组织的目标变为人们自觉的行动。柔性管理的宗旨和目标就是让被管理者在融洽的气氛中主动工作，这正是许多人知之未及的“无为而治”的管理境界。日本学者小山俊曾经指出：“带人如带兵，带兵要带心。”“人与人之间的关系，应该是现今社会最优先研究的课题，这乃是不争的事实。”

（2）直接重于间接原则。这一原则是由柔性管理的特殊性决定的。柔性管理的成功，其关键在于情真意切，在于尊重理解，要做到这些，就必须与被管理者接触。另一方面，解决矛盾主要是做好个别人的工作。少数人的矛盾往往是主要矛盾，解决这些矛盾，靠间接的、一般号召的方法是很难有效的，因而只有靠直接地、有针对性的措施去解决问题。

## 阅读资料七

### “不管理”的管理法

瑞典有家公司推行“不管理”的管理法。“不管理”的管理法这个名字并不是这家公司自己创造的，而是别人根据他们的管理方法起的。这种管理方法极其简单，然而又非常吃力，非常需要持之以恒的精神。

这个公司属于瑞典的中型企业，位于某个小镇上，经销电器和铅垂管零部件。20 世纪 80年代初期，公司经营走下坡路的时候，一位颇有眼力的经营者接管了这个公司，成了这个公司的经理。他一上任就完全改变了公司原先的工作方针，把努力重点放在“引导人们自信自重”方面。而在具体工作中，他的做法实在出人意料。他计划不在办公室里处理业务，一年有150天的时间在工作现场度过。

由于公司是小镇上举足轻重的雇主企业，因此，镇上的人们和报纸对他的奇怪举止议论纷纷。报纸上评论说：“这家公司真够戗，你为什么不去进行‘管理’呢？”后来这位经理对人们回答说：“如果我不去现场，不郑重其事地对待它，不用行动向人们说明那里是重要的，我怎能指望在那里工作的人们会认为他们是重要的呢？”

总经理的不管理方式果然有奇效，职工们的积极性空前高涨。18个月后，公司完全扭转了走下坡路的局面，彻底翻了身。

“不管理”的管理法其实就是柔性管理，是柔性管理的一种典型形式。

（3）身教重于言教原则。管理者“不以奢为乐，不以廉为悲”，努力淡泊以明志，宁静以致远，用自身的良好形象创造一个特殊的典型，就可以起到一般典型所不能起到的作用。柔性管理工作者必须懂得身教言教并用，且身教重于言教。

（4）执教重于执纪原则。管理者是教练员而不是裁判员，因而执教应该是管理者的最本职的工作。柔性管理者要想深入人的内心世界，激励人的精神，改变人的意志，控制人的行为，只能通过感情交流，典型引路、分析信号、因势利导，而这一切都属于执教的范畴。在柔性管理中应当力戒执纪，只能是不得已而为之，这就是执教重于执纪的本意。

## 阅读资料八

### MCI 长途电话公司的柔性管理

美国的MCI长途电话公司是一家营业额达十几亿美元的中型企业，该公司以反对官僚主义和条条框框而著称于世。公司的行政主管麦高恩是美国著名的企业家和企业管理顾问，他的管理原则是决不容忍那些呆板的条条框框存在。

有一次他听说公司有人在起草一本《人事管理手册》，于是便闯进公司问人们有没有《人事管理手册》这回事，有关人员回答说：“有”。理由是，像

MCI这样一个业务遍及全世界的发展中企业,没有业务职衔、招聘标准和申请工作表之类的东西是不行的。麦高恩听了以后说道:“调查一下这是谁干的，开除他!”后来虽没有一个人真的被开除,但麦高恩的意图却很好地贯彻下去了。

### (二)国际化管理

国际经营可以说由来已久。比如西门子公司、雷明顿公司和辛格公司等，在19世纪就将其产品销往国外。到20世纪20年代，一些公司包括菲亚特公司、福特汽车公司、联合利华公司、英荷皇家壳牌石油公司已经实现了多国化经营。但多国公司的普遍化是在20世纪60年代中期以后。所谓多国公司是指同时在两个或两个以上国家从事重要的经营活动，但以本国为基地对国外进行经营进行集中管理的公司，这些公司带动了国际贸易的快速增长。

全球环境正在扩大多国公司的范围和目标，从而创建了一种更为普遍的组织——跨国公司。跨国公司是指同时在两个以上的国家从事重要经营，并在从事经营的所在国分散制定决策的公司。这种组织类型并不复制本国的成功经验来集中管理国外经营，而是在每个国家中，主要雇用当地人员来经营，而且每个国家的产品和市场战略完全根据该国的文化特色来制定。比如，雀巢食品公司就是一家跨国公司，它的业务几乎遍布世界各国，是世界上最大的食品公司。但它的管理者必须使其产品适合各国顾客的需要，比如雀巢食品公司在欧洲地区销售的产品，与在美国或拉丁美洲销售的产品就不一样。基于全球化的考虑，作为管理者尤其是跨国公司的管理者的眼光必须转变，必须面对不同国界管理的现实。具体来说，国际化管理应该做好以下几项工作:

#### 1. 做好国际化管理中的计划工作

对跨国公司而言，一项非常重要的工作就是对外部环境中的机会与威胁进行评估。外部的威胁和机会必须是同企业的优势与弱点相称。比如，教育制度很糟糕，就难以物色到合格的人员。同时，文化上的时间观念也会影响到计划工作，尤其是注重短期时间观的文化态度对长期计划是不会有传导作用的。另外一个国家的政治、经济的不稳定也会造成前景预测的困难，并会挫伤对资源长期投入承诺的信心。这些都要求管理者密切关注许多不同的、始终在变化中的世界市场。

2. 做好国际化管理中的组织工作

跨国公司的组织结构可以从许多种结构中加以挑选。比如，一家企业可以在公司总部设立副总裁的职位，由他负责国际分部。一种备选方案是按地理区域组织起来。比如按拉丁美洲、北美洲、欧洲、亚洲和非洲及远东等地区委派经理人员前去掌管。另外，也可以按产品类别来区分组织活动，如在公司总部，责成经理人员掌管某一项全球范围内销售的产品系列。真正的跨国企业能把国内商务与国际商务融合于一种全球性组织之中，而对国内与国外商务活动给予类似的重视。每种结构都有优点和局限性，对于大型跨国公司来说，任何一种结构都可能是有缺陷的，懂得这一点很重要。因此，不同的组织设计必须是混合的，这取决于环境和任务的需要。

3. 做好国际化管理中的领导工作

激励和领导员工需要理解员工及其所处的文化环境。比如，参与式管理在某个国家也许运行良好，而在另外具有专制统治传统的国家里会在员工中间造成混乱。同时，领导工作不仅取决于领导者，而且也取决于被领导者的具体情况,因此在国际化管理中,领导者必须根据不同国家、不同文化背景以及被领导者的具体情况进行管理。

4. 做好国际化管理中的控制工作

控制工作也受到国际企业所特有的若干环境因素的影响。首先，成本、收益和利润都按不同货币计算。其次，各种货币比率都受到高度浮动的影响。第三，各国的会计实务与财务报表制度往往互不相同。比如会计程序，既要满足东道国税务当局的要求，也要满足母公司政府的要求，还要满足不同国家中的股东、负责管理证券的机构和银行的要求。除此之外，会计程序还必须符合本企业内部的规定。要编制同时符合上述这些要求的会计程序，是一件比较困难的事情。因此，作为管理者必须潜心学习各国的管理技术，取人之长，补己之短，更好地适应国际环境的需要。

### （三）全面质量管理

全面质量管理（Total Quality Management），即 TQM，它是一种由顾客的需要和期望驱动的管理哲学。全面质量管理的含义包括五个方面的内容：

1. 强烈地关注顾客

顾客的含义不仅包括外部购买组织产品和服务的人，还包括内部顾客（诸如发运和回收应收账款的人员），他们向组织中的其他人提供服务并与之发生相互作用。

2. 坚持不断地改进

全面质量管理是一种永远不能满足的承诺，“非常好”还不够，质量总能得到改进。

3. 改进组织中每项工作的质量

全面质量管理采用广义的质量定义。它不仅与最终产品有关，并且与组织如何交货、如何迅速地响应顾客的投诉、如何有礼貌地回答电话等等都有关系。

4. 精确地度量

全面质量管理采用统计技术度量组织作业中的每一个关键变量，然后与标准和基准进行比较以发现问题，追踪问题的根源，消除问题的原因。

5. 向雇员授权

全面质量管理吸收生产线上的工人加入改进过程，广泛地采用团队形式作为授权的载体，依靠团队发现和解决问题。

全面质量管理是企业为了以最经济的方法研制、生产和提供用户满意的产品和服务，动员、组织全体职工综合运用科学技术和现代化管理方法，建立起一套质量管理体系、手段和方法所进行的活动。全面质量管理具有以下特点。

1. 管理对象具有全面性

不仅对产品质量进行管理，而且对工序质量和工作质量也进行管理。

2. 管理范围的全面性

因为产品质量的形成过程是由市场调查、产品开发、试制、工序控制、检验、销售、售后服务等环节组成的，为保证产品质量，要求各个部门、各个环节共同树立质量意识，组织他们开展活动并步调一致地保证质量目标的实现。

3. 管理人员的全体性

不仅生产工人要直接参加控制、改进工序质量的活动，而且企业的管理人员、后勤人员也都要纳入全面质量管理中。因此，全面质量管理自始至终强调对全体人员进行培训，使每个成员都了解自己的工作在产品质量形成过程中的重要作用，以及为发挥这一作用应作出怎样的努力。

4. 管理方法的多样性

为保证产品质量，企业的职工根据不同情况，综合运用各种科学的管理技术、数理统计方法以及先进的测试手段等。

5. 管理重点的超前性

以前，主要是对产品进行质量检测，合格的放行，不合格的剔除。实行质量全面管理就需要把重点由事后检验转移到控制生产过程的质量，即由寻找不合格产品转移到防止不合格产品的生产上，由管理结果转移到管理原因上来，强调“好的产品是制造出来的，不是检验出来的”的观点。

6. 管理标准的稳定性

把与工序质量和工作质量有关的各项管理活动，根据科学管理原理，通过调查研究和讨论，制定出明确的成文规定，将那些经实践证明有效可行的做法肯定下来，以进一步指导实践。这些标准包括设计标准、制造标准、试验标准、检验标准、各项管理工作的标准、工人操作的标准等。企业领导要按照标准化要求考核每个部门、每个职工的工作。

为了达到全面质量管理的目标，管理者必须注意手边的工作，从每一项工作入手，实施全面质量管理。全面质量管理的法宝之一是使用基准化的工具。基准化的基本思想是管理者能够通过分析各个领域领先者的方法，然后模仿他们的做法来改进自己的质量。它一般要遵循四个步骤：

(1) 管理当局成立一个基准化计划团队，团队最初的任务是确定什么应当基准化，确认竞争对手，以及决定收集数据的方法。

(2) 团队从内部收集作业数据和从外部收据其他组织的数据。

(3) 通过分析数据，找出绩效的差距并确定是什么原因造成了这些差距。

(4) 指定和实施行动计划，最终达到或超过其他组织的标准。

推行全面质量管理的另一项重要内容是组织结构的设计。全面质量管理的一个共同特征是降低组织的纵向变异，实现组织扁平化，得以减少管理费用开支，并增加组织的纵向交流；减少劳动义务工，有利于组织中的合作与横向沟通。全面质量管理强调分权化决策，职权与职责尽可能下放，并尽量接近于顾客，以便对顾客的需求变化作出迅速而持续的反应。

## 阅读资料九

### “奔驰”产品的质量控制方法

奔驰号称“世界第一车”，其质量当然信得过。在实行产品质量控制方面，奔驰公司也创造了成功的经验，其主要做法表现在以下几个方面：

一、建立一支技术熟练的员工队伍

公司认为，人是保证质量的决定性因素。汽车是人生产出来的，任何先进的机器设备和精密的工具都是由人来操作的。要保证汽车的质量，就要提高公司各类人员的素质，培养出一支业务水平和基本素质都比较高的员工队伍和业务骨干队伍。为此，公司在给车间各岗位配备人员时，一律实行新老结合，以老带新。对新进厂的员工进行为期两年的培训。公司设立了培训部和 52 个培训中心，既对新招员工进行基本职业培训，也对在职员工进行专业提高和知识更新的培训。新招员工经过两年培训并通过结业考试后才能当专业工人。公司共有员工 13 万人，每年参加再培训的就有二三万人。职业培训保证员工和管理者具有较高的业务素质，这对质量提高大有好处。

二、建立严格的质量检验制度和完善的质量检验系统

奔驰公司曾在广告中许诺："如果有人发现奔驰汽车发生故障、中途抛锚，我们将赠送你1万美金。"这个广告词不是空头支票，而是实在的许诺。

奔驰公司的质量检验制度明确规定：不合格的零部件坚决不用；不合格的产品坚决不允许出厂；引擎要经过42道检验；有1/7员工专门负责检验；每个班组要有专人负责质量检查；定期检查由董事会、车间代表进行。

### （四）权变管理

信息时代，知识经济已成为我们这个时代的代名词，新的东西每天都在大量地涌现出来，新的技术和经营方式层出不穷。"变化"已成为当今时代的主旋律，只有那些灵活地适应了这些变化，并在变化中抓住了其中蕴含的机会的人和组织，才能在这个时代很好地生存和发展。

变革的时代使"权变管理"思想浮现到人们面前。权变理论的主要观点是，在环境的多样性以及管理主体多样性的条件下，不可能寻找到一种管理模式是永远有效的，不存在所谓"最佳"的管理模式，只有特定管理环境之下的最适用的管理方式。管理者的任务就在于根据具体的管理环境，选择具体的管理方式，对已有的管理方式进行改造、调整，并加以运用。

对于管理和管理者来说，选择什么样的管理方式或管理手段来实现自己的管理目标是非常重要的。而管理方式随着管理者自身、下属特征、管理的目标、管理的环境等因素的变化而变化。根据权变的基本模型：

管理环境+管理对象+管理的手段或方式=管理目标

其中，管理的手段或方式是权变的主体，是因变量，也是最活跃的因素。因此，高明的管理者应该运用他的全部智慧，根据模型中的其他变量，调整自己的管理方式，最终出色地完成管理的目标。

## 复习思考题

1. 什么叫战略管理？为什么说企业战略管理过程实际上就是一个创

新过程?

2. 简述战略管理的层次和步骤。

3. 什么是创新?它与发明、创造有何区别?

4. 管理创新涉及哪些方面的内容?

5. 简述柔性管理的特点和基本原则。

6. 什么叫全面质量管理?如何理解这一概念?

7. 全面质量管理有什么特点?如何实施全面质量管理?

8. 谈谈变革时代实行权变管理的重要性。

## 案例一

### 汤姆克弃旧图新

瑞士钟表以多样的步伐、准确的时间走过了沧海桑田。

400 多年的历史足以让瑞士钟表业与日月同辉。

1876 年,瑞士引进美国的机械技术后,钟表业更是如虎添翼。20 世纪 60 年代,瑞士年产各类钟表 1 亿只左右,产值 40 多亿瑞士法郎。瑞士钟表在世界 150 多个国家和地区"走动",世界市场的占有率在 50%—80%之间。20 世纪 70 年代前期和中期仍保持有 40%以上。

但是俗话说辉煌常常就在火山口上。

20 世纪 70 年代中期至 80 年代初期,日本、美国等国家和其他地区的钟表业迅速崛起,在竞争对手的"挤对"下,"钟表王国"的王冠只有辉煌的余辉了——1982 年度世界市场占有率猛跌到 9%;手表年产量下降到 5300 多万只;出口量从 20 世纪 80 年代的 8000 万只以上下降到 3100 万只;销售总额退居日本、香港之后而屈居第三位。市场竞争失势,业界苦不堪言——两家最大的钟表集团 ASUAG、SSIH,1982 年和 1983 年累计亏损 5.4 亿瑞士法郎;全国 1/3 的钟表工厂倒闭,数以千计的小钟表公司宣告停业,一半以上的钟表工人痛苦地加入了失业队伍……

瑞士钟表遭遇了"停摆"。

为扭转衰落,瑞士 7 家银行联手投资 10 亿瑞士法郎,买下国内两家最大的钟表集团 ASUAG、SSIH 的 98%的股票,并将这两大集团合并,于 1983 年 5 月组建为阿斯钟表康采恩——瑞士钟表业的"大本营",聘请汤姆克担任总经理。

汤姆克何许人也——他能担任此大任吗？1940 年，汤姆克出生于瑞士。他戴着瑞士手表考取了医学博士，也许是“钟表王国”对他的熏陶，1978年，他出任埃塔钟表零件公司的总经理。

汤姆克在担任埃塔公司总经理前后，就奔走呼号：瑞士钟表业如不大力发展电子技术，将会丧失“钟表王国”的地位。他还带领公司进行技术创新，在全国钟表业一片危机之中保持兴旺发展的走势。

这一回，瑞士把振兴“钟表王国”的历史重任放到了他的肩上。大家的眼睛死死地盯着他如何出手。汤姆克出手就是弃旧图新——摒弃对电子表不屑一顾的封闭观念，虚心学习对手的长处，追赶、进而领导石英表与电子表的技术潮流。

许多人不敢苟同，也不愿意苟同。是啊，堂堂的机械表制造的老大竟然向石英表低头，没有面子。

对于瑞士的钟表业，不是面子问题，而是生存问题。

汤姆克沉重地讲：“瑞士钟表业衰落的一条重要原因，不是别的，是对自己创造了无比辉煌的机械表特别珍爱，不容许加以否定；而对自己首创的电子表新技术视若儿戏，迟迟不愿意推上生产线，而日本和香港地区的钟表厂商则敏锐地认识到电子表和石英表未来的前景，抢先一步，走在我们前面了。我们是被自己打败的。”

汤姆克同时让员工认识到与对手的差距——电子表可以组合在各种生活用具上，灵巧、方便；价值仅几十美元的石英电子表月误差不超过 15 秒，“机械表之王”的劳力士月误差一般在 100 秒左右，两者相比石英表无疑占有绝对优势。因此，在未来的几十年时间内，市场上手表需求量最大的将是准确而价廉物美的石英表以及形同玩具的电子表。

汤姆克大声疾呼：“死死抱定昔日辉煌不放，是没有出路的。”

汤姆克带领员工很快推出了一批新式石英表，其中最具有竞争力的是薄形斯沃奇表——被誉为振兴瑞士钟表业的旗手。这种圆形长针日历表，全塑表壳表带，表身精美轻巧，并有许多不同的颜色，带有草莓、香蕉等多种不同香味。由于采用最新的制造工艺，零件比普通手表减少一半，且具有抗震性能强、防水性能好，能经受得起 30 米深的水压等优点。在生产过程，采用最先进的设备，如机器人操作等，产品质量稳定性很高，生产成本却相当低，每只售价才30美元。该表问世后，销量不断增加。

汤姆克看准时机，再一次出手。这个时候，他已不满足“斯沃奇”表畅销欧洲、南美、非洲、东南亚等地市场，他要“师夷制夷”，进占石英表和电子表市场的“领头羊”——日本和美国。经过精心策划和广告促销，薄形的“斯沃奇”表首批出口美国400万只，一下子就被抢购一空；接着又进军日本，在那里开设日本瑞士钟表公司，1986年时以每只7000日元的价格畅销于日本市场。

瑞士人又一次看到了瑞士表在世界强劲的走势，心花怒放。

在视机械表为骄傲的氛围中,成功地推出反传统的电子表,汤姆克在产品结构的调整上迈出了可喜的第一步。但他不满足。汤姆克又一次“弃旧图新”了。

过去，瑞士的“劳力士”、“珍妮·拉萨尔”、“欧米茄”、“浪琴”、“雷达”、“天梭”等名表，高档的每块售价达上万美元，但批量极小。如欧米茄和天梭表，生产品种款式分别多达1000种左右，其中许多品种生产批量极小，有的甚至每年仅生产几块。这不仅不利于提高生产效率、降低生产成本，不利于稳定质量，也给工厂的管理带来了许多麻烦。汤姆克对欧米茄和天梭等表的产品组合进行了全面整顿：放弃“多品种、小批量”战略，缩小产品线的宽度，坚决淘汰一批利润不高的品种；扩大生产的批量，从而大大地降低了生产成本，使手表质量因标准化的提高而得以稳定；大力发展石英电子表，使得欧米茄电子表占到整个欧米茄表产量的50%以上,天梭电子表占到整个天梭表产量的60%以上，均实现了以电子表为主的经营战略——大批量、标准化。这就是他的图新。

汤姆克的“弃旧图新，领导潮流”，终于使得瑞士钟表业再度辉煌：20世纪80年代中期的世界市场占有率又恢复到了40%，成功地超过日本、香港等地区的钟表业，夺回了失落的“钟表王国”的王冠，再度称霸世界钟表业界。“弃旧图新”是企业起死回生的法宝。

**思考题**

1. 根据案例分析瑞士钟表遭遇“停摆”的原因。
2. 分析汤姆克的创新思路，汤姆克进行了哪些方面的创新？

## 案例二

### 惠普公司的全面质量管理

“宁愿不当第一，但是质量要第一”，这是惠普公司的口号。

位于美国加州斯坦福大学附近的惠普公司，以其卓越的经营业绩跨入全球100家最大公司的行列。惠普公司成功的要诀就在于以质量为本，视质量为生命，围绕质量来进行管理。

有位评论家这样说过：“在惠普，处处都以质量为中心，因为员工们看来是不可能把他们所干的任何工作与质量分得开。要是你向他们问起人事工作，他们会讲到质量；问起现场销售，也会讲到质量；你要问起目标管理法，他们会跟你大谈目标质量控制法。”这段评论是对惠普公司形象的准确描述。在惠普看来，追求数量、规模上的世界第一是次要的，最重要的是在质量上保持世界第一。

惠普公司的质量控制从产品设计时就开始了，然后抓生产、市场销售过程的质量控制，实行闭路网络状的反馈控制，循环往复，始终如一，常抓不懈。公司要求设计、生产、销售和服务部门共同对质量负责，质量绝对不仅仅是质量检验部门的责任，每个部门，每个员工都要牢牢树立质量意识，都要对质量负责。设计与生产阶段，每项产品都要经过广泛而严格的试验，以验证其质量的可靠程度。为使产品在正常工作条件下的质量得到长期保证，技术人员常常把产品正常工作的极限温度、湿度、振动等极限参数标在产品上，有意让产品出现故障，然后分析失效过程与机理，获得排除产品隐患的重要线索，并随之采取纠正措施。该公司规定，设立在全世界60多个国家和地区的180多个经销处，必须定期报告对产品质量的反映，提供有关质量分析的报告。这些信息会很快反馈到设计部门，以便使新型号的产品质量好上加好。

惠普公司一直都特别重视产品质量的改进工作，对新产品也是如此。一项产品的改进计划不是在它快被淘汰的时候开始，而是从它刚刚投放市场时就开始了。尽管惠普公司的机器在世界上名列前茅，公司仍然加强对产品质量的追踪，密切同用户的联系；走访现场，直接听取用户的意见。公司总是把新聘请来的管理学硕士或电子工程师，分配到与产品推销有关的岗位上去，使他们便于了解用户对产品反映的第一手资料。

惠普公司处处都有质量管理目标和考核指标，任何部门不能置身于质量检查之外。为了搞好质量控制，公司各生产部门都成立了质量控制小组，全面加强质量管理。始终坚持质量第一的宗旨，使之永远立于不败之地。

**思考题**

分析惠普公司实行全面质量管理的特点，并指出它对现代企业的借鉴作用。

**案例三**

## 乐百氏的组织结构创新

一、架构轨迹

3 月 15 日，身兼乐百氏总裁的达能中国区总裁秦鹏悄然潜入成都，召集了西南事业部的核心人员：云南、贵州、四川及重庆四地乐百氏分公司的负责人，开了一个为期二天的会议，此举意味着乐百氏在 3 月 11 日出台的区域事业部制架构正式拉开运营帷幕。

区域事业部将乐百氏划分五大“藩地”：西南、中南、华东、北方和华北，每个事业部都成了一个“小乐百氏”，从生产到销售都将建立起一套自己的独立体系。每个事业部将紧紧抓住本地区各种产品的消费习惯，迅速对市场变化做出反应，灵活调整生产计划。

自此，在乐百氏的历史上，经历了三种业态的架构模式：从 1989 年创业到 2001 年 8 月，乐百氏一直都采取直线职能制，按产、供、销分成几大部门，再由全国各分公司负责销售；从 2001 年 8 月到 2002 年 3 月，实施了产品事业部制，这在乐百氏历史上虽然实施的时间很短，但为现在实施区域事业部制奠定了基础，实现了组织结构变革中的平稳过渡。

架构调整无疑是一个公司的重大战略转变，也必然是外界甚至内部的各种环境变化促成的。值得关注的是，乐百氏在不到 8 个月的时间里，就进行了两次架构调整，原因何在？

二、直线职能制

乐百氏创立于 1989 年，在广东中山市小榄镇，何伯权等五个年轻人租用“乐百氏”商标开始创业。据乐百氏一位高层人员介绍，创业伊始，何伯权等与公司的每个员工都保持一种很深的交情，甚至同住同吃同玩，大家都感觉得到，乐百氏就是一个大家庭，“有福同享，有难同当”，公司的凝聚力很强。这时采用直线职能制这种架构模式，使乐百氏在创业初期得到快速稳定的发展。

12年间，五位创始人不但使乐百氏从一个投资不足百万的乡镇小企业发展成中国饮料工业龙头企业，而且把一个名不见经传的地方小品牌培育成中国驰名商标。

然而，随着乐百氏的壮大，原来的组织结构显得有点力不从心。此时，再按前面那位高层人士的话说，何伯权不可能再与公司的每一个员工同吃同住，原来的领导方式发生了变化，起不到原有的作用。何伯权有些迷惘了。

特别自2000年3月与法国最大的食品饮料集团达能签订合作协议，并由达能控股后，直线职能制的弊端更加暴露无遗。为了完成销售任务，分公司都喜欢把精力放在水和乳酸奶这些好卖的产品上，其他如茶饮料那些不太成熟的产品就没人下功夫，这对新产品成熟非常不利。更糟糕的是，由于生产部门只对质量和成本负责，销售部门只对销售额和费用负责，各部门都不承担利润责任，其结果就变成了整个集团只有何伯权一个人对利润负责。

近几年来，乐百氏的销售额直线下降，有着50年国际运作经验的达能肯定不愿看到这种局面，因此，寻求变化势在必行，其中组织架构的改革就是为适应新形势的举措之一。

## 三、产品事业部

2001年8月，一次在乐百氏历史上最为关键的组织结构变革在月间完成：75%员工换座位，原五人创业组合中的四大元老位置同时发生重要变化，都退出原先主管的实力部门，何伯权是惟一的不变，仍然任总裁。

改革后，乐百氏的事业部制架构变为：在总裁之下设5个事业部、8个职能部门和一个销售总部。其目的是利润中心细分，瓶装水、牛奶、乳酸奶、桶装水和茶饮料共5个事业部，每一个部将成为一个利润中心。同时减少了中间层，集团的权力结构由从前的5人会议，变为一个总裁和14个总经理，成为一个比较扁平化的组织架构。这是公司首次将战略管理和日常营运分开，形成多利润中心的运作模式，促成这次改革的重要力量是达能这个欧洲第三大食品集团。它自1987年进入中国成立广州达能酸奶公司后，就开展了一系列“收购行动”，并且每次都神秘莫测。尤其是在水市场上对行业内领袖企业的浙江娃哈哈、深圳益力、广州乐百氏、上海梅林正广和的控股或参股已分别达到

41%、54.2%、50%的股份，足以让人相信达能已经完成了它在中国水市场的布局，已经成了当之无愧的老大。

但这老大只是表面现象，许多问题都摆在达能管理者的面前，收购的这些企业能够赢利的很少，它需要整合资源，减少运行成本，乐百氏连年亏损的状况，迫使何伯权痛下决心实施组织结构改革。

然而，新的架构还没实施几天，就在2001年11月底，乐百氏爆出大新闻：何伯权、杨杰强、王广、李宝磊、彭艳芬等五位乐百氏创始人向董事会辞去现有职务，并决定由达能中国区总裁秦鹏出任乐百氏总裁。

何伯权称，五位元老集体辞职的原因是与董事会的战略思路发生重大分歧，无法达成一致，并且，还因为没有完成董事会下达的销售任务。

还没有来得及检验自己的改革成果，何伯权就匆匆退出了乐百氏的历史舞台。

又一场架构改革在秦鹏的控制下悄悄地酝酿。

## 四、区域事业部制

2002年3月11日，区域事业部正式出台，乐百氏按地域分为五大块：西南、中南、华东、北方和华北。

这次架构改革距上次仅仅7个月的时间，根据业内人士分析，速度之所以这样快，其中一个重要原因还是达能的全国战略思路在操纵着这次变革。随着达能旗下产品的不断增加，它也在寻求一种更能整合现有生产和销售资源的最佳，来改变许多品牌因为亏本反而成为它的负担的局面。根据可靠消息，达能为了加强对自己绝对控股的乐百氏的支持，要求乐百氏扮演更加重要的角色，甚至欲将其他如深圳益力、上海梅林正广和、广州怡宝等在外地的工厂和销售渠道交由乐百氏托管。

并且，除了上述一些已经收购的品牌，达能的收购行动远未停止。前不久，达能将持有豪门啤酒和武汉东西湖啤酒分别以62.2%和54.2%的股份转让给华润；华润则以桃报李，心甘情愿地让达能收购其旗下的怡宝公司。

然而，正如达能的一位高层人士所说，这还只是它欲将中国水市场进一步控制在自己手中的一个很小的行动计划。根据一些媒体报道，达能已经将触角伸到了许多地方品牌。

乐百氏也因拥有良好、稳定的经销商网络，使达能委以重任，它在中国市场上的战略地位将越来越重要。随着乐百氏托管的产品增多，每个市场的产品更加复杂，各种产品的销售情况各不相同。原来的产品事业部制可能对客户的变化需求反应不再迅速，很快不再适合新的发展，于是地域事业部制，这种以工厂为中心，更扁平的组织结构应运而生。因为它将更有助于了解消费者的需求，能更灵活地进行品牌定位。

其次，区域事业部制将更有利于培养事业部的全局观念。负责人注重利润的追求，使决策和运营更加贴近市场，对市场形势和客户需求作出快速预测和反应，加强了区域的市场主动权和竞争力，对资源的调控更为快捷和趋于合理。同时，让总部从日常业务中解脱出来，多进行一些宏观性的战略决策。换句话说，原来的乐百氏只有何伯权一人是企业家，现在的乐百氏可以造就五个甚至更多有全局观念的企业家。

有业内人士开玩笑说，善于资本运作的达能将乐百氏一分为五之后，如果到了一定时候，它可以把其中的任何一个事业部单独转让，既灵活，并且分开卖比整体卖更赚钱。

但达能一位高层人士矢口否认这种说法，他认为，因为“水”是达能的三大主业（其余两项是乳制品和饼干）之一，达能只有加强水市场的投资力度和资源整合，没有理由把自己的主业都卖掉。

当然，这次改革还有一个不容忽视的原因，那就是随着领导的更替，特别是前者是有极强影响力的何伯权，他与其他四位创业者亲密无间的合作一直被业内和传媒传为美谈，何伯权的名字一直与乐百氏紧密相连。何伯权等五位创业元老在乐百氏的关系错综复杂，根深蒂固，他们这些高层领导的出局，肯定在乐百氏内部布下一层阴影，带来一些消极影响。新来的领导上任后，不得不采取一些有效的措施改变这种被动的局面。组织架构的重新调整，必然会导致各种人事关系、职位的变动，所谓“一朝天子一朝臣”。

### 思考题

1. 从乐百氏组织结构的变动轨迹分析直线职能制、产品事业部制、区域事业部制的优缺点？
2. 乐百氏组织结构调整的目的是什么？为什么要把以产品为中心改变成以地区为中心？

# 参考文献

[1] [美]斯蒂芬· 罗宾斯. 管理学. 北京:中国人民大学出版社,1997

[2] [美]彼得· 德鲁克. 管理：任务、责任、实践. 北京：中国社会科学出版社，1987

[3] 刘志坚,徐北妮. 管理学——原理与案例. 广州：华南理工大学出版社，2003

[4] 哈 罗德· 孔茨,海因茨· 韦里克. 管理学. 北京:经济科学出社,1998

[5] [美]詹姆斯· 斯通纳,爱德华· 弗莱曼等. 管理学教程. 北京：华夏出版社，2001

[6] 邢以群. 管理学. 杭州：浙江大学出版社，1997

[7] 王利平. 管理学原理. 北京：中国人民大学出版社，2000

[8]周 三多等. 管理学——原理与方法. 上海:复旦大学出版社,1999

[9] 高海晨,由建勋,杨炎坤. 企业管理. 北京：高等教育出版社，2003

[10] 骆守俭. 管理学基础教程. 上海：立信会计出版社，2001

[11] 芮 明杰. 管理学——现代的观点. 上海：上海人民出版社,1999

[12] 芮明杰. 现代企业管理创新. 太原：山西经济出版社，1998

[13] 周健临. 管理学教程. 上海：上海财经大学出版社，2001

[14] 蒋运通,傅太平. 管理学. 北京：北京工业大学出版社，2003

[15] 徐国华,张德,赵平. 管理学. 北京：清华大学出版社，2001

[16] 吴照云等. 管理学. 北京：经济管理出版社，2000

[17] 吴志清. 管理学基础. 北京：机械工业出版社，2003

[18] 彼 得· 圣吉著，郭进隆译. 第五项修炼——学习型组织的艺术与实务. 上海：三联书店，1994

[19] [美]彼得· 德鲁克.卓有成效的管理者.上海：上海译文出版社，1994
[20] 杨文士,李晓光.管理学原理.北京：中国财政经济出版社，1999
[21] 赵凡禹.管理基本功.北京：企业管理出版社，2003
[22] 胡震.管理学十日谈.北京；企业管理出版社，2001
[23] 尹艳华，杨咏.成功领导者的素质研究.北京：中国经济出版社，2000
[24] 周振林,王玉成,陶淑艳.实务操作——跟我学领导艺术.北京：中国经济出版社，2001
[25] 尤利群等.现代管理学.杭州：浙江大学出版社，2003
[26] 陆沪根等.领导案例.上海：华东师范大学出版社，2000
[27] 谭力文.管理创新.北京：民主与建设出版社，2001
[28] 屈云波等.中小企业成败案例.北京：企业管理出版社，1999
[29] 约翰·德·扬著,文柏秋,傅瑜译.小企业管理案例.呼和浩特：内蒙古人民出版社，1998
[30] 颜光华等.企业再造.上海：上海财经大学出版社，1998
[31] 王风彬,李东.管理学.北京：中国人民大学出版社，2000

**图书在版编目（CIP）数据**

管理学原理／蒋丽君主编．—杭州：浙江大学出版社，2004.5(2014.4 重印)
（高职高专网络教育系列教材/欧阳建平主编）
ISBN 978-7-308-03679-5

Ⅰ.管…　Ⅱ.蒋…　Ⅲ.管理学—高等学校：技术学校—教材　Ⅳ.C93

中国版本图书馆 CIP 数据核字（2004）第 040351 号

**管理学原理**

主　编　蒋丽君

责任编辑　朱　玲
封面设计　俞亚彤
出版发行　浙江大学出版社
（杭州市天目山路 148 号　邮政编码 310007）
（网址：http://www.zjupress.com）
排　　版　杭州中大图文设计有限公司
印　　刷　杭州丰源印刷有限公司
开　　本　880mm×1230mm　1/32
印　　张　12.75
字　　数　343 千
版 印 次　2004 年 5 月第 1 版　2014 年 4 月第 12 次印刷
书　　号　ISBN 978-7-308-03679-5
定　　价　22.00 元